新编21世纪会计系列教材

税务会计与税务筹划

第13版·数字教材版

盖 地 编著

Tax Accounting and Tax Planning

中国人民大学出版社
·北京·

内容简介

本书以我国税收与会计法规、制度为主要依据，尽可能将最新的税收及会计法规、制度体现其中。本书主要内容如下：第1章简述税务会计基本理论。第2章简述纳税的基本知识；为体现课程思政教育，增设"诚信纳税与纳税信用"。第3章至第9章分章阐述七个主要税种的税务会计，其中以"增值税会计"和"企业所得税会计"为核心章节。第10章选择企业比较普遍、经常涉及的九个税种，简述其确认、计量、记录和纳税申报。第11章简述税务筹划的概念与意义、动因与目标、原则与特点、节税与避税、基本技术和方法等。第12章简述主要税种的税务筹划实务、企业主要经营活动的税务筹划实务，以及国际税务筹划的基本思路和方法，并以相关案例予以说明。

本书适用于高校本科会计学、审计学、财务管理和税收学等专业，适用课程为税务会计与税务筹划、税务会计与纳税筹划、税务会计等；同时，也可作为在职会计专业人员业务学习用书。

配套资源：PPT，知识点库、习题等在线数字资源。

作者简介

盖　地　天津财经大学会计学科首席教授，博士生导师，博士后合作导师。财政部会计准则咨询专家，中国会计学会会计基础理论专业委员会副主任，中国财务学年会顾问，中国会计学会资深会员。

曾任天津财经大学（原天津财经学院）财政会计系副主任，会计学系副主任、系主任、名誉主任，会计与财务研究中心主任；中国会计学会理事、中国成本研究会常务理事、中国对外经贸会计学会理事、天津市会计学会常务理事。

主编《税务筹划》（"十五""十一五"国家级规划教材）、编著《税务会计学》（"十二五"国家级规划教材）等20余部教材；出版《税务筹划理论研究》《税务会计研究》《税务会计理论》等著作；在《会计研究》《中央财经大学学报》《经济与管理研究》等期刊发表百余篇论文。

前言

在现代企业制度下，财务会计、税务会计与管理会计提供的三类会计信息在经济界广泛使用、不可或缺，但税务会计与财务会计的密切程度要远远高于管理会计。乃至在会计理论与实务界，仍然有人将会计工作岗位分工混同于会计学科划分，认为既然企业是一套账，那就是一种会计，即财务会计，将财务会计与税务会计在会计记录中的有分有合视为同一种会计规范，由此带来的税务风险越来越多、越来越大，正如一位企业总会计师所言："企业的税务风险大多与其会计处理有关。"

改革开放40多年来，我国的税收、会计等法规建设已经明显地体现基于会计权益的分权观，而非基于财税权益的集权观。在基于会计权益的分权观下，税务会计已经成为一种制度安排。税务会计理论研究初期不可避免地要借鉴美国已有的会计安排及其理论，但美国的单一税制再加上其实用主义观念，大大限制了美国税务会计的发展。中国的税务会计理论与实务应该符合中国的税收与会计环境，在借鉴与创新中更多的应该是创新，构建符合中国国情的税务会计结构体系，树立税务会计与财务会计彼此相依、互补共赢的基本理念。

税务会计本质上应是税收法律与财务会计准则既冲突又协调的一种会计机制。当会计准则与税收法规存在诸多差异时，"企业必须针对这些不一致保持一份专门用于纳税目的的税务会计记录"（罗伯特·N. 安东尼等，2011）。税务会计有两个基本目标：一是履行纳税义务；二是追求税收利益。通过税务会计追求税收利益，实际上就是"税务筹划"。鉴于有的学校未单独设置"税务筹划"课程，本书在比较系统地阐述税务会计确认、计量、记录和申报的基础上，设置税务筹划理论和税务筹划实务两章。本章节结构安排如下：

第1章：税务会计总论。简述税务会计基本理论，包括税务会计概念、目标、原则、基本前提、税务会计要素、计量属性等，从而构成税务会计概念框架。

第2章：纳税基础。简述纳税的基本知识，包括对税收的基本认知、税收实体法的主要构成要素、纳税申报和税款缴纳等基本内容。

为体现课程思政教育，本章增设“诚信纳税与纳税信用”。诚信纳税是社会普遍存在的相互信任关系在税务领域的具体体现，是根据法律规定履行税收给付义务。纳税人应不断提高税法遵从度，努力提升纳税信用等级，以期获得较高的商业信用和更多的商机。

税务会计人员要“诚信为本，操守为重”；为企业理财，对社会尽责。诚信之路的构筑，要靠对每一笔涉税会计事项、每一张纳税申报表的正确处理。守正笃实，久久为功。

企业通过税务筹划追求自身税收利益时，要秉持一颗对税法的敬畏之心，法不可违，规不可破。坚守不违法底线，做遵纪守法人。

第3～9章，分章阐述7个主要税种（出口退免税涉及增值税和消费税，不属单独税种）的税务会计，其中又以第3章“增值税会计”和第8章“企业所得税会计”为本书核心章节。

第3章：增值税会计。目前，包括我国在内的各国增值税会计处理都是遵循税会合一模式，按照增值税法规定进行会计确认、计量、记录和纳税申报。财政部颁布的《增值税会计处理规定》（财会〔2016〕22号），我认为实质上遵循的是税会合一模式，即主要服务于增值税的纳税申报，对编制财务报表意义并不大。

第8章：企业所得税会计。因《企业会计准则第18号——所得税》与企业所得税法采取财税分离模式①，本章第1～3节阐述税务会计中的“所得税会计”（income taxes accounting），即以企业所得税法为确认、计量、记录依据，按税法规定进行纳税申报。第4节属于财务会计中的所得税会计处理（accounting for income taxes），以企业会计准则为依据，主要阐述资产负债表债务法的企业所得税会计处理方法，而不包括企业各种涉及企业所得税事项的会计处理（应在财务会计教材中阐述），仅是为了便于分析比较两种会计的区别与联系。因为在“一套账”的账簿体系下，在会计记录环节，两者密不可分。当然，如果在财务会计课程中已经比较完整系统地学习过这两节的内容或者因课时所限，可以不讲或者自学。

第9章：个人所得税会计。本章的会计主体包括以下两类：一是根据个人所得税法规定，承担预扣预缴居民个人所得税、代扣代缴非居民个人所得税扣缴义务的企业单位；二是缴纳个人所得税的居民企业。前者作为预扣预缴/代扣代缴的法定扣缴义务人，根据税法规定，确认、计量被扣缴人的“综合所得”和其他各项应税所得，计算其应交税额，并做相应的会计处理；后者则是个人所得税纳税人对其经营所得进行确认、计量、会计记录和纳税申报。

第4～7章和第9章，分别阐述消费税会计、关税会计、出口货物免退税会计和资源税会计，这几个税种都是遵循税会合一模式进行会计处理。

第10章：其他税会计。选择企业比较普遍、经常涉及的9个税种，简述其确认、计量、记录和纳税申报，这几个税种也是遵循税会合一模式进行会计处理。

第11章：税务筹划理论。简述税务筹划概念与意义、动因与目标、原则与特点、节税与避税、基本技术和方法等，为税务筹划实务奠定理论基础。

---

① 执行《小企业会计准则》的企业，则是财税合一模式。

第 12 章：税务筹划实务。因本书不是专门的税务筹划教材，不可能系统阐述税务筹划实务，仅是简述主要税种的税务筹划实务、企业主要经营活动的税务筹划实务，以及国际税务筹划的基本思路和方法，并以相关案例予以说明。

为进一步优化税收营商环境，提高办税效率，实行财产行为税各税种合并申报，并开展增值税、消费税分别与附加税费申报表整合试点。为此，本书根据简并税费申报有关事项公告，对相应章节纳税申报内容进行了调整，并更新了申报表。

各章内容均以交稿截止日的税收法规和相关会计准则、制度为主要依据。

本书适用于高校本科会计学、审计学、财务管理和税收学等专业，适用课程为税务会计与税务筹划、税务会计与纳税筹划、税务会计等；同时，也可作为在职会计专业人员业务学习用书。

税收给会计增添了不尽的烦恼，“对于会计这个行业来说，如果没有税收问题，那么这个行业的复杂程度将会惊人地降低”①。但从另一个角度看，也正是越来越复杂的现代税收制度，提高了会计从业的门槛和会计职业的地位，拓展了社会中介服务的范围和内容，税收已经成为会计研究和会计实务新的增长点。企业不仅需要高水平的财务会计师，而且同样需要高水平的税务会计师。

本书追寻不断变化的税收与会计环境，力求体现最新的法规精神，但变化总是在不断发生，让我们适应变化、享受变化，并努力去追踪变化。

感谢张孝光副教授帮助整理和完善每章后的习题，感谢高金平教授、吕志明副教授等对本书提供的意见和建议。感谢家人对我的一贯支持。当然，还要感谢中国人民大学出版社陈永凤编辑等，她们的敬业精神令人感动；更要感谢本书的广大读者，衷心希望对拙书提出改进意见和建议。

于天津财经大学

① 孙凯. 美国联邦税收制度. 北京：中国税务出版社，1997.

目录

第 10 章

其他税会计

第 11 章

税务筹划理论

第 12 章

税务筹划实务

课程思政、教学目标与教学安排

一、课程思政

1. 课程思政基本目标

税务会计人员要“诚信为本，操守为重”；为企业理财，对社会尽责。诚信之路的构筑，要靠对每一笔涉税会计事项、每一张纳税申报表的正确处理。守正笃实，久久为功。

企业通过税务筹划追求自身税收利益时，要秉持一颗对税法的敬畏之心，法不可违，规不可破。坚守不违法底线，做遵纪守法人。

2. 课程思政具体要求

在教学过程中，应根据各章的具体内容，针对每个知识点，设置思政元素，实现思政教育与专业教育的有机融合。

以税务会计与税务筹划理论思考问题，启迪人生；用科学的教学理念、教学方法，培养具有家国情怀、创新思维的财税会计人才。

品德为先，知识为重，既要仰望星空，又要脚踏实地，做中国税收文化和会计文化的传承人、弘扬人。

二、教学目标

本课程适用于因课时所限，不单独开设“税务筹划”课程的学校，即将“税务会计”与“税务筹划”合并为“税务会计与（税务）筹划”一门课。它应在学过“（中级）财务会计”之后开设，即在掌握财务会计专业知识的基础上，通过比较系统地学习我国现行税收法规，尤其是税收实体法的税制要素，理解并掌握主要税种的税务会计确认、计量、记录和申报的程序及处理方法，正确界定税务会计与财务会计的协同效应关系。同时，为了充分发挥会计的理财功能，在掌握税务会计知识的基础上，通过对税务筹划基本原理和税务筹划主要实务的学习，掌握税务筹划的基本理论、基本思路和手段、方法，以及主要税种的筹划实务，充分理解税务筹划与财务管理的密切联系，综合利用税收、会计与财务专业知识。

三、教学安排

本课程为学期课，根据大多数院校每学期20教学周（授课18周，复习、考试2周）、每周4课时计算分配，制定如下课时分配表，供大家参考。从总课时80节课中扣除总复习8节课后，按72节课在课堂讲授与实训操作之间分配课时，其中，课堂讲授58课时，占81%，实践环节14课时，占19%。

如果所在学校本课程的教学周、周课时以及课堂讲授与实训操作要求与此有所不同，可以酌情调整。

课时分配表（参考）

章次	总计课时 (1)=(2)+(3)	讲授课时 (2)	实训课时 (3)
第1章　税务会计总论	4	4	—
第2章　纳税基础	4	4	—
第3章　增值税会计	14	10	4
第4章　消费税会计	4	3.5	0.5
第5章　关税会计	2	2	—
第6章　出口货物免退税会计	3	2.5	0.5
第7章　资源税会计	2	2	—
第8章　企业所得税会计	12	9	3
第9章　个人所得税会计	8	6	2
第10章　其他税会计	5	4	1
第11章　税务筹划理论	7	6	1
第12章　税务筹划实务	7	5	2
合计	72	58	14
复习、考试（第19、20周）	8		
总计	80		

第1章

税务会计总论

学习目标

1. 掌握税务会计的会计要素及其关系，与财务会计之异同；
2. 理解税务会计的目标和基本前提；
3. 了解税务会计的产生及其发展。

引　言

在学习财务会计时，总会出现“税金”这个干扰项，影响我们的思路，增加我们的烦恼。财务会计能不能摆脱“税金”这个“幽灵”，以使我们连贯系统地掌握财务会计要素的确认、计量、记录和报告？当然可以，因为计算应税收入（收益）和计税成本所用的会计方法一般与企业所用的财务会计方法不同，所以有可能而且有必要从财务会计中分离出一门课——税务会计。它是为了适应纳税人的需要，或者说，纳税人为了适应纳税的需要而产生的。如果将纳税人向国家缴税与其会计记录相融合视为税务会计产生的标志，那么，早在公元前18世纪的古巴比伦王国就已经有税务会计了。不过，原始计量、记录的税务会计与现代税务会计不可同日而语，正如传统会计与财务会计不可同日而语一样。

“财务会计、管理会计和税务会计这三个术语通常被用来描述在企业界广泛使用的三种会计信息。”

资料来源：威廉姆斯．会计学：企业决策的基础：财务会计分册：原书第17版．北京：机械工业出版社，2017.

1.1 税务会计概述

1.1.1 税务会计的产生

在国家产生并开始征税后，作为税款的缴纳者，必然会像关心自己的生产耗费一样，关心自己的税收负担，自然也会有纳税计量和记录的要求。但在一个相当长的历史阶段，社会生产力水平低下，各国的税制远未健全，在这种纳税环境下，纳税人纳税的原始记录和计量不可能形成规范的体系。随着19世纪末20世纪初现代所得税的产生，各国税收逐步走上法制化的轨道，社会也从自给自足的自然经济（农业经济）逐步走向工业经济，税务会计（纳税会计）产生也就逐步具备了经济、法律等环境。正如美国著名会计学家亨德里克森在其《会计理论》一书中所说，很多小型企业的会计目的主要是填制所得税申报表，它们在报税以前都不记账。即使在大公司，收益的纳税也是会计师的一个主要问题。因此，所得税法规对建立会计的通用程序具有一定的影响就毫不奇怪了。这些程序反过来也有助于会计理论的形成。

在税务会计的产生和发展过程中，现代所得税法的诞生和不断完善对其影响最大，原因在于：首先，企业所得税涉及企业的经营、投资和筹资等环节，涉及收入、收益、成本、费用等会计核算的全过程；其次，科学先进的增值税的产生和不断完善，对税务会计的发展起了重要的促进作用，因为它对企业会计提出了更高的要求，迫使企业通过会计凭证以及会计账簿的设置、记载反映收入的形成和物化劳动的转移价值及转移价值中所包括的已纳税金，这样才能正确核算其增值额，从而正确计算企业应纳增值税额。为了适应纳税人的需要，或者说，纳税人为了适应纳税的需要，税务会计有必要从传统会计中独立出来，以充分发挥现代会计的多重功能。现在，越来越多的人承认，税务会计与财务会计、管理会计（成本会计可以与管理会计融合，也可以独立）构成会计学科的三大分支。

1.1.2 税务会计概念

迄今为止，会计的概念尚无定论，税务会计的概念更是说法不一。日本税务会计专家武田昌辅认为，税务会计是为计算法人税法中的应税所得而设立的，它不是制度会计，而是以企业会计为依据，按照税法的要求对既定盈利进行加工、修正的会计。① 富岗幸雄则认为，税务会计是根据会计的预测方法来掌握并计算出确定的计税标准，从而起到转达和测定财务信息的租税目的与作用的会计。② 我国台湾税务会计专家卓敏枝、卢联生、庄傅成认为，税务会计是一门以法令规定为准绳，以会计技术为工具，平时负责汇

---

① 武田昌辅. 新编税务会计通论. 东京：森山书店，1985.

② 富岗幸雄. 税务会计. 东京：富业出版社，1995.

集企业各项交易活动、股东可抵扣税额与未分配盈余计算之合法凭证，并加以整理、记录、分类、汇总，进而年度终了加以结算、编表、申报、纳税的社会（人文）科学。①我国台湾陈建昭等人认为，税务会计为一种国内性会计，非为国际共通性会计。税务会计即在企业会计理论结构上，以重叠之形态，再注入其特有之计算方法或会计理论，以达成课税为目的之完整体系。②

税务会计是以所涉税境的现行税收法规为准绳，运用会计学的理论、方法和程序，对企业经营过程中的涉税事项进行计算、调整和税款缴纳、退补等，即对企业涉税会计事项进行确认、计量、记录和申报（报告），以实现企业最大税收利益的一门专业会计。税务会计是社会经济发展到一定阶段（社会成熟到能够把征税、纳税看作社会自我施加的约束，传统会计已不能满足税务会计信息使用者的要求等）后，从传统会计中分离出来的。它是介于税收学与会计学的一门新兴的边缘学科，是融国家税收法规和会计处理于一体的一种特种专业会计，可以说是税务中的会计、会计中的税务。

税务会计并不要求企业在财务会计的凭证、账簿、报表之外再设一套会计账表（纳税报表及其附表除外）。各企业均应设置专职税务会计人员（办税员），大企业还应设置专门的税务会计机构和税务总监。

随着各国税制的逐步完善、会计的不断发展，以及税收的国际协调、会计的国际趋同，税务会计理论与实务也在不断发展、完善。

1.1.3　税务会计模式

税务会计模式既受各国税法立法背景、程序的影响，又受各国会计规范方式、历史传统的影响，但基本上可以归为非立法会计（盎格鲁一撒克逊模式，社会公认型）、立法会计（大陆模式，法治型）和混合会计（准法治型）三种模式，也可以分为立法会计与非立法会计两种基本模式，如表1-1所示。

表1-1　立法会计与非立法会计

项目	非立法会计	立法会计
实施国家	英国、加拿大、澳大利亚、南非、美国、荷兰等	德国、法国、瑞士及大部分拉美国家
会计实务	公认会计原则指导	广泛立法规范
导向	投资人（股东）	税法

在法国、德国等立法会计国家，其会计准则、会计制度从属于税法（特别是所得税法），即以税法为导向。因此，其会计所得与应税所得基本一致，只需对个别永久性差异进行纳税调整，税务会计与财务会计可以不分开；而在非立法会计国家和部分立法会计国家，会计准则、会计制度独立于税法的要求，因此，其财务会计的账面所得不等于其应税所得，需要进行纳税调整，税务会计与财务会计应该分开。我国现行税法及会计准

---

① 卓敏枝，卢联生，庄傅成．税务会计．台北：三民书局，1998.

② 陈建昭，等．税务会计：修订版．台北：文笙书局，1994.

则、会计制度也遵循两者分离的原则。财务会计与税务会计属于不同会计领域，两者分离有利于形成具有独立意义、目标明确、科学规范的会计理论和方法体系，是会计发展的主流方向。

由于各国社会经济环境存在明显差异，财务会计与税务会计之间形成了不同的关系模式，一般可以分为以英美为代表的财税分离会计模式、以法德为代表的财税合一会计模式和以日荷为代表的财税混合会计模式。三种模式的对比见表1-2。

表1-2 财务会计与税务会计的关系模式

比较项目	财税分离会计模式	财税合一会计模式	财税混合会计模式
目标	体现真实公允	国家宏观需要	满足多方需要
账簿	财务会计与税务会计分设“两套账”	财务会计与税务会计合为“一套账”	财务会计与税务会计合为“一套账”
程序	分别按会计准则、税法要求各自进行会计处理	对会计准则、制度与税法不同之处，按税法要求进行处理，期末无须调整	在会计记录环节“混合”，其他环节各自处理
优点	会计信息质量较高	无须纳税调整	居于折中
缺陷	比较复杂	影响财务会计信息质量	居于折中

因各国的税制结构体系不同，税务会计一般可以分为以下三种类型：

（1）以所得税会计为主体的税务会计。采用这种税制模式的国家（如美国、英国、加拿大、丹麦等），其所得税收入要占税收总收入的50%以上，这种税制模式必然要求构建以所得税会计为主体的税务会计模式。

（2）以流转税会计为主体的税务会计。在一些发展中国家，流转税收入是税收收入的主体，所得税所占比重很小。在这种情况下，应建立以流转税会计为主体的税务会计模式。

（3）流转税与所得税并重的税务会计。在一些国家，如德国、荷兰、芬兰、意大利等，实行的是流转税与所得税并重的复合税制，两者比重相差不大，共同构成国家的税收收入主体。尽管我国的流转税，尤其是增值税、消费税占比最大，但从税制体系看，我国采用的也是复合税制体系。因此，在这些国家应建立流转税会计与所得税会计并重的税务会计模式。

1.1.4 税务会计与财务会计之异同

1. 税务会计与财务会计的联系

要探讨税务会计与财务会计的关系，就必须明确会计与法律、会计与税收、会计与企业决策者的关系。法律对会计的影响是一个渐进的历史过程。早在公元前18世纪的古巴比伦，正式法典对记录企业的经济业务就起到了促进作用。历史发展到今天，各国包括税法在内的法律、会计都发生了巨大变化。会计的法规制度对我国会计工作的影响是方向性的。税收对会计的影响往往与法律对会计的影响分不开，税收通过法律发挥作用，法律保障税收的执行，但它们对会计影响的着重点不同。法律规定会计“能做什么”和“不能做什么”，税收则引导企业及其会计“怎样做”，从而影响企业及其会计的具体行为。例如，当税务会计与财务会计在实务中允许存在合理差异时，会计计量模式的选择必须遵循分别反映的原则，否则，两者之间量的差异将无法揭示出来。因此，税收对会计的影响是调节性的。企业决策者则要求在国家法律、制度许可的范围内，进行某些会计政策选择，如选择会计原则、会计程序、会计方法等。但会计的规范、计量方法、处理方法等也会反作用于法律、税收和企业决策者。

税务会计与财务会计两者具有互调性。对财务会计根据会计准则确认、计量、记录和报告的事项及其结果，只要与税法规定不悖，税务会计就可以直接采用。只有对与税法规定有差异或者不符合税法规定的事项才进行纳税调整，即进行税务会计处理，使之符合税法的要求。根据成本效益原则，对小税种的会计处理，财务会计一般都是直接接受税务会计的处理结果，“没有差异”也就不必进行纳税调整。由此可见，两者互相依赖、互相借鉴，共同承担企业会计的重任，税务会计向政府提供纳税申报表，财务会计向投资者、债权人提供财务报表（报告）。与管理会计相比，税务会计与财务会计的关系更为密切。

2. 税务会计与财务会计的区别

两者除目标不同、对象不同外，主要还有以下区别：

（1）核算基础、处理依据不同。税收法规与会计准则存在不少差别，其中最主要的差别在于收益实现的时间和费用的可扣减性上。税收制度是收付实现制与权责发生制的结合，因为计算应税所得是要确定纳税人立即支付货币资金的能力、管理上的方便性和征收当期收入的必要性，这与财务会计所依据的持续经营假定（假设）是相矛盾的。财务会计只是遵循财务会计准则处理各种经济业务，会计人员对某些相同的经济业务可能有不同的表述、出现不同的会计结果，应该认为是正常现象。税务会计既要遵循税务会计的一般原则，也要遵守与税收法规不相矛盾的财务会计一般原则。

（2）计算损益的程序不同。税收法规中包括修正一般收益概念的社会福利、公共政策和权益条款，强调应税所得与会计所得的不同。各国所得税税法都明确规定法定收入项目、税法允许扣除项目及其金额的确认原则和方法。企业按税法规定确定两者金额后，其差额即为应纳税所得额。税务会计以此为法定依据，但在实际计算时，要在“会计所得”的基础上调整为应税所得。当财务会计的核算结果与税务会计不一致时，财务会计的核算应服从税务会计的核算，使之符合税法的要求。

税务会计坚持历史成本原则，不考虑货币时间价值的变动，更重视可以预见的事项，而财务会计却可以有某些不同。各国都在力图缩小财务会计与税务会计的差异，但两者的差异不可能消失，因为两者目标不同。此外，承认税务会计与财务会计的区别，实际上是承认政府有权对纳税人的非经营收益等进行确认和征税的问题。抹杀两者的区别，可能对征纳双方都是无益的。因此，既不必要求对方适应自己，也不必削足适履去符合对方。应该各自遵循其本身的规律和规范，在理论上不断发展自己，在方法上不断完善自己，更好地体现各自的具体目标，共同为企业的整体目标服务。

1.2 税务会计对象与目标

1.2.1 税务会计对象

税务会计对象是税务会计客体，企业发生的应税交易（应税行为）都是税务会计对象。具体而言，就是因企业发生的应税交易（应税行为）而产生的应缴税款（税金负债）的形成、计算、缴纳、补退、罚款等经济活动以货币表现的资金运动。

1. 计税额、计税依据

（1）流转额（金额、数额）。流转额是税务会计按税法规定确认、计量、记录的销售（购进）额、销售（购进）量等，是各种流转税的计税依据，也是计算企业所得税的基础。

（2）成本费用额。成本费用额是企业在生产经营过程中的耗费和支出。它包括生产过程中的生产费用和流通过程中的流通费用。成本费用主要反映企业资金的垫支和耗费，是企业资金补偿的尺度。一定会计期间的成本费用总额与同期收入总额相配比，可以反映企业的生产经营成果。税务会计按税法规定确认、计量的税前扣除额，是计算企业所得税的基础。

（3）所得额。税务会计在财务会计核算的经营利润、投资收益等基础上，按税法规定调整、确认的应纳税所得（利润、收益）额。

（4）财产额。税务会计按税法规定，对车船税、房产税、契税等所涉应税财产确认、计量的计税依据，如计税单位、基准税额、房产原值、成交（交换、市场）价格等。

（5）计税额。对行为税（如印花税、车辆购置税等），税务会计按税法规定确认、记录的计税额（计税依据），如应税（成交）金额、计税价格等。

2. 税款的计算与核算

按税法规定，在正确确认应缴税种计税依据基础上，计算应缴税金，并做相应的会计记录。

3. 税款的缴纳、退补与减免

由于各种税的计税依据和缴纳方法不尽相同，企业应按税法规定正确进行税款缴纳的会计记录。对企业多缴税款、应退税款或应补缴的税款，要进行相应的会计处理。减税、免税体现税收政策的灵活性和税收杠杆的调节作用，企业应正确进行减免税的会计处理。

4. 税收滞纳金与罚款、罚金

企业因逾期缴纳税款或违反税法规定而支付的各项税收滞纳金、罚款、罚金，也应如实进行会计记录。

从总体上讲，财务会计的各项会计要素都与纳税有关，但并非各会计要素的每一经济事项都与纳税有关。税务会计对象与财务会计对象虽然总体范围一致，但在具体内容上，税务会计对象要少于财务会计对象。

1.2.2　税务会计目标

税务会计目标可以分为基本目标、最终目标和特定目标，以避免单一目标的局限性。基本目标是遵守或不违反税法，即达到税收遵从（正确计税、纳税、退税等），从而降低税法遵从成本。最终目标是向税务会计信息使用者提供有助于其进行税务决策、实现最大涉税利益的会计信息。特定目标则是根据税务会计信息使用者的不同，向其信息的使用者提供具有决策相关性的信息：首先是各级税务机关，可以凭以进行税款征收、监督、检查，并作为税收立法的主要依据；其次是企业的经营者、投资者、债权人等，可以据以从中了解企业纳税义务的履行情况和税收负担，并为其进行经营决策、投融资决策等提供涉税因素的会计信息，最大限度地争取企业的税收利益；再次是社会公众，可通过企业提供的税务会计报告，了解企业纳税义务的履行情况，对社会的贡献额、诚信度和社会责任感等。对纳税主体来说，税务会计更看重的是其自身的税收利益。

1.2.3　税务会计任务

税务会计作为会计的一个重要分支，既要以国家税法为准绳，认真履行纳税义务，又要在国家税法的允许范围内，寻求企业税收利益。因此，税务会计的主要任务有：

（1）反映和监督企业对国家税收法令、制度的贯彻执行情况，认真履行纳税义务，正确处理企业与国家的关系。

（2）按照国家现行税法规定的税种、计税依据、纳税环节、税目、税率等，正确计算企业在纳税期内的各种应缴税款，并进行相应的会计处理。

（3）根据主管税务机关的审定，及时、足额地缴纳各种税金，并进行相应的会计处理。

（4）正确编制、及时报送会计报表和纳税申报表，认真执行税务检查意见。

（5）正确进行企业税务活动的财务分析，不断提高企业执行税法的自觉性，不断提高涉税核算和税务管理水平，降低纳税成本。

（6）充分利用现行税法和有关法规、制度赋予企业的权利，积极进行税务筹划，尽可能降低企业的税务风险和税收负担。

1.3　税务会计基本前提

由于税务会计以财务会计为基础，财务会计中的基本前提（基本假设）有些也适用于税务会计，如会计分期、货币计量等，但因税务会计的法定性等特点，税务会计的基本前提有其特殊性和特定性。

1.3.1 税务会计主体（实体）

税务会计主体亦称纳税会计主体，是指按税法规定取得会计凭证并进行会计确认、计量、记录和申报的纳税人和扣缴义务人。正确界定税务会计主体，就是要求每个纳税会计主体应与其他纳税会计主体分开，保持符合税法要求的会计记录并填报纳税申报表。一般情况下，纳税主体就是纳税会计主体，即税务会计主体。但在特定情况下，纳税主体不一定就是税务会计主体，如对工资薪金、劳务报酬等征收个人所得税时，纳税人是纳税主体但并非税务会计主体，作为扣缴义务人的企业单位才是这一纳税事项的会计主体——税务会计主体。

一般而言，财务会计主体同时也是税务会计主体，但在特殊或特定情况下，财务会计主体不一定就是税务会计主体（或者相反）。

1.3.2 持续经营

持续经营这一前提意味着该企业个体将继续存在足够长的时间以实现其现在的承诺，如预期所得税在将来被继续课征。这是所得税款递延、亏损前溯或后转以及暂时性差异能够存在并且能够使用纳税影响会计法进行所得税跨期摊配的理论依据。以折旧为例，它意味着在缺乏相反证据时，人们总是假定该企业将在足够长的时间内为转回暂时性的纳税利益而经营并获得收益。

1.3.3 货币时间价值

货币（资金）在其运行过程中具有增值能力。即使不考虑通货膨胀的因素，今天的 1 元钱也比若干年后收到（或付出）的 1 元钱的价值要大得多。这说明同样一笔资金在不同时间具有不同的价值。随着时间的推移，投入周转使用的资金价值将会发生增值，这种增值的能力或数额就是货币的时间价值。这一基本前提已成为税收立法、税收征管的基点，因此，各个税种都明确规定纳税义务的确认原则、纳税期限、交库期等。它深刻地揭示了纳税人进行税务筹划的目标之一——纳税最晚，也说明了所得税会计中采用纳税影响会计法进行纳税调整的必要性。

1.3.4 纳税会计期间

纳税会计期间是指纳税人按照税法规定选定的纳税年度期间。因此，纳税会计期间亦称纳税年度。应税实体必须以年度为基础报告其经营成果，确定其纳税年度，即所有应税实体都必须选择一个年度会计期间，向政府报告其经营成果。我国纳税会计期间统一规定为日历年度，非由纳税人自己选择。虽然税务会计也可将会计年度划分为月、季，但强调的是年度应税收益，尤其是企业所得税。纳税会计期间与纳税期限并不等同，如增值税、消费税的纳税期限是日、月、季或半年。如果纳税人在一个纳税年度的中间开业，或者由于改组、合并、破产、清算等原因，该纳税年度的实际经营期限不足 12 个月，应当以其实际经营期限为一个纳税年度。纳税人清算时，应当以清算期间作为一个纳税年度。各国纳税年度规定的具体起止时间有所不同，一般有日历年度、非日历年度、财政年度或营业年度。纳税人在税法规定的范围内选择、确定，但必须符合税法规定的采用和改变纳税年度的办法，并且遵循税法中对不同企业组织形式、企业类型的各种限制性规定。

1.3.5　年度会计核算

年度会计核算是税务会计中最基本的前提，各国税制都建立在年度会计核算的基础上，而不是建立在某一特定业务的基础上。课税只针对某一特定纳税期间发生的全部事项的净结果，而不考虑当期事项在后续年度中的可能结果如何，后续事项将在其发生的年度内考虑。比如，在"所得税跨期摊配"中应用递延法时，由于强调原始差异对税额的影响而不强调转回差异对税额的影响，因此，它与未来税率没有关联性。当时间性差异后来转回时，按时间性差异产生时递延的同一数额调整所得税费用，从而使税务会计数据具有更多的可稽核性，以揭示税款分配的影响金额。

1.4　税务会计原则

为了实际有效地对纳税人稽征税款，在税收原则指导下，通过税法体现并逐步形成了税收核算原则。如果站在纳税人的角度，税收核算（税款稽征）原则就是税务会计原则。税务会计虽然要遵循（财务）会计的一般程序和方法①，但必须以税法为导向，因此，美国学者认为，美国的《国内收入法典》（Internal Revenue Code，IRC）既是联邦税收的最高法律，也是联邦税务会计（federal tax accounting）的实务指南，如是，税务会计原则也就隐含在《国内收入法典》之中。② 世界各国的税务会计原则都隐含在税法中（我国也不例外），它虽然远远不如（财务）会计原则那么明确，那么公认③，那么耳熟能详，但其刚性、其硬度明显高于（财务）会计原则，纳税人一旦违反，就要受到税法等相关法律的惩处。

在（财务）会计中，反映会计信息质量特征（要求）原则、会计要素的确认与计量原则、确认与计量的修正原则，其基本精神大多也适用于税务会计，但因税务会计与税

① 尤其是所得税、增值税。

② 墨菲，马克・希金斯. 美国联邦税制. 大连：东北财经大学出版社，2001.

③ 各国（财务）会计原则并不完全相同，但相差不多；我国的会计原则属于（财务）会计法规体系的组成部分，不仅具有公认性，而且具有强制性。

法的特定联系，税收原则理论和税收立法原则会非常明显地影响甚至主导税务会计原则。此外，还应体现税务会计主体的税收利益，这就逐步形成了税务会计原则。税务会计原则应包括：

1. 税法导向原则

税法导向原则亦称税法遵从①原则。税务会计应以税法为准绳，在财务会计确认、计量的基础上，再以税法为判断标准（或以税务筹划为目标）进行重新确认和计量，在遵从或不违反税法的前提下履行纳税义务，寻求税收利益。该原则体现“税法至上”，即税法优先于会计法规等其他普通法规。

2. 以财务会计核算为基础原则

此项原则适用于税务会计与财务会计混合的会计模式。只有当某一交易事项按会计准则在财务会计报告日确认以后，才能确认该交易事项按税法规定确认的应课税款；依据会计准则在财务报告日尚未确认的交易事项可能影响到当日已确认的其他交易事项的最终应课税款，但只有在根据会计准则确认导致征税效应的交易事项之后，才能确认这些征税效应。其基本含义是：（1）对于已在财务会计报表中确认的全部交易事项的当期或递延税款，应确认为当期或递延所得税负债或资产；（2）根据现行税法的规定计量某一交易事项的当期或递延应纳税款，以确定当期或未来年份应付或应退还的所得税金额；（3）为确认和计量递延所得税负债或资产，不预期未来年份赚取的收益或发生的费用的应纳税款或已颁布税法、税率变更的未来执行情况。

3. 应计制原则与实现制原则

由于收付实现制不符合财务会计要素的确认、计量原则，不能用于财务会计报告目的②，为了更多地借助财务会计记录，降低税收征管成本，目前大多数国家的税法一般都接受应计制原则。但在用于税务会计时，与财务会计的应计制还是存在明显差异：第一，应该考虑税款支付能力原则，使得纳税人在最有能力时支付税款。第二，确定性的需要，要求收入和费用的实际实现具有确定性。例如，在收入的确认上，应计制的税务会计由于在一定程度上被支付能力原则覆盖而包含着一定的收付实现制的方法，而在费用的扣除上，财务会计采用稳健原则列入的某些估计、预计费用，在税务会计中是不被接受的，后者强调“该经济行为已经发生”（在费用发生时而不是实际支付时确认扣除）的限制条件，从而起到保护政府税收收入的目的。第三，保护政府税收收入。由此可见，税务会计（实质是税法）是有条件地接受应计制原则，体现的是税收实用主义。

各国早期的税法都是按收付实现制原则计税，因为它体现了现金流动原则（具体化为公平负税和支付能力原则），该原则是确保纳税人有能力支付应纳税款而使政府获取财政收入的基础。目前，实现制原则一般只适用于小企业、非营利组织和个人的纳税申报。

---

① 即他律遵从和强制遵从。

② 现金流量表则是将以应计制为基础的财务会计信息转换为以实现制为基础的会计信息。

如果税法明确规定某些涉税事项采用收付实现制原则，税务会计则应以实际收付现金为标准确认、计量应税收入与可扣除成本、费用。

在税法和税务会计实务中，世界上大多数国家实际采用的是修正的权责发生制原则。在美国税制中有一条著名的定律，即克拉尼斯基定律，它可以充分说明修正的权责发生制原则的"真谛"：如果纳税人的财务会计方法致使收益立即得到确认，而费用永远得不到确认，税务当局可能会出于所得税目的允许采用这种会计方法；如果纳税人的财务会计方法致使收益永远得不到确认，而费用立即得到确认，税务当局可能会出于所得税目的不允许采用这种会计方法。在该原则下，如果纳税人采用实现制，那么，对于它发生的一次性资产租金支出，税务当局不允许一次扣除，而要求将租金资本化，在租赁期内平均摊销。如果纳税人采用应计制，那么，对它取得的一次性资产租金收入，税务当局要求全部计入当期的应税收入，而不允许在租赁期内分期确认应税收入。

4. 历史（实际）成本计价原则

按历史成本计价原则进行会计处理，既有利于对资产、负债、所有者权益的存量计量，也有利于对收入、费用、利润的流量计量，因此，能够客观真实地反映企业的财务状况和财务成果。在财务会计中，该原则有一定的局限性，为纠正其不足，可以根据判断标准，对资产计提减值准备等，从而对历史成本计价原则进行修正。但在税务会计中，除税法另有规定外，纳税人必须遵循历史成本计价原则，因为它具有确定性与可验证性。正如诺贝尔经济学奖获得者萨缪尔森所言："会计人员之所以使用历史成本，是因为它反映的是客观的评价，并且容易证实。"

5. 相关性原则

与财务会计的相关性原则的含义不同，税务会计的相关性体现在所得税负债的计算上，即纳税人当期可扣除的费用在性质和根源上必须与其取得的收入相关。

6. 配比原则

配比原则是财务会计中对某一会计期间的收入同与其相关的费用相配比，以正确计算当期损益并据以进行收益分配。税务会计的配比原则是在所得税负债计算时，应按税法确定收入（法定收入）并界定同期可扣除费用，即纳税人发生的费用应在费用应配比或应分配的当期申报中扣除。

7. 确定性原则

确定性原则是指在所得税会计处理过程中，按所得税税法的规定，应税收入与可扣除费用的实际实现应具有确定性，即纳税人可扣除的费用不论何时支付，其金额必须是确定的。该原则适用于所得税的税前扣除，凡税前扣除的费用，如财产损失等，必须是真实发生且其金额必须是可以确定的。

8. 合理性原则

合理性原则是指纳税人可扣除费用的计算与分配方法应符合一般的经营常规和会计

惯例。该原则属于定性原则而非定量原则，具有较大的弹性。对同一交易事项的认定和会计处理，征纳双方角度不同、利益不同，对是否合理会有不同的解释。税务会计信息应该具有“合理性”的充分说服力。

9. 税款支付能力原则

税款支付能力与纳税能力有所不同。纳税能力是指纳税人应以合理的标准确定计税基数（税基），有同等计税基数的纳税人应负担同一税种的同等税款。因此，纳税能力体现的是合理负税原则。与企业的其他费用支出有所不同，税款支付必须全部是现金支出，因此，在考虑纳税能力的同时，也应考虑税款的支付能力。税务会计在确认、计量、记录收入、收益、成本、费用时，应尽可能选择能够保证税款支付能力的会计处理方法（包括销售方式、结算方式、结算工具的选择等）。

10. 筹划性原则

税务会计既要保证依法计税、纳税，又要尽可能地争取纳税人的最大税收利益。因此，选择什么样的会计政策、采用何种税务筹划方案，必须事先进行周密的谋划。“凡事预则立，不预则废。”“税务会计的目标不是会计，而是收益。”因此，它还具有财务职能，具有预测性。

1.5 税务会计要素

税务会计要素是对税务会计对象的进一步分类，这一分类既要服从税务会计目标，又受税务会计环境的影响。税务会计环境决定了纳税会计主体的具体涉税事项和特点，按涉税事项的特点和税务会计信息使用者的要求进行的分类，即形成税务会计要素，它同时也是税务会计报表（纳税申报表）要素。税务会计要素主要有以下几个。

1. 计税依据

计税依据是税法中规定的计算应纳税额的根据。在税收理论中称为税基。纳税人的各种应缴税款是各税的计税依据与其税率之积。不同税种的计税依据不同，有收入额、销售额（量）、增值额（率）、所得额等。

2. 应税收入

应税收入是企业因销售商品、提供服务等应税行为所取得的收入，即税法所认定的收入。因此，也可称为法定收入。应税收入与财务会计收入（简称会计收入）有密切联系，但不一定等同。确认应税收入的原则：一是与应税行为相联系，即发生应税行为才能产生应税收入；换言之，如果纳税人发生非应税行为或免税行为，其所取得的收入就不是应税收入，而只是会计收入。二是与某一具体税种相关。纳税人取得一项收入，如果是应税收入，必然与某一具体税种相关，即是某一特定税种的应税收入，而非其他税种的应税收入。

对应税收入的确认和计量，一般也是按财务会计原则和标准来进行的。但税法也有例外，如对权责发生制的修正，税法对某些应税行为按收付实现制确认应税收入。

3. 扣除费用

扣除费用是企业因发生应税收入而必须支付的相关成本、费用、税金、损失，即税法所认可的允许在计税时扣除项目的金额，亦称法定扣除项目金额。属于扣除项目的成本、费用、税金、损失是在财务会计确认、计量、记录的基础上，分不同情况确认：一是按其与应税收入的发生是否为因果关系，如为因果关系，可按比例扣除；二是在受益期内，按税法允许的会计方法进行折旧、摊销；三是对财务会计中已经确认、计量、记录的某些项目，凡超过税法规定的扣除标准的，一律按税法规定的限额作为扣除费用。由此可见，财务会计确认、计量、记录的成本、费用、支出与法定扣除项目金额虽然有密切关系，但两者并不等同。

4. 应税所得

在经济学、财务会计学与税务会计学中，关于“所得”的含义有所不同。财务会计中的“所得”就是账面利润或会计利润。税务会计中的“所得”即指应税所得，或称应纳税所得，它是应税收入与法定扣除项目金额（扣除费用）的差额，也是所得税的计税依据。① 在税务会计实务中，企业是在财务会计提供的账面利润的基础上，按现行税法与财务会计的差异及其选定的所得税会计方法（详见本书第 8 章）确认应税所得，进而计算应纳税额。

如果应税所得是负数，则为应税亏损。如果财务会计提供的账面利润是负数，即为账面亏损。在账面亏损的基础上，按现行税法进行调整，如果调整后仍是负数，即为应税亏损。只有对应税亏损，方可按税法规定进行税前弥补。如果企业有意虚列亏损，则视同逃税行为。

5. 应纳税额

应纳税额亦称应缴税款。它是计税依据与其适用税率或（和）单位税额的乘积。应纳税额是税务会计特有的一个会计要素。影响应纳税额的因素有计税依据、税率、单位税额和减免税规定。计税依据体现征税的广度，每个税种都要明确规定其计税依据，除附加税外，各个税种均有独立的计税依据。税率体现征税的深度，各个税种一般都有其特定的税率。如果是对税基的减免，减免税体现在计税依据中；如果是对应纳税额的减免，减免税额则是一个单独的要素。

上述税务会计要素也可以称为基本要素，因为主要税种还可以将基本要素细化，即税务会计具体要素，如增值税会计要素、所得税会计要素等。此外，免退税、退补税、滞纳金、罚款、罚金等也可以作为税务会计要素，但不是主要会计要素，或者说是税务

① 应税所得是计税依据，但计税依据并不都是应税所得。

会计基本要素的调整因素。

6. 税务会计等式

在我国财务会计的六项会计要素中，资产、负债和所有者权益构成资产负债表，收入、费用和利润构成利润表，通过两张主要会计报表分别体现了静态、动态会计要素之间的关系。在混合模式下，当财务会计要素的确认与税务会计一致时，按财务会计处理；当两者不一致时，按税法要求进行调整，调整后再融入财务会计中。税务会计要素是税制构成要素在税务会计中的具体体现，它们之间的关系构成以下两个会计等式：

应税收入－扣除费用＝应税所得

计税依据×适用税率(或单位税额)＝应纳税额

前者仅适用于所得税，后者适用于包括所得税在内的所有税种。

1.6 税务会计计量属性

如果说会计确认是定性问题，那么，会计计量、会计记录和会计报表都涉及定量问题，而定量问题涉及计量模式，计量模式即计量单位与计量属性的不同组合。目前多数国家采用历史成本/名义货币计量模式。

会计计量就是在恰当的时间、以特定的单位所做出的数量反映。“会计计量是会计系统的核心职能。”① “会计计量不论在理论上还是实务上都是会计的核心。因为会计的‘语言’就是量化的信息”（葛家澍，杜兴强，2005）。财务会计计量属性在会计理论研究、会计准则规范以及会计实务处理中，比较明确，几成共识。在《企业会计准则——基本准则》中，明确了财务会计的计量属性有历史成本、重置成本、可变现净值、现值和公允价值五种。

税务会计计量属性源于税法，但哪个国家的税法也没有像财务会计那样在一个规范性文件（如基本准则、编报财务报表的框架、概念框架、原则公告等）中集中阐明其计量属性，而税务会计计量属性既实际存在，又有别于财务会计。试问，哪个企业在填报税务会计报表（纳税申报表）时不需要对税务会计要素（涉税要素）进行确认、计量，而且绝不能出现差错？否则，将受到税务机关“立竿见影”的惩罚。因此，需要认真研究税法，正确理解税法，并从税法中归纳、提炼其计量属性，以便正确进行各种应交税费的计算与申报。由于各国税法的立法层次都要高于会计，因此，由税法决定的税务会计计量属性也重于财务会计。在财务会计与税务会计合一的情况下，财务会计计量属性要服从于税务会计；而在财务会计与税务会计分离的情况下，财务会计计量属性与税务会计计量属性应体现或服务于各自的会计目标。基于对税法的理解和认识，本书将税务会计计量属性归纳为以历史成本为主，以重置成本、现行市价为补充，在特定情况下采用公允价值。

---

① YURI IRIJI. Theory of Accounting Measurement. as Studies in Accounting No. 10（AAA），1979：29.

税务会计提供的当然均是涉税会计信息，但涉税会计信息不限于税务会计，财务会计、管理会计也有涉税的会计信息。由于各自目标不同，它们提供的涉税信息内容不同，不能互相取代。

1. 历史成本（实际成本）

“历史成本，是指企业取得该项资产时实际发生的支出。”① 在一般情况下，企业的各项资产包括固定资产、生物资产、无形资产、长期待摊费用、投资资产、存货等，均以历史成本为计税基础。历史成本强调：（1）其计算时点是企业取得该项资产时，而不是企业取得以后持有期间的价值；（2）企业取得资产时实际发生的支出，强调的是现实性，即使是企业取得资产时应当负担的支出，如果企业最终没有兑付这种义务性支出，其支出也是不能包括在历史成本之中的。

历史成本是在特定环境和时点下，企业为取得某项资产所实际发生的支出，其金额是既定的、固定的，而且作为资产的计算基础，企业不得自行调整，否则会侵蚀税基。但企业的资产可能会在企业长期存在，持有期限较长；在持有期间，资产会由于各种原因而发生增值或减值，对此，税法保留了一定的空间：“企业持有各项资产期间资产增值或者减值，除国务院财政、税务主管部门规定可以确认损益外，不得调整该资产的计税基础。”②

2. 重置成本（现行成本）

重置成本是指在当前市场状况下，用现时价格水平生产或购建与某项资产具有相同使用功能或效用的全新资产的支出。税法中重置成本的含义与会计准则基本相同，只是使用范围、内容有所不同。税法仅在特定情况下允许企业采用重置成本计量属性，如对旧房及建筑物评估价格的计量、对盘盈资产的计量。在土地增值税法中规定，旧房及建筑物的评估价格是“由政府批准设立的房地产评估机构评定的重置成本乘以成新度折扣率后的价格”。其中“重置成本”的具体运用是：对旧房及建筑物，按转让时的建材价格及人工费用计算，建造同样面积、同样层次、同样结构、同样建设标准的新房及建筑物所花费的成本费用。

3. 现行市价

现行市价是根据目前公开市场上与被评估资产相似的或可比的参照物的价格来确定被评估资产的价格。按税法规定，企业视同销售行为以及纳税人销售货物或应税服务的价格明显偏低又无正当理由时，其计税基础应按现行市价。在具体操作时，必须按税法规定的方法和顺序依次采用（而非自行选择）：（1）按纳税人当月同类货物的平均销售价格确定；（2）按纳税人近期同类货物的平均销售价格确定；（3）按组成计税价格确定，其计算公式是：组成计税价格＝成本×(1＋成本利润率)，成本以企业历史成本计量，成

---

① 《中华人民共和国企业所得税法实施条例》，第 56 条第 2 款。

② 《中华人民共和国企业所得税法实施条例》，第 56 条第 3 款。

本利润率则由国家统一规定。对进口货物，当需要估定其关税完税价格时，以同时或者大约同时进口货物的相同货物成交价格或类似货物成交价格作为完税价格，该完税价格其实也是现行市价。

4. 公允价值

“公允价值，是指按照市场价格确定的价值。”① 以市场价格作为公允价值的确定标准，具有客观性和公平性。对市场价格，可以理解为熟悉情况的双方在公平交易的条件下达成的价格。当企业以非货币形式从各种来源取得收入时，其金额的确定应当采用该计量属性，它既适用于关联方，也适用于非关联方。由此可见，税法中界定的公允价值基本上相当于会计准则中公允价值的“市场法”，它是基于相同或可比资产的市场交易而产生的价格。市场法主要指市场的价格信息，即在市场真实交易中可观察到的相同、相似或可比的资产的价格。如果在活跃市场上能够观察到这类信息，应尽可能用它来进行估计。市场价格被认为是公允价值的最好反映，因为一个公开市场上的价格通常是公允和可接受的，相对而言也是容易得到的。这种方法是站在销售人（卖方）的立场上，利用已被市场检验的实际交易价格来判断和估计计量对象的市场价格，因此，被认为是公允价值最为直接和最具说服力的获取方法。

复习思考题

1. 试述税务会计的概念。
2. 税务会计与财务会计有何联系与区别？
3. 简述税务会计的目标和对象。
4. 简述税务会计的基本前提。
5. 简述税务会计的原则（质量要求）。
6. 简述税务会计要素及其关系。
7. 简述税务会计计量属性，并与财务会计计量属性进行比较。

技能题

一、单项选择题

1. 税务会计是以所涉税境的（　　）为准绳，运用会计学的理论、方法和程序，对企业涉税会计事项进行确认、计量、记录和申报（报告），以实现企业最大税收利益的一门专业会计。

A. 现行税收法规　　　　B. 现行会计法规

C. 现行会计准则　　　　D. 现行法规

2. 我国税务会计的类型为（　　）。

① 《中华人民共和国企业所得税法实施条例》，第13条第2款。

A. 以所得税会计为主体的税务会计　　B. 以流转税会计为主体的税务会计
C. 流转税与所得税并重的税务会计　　D. 以财产税为主体的税务会计

3. 税务会计中最基本的前提是（　　）。
A. 纳税主体　　B. 持续经营
C. 货币时间价值　　D. 年度会计核算

4. 税务会计既要保证依法计税、纳税，又要尽可能地争取纳税人的最大税收利益，是指（　　）原则。
A. 合理性原则　　B. 筹划性原则
C. 历史（实际）成本计价原则　　D. 税款支付能力原则

5. 税务会计特有的一个会计要素是（　　）。
A. 应税收入　　B. 计税依据　　C. 税率　　D. 应纳税额

二、多项选择题

1. 由于各国税制结构体系不同，税务会计一般有三种类型。具体包括（　　）。
A. 以所得税会计为主体的税务会计
B. 以流转税（商品税）会计为主体的税务会计
C. 流转税与所得税并重的税务会计
D. 以财产行为税会计为主体的税务会计

2. 税务会计原则应包括（　　）。
A. 税法导向原则　　B. 一致性原则
C. 相关性原则　　D. 合理性原则

3. 税务会计计量属性具体包括（　　）。
A. 历史成本　　B. 重置成本　　C. 现行市价　　D. 公允价值

4. 以下属于税务会计基本前提的是（　　）。
A. 会计主体　　B. 持续经营
C. 纳税会计期间　　D. 年度会计核算

5. 以下属于税务会计要素的有（　　）。
A. 计税依据　　B. 税率　　C. 应税收入　　D. 扣除费用

三、判断题

1. 税务会计的最终目标是向税务会计信息使用者提供有助于其进行税务决策、实现最大涉税利益的会计信息。（　　）

2. 税务会计的纳税主体就是财务会计的会计主体。（　　）

3. 纳税会计期间是指纳税人按照税法规定选定的纳税年度期间。（　　）

4. 税务会计中的税款支付能力即纳税能力。（　　）

第2章

纳税基础

学习目标

1. 掌握税收实体法的基本构成要素；
2. 理解诚信纳税人的意义和纳税信用的要求；
3. 了解税收征纳基本制度。

引　言

税收是维系一个民族命运的大血脉。

——卡尔·马克思

税收是我们为文明社会支付的对价。

——贾斯汀斯·奥利维尔·温德尔·霍尔姆斯

现代税收体系是在崇高的原则和实用主义政治之间的一种不那么令人舒服的折中方法。

——保罗·萨缪尔森

不纳税行吗？请看他们怎么说：

纳税和死亡一样毋庸置疑。

——丹尼尔·迪福

在这个世界上，只有死亡和纳税是不可避免的。

——本杰明·富兰克林

既然无法避免，为何不去主动了解？作为会计人员，既要为企业正确计税、报税，还要做正确的会计处理；不仅要懂税，还要努力降低企业的纳税成本，追求企业税收利益。

2.1　税收概述

2.1.1　税收的产生

在历史的长河中，税收曾被称为“赋税”“租税”“捐税”等，简称为“税”。税收的产生必须具备两个条件：一是国家的产生和存在；二是私有财产制度的存在和发展。只有同时具备这两个条件，税收才能产生。因此，税收是国家和私有财产制度并存这一特定历史条件下的产物。

国家的出现与税收的产生有着本质的、内在的联系。第一，税收是国家实现其职能的物质基础。国家为了行使其职能必须拥有一批专政机构、管理国家的行政管理机构，这些国家机构及其公职人员并不直接从事物质生产，但要不断耗用一定的物质资料，为了满足这种需要，就要向社会成员征税。第二，税收是以国家为主体，以国家政治权力为依据的特定产品的分配。只有出现了国家，才能有征收税的主体——国家，也才能有国家征税的凭据——国家的政治权力，从而才会使税收的产生成为可能和现实。恩格斯说：“为了维持这种公共权力，就需要公民缴纳费用——捐税。捐税是以前的氏族社会完全没有的。”① “赋税是官僚、军队、教士和宫廷的生活源泉，一句话，它是行政权整个机构的生活源泉。强有力的政府和繁重的赋税是一回事。”② 私有财产制度的出现与税收的产生也有着直接的、必然的联系。国家可以通过多种形式取得财政收入，但用什么方式，要受客观经济条件的制约。税收是国家凭借政治权力而不是财产权力的分配形式，只有在社会上存在着私有财产制度，而国家又需要将一部分不属于国家所有或不能直接支配使用的社会产品转变为国家所有的情况下，才有必要采取税收方式。对于那些本来就属于国家所有或国家可以直接支配的社会产品，国家无须采用税收的方式去获得，而可以采用利润分配等方式。

古今中外，税收都是遵循“无商无税，无税无国”的运行轨迹变化和发展的，它深刻地揭示了税收与经济、税收与国家的内在辩证关系。归根结底，税收是为适应人类社会经济发展的需要，特别是国家的需要而存在和发展的，同时，它又被用来作为执行国家职能的必不可少的重要经济杠杆。“税收是推动文明进步的燃料。在现在已知的文明中，没有不存在税收的。”③

税收概念与会计概念一样，由于所处的时代不同，环境不同，角度不同，对其表述也各异。目前比较一致的说法是：税收是国家为实现其职能，凭借政治权力，以法律规定的形式取得再分配来源的一种方式。它体现以国家为主体的特定征缴关系。

---

① 马克思恩格斯选集：2 版，第 4 卷. 北京：人民出版社，1995：171.

② 马克思恩格斯选集：2 版，第 1 卷. 北京：人民出版社，1995：681.

③ 查尔斯·亚当斯 著，翟继光 译. 善与恶——税收在文明进程中的影响. 北京：中国政法大学出版社，2013：1.

2.1.2 税收的特征

税收自产生以来一直是国家取得财政收入的主要形式。与其他财政收入形式相比较，税收具有以下基本特征。

1. 强制性

“没有，从不曾有，也绝不可能有‘自愿’的税收制度”（唐纳德·C. 亚历山大）。任何社会制度下的税收，都是国家凭借政治权力，通过税法所进行的强制征收。“税收可以被视为依法的非自愿的捐献。”①

2. 无偿性

税收是国家对纳税人的无偿征收。征收以后的税款就成为国家的财政收入，不付给任何报酬，也不再直接返还给纳税人。无偿性是指其收入的不直接偿还性，它与政府发行债券收入有根本区别，也与政府收费（规费收入）有明显区别。

3. 固定性

税收是以法律形式存在的。在征税以前，税法预先对纳税人、纳税对象、税目、税率、应纳税额、纳税期限等做出具体规定，有一个比较稳定的适用期间，是一种固定的连续性收入。税收的这种固定性使征纳双方都有法可依。税收的固定性也并非一成不变，国家依据政治、经济环境的变化，可以修改现行税法，调整税收的有关规定。

税收的强制性、无偿性和固定性是相互联系、不可分离的，这就使其表现出与利润、信贷、利息、折旧、罚没、规费、摊派等分配形式的明显区别，成为一个特殊的分配范畴。税收的上述特征也是区别税与非税的根本标志。

2.2 税收实体法及其构成要素

税收实体法②是税收法律关系主体的实体权利和义务的法律规范总称。税收实体法直接关系征纳双方的权力和责任/权利和义务的界定，是税法的核心内容。如果没有税收实体法，政府就没有权力向纳税人征税，纳税人就没有义务向政府缴税，也就没有税法体系。由于国家设置并征收的每个税种的特定目的不同，因此，一般都是分税种立法，即“一税一法”——一个税种一部税收实体法；而且每个税种（即每个税收实体法）的构成要素（基本要素）具有统一性，一般包括纳税人、课税对象（纳税对象）、税目、税

---

① 墨菲，马克·希金斯. 美国联邦税制. 大连：东北财经大学出版社，2001.

② 相对于税收实体法的是税收程序法，即规范税务机关和税务行政相对人在行政程序中权力和责任（权利和义务）的法规总称。它可以保障实体法的有效实施，弥补其不足；维护纳税人的权益，规范和制约行政权的行使，提高执法水平和执法效率。

率、计税依据等。

2.2.1　纳税权利义务人

纳税权利义务人简称“纳税人”①，是根据税法规定直接负有纳税义务并享有纳税人权利的单位和个人。纳税人既可以是自然人，也可以是法人。自然人是依法享有民事权利，并承担民事义务的公民。法人是依法成立、能够独立支配财产并以其名义享受民事权利、承担民事义务的社会组织。在纳税实务中，与纳税人相关的概念还有：

（1）负税人。即最终承担税收负担的人。某种税的纳税人可能同时也是其负税人，但也可能不承担或不完全承担税负。因此，两者可能是合一的，也可能是分离的，关键看税负能否转嫁。如果税负能够转嫁，纳税人与负税人在一定程度上是分离的；否则，两者就是合一的。根据转嫁程度，纳税人与负税人可以不完全分离或不完全合一。税务会计主体是纳税人而非负税人，因此，以后章节不再涉及负税人概念。

（2）预扣/代扣代缴义务人。即税收法律、行政法规明确规定负有扣缴义务的单位和个人（简称“扣缴义务人”）。扣缴义务人在支付或收取款项时，代税务机关向负有纳税义务的单位和个人扣留或收取并解缴（缴纳）税款。

（3）代征人。代征人是指依法接受委托、行使代征税款权利并承担《委托代征协议书》规定义务的单位或人员。遵循自愿原则，委托人应与代征人签订《委托代征协议书》，明确委托代征范围和期限（不超过3年）、代征手续费率、违约责任等内容。

（4）纳税单位。即申报缴纳税款的单位，是纳税人的有效集合。为了征管和缴纳税款的方便，可以允许在法律上负有纳税义务的同类型纳税人作为一个纳税单位，填写一份申报表进行纳税。例如，公司所得税既可以是每个分公司为一个纳税单位，也可以是总公司为一个纳税单位。

2.2.2　征税/纳税对象

站在征税方的角度，称为征税对象，亦称课税对象、征税客体；站在纳税人的角度，称为纳税对象。它是征税的目的物，是明确对什么征税的问题。每种税都有其特定的征税对象，它是区别不同税种的主要标志，体现不同税种征税的基本界限，决定着不同税种名称的由来以及各税种在性质上的差别，并对税源、税收负担等产生直接影响。

纳税对象的计量标准是计税依据（课税依据或税基），它是税法中规定的据以计算应缴税款的直接数量依据。如果没有计量标准，就无法计算应缴（应征）税款。因此，计税依据要明确其计量单位，计量单位分为价值形态和实物形态两大类。如果计税依据是价值形态，如销售额、应纳税所得额等，其纳税对象与计税依据、计量单位一致，均为货币计量；如果计税依据是实物形态，是以纳税对象的销售数量、计税面积、长度、重

---

① 笔者不认可“纳税义务人”的提法。若没有权利，何来义务？因此，纳税人是纳税权利义务人的简称，而非纳税义务人的简称。

量等作为计税依据，则纳税对象与计税依据可能不一致，如车船税，其纳税对象是各种车辆、船舶，而其计税依据是车船的辆、吨、米等实物计量单位。以价值形态作为计税依据时，其计税方法为从价计税；以实物形态作为计税依据时，其计税方法为从量计税；既以价值又以实物为依据计税时，其计税方法为复合计税。

2.2.3 税目

税目是纳税对象的具体化，反映具体的征税范围，体现每个税种的征收广度。不是所有的税种都规定税目，对那些纳税对象简单明确的税种，如增值税、房产税等，就不必另行规定税目。对征税对象比较复杂的税种（如消费税），在税种内部不同征税对象需要采取不同的税率档次进行调节时，就需要对该税种的征税对象做进一步划分，其划分类别就是税目。

2.2.4 税率

税率是应纳税额与计税依据之间的关系或比例，是计算应纳税额的尺度，体现课税的深度。每种税的税率高低直接关系国家财政收入的多少和纳税人税收负担的大小。因此，税率是构成税制的基本要素。税率可以从不同的角度进行分类。

1. 按照税率的经济意义划分

税率可以分为名义税率和实际税率两种。名义税率就是税法上规定的税率；实际税率就是纳税人实际缴纳的税额占其全部收益额的比例（比重）。一般情况下，同种税的实际税率可能低于其名义税率。

2. 按照税率的表现形式划分

税率可以分为以绝对数形式表示的税率和以百分比形式表示的税率。我国目前主要有以下几种：

（1）定额税率。按纳税对象的一定计量单位规定固定的税额，而不是规定纳税比例，因此又称“固定税额”。它是税率的一种特殊形式，一般适用于从量征收的某些税种、税目。在具体运用上，又分为地区差别定额税率、幅度定额税率、分类分级定额税率等不同形式。

（2）比例税率。对同一征税对象，不论金额大小，都按同一比例纳税。税额与纳税对象之间的比例是固定的。比例税率在具体运用上又可分为产品比例税率、行业比例税率、地区差别比例税率、幅度比例税率等多种形式。

比例税率的优点是：对同一纳税对象的不同纳税人税收负担相同，有利于企业在大体相同的条件下展开竞争，促进企业加强管理，提高经济效益；计算方便，也便于税收稽征管理。主要缺点是：不分纳税人的环境、条件差异及收入、所得的多少等，都按同一税率征税，这与纳税人的实际负担能力不完全相符，在调节企业利润水平方面有一定的局限性。

（3）累进税率。按照纳税对象数额的大小，实行等级递增的税率，即将纳税对象按一定的标准划分为若干个等级，从低到高分别规定逐级递增的税率。这种税率制度既可适应纳税人的负担能力，又便于充分发挥调节纳税人收入水平的作用，而且适应性强，灵活性大，一般适用于对所得和财产的征税。根据累进税率结构的不同，又可分为以下几种：

1）全额累进税率。对纳税对象的全部数额，均按与之相适应的等级的累进税率计算纳税。当纳税对象提高到一个新的级距时，对其全额提高到一级新的与之相适应的税率计算纳税。它的累进幅度较大，对纳税人的应税所得具有较强的调节作用，计算方法简单，但存在税负不尽合理的弊端。

2）超额累进税率。把纳税对象按数额大小划分为若干等级，从低到高对每个等级分别规定相应的税率，一定数额的纳税对象可以同时适用几个等级的税率，每超过一级，超过部分则按提高一级的税率计税，这样分别计算税额，各等级应纳税额之和就是纳税人的应纳税额。它的累进程度比较缓和，纳税人的税负比全额累进税率要轻一些，但在计算上比较复杂。

3）超率累进税率。它与超额累进税率在原理上是相同的，只不过税率累进的依据不是绝对数，而是相对数，如我国现行土地增值税采用的就是超率累进税率。

2.2.5　纳税环节

纳税环节是指对处于不断运动中的纳税对象选定应该缴纳税款的环节。税法对每一种税都要确定纳税环节，有的税种纳税环节单一，有的税种则需要在许多流转环节中选择和确定。从对流转额的纳税来看，由于产品从生产到消费，中间要经过工业生产、商业批发、商业零售等环节，因此，可以选择在产品的生产环节或第一次批发环节纳税，在其他环节可以不纳税，即实行“一次课征制”，如资源税；也可以在产品出厂销售时缴纳一次工业环节的税，经过商业零售环节时再缴纳一次税，而在商业批发等中间环节不纳税，即实行“两次课征制”；还可以在工业品的产制、批发和零售环节都纳税，即实行“多次课征制”，如增值税。

2.2.6　税额计算

税额的计算是根据纳税人的生产经营或其他具体情况，对其应税事项，按照国家规定的税率，采取一定的计算方法，计算出纳税人的应纳税额。每种税都明确规定了应纳税额的具体计算公式，但其基本计算方法相同，即

应纳税额＝计税依据×适用税率（或单位税额）

公式中的“计税依据”在具体运用时涉及两个概念：一是计税单位，亦称计税标准、课税单位。它是课税对象的计量单位和缴纳标准，是课税对象的量化。计税单位分为从

价计税、从量计税和混合计税三种。二是计税价格。从价计征的税种、税率一经确定，应纳税额的多少就取决于计税价格，根据计税价格是否包含税款，计税价格又分为含税计税价格和不含税计税价格两种。

2.2.7 税负调整

纳税人负担的轻重，除了通过税基、税率体现外，还可以通过其他措施来调整。从税负看，税基、税率主要体现税负的统一性，而税负调整体现税负的灵活性，税负调整分减轻税负（税收减免）和加重税负（税收加征）两种情况。

1. 税收减免

（1）税收减免及其要求。税收减免是减税与免税的合称。减免税是国家对特定纳税人或征税对象给予减轻或者免除税收负担的一种税收优惠措施，包括税基式减免、税率式减免和税额式减免，但不包括出口退税和财政部门办理的减免税。减免税体现税收在原则性基础上的灵活性，但它也存在扭曲资源配置的可能性。

纳税人同时从事减税、免税项目与非减免税项目的，应分别确认计量。纳税人依法可以享受减免税待遇，但因故未享受而多缴税款的，纳税人可以在税收征管法规定期限内申请减免税，要求退还多缴税款。

税务机关应当遵循依法、公开、公正、高效、便利原则，规范减免税管理，及时受理和核准纳税人申请的减免税事项。税务机关应当结合税收风险管理，将享受减免税的纳税人履行纳税义务情况纳入风险管理，加强监督检查。

（2）税收减免的类型。

1）核准类减免税。这是指法律法规规定应由税务机关核准的减免税项目。纳税人申请核准类减免税的，应当在政策规定的减免税期限内，向税务机关提出书面申请，并按要求报送相应的材料。纳税人对报送材料的真实性和合法性承担责任。

2）备案类减免税。纳税人享受备案类减免税，应当具备相应的减免税资质，并履行规定的备案手续。

3）自行判别。企业可根据经营情况以及相关税收规定自行判断是否符合优惠事项规定条件。认为符合条件的，应按规定时间自行计算减免税额，填报企业所得税纳税申报表主表和相关附表，相关资料留存备查。

（3）税收减免的形式。除减税（对纳税人涉税事项的税基、税率或应纳税额给予一定折扣或予以降低而少征部分税款）、免税（对纳税人的应税行为免予征税）基本形式外，还有：

1）起征点。它是税法规定的对课税对象开始征税的临界点。课税对象未达到起征点的不征税；达到或超过起征点的，就其全部金额征税，而不是仅就超过部分征税。起征点的设置有利于小微企业的生存和发展，但当起征点较高时，容易诱发纳税人避税。

2）免征额。它是税法规定的对课税对象中免予征税的临界点。它是按税法规定的数额，从计税依据总额中预先减除的部分。即免征额部分不纳税，只对超过免征额的部分征税。免征额是一种普惠制，有利于保证纳税人的基本所得，如个人所得税中计算居民个人综合所得时的“减除费用”。

2. 税收加征

（1）地方附加，简称附加。地方政府按照国家规定的比例，随同正税一起征收的作为地方财政收入的款项。附加是对税种的附加，适用于该税种的所有纳税人。

（2）加成征收。在按法定税率计算出应纳税额后，再加征一定成数的税额。一成是税额的10%，依此类推，一般最高为十成。“加成”实际上是税率的延伸，是对税率的补充规定。

（3）加倍征收。在按法定税率计算出税额后，再加征一定倍数的税额。加倍征税是累进税率的一种特别补充，其延伸程度远远大于加成征税。因为加成征税并未超过税率自身的规定范围，最大的加成幅度才是一倍，而加倍征税最少是一倍，所以，后者的调控跨度大。加成与加倍征收是针对特定纳税人或特定应税行为的，是对累进税率的一种特别补充，因此只适用于直接税。

2.3 税收征纳制度

2.3.1 税务登记制度

税务登记是税务机关根据税法规定，对纳税人的生产经营活动进行登记管理的一项基本制度，是纳税人接受税务机关监督，依法履行纳税义务的必要程序。履行税务登记制度，是确立征纳双方法律关系的依据和证明，税务登记证件是抽象性的征税通知、税务许可证和权利证明书。税务登记包括设立登记、变更登记、注销登记和税务登记证验证、换证以及非正常户处理、报验登记等有关事项。

税务登记不仅是纳税人的法定义务，同时也是纳税人的一种权利证明。除了按规定不需要发给税务登记证件的情况外，纳税人可持税务登记证件办理以下事项：开立银行账户；申请减税、免税、退税；申请办理延期申报、延期缴纳税款；申领发票；申请开具外出经营活动税收管理证明；办理停业、歇业；其他有关税务事项。

1. 设立登记

新设立登记的企业首次办理涉税事宜时，税务机关依据工商部门共享登记信息制作《“多证合一”登记信息确认表》，提醒纳税人对其中不全的信息进行补充，对不准确的信息进行更正，对需要更新的信息进行补正。对首次办理涉税事宜的新设登记企业需要补充的信息，部分信息由金税三期核心征管系统自动生成，部分信息合并至实名办税、财务会计制度备案等环节采集。

金税三期外部信息交换系统自动将纳税人在工商部门的换照信息传递至征管系统，各地税务机关通过征管系统相关模块及时为纳税人办理相关涉税业务。纳税人识别号统一为18位社会信用代码。

2. 变更登记

纳税人税务登记内容发生变化的，应当在规定时间内，提供相关证件和材料，向原发证机关申报办理变更登记（验证、换证）。

3. 停业、复业登记

纳税人在申报办理停业登记时，应如实填写停业申请登记表，说明停业理由、停业期限、停业前的纳税情况和发票的领、用、存情况，并结清应纳税款、滞纳金、罚款。纳税人在停业期间发生纳税义务的，应按税收法律、行政法规的规定申报缴纳税款。

纳税人应当于恢复生产经营之前，向税务机关申报办理复业登记，领回并启用税务登记证件、发票申领簿及停业前申领的发票。停业期满不能及时恢复生产经营的，应当在停业期满前向税务机关提出延长停业登记申请。

4. 注销登记

纳税人发生解散、破产、撤销以及其他情形，依法终止纳税义务的，应当在规定时间内，按规定要求提供相关证件和材料，向原发证机关申报办理注销登记。

纳税人在办理注销税务登记前，应当结清应纳税款、多退（免）税款、滞纳金和罚款，经税务机关核准后，办理注销税务登记。

5. 外出经营报验登记

纳税人到外县（市）临时从事生产经营活动的，应在外出生产经营前，持税务登记证向主管税务机关申请开具外出经营活动税收管理证明（以下简称“外管证”）。

纳税人应当在外管证注明地进行生产经营前向当地税务机关报验登记，并提交相关证件、资料；外出经营活动结束，应向经营地税务机关填报外出经营活动情况申报表，并结清税款、缴销发票。

纳税人应在外管证有效期届满后，在规定时间内，持外管证回原税务登记地税务机关办理外管证缴销手续。

2.3.2 会计管理制度

会计管理制度是根据国家有关法律、行政法规和国务院财政、税务主管部门的规定，对纳税人会计凭证、账簿设置和管理提出要求的制度。

1. 会计账簿、凭证的设置和管理

从事生产、经营的纳税人应当自领取营业执照或发生纳税义务之日起15日内，按照国家有关规定设置账簿，根据合法有效的会计凭证记账、核算。

纳税人、扣缴义务人的会计凭证、账簿、完税凭证、发票、出口凭证和其他有关涉税资料，应当保存 10 年（法律法规另有规定的除外）。

2. 会计制度、会计处理方法的管理

从事生产、经营的纳税人应自领取税务登记证件之日起 15 日内，将其财务及会计制度、会计处理方法、会计核算软件报送主管税务机关备案。纳税人、扣缴义务人的财务、会计制度、方法与国务院或国务院财政、税务主管部门的规定有抵触的，应按国家规定计算应纳税款、代扣代缴和代收代缴税款。

2.3.3 发票管理制度

1. 发票的概念和属性

发票是指在购销商品、提供或者接受服务以及从事其他经营活动中，开具、收取的收付款凭证。发票是记录经济活动的商事凭证，也是税务机关进行税收征管的重要依据。

发票是用以证明交易事项已经发生，明确交易双方法律责任，记录交易原始形态和内容的商事凭证，有时也作为提货单、保修单等的辅助证明。同时，它还是财务会计核算凭证，作为会计记录的依据和会计档案资料；它也是税务会计的计税凭证，是税务机关等执法检查的重要依据。

2. 发票基本要素

发票的基本要素有发票的名称、发票代码和号码、联次及用途、客户名称、开户银行及账号、商品名称或经营项目、计量单位、数量、单价、大小写金额、开票人、开票日期、开票单位（个人）名称（章）等。发票联次包括存根联、发票联、记账联。存根联由收款方或开票方留存备查；发票联由付款方或受票方作为付款的原始凭证；记账联由收款方或开票方作为记账的原始凭证。省以上税务机关可根据发票管理情况以及纳税人经营业务需要，增减除发票联以外的其他联次，并确定其用途。

3. 发票的领取

需要领取发票的单位和个人，应当持税务登记证件、经办人身份证明、按照国务院税务主管部门规定式样制作的发票专用章的印模，报主管税务机关审核。

从事收购种植业、养殖业、林业、牧业、水产业生产的各种初级产品的单位和个体工商户，可到税务机关领取农产品收购发票。

4. 发票的开具和保管

销售商品、提供服务以及从事其他经营活动的单位和个人，对外发生经营业务收取款项，收款方应当向付款方开具发票；特殊情况（收购单位和扣缴义务人支付个人款项及国家税务总局认为其他需要由付款方向收款方开具发票的情况）下，由付款方向收款方开具发票。

所有单位和从事生产、经营活动的个人购买商品、接受服务以及从事其他经营活动支付款项，应当向收款方取得发票。取得发票时，不得要求变更品名和金额。不符合规定的发票，不得作为财务报销凭证，任何单位和个人有权拒收。

任何单位和个人不得有下列虚开发票行为：（1）为他人、为自己开具与实际经营业务情况不符的发票；（2）让他人为自己开具与实际经营业务情况不符的发票；（3）介绍他人开具与实际经营业务情况不符的发票。

企业应当按照发票管理规定使用发票，不得有下列行为：（1）转借、转让、介绍他人转让发票、发票监制章和发票防伪专用品；（2）知道或者应当知道是私自印制、伪造、变造、非法取得或者废止的发票而受让、开具、存放、携带、邮寄、运输；（3）拆本使用发票；（4）扩大发票使用范围；（5）以其他凭证代替发票使用。

企业应当建立发票使用登记制度，设置发票登记簿，并定期向主管税务机关报告发票使用情况；应在办理变更或者注销税务登记的同时，办理发票和发票申领簿的变更、缴销手续；应按税务机关的规定存放和保管发票，不得擅自损毁。

2.3.4 纳税申报制度

纳税申报制度是纳税人在发生纳税义务后，按国家有关法律、行政法规规定和税务机关的具体要求，向主管税务机关如实申报有关纳税事项及应缴税款时，应履行法定手续的制度。纳税申报不仅是征纳双方核定应纳税额、开具纳税凭证的主要依据，而且是税务机关研究经济信息、加强税源管理的重要手段。纳税申报制度不仅可以促使纳税人增强纳税意识，提高税款计算的正确性，还有利于税务机关依法征收税款，查处税务违法事件，保证税款及时、足额入库。

1. 纳税申报的方式

我国目前的纳税申报方式主要有：

（1）直接申报。纳税人、扣缴义务人直接到主管税务机关办理纳税申报或扣缴税款的报告。

（2）数据电文申报。纳税人、扣缴义务人经税务机关批准，经由电子、光学或类似手段生成、存储或传递纳税申报或扣缴税款的报告。这些手段包括电子数据交换、电子邮件、电报、电传、传真等。

2. 纳税申报的范围

凡是有纳税义务的单位和个人，不论当期是否有应纳税款，都应办理纳税申报。此外，下列单位和个人也应办理纳税申报：

（1）经税务机关批准，实行“自行核税、自行开票、自行缴库”的纳税人，应定期向税务机关提交纳税申报，接受税务机关的监督。

（2）采取定期定额缴纳税款的纳税人，按评估核定的销售额、所得额等分月计算缴纳税款，并定期办理申报纳税，以反映其实际经营情况，便于税务机关检查原先核定的税款定额是否合理。

（3）经税务机关批准减免税的纳税人，须定期申报减免税款的发生结果，以真实地反映减免税的成效。

（4）扣缴义务人须定期办理纳税申报，以防止不扣或少扣等情况的发生。

3. 申报纳税期限

（1）纳税义务与纳税期限的确认。纳税义务发生时间即纳税人应税行为的发生时间，它是确认纳税期限的起始点。在每个税收实体法中，都明确规定了应税行为的发生时间。与财务会计有所不同，税务会计确认有的基于收付实现制，有的基于权责发生制，因涉税事项和税种的不同而不同。

（2）纳税期限。纳税期限是纳税人依法向国家缴纳每种税款的期限。纳税义务发生后，不可能立即缴纳税款。因此，在税收实体法中规定了每种税的具体间隔时间，即申报纳税期限。有按日、按月、按季、半年之分；不能按固定期限纳税的，应按次申报纳税。

（3）缴税期限。纳税期满后，应缴税款实际缴纳的期限，即从纳税期满之日起，多少天内申报纳税。超过期限，即为欠税。此外，有的税种还规定了预缴税款期限和结清（清缴）期限。纳税人、扣缴人、纳税担保人应缴纳的欠税及滞纳金，可先行缴纳欠税，再依法缴纳滞纳金。企业破产应依法缴纳新产生的应纳税款。

（4）延期申报。以下两种情况可以延期纳税申报：

1）法定延期。纳税人在纳税期限最后一天为法定节假日的，可顺延至第 1 个工作日；在纳税申报期若遇 3 日（含）以上法定节假日的，可按节假日天数顺延。例如，某企业增值税、消费税是每月期满后 15 日内为申报纳税期限，当年 2 月 15 日为星期六，则 2 月申报纳税期限顺延至 2 月 17 日；10 月 1 日（星期四）至 7 日放假 7 天，10 月申报纳税期限顺延至 10 月 22 日（星期四）。

2）核准延期。纳税人、扣缴义务人不能按期办理纳税申报，经税务机关核准，可以延期申报。但应按上期实际缴纳的税款或税务机关核定的税款预缴，并在核准的延期内办理税款结算。

4. 纳税申报表填报及附报资料

纳税人、扣缴义务人在填写纳税申报表时，应将税种、税目、计税依据、适用税率或单位税额、应纳税额、预扣/代扣代缴税额、税款所属期限、计算机代码、单位名称等填写清楚，并加盖有关印章。

纳税人无论有无应税收入、所得和其他应税项目，或者在减免税期间，必须依照《税收征管法》的规定，向主管税务机关报送同期财务会计报表及其他附列资料。

为了进一步深化税务系统“放管服”改革，简化企业纳税申报资料报送，减轻企业办税负担，国家税务总局颁布了有关事项的公告，纳税人向税务机关申报扣除资产损失，仅需填报《资产损失税前扣除及纳税调整明细表》，不再报送相关资料，而由企业留存备查。虽然降低了企业的办税负担和申报资料的难度，但从另一个角度看，也是对企业税务合规与内控制度提出的更高要求。不再报送相关资料，并不意味着相关资料不重要。

企业应对资产损失资料进行收集、整理、归集，妥善保存，留存备查，保证其真实性、合法性，否则要承担相应的法律责任。

2.3.5 税款缴纳制度

税款缴纳制度是指纳税人根据国家有关法律、行政法规规定按一定程序缴纳税款的制度。税务机关不得违反法律法规的规定开征、停征、多征、少征、提前征收、延缓征收或摊派税款。

1. 税款缴纳方式

纳税人在纳税申报后，应按主管税务机关认定的如下税款缴纳方式，在规定期限内将应交税款解缴入库。

(1) 自核自缴（查账征收）。适用于财务制度健全、会计核算正确，能够主动自觉依法纳税的企业。经主管税务机关批准，企业自行计算应纳税款，自行填写纳税申报表并按规定办理纳税申报（包括附报资料），自行填写税收缴款书并及时缴纳税款。

(2) 核实缴纳（查定征收）。适用于财务制度基本健全、会计核算比较正确，能够依法计算应纳税款的企业。纳税人自行填写纳税申报表，并按规定办理纳税申报（包括附报资料），经主管税务机关审核并填开税收缴款书后，在规定期限内缴纳税款。

(3) 查定缴纳（查验征收）。适用于财务制度不够健全、凭证账簿不够完备的企业。纳税人应如实向主管税务机关办理纳税申报，并提供其生产经营情况等资料，经税务机关审查测定或实地查验后，填开税收缴款书或完税凭证，纳税人据以在规定期限内缴纳税款。

(4) 定额（核定）缴纳。对生产经营规模较小，无力建账或账证不全，不能提供准确纳税资料的企业，按照税务机关核定的销售额（收入额）和税率或征收率计算应交税款，并在规定期限内申报缴纳。当纳税人每期的实际销售额与税务机关核定的定额增减幅度超过20%时，经税务机关核实后，可对定额予以调整。适用核定应税所得率缴纳企业所得税的纳税人，其应纳税所得额按税法规定的公式计算（详见本书第8章第2节）。

2. 税款缴纳凭证——税收票证

(1) 税收票证的意义。税收票证是指税务机关、扣缴义务人依照法律法规，代征人、代售人按照委托协议，在征收税款、基金、费、滞纳金、罚没款等各项收入（以下统称税款）的过程中，开具的收款、退款和缴库凭证。税收票证是纳税人实际缴纳税款或者收取退还税款的法定证明。

税收票证包括纸质形式和数据电文形式。数据电文税收票证是指通过横向联网电子缴税系统办理税款的征收缴库、退库时，向银行、国库发送的电子缴款、退款信息。

税收票证的基本要素包括税收票证号码、征收单位名称、开具日期、纳税人名称、纳税人识别号、税种（费、基金、罚没款）、金额、所属时期等。

（2）税收票证的种类。税收票证包括税收缴款书、税收收入退还书、出口货物服务专用税收票证、印花税专用税收票证、税收完税证明以及国家税务总局规定的其他税收票证。

1）税收缴款书。税收缴款书是纳税人据以缴纳税款，税务机关、扣缴义务人及代征代售人据以征收、汇总税款的税收票证。

2）税收收入退还书。税收收入退还书是税务机关依法为纳税人从国库办理退税时使用的税收票证。税收收入退还书应当由县以上税务机关税收会计开具并向国库传递或发送。

3）出口货物服务专用税收票证。出口货物服务专用税收票证是由税务机关开具，专门用于纳税人缴纳出口货物服务增值税、消费税或者证明该纳税人再销售给其他出口企业的货物已缴纳增值税、消费税的纸质税收票证。

4）印花税专用税收票证。印花税专用税收票证是税务机关或印花税票代售人在征收印花税时向纳税人交付、开具的纸质税收票证。

5）税收完税证明。税收完税证明是税务机关为证明纳税人已经缴纳税款或者已经退还纳税人税款而开具的纸质税收票证。

2.4　诚信纳税与纳税信用

2.4.1　诚信纳税及其意义

1. 诚信及诚信纳税

诚信即诚实守信，言必有信，一诺千金。“诚信”是立身之本，处世之宝。

市场经济是信用经济、法治经济，市场交易主体的诚实信用符合市场经济发展及秩序的基本要求，是现代市场经济的应有之义。诚信原则包含市场经济的基本道德要求，体现了公平、正义等价值取向。

诚信原则是现代民法的基本原则。诚信原则既具备一般条款的强制性效力，又蕴含伦理道德标准，将道德规范的自律性提升至强制性规范的他律性，实现了道德诚信的法律化。诚信原则的基本内涵是民事主体在民商事活动中应当诚实守信、恪守承诺，不仅承担契约规定义务，还应当承担诚实、善意的一般义务，即在追求各自利益的同时，不损害他人及社会利益。

我国《民法总则》明确：“民事主体从事民事活动，应当遵循诚信原则，秉持诚实，恪守承诺。”在《合同法》《消费者权益保护法》等法规中也有类似规定。

税收诚信原则蕴含高度道德价值。在税法中，其内在的“诚实善意”对征纳双方都有要求：（1）征税方在履行职责时，要明确纳税人的合法权益，坚持诚信推定、无过错推定；保护纳税人的善意期待，恪守承诺，保证已做出的行政行为的效力稳定；及时行使征税权，超出合理期限则可能违法行政或丧失追诉权；坚持“取之有度，用之有效”

的税收伦理等。(2) 纳税人应诚信纳税，及时足额缴纳税款，积极主动地配合征税机关履行职责。

诚信纳税是现代市场经济条件下社会普遍存在的相互信任关系在税务领域的具体体现。对纳税人来说，是将诚信规范体现在履行纳税义务上。诚信纳税就是按照法律规定自觉、准确、及时地履行税收给付义务与各种应作为义务，是表现和反映征纳双方相互之间信任程度的标的，是由规矩、诚实、合作的征纳行为所组成的一种税收道德规范。诚信纳税在一个行为规范、诚实而合作的税收征纳群体中产生，它既促进税收征纳双方共同遵守规则，改善征纳关系，也是在潜移默化中提高征纳主体成员的素质，在相互信任中转化成合作、和谐关系。

诚以立业，信以传世。人无信不立，业无信不兴。

诚信不仅是一种品行，更是一种责任；不仅是一种道义，更是一种准则。诚信是经过时间沉淀下来的经验和财富。法不可违，信不可失。失足，还可以站起来；失信，将永难挽回。

2. 诚信纳税的意义

(1) 诚信纳税有利于促进市场经济健康发展。市场经济是竞争经济，这种竞争是一种公平有序的竞争；市场经济也是一种法制经济，它通过将一切市场行为纳入法律体系确保市场经济秩序有法可依与有法必依。可见，健全的法制和公平的竞争环境是保障市场经济健康发展的要件。实施诚信纳税，以财力保障政府行使其职能，为市场经济的健康发展提供了保证；诚信纳税还可以促使纳税人公平地参与市场竞争，营造良好的税收法制与公平的纳税环境，这是市场经济健康发展所不可或缺的条件。

(2) 诚信纳税利国利民。诚信纳税可以保证政府有稳定、充足的财政收入，增强国家实力，政府就可以为社会提供更多更好的公共物品和服务，满足人民日益增长的美好生活需要。诚信纳税与国家和人民的利益息息相关，诚信纳税利国利民。

(3) 诚信纳税可以降低征收成本。纳税人讲诚信，纳税遵从度高，税务部门就可以给依法纳税人以较大的自由度，取消或简化一些不必要的管理程序和要求，提高征管效率，降低征收成本。

(4) 诚信纳税有利于维护企业的商誉。在市场经济条件下，纳税人的商誉不仅包括其在生产经营活动及商业交易中的诚信度，还包括其诚信纳税情况——纳税信用等级。可以说，诚信纳税是企业的一项无形资产，它传播着企业的良好商业信誉，成为衡量企业商业信誉的重要尺度。只有诚信纳税的企业才会赢得较高的商业信誉和更多的商机，才能行稳致远。

3. 涉税服务人员个人信用记录

为加快个人诚信记录建设，对从事涉税服务人员（会计从业人员、注册会计师、注册税务师、律师等）实行个人信用记录，及时归集有关人员在相关活动中形成的诚信信息，体现“守信激励、失信惩戒”。根据《从事涉税服务人员个人信用积分指标体系及积分记录规则》，“个人信用指标”包括基本信息、执业记录、不良记录、纳税记录四类一级指标。

执业记录部分采取累加计分规则，从事涉税服务人员为多个委托人提供同项涉税业务都会获得累加计分；不良记录部分采取累计扣分规则，从事涉税服务人员每发生一次违法违规情形都会扣去相应分值，情节较重或情节严重的，纳入涉税服务失信名录。

2.4.2 纳税信用管理与评价

纳税信用是纳税人依法履行纳税义务，并被社会普遍认可的一种信用，是社会信用体系建设的重要内容。

纳税信用管理是指税务机关对纳税人的纳税信用信息开展的采集、评价、确定、发布和应用等活动，纳税信用管理遵循客观公正、标准统一、分类分级、动态调整的原则。国家税务总局推行纳税信用管理工作信息化，规范统一纳税信用管理。税务机关积极参与社会信用体系建设，与相关部门建立信用信息共建共享机制，推动纳税信用与其他社会信用联动管理。

纳税信用评价采取年度评价指标得分和直接判级方式。评价指标包括税务内部信息和外部评价信息。年度评价指标得分采取扣分方式。在评价年度内，纳税人经常性指标和非经常性指标信息齐全的，从100分起评；非经常性指标缺失的，从90分起评。直接判级适用于有严重失信行为的纳税人。

税务机关每年4月确定上一年度纳税信用评价结果，并为纳税人提供自我查询服务。

A级纳税信用为年度评价指标得分90分以上的；B级纳税信用为年度评价指标得分70分以上不满90分的；C级纳税信用为年度评价指标得分40分以上不满70分的；D级纳税信用为年度评价指标得分不满40分或者直接判级确定的；未发生上述失信行为的新设立企业（根据《破产法》重整后的企业，也按新设立企业评价）适用M级纳税信用。

税务机关按照守信激励、失信惩戒的原则，对不同信用级别的纳税人实施分类服务和管理。对税收违法失信行为当事人实行“一处失信，处处受限”的联合惩戒措施，将惩戒措施分为向社会公布和不向社会公布的两类当事人。对不向社会公布的当事人，实施纳税信用级别降为D级的惩戒措施。对D级纳税信用企业，严格限制发票领用量，严控每次领取数，并要预缴3%的税额，必须到办税服务厅排队验票、比对认证等。鼓励纳税人主动纠正税收违法失信行为，建立信用修复制度。对纳税信用评价为A级的纳税人，税务机关采取下列激励措施：

（1）主动向社会公告年度A级纳税人名单。

（2）一般纳税人可单次领取3个月的增值税发票用量，需要调整增值税发票用量时即时办理。

（3）普通发票按需领用。

（4）连续3年被评为A级信用级别的纳税人，除享受以上措施外，还可以由税务机关提供绿色通道或专门人员帮助办理涉税事项。

（5）税务机关与相关部门实施的联合激励措施。企业不仅可以在发票领用、认证、出口退税和日常办税多方面享受便利，而且在不动产登记、申请贷款和政府招投标等方面享受审批优先待遇。

2.4.3 纳税信用的溢出效应及其提升

1. 纳税信用的溢出效应

溢出效应（spillover effect）是指一个组织在进行某项活动时，不仅会产生活动所预期的效果，而且会对组织之外的人或社会产生影响，即某项活动具有外部收益。

纳税信用数据（信息）有较高的客观性、真实性和准确性，是优质的“第三方数据”。通过“税银（银税）互动”，可以产生三方共赢的溢出效应。随着社会信用体系建设不断深入，纳税信用应用逐步拓展。在银行信贷、政府招投标、企业上市和评优争先等方面，已经将纳税信用情况作为重要的考量因素。

对银行贷款授信审批部门来说，与企业的财务报表数据相比，税务机关提供的纳税信用信息具有更强的真实性、权威性、可量化性，是难得的高质量参考依据，可以在很大程度上消除银行与企业之间的信息不对称问题，消除银行的信息收集盲区。银行可以借此综合分析企业的应税收入、进项税额抵扣、入库税款和税款缴纳速度等关键指标来为企业“画像”，由大数据自动确定是否放款、放多少款。原先烦琐的贷款审批流程可以大大简化，甚至可以实现全流程网上审批，加快审批速度，降低审批成本和不良贷款率，银行还能获得优质客户资源。

2. 努力提升纳税信用等级

对企业来说，提升纳税信用等级，除可以直接降低纳税成本外，还可以降低融资成本，扩大融资规模。企业的纳税信用等级越高，得到的贷款就越多，贷款期限就越长。

纳税人应重视自身的纳税信用，提高税务会计核算水平，加强税务会计管理，日常积累纳税信用，努力提升纳税信用等级。具体而言，主要应做到：

（1）按规定正确进行纳税申报，及时进行抄报税等；

（2）按规定要求报送企业会计制度和会计处理方法；

（3）归集并留存享受税收优惠政策的相关备查资料；

（4）如实向税务机关提供与关联企业业务往来中的价格、费用标准等信息；

（5）及时响应税务机关的风险提醒，按规定及时解除非正常户；

（6）及时、如实向税务机关备案银行账户。

2.4.4 纳税信用修复和纳税信用复评

纳税信用修复适用于纳税人发生了国家税务总局2019年第37号公告中明确的情节

轻微或未造成严重社会影响的失信行为后，在规定期限内，主动纠正、消除不良影响后向税务机关申请恢复其纳税信用的机制，旨在鼓励并引导纳税人增强依法诚信纳税意识，通过主动纠错方式尽快修复自身信用，减少信用损失。

纳税信用复评适用于纳税人对纳税信用评价结果有异议，认为部分纳税信用指标扣分或直接判级有误或属于非自身原因导致，而采取的一种维护自身权益的行为。

纳税信用修复的前提是纳税人对税务机关作出的年度评价结果无异议，如有异议，应先进行纳税信用复评后再申请纳税信用修复。

2.4.5 严重违法失信会计人员黑名单管理

在从事会计核算、实行会计监督等会计工作过程中，违反会计法有关规定，受到刑事或行政处罚的会计人员①为严重违法失信人员。会计人员因下列行为受到刑事处罚或行政处罚的，属于严重违法失信行为：

(1) 提供虚假财务会计报告；

(2) 伪造、变造会计凭证、会计账簿，编制虚假财务会计报告；

(3) 隐匿或故意销毁依法应当保存的会计凭证、会计账簿、财务会计报告；

(4) 授意、指使、强令会计机构、会计人员及其他人员伪造、变造会计凭证、会计账簿，编制虚假财务会计报告或者隐匿、故意销毁依法应当保存的会计凭证、会计账簿、财务会计报告；

(5) 贪污、挪用公款、职务侵占等与会计职务有关的违法行为。

认定部门以刑事、行政处罚等处理结果为依据，将属于规定的违法情形当事人列入会计人员黑名单。受到行政处罚的，列入黑名单的有效期为5年，自处罚生效之日起计算；受到刑事处罚的，列入黑名单的有效期为永久。

《 复习思考题 》

1. 试述税收实体法的基本构成要素。
2. 简述税务登记的意义和内容。
3. 简述纳税申报方式和内容。
4. 何谓税款缴纳的凭证？税款缴纳的凭证主要有哪些？
5. 简述我国税款缴纳方式。
6. 简述诚信纳税的意义。如何提升企业纳税信用等级？
7. 为什么要对涉税服务人员实行个人信用记录？如何保持个人信用的优良记录？
8. 简述纳税信用修复机制的意义，失信行为纳税人如何进行纳税信用修复？

---

① 是指符合《会计人员管理办法》规定，在会计师事务所、代理记账机构中从事代理记账业务的人员。

技能题

一、单项选择题

1. 税制构成要素中，用以区分不同税种的主要标志是（　　）。

A. 税率　　B. 征税对象　　C. 纳税人　　D. 税目

2. 我国目前采用超率累进税率的税种为（　　）。

A. 印花税　　B. 房产税　　C. 资源税　　D. 土地增值税

3. 从事生产经营的纳税人应当自领取营业执照或发生纳税义务之日起（　　）内，按照国家有关规定设置账簿，根据合法有效的会计凭证记账、核算。

A. 15日　　B. 30日　　C. 45日　　D. 60日

4. 在计税依据总额中免予征税的数额是指（　　）。

A. 起征点　　B. 免征额　　C. 减税　　D. 免税

5. 根据税法规定，有义务从其持有的纳税人收入或从纳税人收款中按其应纳税款代为缴纳税款的单位或个人为（　　）。

A. 代征人　　B. 代扣义务人　　C. 代缴义务人　　D. 扣缴义务人

二、多项选择题

1. 税收的特征包括（　　）。

A. 强制性　　B. 无偿性　　C. 有偿性　　D. 固定性

2. 我国目前的税率表现形式有（　　）。

A. 定额税率　　B. 比例税率　　C. 超额累进税率　　D. 超率累进税率

3. 我国目前的纳税申报方式主要有（　　）。

A. 计算申报　　B. 数据电文申报　　C. 邮寄申报　　D. 直接申报

4. 关于发票管理制度，以下说法正确的是（　　）。

A. 发票是记录经济活动的商事凭证

B. 发票是税务机关进行税收征管的重要依据

C. 发票是由税务机关统一印制的

D. 发票是财务会计核算凭证

5. 以下属于会计人员严重违法失信行为的是（　　）。

A. 提供虚假财务会计报告

B. 伪造、变造会计凭证、会计账簿，编制虚假财务会计报告

C. 隐匿或故意销毁依法应当保存的会计凭证、会计账簿、财务会计报告

D. 贪污、挪用公款、职务侵占等与会计职务有关的违法行为

三、判断题

1. 税目是纳税对象的具体化，反映具体的征税范围，因此，每个税种都有税目。（　　）

2. 税率可以分为名义税率和实际税率两种。在一般情况下，同种税的实际税率可能低于其名义税率。（　　）

3. 税收完税证明是税务机关为证明纳税人已经缴纳税款或者已经退还纳税人税款而开具的电子税收票证。 ( )

4. 纳税人应在外管证有效期届满后，在规定时间内，持外管证回原税务登记地税务机关办理外管证缴销手续。 ( )

5. 纳税人应当按照税务机关的规定使用税务登记证件；特殊情况下可以转借他人。 ( )

第3章

增值税会计

学习目标

1. 掌握增值税会计的确认、计量、记录与申报；
2. 理解增值税会计与财务会计的关系；
3. 了解增值税的类型及其特点。

引　言

2002年圣诞节前夜，法国的莫里斯·洛雷溘然长逝，享年85岁。他是增值税的创始人，在法国被尊称为“增值税之父”。自1954年法国正式开征增值税以来，短短几十年，世界上就有170多个国家和地区采用，不能不说是世界税收史的一个奇迹。它怎么会有这么大的魅力呢？国际货币基金组织（IMF）的文件称：增值税是20世纪下半叶世界税制改革中的最重大事件之一，目前，它已经形成一股不可抗拒的时代潮流。增值税对政府财政收入的贡献率平均为25%。增值税是目前我国第一大税种，实行税款抵扣机制的增值税会计自然也是最为复杂的。如果财务会计要保持与增值税价外计税处理的“一致性”，当然也就非常复杂了。是否还有其他选项呢？

3.1　增值税税制要素

3.1.1　增值税的基本含义

1954年，法国政府率先推行增值税之后，欧共体各成员国先后采用增值税。增值税以其特有的优势，成为世界税收史上最耀眼的一颗新星。

1. 增值税的概念

从计税原理上说，增值税（value-added tax，VAT）是对商品生产、商品流通、服务中各个环节的新增价值或商品的附加值征收的一种流转税。但是，商品新增价值或商品附加值在商品生产和流通过程中难以准确计算，征纳双方都不易操作。因此，世界各国一般采用税额抵扣的办法，即根据货物或应税服务的销售额，按照规定税率计算出销项税额，再扣除当期进项税额，其差额即为纳税人应缴纳的增值税额，这种计算方法体现了按增值因素计税的原理。只是各国及各国的不同时期增值税税法规定的扣除项目和税率有所不同而已。

增值税是对在我国境内销售货物、进口货物以及提供服务的单位和个人，就其取得货物的销售额、进口货物金额、应税服务销售额计算税款，并实行税款抵扣的一种流转税。

2. 增值税的类型

理论上的增值税，其征税对象（计税依据）应是货物、服务的增值额，但各国在实际执行中，对增值额或者抵扣额的界定并不相同，主要表现为对购建固定资产增值税是否允许扣除的处理方式不同。因此，在实务中，增值税划分为以下三种类型：

（1）生产型增值税（production-type VAT）。在计税时，生产型增值税不允许扣除外购固定资产价值中所含增值税款，实质上是对生产过程的固定资产耗费支出部分进行了重复课税。对全社会而言，增值额相当于工资、利息、租金、利润和折旧额之和，大体与国内生产总值（GDP）的计算口径相同，因此称为“生产型”增值税。这种类型的增值税由于其税基较宽，在一定程度上有利于保证和提高国家财政收入，但也存在抑制投资的现象，明显带有粗放型经济的特点，不利于公平税负。对固定资产构成比例较高的企业重复计税严重，不利于高新产业和基础工业的发展，不能充分体现增值税的优越性。目前，只有巴基斯坦、多米尼加、海地等少数发展中国家采用。

（2）收入型增值税（income-type VAT）。收入型增值税是指在征收增值税时允许扣除外购固定资产价值中所含增值税款，但不允许在固定资产购入时一次性扣除，只允许按照固定资产的损耗程度扣除当期计提折旧部分所含的已缴纳的增值税款。对全社会而言，增值额相当于社会总产品中的国内收入（$V+M$），因此称为“收入型”增值税。这种类型的增值税税基与增值税概念中的“增值额”范围比较吻合，从理论上讲是一种标准的增值税。但因固定资产折旧是分期进行的，其金额的确定受人为因素的影响较大，且难以取得可靠的凭证，因此，难以准确地计算增值税额，也不易采用规范的发票扣税法，在税收征管上比较困难。采用这种类型增值税的国家也比较少。

（3）消费型增值税（consumption-type VAT）。消费型增值税是指在征收增值税时，允许一次性扣除当期外购固定资产价值中所含全部增值税款，使纳税人用于生产应税品所耗用的全部外购项目（包括生产资料）的价值都可以扣除。对全社会而言，增值额相当于当期国民消费总额，因此称为“消费型”增值税。它可以消除重复计税带来的弊端，将增值税对投资的不利影响降到最低限度，有利于加速设备更新，推动技术进步。在经济发达、资本有机构成和资本密集程度高的地区和产业，其优点就更加明显。

3. 增值税的特点

（1）税款抵扣机制。增值税的魅力源于增值税的抵扣机制（层层抵扣、环环征税）。税款抵扣机制是增值税区别于其他流转税的本质特征，是增值税的灵魂和内核。一个抵扣不完全的增值税税制不是真正的增值税，或者说不是一个完全符合增值税理论规范的增值税税制。

（2）增值税具有中性效应。增值税的中性效应就是增值税的征收对企业经营行为影响较小，乃至不受影响。具体表现在两方面：

1）应税交易在任何一个流转环节的增值税税负，不受流转环节多少的影响。同一种商品，不论其流转环节多与少，只要其最终售价相同，其总体税负就相同，如表3-1所示（假定税率为10%）。

表3-1 增值额与增值税额 单位：万元

流转环节	销售额	增值额	增值税额
1. 生产原材料	200	200①	20
2. 生产半成品	400	200	20
3. 生产产成品	700	300	30
4. 批发	900	200	20
5. 零售	1 000	100	10
合计	—	1 000	100
1. 生产原材料至半成品	400	400	40
2. 生产产成品并零售	1 000	600	60
合计	—	1 000	100

①假设本环节无购进项目，其销售额即为“增值额”。

2）同传统间接税的差别税率相比，增值税对绝大多数商品和服务采用同一比例税率，实现等比负担，其干预、诱导能力大为弱化，有利于发挥市场机制对资源配置的主导作用。

因各国采用的增值税类型不同以及增值税税制中还存在多档税率、征收率等情况，进项税额尚未做到完全抵扣，因而不能完全消除重复征税的问题，增值税的中性效应被打折扣。为充分发挥增值税的中性效应，包括我国在内，各国普遍追求更为简明的增值税税制，简并税率、减少优惠、拓宽税基已经成为增值税制发展的主流和趋势。

3.1.2 增值税的纳税人

1. 增值税纳税人的界定

在我国境内销售和进口货物、提供应税服务、转让无形资产和不动产的单位和个人，为增值税的纳税人。纳税人分为一般纳税人和小规模纳税人。

“境内”销售货物、提供应税服务是指销售货物的起运地或者所在地在境内，提供的应税服务发生在境内。

“单位”是指企业、行政单位、事业单位、军事单位、社会团体及其他单位；“个人”是指个体工商户和其他个人。

单位租赁或者承包给其他单位或者个人经营的，以承租人或者承包人为纳税人。

境外单位或个人在境内销售货物或提供应税服务，在境内未设经营机构的，其应纳税款以代理人为扣缴义务人；没有代理人的，以购买者为扣缴义务人。

2. 小规模纳税人

小规模纳税人是指年应税销售额[①]在500万元及以下，不能按规定报送有关纳税资料的纳税人。年应税销售额是纳税人在连续不超过12个月或4个季度的经营期内累计应征增值税销售额，包括纳税申报销售额[②]、稽查查补销售额、纳税评估调整销售额。

3. 一般纳税人

年应税销售额超过小规模纳税人规定标准的，应向主管税务机关办理一般纳税人登记（选择按小规模纳税人纳税的和其他个人除外）。纳税人应根据《增值税一般纳税人登记管理办法》，填报《增值税一般纳税人登记表》。纳税人兼有应税货物和服务、无形资产、不动产（简称“应税行为”）的，应税货物销售额与应税服务销售额分别计算，分别适用增值税一般纳税人登记标准，其中有一项销售额超过规定标准，也应按规定办理增值税一般纳税人登记相关手续。

年应税销售额未超过规定标准以及新开业的纳税人，若符合规定条件（有固定经营场所，能够准确提供税务核算资料），小规模纳税人会计核算健全（按照国家统一会计制度规定设置账簿，根据合法、有效会计凭证进行会计核算），能够提供准确税务资料的，均可向主管国税机关办理增值税一般纳税人资格登记。一经认定为一般纳税人，不得再转为小规模纳税人。

3.1.3 增值税的纳税范围

1. 纳税范围的一般规定

在我国境内销售货物、服务[③]、无形资产、不动产和金融商品，以及起运地在境外、目的地在境内的进口货物等应税交易，均属增值税的纳税范围。境内应税交易是指起运地、所在地在境内，销售方在境内，境内消费，境内发生（发行）等。

下列项目视为非应税交易，不征收增值税：

（1）员工为受雇单位或者雇主提供取得工资薪金的服务；

---

① 小规模纳税人偶然发生的转让不动产的销售额，不计入应税行为年应税销售额。

② 纳税人自行申报的全部应征增值税销售额，其中包括免税销售额和税务机关代开发票销售额。

③ 销售服务包括提供交通运输服务、邮政服务、电信服务、建筑服务、现代服务和生活服务。

（2）行政单位收缴的行政事业性收费、政府性基金；

（3）因征收征用而取得补偿；

（4）存款利息收入；

（5）国务院财政、税务主管部门规定的其他情形。

2. 纳税范围的特别规定

（1）视同应税交易。视同应税交易是指在财务会计中一般不确认销售收入，但按税法规定属于应税行为，应确认收入并计算缴纳税金的销售行为。

下列行为视同应税交易，应依法缴纳增值税：

1）单位和个体工商户将自产或者委托加工的货物用于集体福利或者个人消费；

2）单位和个体工商户无偿赠送货物（用于公益事业的除外）；

3）单位和个人无偿赠送无形资产、不动产或者金融商品（用于公益事业的除外）；

4）单位和个人无偿服务（用于公益事业、以社会公众为对象的除外）；

5）国务院财政、税务主管部门规定的其他情况。

（2）兼营。一般纳税人兼营销售货物、服务、无形资产、不动产适用不同税率或者征收率的，应当分别核算适用不同税率或征收率的销售额，未分别核算销售额的，从高适用税率、征收率。

一般纳税人兼营免税、减税项目的，应当分别核算免税、减税项目的销售额；未分别核算的，不得免税、减税。

一般纳税人销售自产机器设备的同时提供安装服务，应分别核算机器设备和安装服务销售额，一般纳税人销售外购机器设备的同时提供安装服务，如果已按兼营的有关规定，分别核算机器设备和安装服务的销售额，安装服务可按甲供工程选择适用简易计税方法计税。

（3）混合销售。一项销售行为如果既涉及服务又涉及货物，为混合销售。从事货物生产、批发或零售的单位和个体工商户的混合销售行为，按照销售货物缴纳增值税；其他单位和个体工商户的混合销售行为，按照销售服务缴纳增值税。

“一项销售行为”的判断标准是密不可分，而密不可分就是不可拆分。如果涉及的不同行为之间不可单独分割或存在依存关系，即离开其中一项，其他行为就无法独立存在，这样的应税行为属于混合销售，否则就是兼营。对混合销售税率的选择，应以起主导作用行为的税率为准。

3.1.4 增值税的税率、征收率

1. 增值税税率

（1）基本税率13%。一般纳税人销售货物、进口货物及提供加工修理修配、有形动产租赁服务。

（2）低税率。

1）9%。一般纳税人销售、进口农产品（含粮食）、食用植物油、食用盐、自来水、

石油液化气、天然气、煤气、农机、化肥农药、饲料、书报杂志、音像制品、电子出版物等，提供交通运输服务、邮政服务、基础电信服务和建筑服务，转让土地使用权，销售不动产和不动产租赁服务。

2）6%。销售（转让）土地使用权之外的其他无形资产，提供增值电信服务、金融服务、生活服务（其中餐饮服务包括外卖收入和现场消费收入）以及除租赁服务之外的各项现代服务。

（3）零税率。

1）出口货物税率为零（国务院另有规定的除外）。出口货物税率为零不等于出口货物免税。出口货物免税仅指在出口环节不征收增值税，而零税率是指对出口货物除了在出口环节免征增值税外，还要对产品在出口前已经缴纳的增值税退税或抵扣，以使出口产品在出口时完全不含增值税税款，从而以无税产品进入国际市场。①

2）跨境应税行为税率为零。境内单位和个人提供的国际运输、航天运输、向境外单位提供的研发服务和设计服务，境内单位和个人提供的往返香港、澳门、台湾地区的交通运输服务以及在香港、澳门、台湾提供的交通运输服务，适用增值税零税率；国际服务外包，实行增值税零税率或免税。境内单位和个人提供期租、程租和湿租服务，如果租赁的交通运输工具用于国际运输服务和港澳台运输服务，不适用增值税零税率，由承租方按规定申请适用零税率。

3）境内单位和个人提供适用零税率的应税服务，如果属于适用增值税一般计税方法的，实行免抵退税办法，退税率为其按照规定适用的增值税税率；如果属于适用简易计税方法的，实行免征增值税办法。外贸企业兼营适用零税率应税服务的，统一实行免退税办法。

4）纳税人提供应税服务同时适用免税和零税率规定的，可优先适用零税率。

2. 增值税的征收率

（1）3%的征收率。

小规模纳税人以及选择简易计税方法的一般纳税人销售货物、无形资产，提供应税服务，有形动产租赁，资管产品运营收益等，适用3%的征收率。

（2）5%的征收率。

小规模纳税人以及选择简易计税方法的一般纳税人销售不动产（不含自建），符合条件的不动产融资租赁、经营租赁（转让土地使用权），提供劳务派遣服务、人力资源外包服务等，适用5%的征收率。

3.1.5 增值税的纳税期限与纳税地点

1. 纳税期限

增值税的计税期间分别为10日、15日、1个月、1个季度或半年，具体计税期间由

① 但在实务中，并非全部出口产品都完全实行零税率。政府基于宏观经济调控政策，规定出口产品的不同出口退税率，大部分出口产品实行零税率，小部分出口产品未能实行零税率。

主管税务机关根据纳税人应纳税额的大小分别核定。以半年为计税期间的规定不适用于按一般计税方法计税的纳税人。自然人不能按照固定计税期间纳税的，可以按次纳税。

纳税人以1个月、1个季度或者半年为1个计税期间的，自期满之日起15日内申报纳税；以10日、15日为一个计税期间的，自期满之日起5日内预缴税款，于次月1日起15日内申报纳税并结清上月应纳税款。扣缴义务人解缴税款的计税期间和申报纳税期限比照执行。

进口货物应当自海关填发海关进口增值税专用缴款书之日起15日内缴纳税款。

2. 纳税地点

（1）固定业户应向其机构所在地主管税务机关申报纳税。总机构和分支机构不在同一县（市）的，应当分别向各自所在地主管税务机关申报纳税；经国家税务总局或其授权的税务机关批准，可以由总机构汇总向总机构所在地主管税务机关申报纳税。纳税人以总机构的名义在各地开立账户，通过资金结算网络在各地向购货方收取销货款，由总机构直接向购货方开具发票、货款直接存入总机构的网上银行存款账户的，在总机构所在地申报纳税。

（2）企业临时外出经营时，需要在"金三"网报系统中自主填报《跨区域涉税事项报告表》，系统自动推送至经营地税务机关，再去经营地税务机关报验，核实资料，接受经营地税收管理。外出经营结束后，经营地税务机关将涉税信息反馈至机构地主管税务机关，机构地主管税务机关对异地预缴税款情况进行比对分析，重点核查应预缴税款、已预缴税款和已抵减税款。

（3）非固定业户销售货物、服务时，应当向销售地或服务发生地主管税务机关申报纳税；未向销售地或服务发生地主管税务机关申报纳税的，由其机构所在地或者居住地主管税务机关补征税款。

（4）进口货物，应当向报关地海关申报纳税。

（5）其他个人提供建筑服务，销售或租赁不动产，转让自然资源使用权，应向建筑服务发生地、不动产所在地、自然资源所在地主管税务机关申报纳税。

（6）扣缴义务人应当向其机构所在地或者居住地的主管税务机关申报缴纳其扣缴的税款。

3.1.6 增值税的减免

1. 增值税的免税

免税是指对应税交易在本环节的应纳税额全部免缴增值税。免税只免征本环节的应纳税额，其进项税额不得抵扣，因此，纳税人仍然要承担一定的增值税税负。

增值税的免税意味着会有相应的进项税额不得抵扣或需要转出，纳税人应该权衡其中的得与失。对学历教育、医疗服务、养老服务①、图书销售等社会基本服务免征增值

① 为老年人提供集中居住和照料服务的各类养老机构，免征增值税。

税，具体免税项目主要还有：

（1）从事农业（种植业、养殖业、林业、牧业、水产业）生产的单位和个人销售的自产初级农产品；从事蔬菜（未加工和经挑选、清洗、切分、晾晒、包装、脱水、冷藏、冷冻等加工）批发、零售的纳税人销售蔬菜；销售鲜活肉蛋。

（2）向社会收购的古书和旧书。

（3）纳税人采取转包、出租、互换、转让、入股等方式将承包地流转给农业生产者用于农业生产。

（4）直接用于科学研究、科学试验和教学的进口仪器、设备。

（5）外国政府、国际组织无偿援助的进口物资和设备。

（6）由残疾人组织直接进口的供残疾人专用的物品。

（7）其他个人销售自己使用过的物品。

（8）金融机构同业往来利息收入。同业往来利息收入包括金融机构与央行所发生的资金往来业务、银行联行往来业务、金融机构之间的资金往来业务和金融机构之间开展的同业存款、同业借款、同业代付、买断式买入返售金融商品、持有金融债券、同业存单等。

（9）保险公司开办一年期以上人身保险产品取得的保费收入。

（10）跨境应税行为。国际运输、港澳台运输、出口服务和无形资产，境内保险公司向境外保险公司提供的完全在境外消费的再保险服务，财政部和国家税务总局规定的其他服务。

境内单位和个人销售适用增值税零税率的服务或无形资产的，可以放弃适用增值税零税率，选择免税缴纳增值税；适用简易计税方法的，实行免征增值税。

（11）提供技术转让、技术开发、和与之相关的技术咨询、技术服务。

2. 增值税的即征即退、先征后退

（1）销售软件产品。增值税一般纳税人销售其自行开发生产的软件产品（含电子出版物）①，或将进口软件进行转换等本地化改造（重新设计、改进、转换等，不含单纯进行汉字化处理）后对外销售，按13%的税率缴纳增值税后，对其增值税实际税负②超过3%的部分，实行增值税即征即退。

$$即征即退税额=当期软件产品增值税应纳税额-当期软件产品销售额\times 3\%$$

（2）一般纳税人提供管道运输服务，对其增值税实际税负超过3%的部分，实行增值税即征即退。

（3）经中国人民银行、银监会或商务部批准从事融资租赁业务的试点纳税人中的一般纳税人，提供有形动产融资租赁服务和有形动产融资性售后回租服务，对其增值税实

① 指同时符合以下两个条件的软件产品：一是取得省级软件产业主管部门认可的软件检测机构出具的检测证明材料；二是取得软件产业主管部门颁发的《软件产品登记证书》或著作权行政管理部门颁发的《计算机软件著作权登记证书》。

② 增值税实际税负是指纳税人当期提供应税服务实际缴纳的增值税额占纳税人当期提供应税服务取得的全部价款和价外费用的比例（下同）。

际税负超过3%的部分，实行增值税即征即退。

（4）属于增值税一般纳税人的动漫企业销售其自主开发生产的动漫软件，对其增值税实际税负超过3%的部分，实行增值税即征即退。

（5）资源综合利用产品。增值税一般纳税人销售自产的资源综合利用产品，符合相关规定时，可享受增值税即征即退政策。

（6）安置残疾人的单位和个体工商户。由税务机关按纳税人安置残疾人人数①，实行限额即征即退增值税办法。每位残疾人每月可退还增值税的具体限额，由县级以上税务机关根据纳税人所在区县适用的经省级政府批准的月最低工资标准的4倍确定。

纳税人本期已缴增值税额小于本期应退税额不足退还的，可在本年度内以前纳税期已缴增值税额扣除已退增值税额的余额中退还，仍不足退还的，可结转本年度内以后纳税期退还。年度已缴增值税额小于或等于年度应退税额的，退税额为年度已缴增值税额；年度已缴增值税额大于年度应退税额的，退税额为年度应退税额。年度已缴增值税额不足退还的，不得结转以后年度退还。

符合增值税即征即退规定的纳税人，可以先行申请退税，然后再进行纳税评估。享受即征即退政策的纳税人，如果认为会出现转出进项税额大于应退回的即征即退金额，企业可以放弃该项免税，但在放弃后36个月内不得再申请。

（7）符合相关法规规定的特定图书、报纸和期刊，增值税先征后退50%或100%。

3. 增值税的减征

（1）小规模纳税人销售自己使用过的固定资产，纳税人销售旧货（不含二手车）②，减按2%的征收率。2020年5月1日至2023年12月31日，从事二手车经销的纳税人销售其收购的二手车，减按0.5%征收增值税；纳税人应当开具二手车销售统一发票，购买方索取增值税专用发票的，应当再开具征收率为0.5%的增值税专用发票。

销售额＝含税销售额÷(1＋0.5%)

（2）一般纳税人销售自己使用过的如下特定固定资产（在财务会计中已经计提折旧），按简易计税方法依3%的征收率减按2%计缴增值税。

1）购进或自制固定资产时为小规模纳税人，认定为一般纳税人后，销售该固定资产；

2）适用一般计税方法的增值税一般纳税人，销售其按规定不得抵扣且未抵扣进项税额的固定资产；

3）一般纳税人发生按简易计税方法计缴增值税应税行为，销售其按规定不得抵扣且未抵扣进项税额的固定资产；

---

① 盲人按摩机构月安置的残疾人占在职职工人数的比例不低于25%（含25%），且安置的残疾人人数不少于5人（含5人）；其他纳税人月安置的残疾人占在职职工人数的比例不低于25%（含25%），且安置的残疾人人数不少于10人（含10人）；依法与安置的每位残疾人签订了一年以上（含一年）的劳动合同或服务协议。

② “旧货”是指进入二次流通的具有部分使用价值的货物，但不包括自己使用过的物品。

4）销售营改增之前购进或自制的、自己使用过的固定资产。

4. 减免税的放弃

一般纳税人发生应税行为适用免税、减税规定而要求放弃免、减税权的，应当以书面形式提交《纳税人放弃免（减）税权声明》，报主管税务机关备案。自提交备案资料次月起，按规定计算缴纳增值税；放弃免税、减税后，36个月内不得再申请免税、减税。

小规模纳税人也可以选择放弃减免税增值税，但不需要填写《纳税人放弃免（减）税权声明》，也不影响享受其他增值税优惠政策。

纳税人对于某项业务一经放弃免税，应就该项业务全部放弃免税，不能以是否开具专用发票或者区分不同销售对象分别适用征、免税。

纳税人也可以放弃适用零税率。放弃适用零税率后，36个月内不得再申请适用零税率。

5. 增值税的起征点

增值税纳税起征点的适用范围是属于小规模纳税人的个体工商户和其他个人。

按期纳税的，为月销售额5 000～20 000元（含本数，下同）；按次纳税的，为每次（日）销售额300～500元。低于起征点的，免缴增值税；超过起征点的，按全额计税。

小微企业、个体工商户和其他个人的小规模纳税人，合计月销售额（扣除本期销售不动产的销售额）未超过15万元或季度销售额未超过45万元的，免征增值税。

3.1.7 增值税发票管理

1. 增值税发票

增值税发票是增值税纳税人销售货物、服务而给受票方开具的发票。增值税发票有增值税纸质普通和专用发票，增值税电子普通和专用发票，以及机动车销售统一发票。增值税专用发票不仅具有商事凭证的作用，还具有完税凭证的作用，是兼具销货方纳税义务和购货方进项税额抵扣权利的证明。

增值税专用发票由基本联次或基本联次附加其他联次构成，基本联次有发票联、抵扣联和记账联三联。发票联作为购买方核算采购成本和增值税进项税额的记账凭证；抵扣联作为购买方报送主管税务机关认证和留存备查的凭证；记账联作为销售方核算销售收入和增值税销项税额的记账凭证。其他联次用途由一般纳税人自行确定。

增值税防伪普通发票由不同颜色的五联（没有抵扣联）构成；主要适用于生活服务业纳税人的普通发票（卷票）则为单联票。专用发票不仅包括普通发票所记载的内容，还要记录购销双方的税务登记号、地址、电话、银行账户和税额等；增值税普通发票的价款是含税价，专用发票则是税款与价格分开填列。

增值税电子发票是指在经济活动中开具和取得的以电子方式存储的、有法定效力的收付款凭证。电子发票不需要纸质载体，没有印制、打印、存储和邮寄等成本，企业可以节约相关费用。需要纸质发票的，可以自行打印电子发票的版式文件，其法律效力、基本用途、基本使用规定等与税务机关监制的增值税普通发票相同。财会人员应加强对电子发票的审核或抽查，以防范重复打印、重复报销或修改金额的风险。

2. 增值税发票的领取

纳税人凭发票领取簿、经办人身份证明等领取增值税发票。纳税人有下列情形之一的，不得申领开具专用发票：

（1）会计核算不健全，不能向税务机关准确提供增值税销项税额、进项税额、应纳税额数据及其他有关增值税税务资料的。

（2）有《税收征管法》规定的税收违法行为，拒不接受税务机关处理的。

（3）有下列行为之一，经税务机关责令限期改正而仍未改正的：1）虚开增值税专用发票；2）向税务机关以外的单位和个人买取专用发票；3）借用他人专用发票；4）未按规定开具专用发票；5）未按规定保管专用发票和专用设备；6）未按规定申请办理防伪税控系统变更发行；7）未按规定接受税务机关检查。

3. 增值税发票的开具

（1）开具主体。一般纳税人可以使用同一套增值税防伪税控系统开具增值税专用发票、增值税普通发票等。一般纳税人销售货物、提供应税服务时，应向付款方开具专用发票。特殊情况下，由付款方向收款方开具发票。纳税人开具增值税专用发票时，既可开具电子专票，也可开具纸质专票。受票方索取纸质专票的，开票方应当开具纸质专票。

特殊情况是指收购单位和扣缴义务人支付个人款项时；国家税务总局认为其他需要由付款方向收款方开具发票的。

增值税小规模纳税人（其他个人除外）发生增值税应税行为，需要开具增值税专用发票的，可以自愿使用增值税发票管理系统自行开具。自愿选择自行开具增值税专用发票的小规模纳税人，发生增值税应税行为（包括销售其取得的不动产），需要开具专用发票的，税务机关不再为其代开。

（2）开具要求。

1）一般纳税人销售货物、提供应税服务，可汇总开具增值税专用发票，并须同时使用增值税发票管理新系统开具《销售货物或者提供应税服务清单》。

2）按照现行规定适用差额征税办法缴纳增值税，且不得全额开具增值税发票的（另有规定的除外），纳税人自行开具或税务机关代开增值税发票时，通过新系统中差额征税开票功能，录入含税销售额（或含税评估额）和扣除额，系统自动计算税额和不含税金额，备注栏自动打印“差额征税”字样，发票开具不应与其他应税行为混开。

3）提供建筑服务，纳税人自行开具或者税务机关代开增值税发票时，应在发票的备注栏注明建筑服务发生地县（市、区）名称及项目名称。

4）销售不动产。纳税人自行开具或税务机关代开增值税发票时，应在发票“货物或应税服务名称”栏填写不动产名称及房屋产权证书号码（无房屋产权证书的可不填写），“单位”栏填写面积单位，备注栏注明不动产的详细地址。

5）出租不动产。纳税人自行开具或者税务机关代开增值税发票时，应在备注栏注明不动产的详细地址。

6）提供货物运输服务，在开具增值税专用发票时，应将起运地、到达地、车种车号及货物运输信息填写在发票备注栏中，如内容较多，可另附清单（铁路运输企业受托代征的印花税款信息，也要填写在发票备注栏中）。

（3）不得开具专用发票的情况。1）向消费者个人销售应税项目；2）一般纳税人零售的烟酒、服装、鞋帽（不含劳保专用品）、化妆品等最终消费品；3）销售货物、提供应税服务，适用免税规定的；4）接受方是其本单位的视同销售货物；5）销售旧货。

（4）红字发票的开具。一般纳税人开具专用发票后，发生销货退回、开票有误、应税服务中止以及发票抵扣联、发票联均无法认证等情形但不符合作废条件，或者因销货部分退回及发生销售折让，需要开具红字专用发票的，暂按以下方法处理：

1）专用发票已交付购买方的，购买方可在增值税发票系统升级版中填开并上传开具红字增值税专用发票信息表（以下称“信息表”）。专用发票尚未交付购买方或者购买方拒收的，销售方应于专用发票认证期限内在增值税发票系统升级版中填开并上传信息表。

2）主管税务机关通过网络接收纳税人上传的信息表，系统自动校验通过后，生成带有红字发票信息表编号的信息表，并将信息同步至纳税人端系统。

3）销售方凭税务机关系统校验通过的信息表开具红字专用发票，在增值税发票系统升级版中以销项负数开具。

（5）增值税普通发票的开具。销售方为被视为企业的购买方开具增值税普通发票时，应在“购买方纳税人识别号”栏填写购买方的纳税人识别号或统一社会信用代码。不符合规定的发票，不得作为税收凭证用于办理涉税业务，如计税、退税、抵免等。开具发票时，应如实开具与实际经营业务相符的发票。购买方索取发票时，不得要求变更品名和金额。

金融机构开展贴现、转贴现业务需要就贴现利息开具发票的，由贴现机构按照票据贴现利息全额向贴现人开具增值税普通发票，转贴现机构按照转贴现利息全额向贴现机构开具增值税普通发票。

4. 增值税发票的确认

一般纳税人取得增值税专用发票后，可以自愿使用增值税发票选择确认平台查询、选择用于申报抵扣、出口退税或者代办退税的增值税发票信息。

增值税发票选择确认平台的登录地址由国家税务总局各省、自治区、直辖市和计划单列市税务局确定并公布。

增值税小规模纳税人没有进项税额抵扣的问题，不需要取得增值税专用发票和进行发票认证。红字增值税专用发票不需要认证。纳税人初次购买增值税税控设备，按规定可以全额抵减应纳税额，不需要进行认证。

3.2 增值税的确认、计量与申报

3.2.1 增值税纳税义务的确认

1. 纳税义务确认的基本原则

纳税人发生应税行为并收讫销售款项或者取得索取销售款项凭据的当天；先开具发票的，为开具发票的当天。取得索取销售款项凭据的当天是指书面合同确定的付款日期；未签订书面合同或书面合同未确定付款日期的，为资产转让、提供服务完成当天或不动产权属变更当天。

2. 纳税义务确认的特殊原则

对以下情况，哪一个发生在先，就以该时点确认纳税义务：

（1）开具增值税发票的时间；

（2）实际收款的时间；

（3）合同约定的收款日期。

增值税纳税义务的发生并不必然导致开票行为的发生，但开票行为的发生必然导致增值税纳税义务的发生。

3. 纳税义务时点的确认

实务中，还应根据销售服务内容、收款方式、发票开具等因素确认纳税义务。

（1）直接收款方式。一般采用“提货制”或“送货制”，即已将货物移送对方，货款结算大多采用现金或支票结算方式，纳税义务为收款或开票的当天。

（2）托收承付和委托银行收款方式。销售方根据合同发货或提供服务后，委托银行向异地付款单位收取价款，付款单位根据合同核对单证后，向银行承认付款，或收款人委托银行向异地付款人收取款项。其纳税义务为发出货物或提供服务并办理托收或委托收款手续的当天。

（3）分期收款方式。纳税义务为书面合同约定的收款日期的当天，无书面合同或者书面合同未约定收款日期的，为货物发出的当天。

（4）预收款方式。何时确认收入主要看应税行为是否发生，一旦应税行为发生就要确认收入。具体分为：

1）先开具发票的，为开具发票的当天。发票开具后，取得发票的一方就可以抵扣进项税额，还可以在税前列支成本费用。因此，先开具发票的，开具方要确认应税收入。

2）先收款后开票的，为纳税人发生应税行为并收讫销售款的当天。在此情况下，应税行为与收讫销售款项同时发生。例如，提供租赁服务采取预收款方式的，其纳税义务发生时间为收到预收款的当天；在建筑服务预收款时，不确认纳税义务，无须开具发票，但应根据付款凭证及合同预缴税款，其纳税义务发生时间是在项目完工结算、全额开具发票时确认。

3）未收款也未开票的，为纳税人发生应税行为并取得索取销售款项凭据的当天。在发生销售行为但未收到销售款项时，应先确认应税行为，然后再考虑是否签订书面合同：签订书面合同的，为合同确定的付款日期；未签订书面合同或书面合同未确定付款日期的，为销售完成当天或不动产权属变更当天。

（5）销售预付卡。售卡企业销售预付卡时，不得向购卡人、充值人开具增值税专用发票，可开具增值税普通发票，不确认增值税收入，应在实际发出商品、提供服务时确认增值税收入。

（6）委托其他纳税人代销货物，为收到代销单位的代销清单或者收到全部或者部分货款的当天。未收到代销清单及货款的，为发出代销货物满规定期限的当天。

（7）从事金融商品转让的，为金融商品所有权转移的当天。

（8）发生税法规定的视同销售货物行为（不包括委托和受托代销行为），为货物移送的当天；其他视同销售行为，其纳税义务发生时间为服务、无形资产转让完成的当天或不动产权属变更的当天。

（9）进口货物，为报关进口的当天。

（10）扣缴义务发生时间为纳税人纳税义务发生的当天。

在实务中，购销双方签订的合同可能会出现结算方式不明确的情况，如直接收款与预收货款，预收款、赊销与分期收款等；而在税收法规中，也有与会计准则、银行结算办法不一致的情况。对此，应根据书面合同（形式）优先和实质重于形式原则予以判定。

3.2.2 增值税销项税额的计算

1. 销售额的确认、计量

（1）一般销售额的确认、计量。销售额是纳税人发生应税交易取得的与之相关的对价，包括全部货币或者非货币形式的经济利益，不包括按照一般计税方法计算的销项税额和按照简易计税方法计算的应纳税额。视同发生应税交易以及销售额为非货币形式的，按照市场公允价格确定销售额。

销售额以人民币计算。纳税人以人民币以外的货币结算销售额的，应当折合成人民币计算，折合率可以选择销售额发生的当天或者当月1日的人民币汇率中间价。纳税人应当事先确定采用何种折合率，确定后12个月内不得变更。

纳税人发生应税行为，开具增值税专用发票后，发生开票有误或者销售折让、中止、退回等情形的，应按规定开具红字增值税专用发票；未按照规定开具红字增值税专用发票的，不得从当期销售额或销项税额中扣减。

纳税人发生应税行为价格明显偏低或者偏高且不具有合理商业目的的，或者发生视同销售行为而无销售额的，主管税务机关有权按下列顺序确定销售额：

1）按照纳税人最近时期销售同类货物、服务、无形资产或者不动产的平均价格确定。

2）按照其他纳税人最近时期销售同类货物、服务、无形资产或者不动产的平均价格确定。

3）按组成计税价格确定。组成计税价格的公式为：

组成计税价格＝成本×(1＋成本利润率)

公式中的成本，属销售自产货物的，应为实际生产成本；属销售外购货物的，应为实际采购成本。成本利润率由国家税务总局确定。

企业收取的包装物租金，应作为销售额的组成部分一并计税。

（2）特定销售额的确认、计量。

1）贷款服务，以提供贷款服务取得的全部利息及利息性质的收入为销售额。金融机构开展贴现、转贴现业务，以其实际持有票据期间取得的利息收入作为贷款服务销售额计算缴纳增值税。

2）直接收费金融服务，以提供直接收费金融服务收取的手续费、佣金、酬金、管理费、服务费、经手费、开户费、过户费、结算费、转托管费等各类费用为销售额。

3）金融商品转让，按卖出价扣除买入价后的余额为销售额。转让金融商品出现的正负差，以盈亏相抵后的余额为销售额。若相抵后出现负差，可结转下一纳税期与下期转让金融商品销售额相抵，若年末仍为负差，不得转入下一个会计年度。金融商品的买入价可按加权平均法或移动加权平均法核算，选择后 36 个月内不得变更。

纳税人无偿转让股票时，转出方以该股票的买入价为卖出价，按"金融商品转让"计算缴纳增值税；在转入方将上述股票再转让时，以原转出方的卖出价为买入价，按照"金融商品转让"计算缴纳增值税。

4）融资租赁和融资性售后回租业务。经中国人民银行、银监会或商务部批准从事融资租赁业务的纳税人，提供融资租赁服务，以取得的全部价款和价外费用，扣除支付的借款利息（含外汇借款和人民币借款利息，下同）、发行债券利息和车辆购置税后的余额为销售额；提供融资性售后回租服务，以取得的全部价款和价外费用（不含本金），扣除对外支付的借款利息、发行债券利息后的余额作为销售额。

5）一般纳税人提供客运场站服务，以其取得的全部价款和价外费用，扣除支付给承运方运费后的余额为销售额。

6）提供旅游服务，可以选择以取得的全部价款和价外费用，扣除向旅游服务购买方收取并支付给其他单位或者个人的住宿费、餐饮费、交通费、签证费、门票费和支付给其他接团旅游企业的旅游费用（不得开具专用发票）后的余额为销售额。

2. 含税销售额的换算

现行增值税以不含增值税税款的销售额作为计税销售额，即实行价外计税。但在实际工作中常常会出现一般纳税人将销售货物、服务采用销售额和销项税额合并定价的情形，小规模纳税人也会将销售货物、服务采用销售额和应纳税额合并定价。如果不将含税销售额换算为不含税销售额直接计税，会造成计税环节的重复纳税。因此，应该将含税销售额换算为不含税销售额后，再计算增值税税额。销售额换算公式如下：

$$销售额=\frac{含税销售额}{1+增值税税率或征收率}$$

【例3-1】 (1) 腾飞广告公司（营改增后为增值税一般纳税人，税率6%）10月份签订一项价税合计80万元的广告业务，并向广告主开具了增值税专用发票。当月支付给A广告发布者发布费25万元，支付给B广告公司发布费5万元。计算腾飞广告公司应纳增值税。

$$\begin{aligned}腾飞广告公司应纳增值税(销项税额)&=800\ 000\div(1+6\%)\times6\%\\&=45\ 283.02(元)\end{aligned}$$

A公司是一般纳税人，按6%的税率缴纳增值税，收取发布费后，开具给腾飞广告公司的增值税专用发票价税合计25万元。

$$增值税进项税额=250\ 000\div(1+6\%)\times6\%=14\ 150.94(元)$$

B公司是小规模纳税人，按3%的税率缴纳增值税，申请税务机关代开增值税专用发票。腾飞广告公司取得由税务机关代开的价税合计5万元的专用发票。

$$增值税进项税额=50\ 000\div(1+3\%)\times3\%=1\ 456.31(元)$$

$$\begin{aligned}腾飞广告公司应交增值税&=45\ 283.02-14\ 150.94-1\ 456.31\\&=29\ 675.77(元)\end{aligned}$$

(2) 天和公司系增值税一般纳税人，于6月6日销售其营改增前自建的厂房一栋，价款1 260万元，采用简易计税方法。应交增值税计算如下：

$$销售额=1\ 260\div(1+5\%)=1\ 200(万元)$$

$$应交增值税=1\ 200\times5\%=60(万元)$$

3. 销项税额及其计算

销项税额是指纳税人发生应税交易后，按照销售额和增值税税率计算的增值税额。

$$销项税额=销售额\times税率$$

房地产开发企业中的一般纳税人销售自行开发的房地产项目，适用一般计税方法计税，其销售额的计算公式如下：

$$销售额=(全部价款和价外费用-当期允许扣除的土地价款)\div(1+10\%)$$

$$当期允许扣除的土地价款=\left(\frac{当期销售房地产}{项目建筑面积}\div\frac{房地产项目可供}{销售建筑面积}\right)\times支付的土地价款$$

当期销售房地产项目建筑面积是当期进行纳税申报销售额对应的建筑面积；房地产项目可供销售建筑面积是房地产项目可出售的总建筑面积，不包括销售房地产项目时未单独作价结算的配套公共设施的建筑面积；支付的土地价款是向政府、土地管理部门或受政府委托收取土地价款的单位直接支付的土地价款。

3.2.3 增值税进项税额的计算

1. 进项税额的含义

进项税额是增值税一般纳税人购进的与应税交易相关的货物、服务、无形资产、不动产和金融商品所支付或者所负担的增值税额。对购货方来说是进项税额，对销货方来说则是在价外收取的应交增值税。

2. 准予抵扣进项税额的确认

（1）从销售方取得的增值税专用发票上注明的税额。一般纳税人在取得增值税专用发票后，应在规定期限内进行认证，并在通过认证后，向主管税务机关申报抵扣进项税额。纳税人购进货物、应税服务所支付款项的单位，必须与开具抵扣凭证的销货单位、提供服务的单位一致，方能申报抵扣进项税额。

（2）从海关取得的增值税专用缴款书上注明的税额。一般纳税人真实进口货物，从海关取得进口增值税专用缴款书，可按规定抵扣增值税税款。专用缴款书实行“先比对后抵扣”办法。税务机关将进口货物取得的进口增值税专用缴款书信息与海关采集的缴款信息进行稽核比对。稽核比对结果相符的，专用缴款书上注明的增值税额作为进项税额可以抵扣。若不相符，所列税额暂不得抵扣，待核查确认海关缴款书票面信息与纳税人实际进口业务一致后，方可作为进项税额在销项税额中抵扣。

（3）购进农产品进项税额的抵扣。进项税额抵扣有凭票抵扣和核定抵扣两种方式。凭票抵扣是纳税人凭增值税扣税凭证计算抵扣进项税额；核定抵扣是特定行业纳税人购进农产品时，根据主管税务机关核定的当期农产品单耗数量或农产品耗用率，根据实际销售的产成品，倒推计算可抵扣进项税额。

1）凭票抵扣。除取得增值税专用发票和海关进口增值税专用缴款书外，应按农产品收购或销售发票上注明的买价①和扣除率计算准予抵扣的进项税额。纳税人购进用于生产销售或委托加工9%税率的农产品，按9%的扣除率计算进项税额；购进用于生产销售或委托加工13%税率的农产品，按10%的扣除率计算进项税额（购进当月按9%计算抵扣进项税额，生产领用月份加计抵扣1%进项税额）。纳税人从批发、零售环节购进适用免征增值税政策的蔬菜、部分鲜活肉蛋而取得的普通发票，不得作为计算抵扣进项税额的凭证。

2）核定抵扣。纳税人以购进农产品为原料生产货物，可按投入产出法、成本法及参照法计算当期可抵扣的进项税额，扣除率为销售货物的适用税率（13%或9%）。购进农产品直接销售，按直接销售农产品的增值税税率计算可抵扣进项税额。

---

① 在烟叶税纳税人收购烟叶的买价中，还包括其按规定缴纳的烟叶税。

（4）纳税人支付的道路通行费，按照收费公路通行费增值税电子普通发票上注明的增值税额抵扣进项税额；纳税人支付的桥、闸通行费，暂凭取得的通行费发票上注明的收费金额，按下式计算可抵扣进项税额：

$$桥、闸通行费可抵扣进项税额=通行费发票上注明的金额\div(1+5\%)\times5\%$$

（5）纳税人购进国内旅客运输服务，其进项税额允许从销项税额中抵扣。未取得增值税专用发票的，暂按以下规定确定进项税额：

1）取得增值税电子普通发票的，为发票上注明的税额。

2）取得注明旅客身份信息的航空运输电子客票行程单的，按下式计算进项税额：

$$航空旅客运输进项税额=(票价+燃油附加费)\div(1+9\%)\times9\%$$

3）取得注明旅客身份信息的铁路车票的，按下式计算的进项税额：

$$铁路旅客运输进项税额=票面金额\div(1+9\%)\times9\%$$

4）取得注明旅客身份信息的公路、水路等其他客票的，按下式计算进项税额：

$$公路、水路等其他旅客运输进项税额=票面金额\div(1+3\%)\times3\%$$

（6）自2019年4月1日至2021年12月31日，允许生产、生活性服务业纳税人①按照当期可抵扣进项税额加计10%抵减应纳税额（即“加计抵扣”）；对从事生活性服务业②的纳税人，从2019年10月1日起，按当期可抵扣进项税额加计15%，抵减应纳税额。

1）纳税人应按当期可抵扣进项税额的10%或15%计提当期加计抵减额。按规定不得从销项税额中抵扣的进项税额，不得计提加计抵减额；已计提加计抵减额的进项税额，按规定做进项税额转出的，应在进项税额转出当期相应调减加计抵减额。计算公式如下：

$$当期计提加计抵减额=当期可抵扣进项税额\times10\%(或15\%)$$

$$\frac{当期可抵减}{加计抵减额}=\frac{上期末加计}{抵减额余额}+\frac{当期计提}{加计抵减额}-\frac{当期调减}{加计抵减额}$$

2）纳税人出口货物、发生跨境应税行为不适用加计抵减政策，其对应的进项税额不得计提加计抵减额。纳税人兼营出口货物、发生跨境应税行为且无法划分不得计提加计抵减额的进项税额，按下式计算：

$$\frac{不得计提加计}{抵减额的进项税额}=\frac{当期无法划分的}{全部进项税额}\times\frac{当期出口货物服务和发生}{跨境应税行为的销售额}\div\frac{当期全部}{销售额}$$

3）纳税人应单独核算加计抵减额的计提、抵减、调减、结余等变动情况。

---

① 指提供邮政服务、电信服务、现代服务、生活服务（即“四项服务”）取得的销售额占全部销售额的比重超过50%的纳税人。

② 生活服务是指为满足城乡居民日常生活需求提供的各类服务活动，包括文化体育服务、教育医疗服务、旅游娱乐服务、餐饮住宿服务、居民日常服务和其他生活服务。

【例 3-2】 两年前成立的某医疗服务机构为一般纳税人，销售收入全部属于生活性服务业收入，符合加计抵减政策适用条件。今年 10 月，该机构取得医疗服务免税收入 1 000 万元，取得不符合免税条件的医疗服务应税收入 1 400 万元，取得用于应税服务项目并勾选确认抵扣的进项税额 56 万元，当月没有发生进项税额转出；9 月期末留抵税额为 0 元，未抵减完结转 10 月继续抵减的加计抵减额余额为 1.1 万元。当月有关计算如下：

应交增值税＝1 400×6%－56＝28(万元)

加计抵减额＝56×15%＝8.4(万元)

可抵减加计抵减额＝1.1＋8.4－0＝9.5(万元)

实际应交增值税＝28－9.5＝18.5(万元)

(7) 纳税人租入固定资产、不动产，既用于一般计税方法计税项目，又用于简易计税方法计税项目、免征增值税项目、集体福利或者个人消费的，其进项税额准予从销项税额中全额抵扣。

3. 准予抵扣进项税额的申报

(1) 增值税一般纳税人在取得增值税专用发票后，向主管税务机关申报抵扣进项税额。

(2) 增值税一般纳税人取得海关进口增值税专用缴款书，向主管税务机关报送《海关完税凭证抵扣清单》，申请稽核比对。

(3) 一般纳税人接受应税服务，必须在服务费支付后才能申报抵扣进项税额；对接受应税服务但尚未支付款项的，其进项税额不得作为当期进项税额抵扣。

(4) 对企业接受投资、捐赠和分配的货物，则以收到增值税专用发票的时间为申报抵扣进项税额的时限。

(5) 一般纳税人发生真实交易但由于客观原因造成增值税扣税凭证（包括增值税专用发票、海关进口增值税专用缴款书）逾期的，经主管税务机关审核、逐级上报，由国家税务总局认证、稽核比对后，对比对相符的增值税扣税凭证，允许纳税人继续抵扣其进项税额。

4. 不得抵扣进项税额

纳税人凭完税凭证抵扣进项税额的，应当具备书面合同、付款证明和境外单位的对账单或者发票。纳税人取得的增值税扣税凭证不符合有关规定或资料不全的，其进项税额不得从销项税额中抵扣。下列项目对应的进项税额不得从销项税额中抵扣：

(1) 用简易计税方法计税项目、免征增值税项目、集体福利及个人消费的购进货物、服务、无形资产、不动产和金融商品，其中涉及的固定资产①、无形资产和不动产仅指专用于上述项目的固定资产、无形资产（不包括其他权益性无形资产）和不动产。交际

① 增值税中的固定资产仅指有形动产，属于“货物”范畴；而财务会计中的固定资产是指有形资产，除有形动产外，还包括房屋、建筑物（即增值税中的不动产）。

应酬消费也是一种个人消费（业务招待中消费的各类物品），属于生活性消费活动，不是生产经营中的投入和支出。

（2）非正常损失[①]的购进货物，以及相应的交通运输服务。

（3）非正常损失的在产品、产成品所耗用的购进货物（不含固定资产）和相应的交通运输服务。

（4）非正常损失的不动产，以及该不动产所耗用的购进货物、设计服务和建筑服务。

（5）非正常损失的不动产在建工程[②]所耗用的购进货物、设计服务和建筑服务。

（6）购进的贷款服务、餐饮服务、居民日常服务和娱乐服务。

5. 不得抵扣进项税额的分类

不得从销项税额中抵扣的进项税额可分以下两种类型：

（1）进项税额直接计入相关成本费用。

1）采用简易计税方法的纳税人；

2）采用一般计税方法的纳税人，在涉税行为发生时就能明确是用于免税项目、集体福利、个人消费，即使取得的是专用发票，其进项税额也应直接计入相关成本费用。

（2）进项税额抵扣后，因资产改变用途，用于不得抵扣项目，或计税方法改为简易计税方法，原已抵扣的进项税额应予转出。

6. 不得抵扣进项税额的转出

（1）已抵扣进项税额的不动产，发生非正常损失，或者改变用途，专用于简易计税方法计税项目、免征增值税项目、集体福利或者个人消费的，按照下列公式计算不得抵扣的进项税额，并从当期进项税额中扣减：

$$\text{不得抵扣的进项税额}=\text{已抵扣进项税额}\times\text{不动产净值率}$$

$$\text{不动产净值率}=(\text{不动产净值}\div\text{不动产原值})\times 100\%$$

（2）一般纳税人销售自行开发的房地产项目，兼有一般计税方法计税、简易计税方法计税、免征增值税的房地产项目而无法划分不得抵扣的进项税额的，应以建筑工程施工许可证注明的建设规模为依据进行划分。

$$\begin{matrix}\text{不得抵扣的}\\\text{进项税额}\end{matrix}=\begin{matrix}\text{当期无法划分的}\\\text{全部进项税额}\end{matrix}\times\left(\begin{matrix}\text{简易计税、免税房地产}\\\text{项目建设规模}\end{matrix}\div\begin{matrix}\text{房地产项目}\\\text{总建设规模}\end{matrix}\right)$$

适用一般计税方法的纳税人，兼营简易计税方法计税项目、免税项目而无法划分进项税额的，不得抵扣的进项税额按以下方法计算：

$$\begin{matrix}\text{不得抵扣的}\\\text{进项税额}\end{matrix}=\begin{matrix}\text{当期无法划分的}\\\text{全部进项税额}\end{matrix}\times\left(\begin{matrix}\text{当期简易计税方法}\\\text{计税销售额}\end{matrix}+\begin{matrix}\text{免税项目}\\\text{销售额}\end{matrix}\right)\div\begin{matrix}\text{当期全部}\\\text{销售额}\end{matrix}$$

---

① 指因管理不善造成被盗、丢失、霉烂变质，以及因违反法律法规造成货物或不动产被依法没收、销毁、拆除的情形。

② 纳税人新建、改建、扩建、修缮、装饰不动产，均属于不动产在建工程。

【例 3-3】 天缘房地产公司既有简易计税项目，也有一般计税项目，施工许可证上注明的建设规模分别为 2.2 万平方米和 3.3 万平方米。9 月份公司购进货物和服务取得的增值税专用发票注明的进项税额为 180 万元，进项税额无法划分用途。应转出进项税额计算如下：

$$\text{不得抵扣的进项税额}=\text{当期无法划分的全部进项税额}\times\left(\text{简易计税建设规模}\div\text{房地产项目总建设规模}\right)$$
$$=180\times(22\ 000\div55\ 000)=72(\text{万元})$$

公司当月应将 72 万元进项税额转出。

（3）平销返利的返还收入。企业向供应商收取的与销售额或销售量挂钩的营销费用，应按平销返利行为依照所购货物适用税率，计算并冲减当期增值税进项税额，而不能按“现代服务业广告服务”的适用税率 6%申报缴纳增值税。

$$\text{应冲减进项税额}=\text{当期取得的返还资金}\div\left(1+\text{所购货物适用增值税税率}\right)\times\text{所购货物适用增值税税率}$$

7. 允许抵扣进项税额的转入

根据规定不得抵扣进项税额的不动产，发生用途改变，用于允许抵扣进项税额项目的，按下列公式在改变用途的次月计算可抵扣进项税额。

$$\text{可抵扣进项税额}=\text{增值税扣税凭证注明或计算的进项税额}\times\text{不动产净值率}$$

3.2.4 增值税应纳税额的计算

我国增值税的主要计算方法是购进扣税法，亦称发票抵扣法，其基本计算公式如下：

$$\text{应交增值税}=\text{本期销售额}\times\text{适用税率}-\text{本期购入额}\times\text{适用税率}$$
$$=\text{本期销项税额}-\text{准予抵扣进项税额}$$

全面营改增后，对金融商品转让等特定服务，采用按差额计征的购入扣额法（简称“扣额法”），其基本计算公式如下：

$$\text{应交增值税}=[\text{销售额(卖出价)}-\text{购入额(买入价)}]\times\text{适用税率}$$

前者属于间接计算法，后者属于直接计算法，即两种计算方法并存，均属于增值税法规中所称的“一般计税方法”。“简易计税方法”仅是适用于小规模纳税人①的一种名为增值税实为传统流转税的计算方法。

1. 一般计税方法应纳税额的计算

在持续经营情况下，实务中应纳税额的具体计算如下：

---

① 一般纳税人的计税项目若选择简易计税方法，选择后 36 个月内不得变更。

应抵扣税额＝进项税额＋上期留抵税额－进项税额转出－免抵退应退税额＋纳税检查应补缴税额

应交增值税＝销项税额－实际抵扣税额

如果销项税额大于应抵扣税额，实际抵扣税额就是应抵扣税额。如果销项税额小于应抵扣税额，实际抵扣税额就是销项税额，当期销项税额与同期应抵扣税额的差额为本期留抵税额，留抵税额可予以退还或结转下期继续抵扣，直至抵扣完。企业若有增值税欠税，应以期末留抵税额抵减。

应交增值税合计＝应纳税额＋简易计税应纳税额－减免税额

【例3-4】 某厂为一般纳税人，1月销售产品，开出增值税专用发票，销售额12万元，销项税额15 600元；销售给小规模纳税人产品，开普通发票，销售额40 000元（含税）；将一批成本10万元的产品对外投资。当月购料（已入库），取得专用发票，价款60 000元，税额7 800元；当月用水27 600元，专用发票注明税额2 484元；购进设备一台，价款55 000元，专用发票注明税额7 150元。计算该企业当月应交增值税。

（1）销项税额的计算。

销售给小规模纳税人销项税额＝40 000÷(1＋13％)×13％＝4 602(元)

投资产品销项税额＝100 000×(1＋10％)×13％＝14 300(元)

销项税额合计＝15 600＋4 602＋14 300＝34 502(元)

（2）允许抵扣的进项税额的计算。

允许抵扣的进项税额＝7 800＋2 484＋7 150＝17 434(元)

（3）应交增值税的计算。

应交增值税＝34 502－17 434＝17 068(元)

2. 简易计税方法应纳税额的计算

（1）小规模纳税人采用简易计税方法。

（2）符合条件的一般纳税人也可采用简易计税方法，如公共交通运输服务、销售或出租不动产等。简易计税方法的应纳税额是按销售额和增值税征收率计算的增值税额，不得抵扣进项税额。应纳税额计算公式如下：

应交增值税＝销售额×征收率

（3）建筑工程总承包单位为房屋建筑的地基与基础、主体结构提供工程服务，建设单位自行采购全部或部分钢材、混凝土、砌体材料、预制构件的，适用简易计税方法计税。

（4）资管产品管理人运营资管产品过程中发生的增值税应税行为，暂适用简易计税方法。管理人应分别核算资管产品运营业务和其他业务的销售额和增值税应纳税额；未分别核算的，资管产品运营业务不得适用简易计税方法。

【例3-5】 某县邮政局为增值税小规模纳税人。5月份，取得邮册等邮品销售、邮政代理等其他邮政服务收入22.6万元；向我国境内用户提供邮政普遍服务，取得邮政服务收入7.5万元；办理机要通信、报刊发行，以及义务兵平常信函、盲人读物和革命烈士遗物的免费寄递等特殊服务业务，取得特殊服务收入5.5万元；按规定程序已办理增值税免税手续，计算该邮局当月应交增值税。

中国邮政集团公司及其所属邮政企业提供的邮政普遍服务和邮政特殊服务，免征增值税；提供其他邮政服务，小规模纳税人适用的增值税征收率为3%。

当月应交增值税＝22.6÷1.03×3%＝0.658 3(万元)

其他服务收入13万元（7.5＋5.5），按免税收入申报，不缴增值税。

【例3-6】 某运输企业系增值税一般纳税人，除提供运输服务外，同时还提供装卸搬运服务。装卸搬运服务可以选择简易计税方法按3%的征收率计算缴纳增值税。某月与客户签订运输合同，运费与装卸搬运费合并计价，合同金额2万元。

增值税销项税额＝20 000÷1.09×9%＝1 651.38(元)

如果合同分别计价、分别开票，合同总金额不变，假定运费占70%，装卸搬运费占30%，增值税计算如下：

运费销项税额＝14 000÷1.09×9%＝1 155.96(元)

装卸搬运费应交增值税＝6 000÷1.03×3%＝174.76(元)

增值税合计1 330.72元，比合并计价节税320.66元，同时还会相应地减少应交城建税和教育费附加。

3.2.5 预缴增值税

1. 增值税的预缴

（1）房地产开发企业采用预收款方式销售其自行开发的房地产项目时，对预收款应预缴增值税。但按规定，其纳税义务在交房或办理产权转移时方予确认。因预缴时点早于纳税义务发生时点，预缴时尚未形成销项税额，其留抵税额不能抵扣预缴增值税。因此，企业在预收房款时，原则上不能开具发票。如果开具发票，则应按适用税率或征收率缴纳增值税。

（2）提供建筑服务。根据建筑施工合同约定，在开工前收到发包方预先支付的工程款（预付备料款）后，虽未发生纳税义务（未开具发票），但有预缴税款义务。纳税人应以取得的预收款扣除支付的分包款后的余额，按预征率计算预缴增值税。

在按合同约定的预收款抵扣工程进度款（建筑项目结算）时，确认预收款纳税义务的发生，按项目全额开具发票。

（3）其他企业异地转让不动产、异地提供不动产租赁服务、异地提供建筑服务，应在异地纳税义务发生时预缴增值税。

（4）建立预缴税款台账。为了加强对异地预缴税款的管理，企业应按事项发生地和服务项目，逐笔登记与预缴税款有关的内容（包括全部收入、支付的分包款、已扣除的分包款、扣除分包款的发票号码、已预缴税款及其完税证明等），留存备查。

（5）属于混合销售的，应分别核算货物和建筑服务销售额。销售电梯的同时提供安装服务，安装服务应按甲供料工程选择简易计税方法计税，安装运行后再提供维护保养服务，按“其他现代服务”计税。

（6）企业预缴的增值税可从本期应纳税额中抵减，本期抵减不完的，可结转后期继续抵减，直至抵完。抵减时不需要区分计税方法，可直接抵减应交增值税。

本期应补(退)税款＝应交增值税合计－(预缴税款＋出口开具专用缴款书预缴税款)

（7）填报《增值税预缴税款表》，提供发包方与总包方合同复印件（加盖公章）等资料。

2. 预缴增值税的计算

（1）房地产开发企业（一般纳税人）预缴增值税计算。销售营改增前的房地产项目和采用预收款方式销售其所开发房地产项目，增值税预征率为3%。

一般计税方法预缴增值税＝预收款÷(1＋9%)×3%

简易计税方法预缴增值税＝预收款÷(1＋5%)×3%

“预收款”是实际收取或税务机关确认的全部预收价款和价外费用。

（2）出租异地不动产预缴增值税。

一般计税方法预缴增值税＝含税销售额÷(1＋9%)×3%

简易计税方法预缴增值税＝含税销售额÷(1＋5%)×5%

（3）转让异地自建不动产预缴增值税。

预缴增值税＝全部价款和价外费用÷(1＋5%)×5%

（4）建筑服务预缴增值税计算（见表3-2）。

表3-2　建筑服务预缴增值税计算表

<table>
<tr><th>纳税人</th><th>计税方法</th><th>预征率</th><th>预缴税款</th><th>预缴时间</th><th>预缴地点</th></tr>
<tr><td rowspan="2">一般纳税人</td><td>一般计税方法</td><td>2%</td><td>预缴税款＝(收到的预收款－支付的分包款)÷(1＋9%)×2%</td><td rowspan="3">收到预收款时</td><td rowspan="4">◆ 同一地级行政区内跨县（市、区）作业，在机构所在地主管税务机关
◆ 不同地级行政区作业，在发生地主管税务机关</td></tr>
<tr><td>简易计税方法</td><td rowspan="2">3%</td><td rowspan="2">预缴税款＝(收到的预收款－支付的分包款)÷(1＋3%)×3%</td></tr>
<tr><td colspan="2">小规模纳税人</td></tr>
<tr><td>异地提供建筑服务收到工程结算款</td><td>一般计税方法</td><td>2%</td><td>预缴税款＝(收到的全部价款和价外费用－支付的分包款)÷(1＋9%)×2%</td><td>取得结算款时</td></tr>
</table>

3.2.6 增值税的纳税申报

纳税人不论当期是否发生应税行为或是否应该缴税，均应按规定进行纳税申报。纳税申报是税务风险防控的最后环节，无论是多缴税的风险还是少缴税的风险，都会在纳税申报完成后形成。

1. 纳税申报程序

纳税人办理纳税申报需要经过发票认证、抄报、纳税申报、报税和税款缴纳等程序。纳税人进行纳税申报，实行电子信息采集。使用防伪税控系统开具专用发票，在抄报成功后，方可向其主管税务机关进行纳税申报。

网上报税和网上申报的操作流程如下：纳税人必须先操作防伪税控开票子系统进行抄税，然后使用网上抄报税系统进行远程报税，再操作网上申报软件发送申报数据，最后使用网上抄报税系统清卡。通过网上申报软件发送申报数据后，要查看申报结果提示。如果提示申报成功，则关注税款扣缴结果，在申报软件中及时查看银行扣款是否成功。

2. 增值税及附加税费的申报

纳税人申报增值税、消费税时，应一并申报附征的城市维护建设税①、教育费附加和地方教育附加等附加税费。附加税费是随增值税、消费税附加征收的，附加税费单独申报易产生与增值税、消费税申报不同步等问题，整合主税附加税费申报表按照“一表申报、同征同管”的思路，将附加税费申报信息作为增值税、消费税申报表附列资料（附表），实现增值税、消费税和附加税费信息共用，提高申报效率，便利纳税人。

增值税、消费税分别与附加税费申报表整合，启用《增值税及附加税费申报表（一般纳税人适用）》（见表3-3）、《增值税及附加税费申报表（小规模纳税人适用）》（见表3-4）、《增值税及附加税费预缴表》（见表3-5）及其附列资料和《消费税及附加税费申报表》。附加税费申报表作为附列资料或附表，纳税人在进行增值税、消费税申报的同时完成附加税费申报。

纳税人在填写增值税、消费税相关申报信息后，自动带入附加税费附列资料（附表）；纳税人填写完附加税费其他申报信息后，回到增值税、消费税申报主表，形成纳税人本期应缴纳的增值税、消费税和附加税费。上述表内信息预填均由系统自动实现。

表3-3 增值税及附加税费申报表

（一般纳税人适用）

根据国家税收法律法规及增值税相关规定制定本表。纳税人不论有无销售额，均应按税务机关核定的纳税期限填写本表，并向当地税务机关申报。

税款所属时间：自　年　月　日至　年　月　日　　　　填表日期：　年　月　日

金额单位：元（列至角分）

纳税人识别号（统一社会信用代码）：□□□□□□□□□□□□□□□□□□□□

所属行业：

纳税人名称		法定代表人姓名		注册地址		生产经营地址	
开户银行及账号			登记注册类型			电话号码	

① 因城市维护建设税是增值税、消费税的附加税种。

项目		栏次	一般项目		即征即退项目	
			本月数	本年累计	本月数	本年累计
销售额	(一)按适用税率计税销售额	1				
	其中：应税货物销售额	2				
	应税劳务销售额	3				
	纳税检查调整的销售额	4				
	(二)按简易办法计税销售额	5				
	其中：纳税检查调整的销售额	6				
	(三)免、抵、退办法出口销售额	7			—	—
	(四)免税销售额	8			—	—
	其中：免税货物销售额	9			—	—
	免税劳务销售额	10			—	—
税款计算	销项税额	11				
	进项税额	12				
	上期留抵税额	13				—
	进项税额转出	14				
	免、抵、退应退税额	15			—	—
	按适用税率计算的纳税检查应补缴税额	16			—	—
	应抵扣税额合计	17＝12＋13－14－15＋16		—		—
	实际抵扣税额	18（如 17＜11，则为 17，否则为 11）				
	应纳税额	19＝11－18				
	期末留抵税额	20＝17－18				—
	简易计税办法计算的应纳税额	21				
	按简易计税办法计算的纳税检查应补缴税额	22			—	—
	应纳税额减征额	23				
	应纳税额合计	24＝19＋21－23				
税款缴纳	期初未缴税额（多缴为负数）	25				
	实收出口开具专用缴款书退税额	26			—	—
	本期已缴税额	27＝28＋29＋30＋31				
	①分次预缴税额	28		—		—
	②出口开具专用缴款书预缴税额	29		—	—	—
	③本期缴纳上期应纳税额	30				
	④本期缴纳欠缴税额	31				
	期末未缴税额（多缴为负数）	32＝24＋25＋26－27				
	其中：欠缴税额（≥0）	33＝25＋26－27		—		—
	本期应补（退）税额	34＝24－28－29		—		—
	即征即退实际退税额	35	—	—		
	期初未缴查补税额	36			—	—
	本期入库查补税额	37			—	—
	期末未缴查补税额	38＝16＋22＋36－37			—	—

附加税费	城市维护建设税本期应补（退）税额	39			—	—
	教育费附加本期应补（退）费额	40			—	—
	地方教育附加本期应补（退）费额	41			—	—

声明：此表是根据国家税收法律法规及相关规定填写的，本人（单位）对填报内容（及附带资料）的真实性、可靠性、完整性负责。

纳税人（签章）：　　年　月　日

经办人： 经办人身份证号： 代理机构签章： 代理机构统一社会信用代码：	受理人： 受理税务机关（章）： 受理日期：　　年　月　日

表 3-4　增值税及附加税费申报表

（小规模纳税人适用）

纳税人识别号（统一社会信用代码）：□□□□□□□□□□□□□□□□□□□□

纳税人名称：　　金额单位：元（列至角分）

税款所属期：　　年　月　日至　　年　月　日　　填表日期：　　年　月　日

	项目	栏次	本期数		本年累计	
			货物及劳务	服务、不动产和无形资产	货物及劳务	服务、不动产和无形资产
一、计税依据	（一）应征增值税不含税销售额（3%征收率）	1				
	增值税专用发票不含税销售额	2				
	其他增值税发票不含税销售额	3				
	（二）应征增值税不含税销售额（5%征收率）	4	—		—	
	增值税专用发票不含税销售额	5	—		—	
	其他增值税发票不含税销售额	6	—		—	
	（三）销售使用过的固定资产不含税销售额	7（7≥8）		—		—
	其中：其他增值税发票不含税销售额	8		—		—
	（四）免税销售额	9=10+11+12				
	其中：小微企业免税销售额	10				
	未达起征点销售额	11				
	其他免税销售额	12				
	（五）出口免税销售额	13（13≥14）				
	其中：其他增值税发票不含税销售额	14				
二、税款计算	本期应纳税额	15				
	本期应纳税额减征额	16				
	本期免税额	17				
	其中：小微企业免税额	18				
	未达起征点免税额	19				
	应纳税额合计	20=15-16				
	本期预缴税额	21			—	—
	本期应补（退）税额	22=20-21			—	—

<table>
<tr><td rowspan="3">三、附加税费</td><td>城市维护建设税本期应补（退）税额</td><td>23</td><td></td><td></td><td></td><td></td></tr>
<tr><td>教育费附加本期应补（退）费额</td><td>24</td><td></td><td></td><td></td><td></td></tr>
<tr><td>地方教育附加本期应补（退）费额</td><td>25</td><td></td><td></td><td></td><td></td></tr>
<tr><td colspan="7">声明：此表是根据国家税收法律法规及相关规定填写的，本人（单位）对填报内容（及附带资料）的真实性、可靠性、完整性负责。
纳税人（签章）：　　　年　月　日</td></tr>
<tr><td colspan="3">经办人：
经办人身份证号：
代理机构签章：
代理机构统一社会信用代码：</td><td colspan="4">受理人：
受理税务机关（章）：
受理日期：　　年　月　日</td></tr>
</table>

表 3-5　增值税及附加税费预缴表附列资料

（附加税费情况表）

税（费）款所属时间：　　年　月　日至　　年　月　日

纳税人名称：（公章）　　　　　　　　　　　　金额单位：元（列至角分）

<table>
<tr><td rowspan="4">税（费）种</td><td>计税（费）依据</td><td rowspan="3">税（费）率（征收率）（%）</td><td rowspan="3">本期应纳税（费）额</td><td colspan="2">本期减免税（费）额</td><td colspan="2">增值税小规模纳税人“六税两费”减征政策</td><td rowspan="3">本期实际预缴税（费）额</td></tr>
<tr><td rowspan="2">增值税预缴税额</td><td rowspan="2">减免性质代码</td><td rowspan="2">减免税（费）额</td><td colspan="2">本期是否适用
□是　□否</td></tr>
<tr><td>减征比例（%）</td><td>减征额</td></tr>
<tr><td>1</td><td>2</td><td>3=1×2</td><td>4</td><td>5</td><td>6</td><td>7=(3−5)×6</td><td>8=3−5−7</td></tr>
<tr><td>城市维护建设税</td><td></td><td></td><td></td><td></td><td></td><td></td><td></td><td></td></tr>
<tr><td>教育费附加</td><td></td><td></td><td></td><td></td><td></td><td></td><td></td><td></td></tr>
<tr><td>地方教育附加</td><td></td><td></td><td></td><td></td><td></td><td></td><td></td><td></td></tr>
<tr><td>合计</td><td>—</td><td>—</td><td></td><td>—</td><td></td><td>—</td><td></td><td></td></tr>
</table>

3.3　增值税进项税额及其转出的会计处理

3.3.1　增值税会计账户的设置

1. 一般纳税人增值税会计账户设置

（1）“应交税费”下设二级账户。

1）应交增值税。该账户的借方发生额为购进和进口货物、固定资产、无形资产以及接受应税服务支付的进项税额、缴纳增值税等，贷方发生额为销售货物、转让无形资产、不动产、提供应税服务等应缴增值税、出口货物退税、进项税额转出等。期末贷方余额反映企业尚未缴纳的增值税额，借方余额反映企业尚未抵扣的、多缴的增值税额。

2）未交增值税。纳税人月度终了从“应交增值税”“预交增值税”明细账户转入当月应交未交、多交或预缴的增值税额，以及当月缴纳以前期间未交的增值税额。其借方发生额反映上缴以前月份未交增值税和期末转入多交增值税，贷方发生额记录转入当月未交增值税；期末借方余额为企业多交增值税，贷方余额为未交增值税。

3）预交增值税。记录纳税人转让不动产，提供不动产租赁服务，提供建筑服务，采用预收款方式销售自行开发的房地产项目等，按规定应预交的增值税额。

4）待认证进项税额。记录纳税人因未经税务机关认证而不得从当期销项税额中抵扣的进项税额。包括纳税人已取得增值税扣税凭证、按规定准予从销项税额中抵扣，但尚未认证的进项税额；纳税人取得货物等已入账，但因尚未收到相关增值税扣税凭证而不得从当期销项税额中抵扣的进项税额。

5）待抵扣进项税额。记录纳税人已取得增值税扣税凭证并经认证，按照规定准予以后期间从销项税额中抵扣的进项税额。包括实行纳税辅导期管理的一般纳税人取得的尚未交叉稽核比对的增值税扣税凭证上注明或计算的进项税额，企业取得海关专用缴款书实行“先稽核比对，后抵扣”方式的进项税额；营改增后，当企业取得不动产分期抵扣进项税额时，留待下次（以后）抵扣的进项税额以及进项税额的转入额。对不同的不动产和不动产在建工程，纳税人应分别核算其待抵扣进项税额。

6）待转销项税额。纳税人销售货物、无形资产及不动产，提供服务时，财务会计根据会计制度规定先确认相关收入及相应增值税额，在期末填制资产负债表时，需要重分类至“其他流动负债”或“其他非流动负债”。税务会计根据税法规定，对尚未发生增值税纳税义务的事项不予确认销项税额。

7）转让金融商品应交增值税。记录纳税人转让金融商品发生的增值税额。月末，结转金融商品转让损失应抵扣税额及实际缴纳增值税时，借记本账户；结转金融商品转让收益应纳税额时，贷记本账户。

8）代扣代交增值税。记录纳税人购进在境内未设经营机构的境外单位或个人在境内的应税行为代扣代缴的增值税。

9）增值税留抵税额。对纳税人而言，当本期可抵扣进项税额大于同期销项税额时，其差额（期末“应交增值税”为借方余额）为留抵税额，即留待后期抵扣的税额，不必单设会计账户处理。企业实际收到税务机关退还的留抵税额时，借记“银行存款”，贷记“应交税费——应交增值税（进项税额转出）”。

10）增值税检查调整。该账户记录企业在增值税检查中查出的以前各期应补、应退增值税税额，借方记调减的销项税额和调增的进项税额，贷方记调增的销项税额、调减的进项税额、调增的进项税转出额，全部调整事项入账后，应结出本账户余额，并对余额进行账务处理。

11）增值税简易计税。记录一般纳税人采用简易计税方法时，增值税的计提、扣减、预缴、缴纳、抵减、减免等事项。既核算纳税人适用简易计税方法应纳税额的计提，也核算差额计税的扣减、特定情形的预缴及申报后的缴纳。

(2)“应交税费——应交增值税”下设三级账户。

1）进项税额。记录企业购入和进口货物、固定资产、不动产、无形资产，接受应税服务而支付的准予从销项税额中抵扣的增值税额；若发生购货退回或折让，应以红字记入，以示冲销进项税额。

2）进项税额转出。当企业已经抵扣的进项税额不再符合抵扣条件时，应将确认的已经抵扣的进项税额在会计上做转出处理，贷记该明细科目，表示对借记进项税额的冲减。

3）销项税额。记录企业销售货物、固定资产、不动产，提供应税服务应收取的增值税税额。若发生销货退回或销售折让，应以红字记入，以示冲减销项税额。一般纳税人采用简易计税方法计算的应交增值税额，应在此明细账中反映，也可通过专设明细账户记录。

4）销项税额抵减。记录一般纳税人适用“全额开票，差额计税”政策时（如房地产企业），因按规定抵减销售额而减少的销项税额。

5）已交税金。记录企业当月缴纳本月应交增值税税额；收到退回的多交增值税税额时，以红字记入。

6）减免税款。记录企业按规定直接减免，用于指定用途的或未规定专门用途的，准予从销项税额中抵扣的增值税税额。

7）出口退税。记录企业向海关办理报关出口手续后，凭出口报关单等有关单证，向主管出口退税的税务机关申报办理出口退税而确认的应予退回的税款及应免抵税款；若办理退税后又发生退货或者退关而补缴已退增值税，则用红字记入（详见本书第6章）。

8）出口退税抵减应纳税额。记录出口企业按规定退税率计算的当期应予抵扣的税额（详见本书第6章）。

9）转出未交增值税。记录企业月（季）终时将当月（季）发生的应交未交增值税转出额。转至“未交增值税”科目后，“应交增值税”的期末余额不包括当期应交未交税额。

10）转出多交增值税。记录企业月（季）终时将当月（季）多交税额的转出额。转至“未交增值税”科目后，“应交增值税”的期末余额不含当期多交税额。

如果企业不设“未交增值税”二级账户，在“应交增值税”三级明细账户中就没有必要设置“转出未交增值税”和“转出多交增值税”明细账户。从事“四项服务”的纳税人，可在“应交税费——应交增值税”下增设“加计抵减进项税额”明细项目。

2. 小规模纳税人增值税会计账户设置

小规模纳税人应在“应交税费”账户下设置“应交增值税”二级账户，并根据需要设置“转让金融商品应交增值税”“代扣代缴增值税”明细账户，一般无须再设其他明细项目。贷方记应交的增值税税额，借方记实际上交的增值税税额；期末贷方余额反映企业尚未上交或欠交的增值税税额，借方余额则反映多交的增值税税额。此外，根据需要，还可以设置“增值税检查调整”二级账户，其核算内容与一般纳税人相同。

3.3.2 增值税进项税额的会计处理

一般纳税人（采用一般计税方法，下同）购进货物、无形资产和不动产，接受服务，按应计成本费用的金额，借记“在途物资”“原材料”“库存商品”“生产成本”“无形资产”“固定资产”“管理费用”等，借记“应交税费——应交增值税（进项税额）”或“应交税费——待认证进项税额”，按应付或实际支付金额，贷记“应付账款”“应付票据”“银行存款”等。认证后，借记“应交税费——应交增值税（进项税额）”，贷记“应交税费——待认证进项税额”。

退货时，若原增值税专用发票未做认证，应将专用发票退回并做冲账的会计分录；若原增值税专用发票已做认证，根据红字增值税专用发票做冲账的会计分录。

一般纳税人营改增后取得并按固定资产核算的不动产、不动产在建工程，其进项税额按现行规定自取得之日起分两年从销项税额中抵扣的，应按取得成本，借记“固定资产”“在建工程”等，按当期可抵扣增值税额，借记“应交税费——应交增值税（进项税额）”，对后期可抵扣的增值税额，借记“应交税费——待抵扣进项税额”，贷记“应付账款”“应付票据”“银行存款”等。尚未抵扣的进项税额在后期允许抵扣时，按允许抵扣的金额，借记“应交税费——应交增值税（进项税额）”，贷记“应交税费——待抵扣进项税额”。

1. 购进货物进项税额的会计处理

企业外购应税货物，应按货物的实际采购成本借记“在途材料”“原材料”“库存商品”等，按应预缴或垫支的增值税额借记“应交税费——应交增值税（进项税额）”，按货物的实际成本和增值税进项税额之和贷记“银行存款”“其他货币资金”“应付票据”“应付账款”等。

【例3-7】 天华工厂购入甲材料4 000千克，价格为6元/千克，增值税进项税额为3 120元，已开出银行承兑汇票，材料验收入库。供货方代垫运杂费2 800元，进项税额为252元（2 800×9%）。做会计分录如下：

借：原材料	26 800
应交税费——应交增值税（进项税额）	3 372
贷：应付票据	30 172

【例3-8】 天华工厂9月6日收到银行转来的购买光明工厂丙材料的“托收承付结算凭证”及发票，数量为5 000千克，价格为11元/千克，增值税进项税额为7 150元。

企业购进货物并取得增值税专用发票后，在未认证前，应通过“待认证进项税额”账户过渡，做会计分录如下：

借：在途物资（光明工厂）	55 000
应交税费——待认证进项税额	7 150
贷：银行存款	62 150

材料验收入库时：

借：原材料——丙材料　　55 000
　贷：在途物资（光明工厂）　　55 000

企业在规定时间内进行比对认证并获得通过后，记：

借：应交税费——应交增值税（进项税额）　　7 150
　贷：应交税费——待认证进项税额　　7 150

如果在规定时间内进行认证但未获通过，或超过规定时间未进行认证，则记：

借：原材料——丙材料　　7 150
　贷：应交税费——待认证进项税额　　7 150

商品验收入库时，借记“库存商品”，以商品的进价（不含税）金额贷记“材料采购”，以商品含税零售价大于不含税进价的差额，贷记“商品进销差价”。“商品进销差价”账户是商品零售企业用来核算商品售价（含税）与进价（不含税）之间的差额（毛利＋销项税额）的专门账户，其借方反映商品的进价大于零售价的差额、月终分摊商品进销差价和商品售价调整时调低售价的差额；贷方反映企业购进商品的零售价大于其进价的差额和库存商品售价调整时调低售价的差额；贷方余额反映库存商品进价小于售价的差额，借方余额则反映库存商品进价大于售价的差额，正常情况下应为贷方余额。

【例3-9】 某零售商业企业向本市无线电厂购入150台DVD，价格为1 000元/台，增值税专用发票上注明价款150 000元，增值税额19 500元。做会计分录如下：

（1）企业付款时。

借：材料采购——××无线电厂　　150 000
　　应交税费——应交增值税（进项税额）　　19 500
　贷：银行存款　　169 500

（2）商品验收入库（设每台DVD含税售价为1 560元）时。

借：库存商品——××DVD　　234 000
　贷：材料采购——××无线电厂　　150 000
　　　商品进销差价　　84 000

“库存商品”账户是根据商品零售企业按售价金额核算、实物负责制的传统做法设计的。如果库存商品按不含税售价入账，就会造成柜台价签上的标价与库存价格不符，使实物负责人的责任不清，也违背了按售价金额核算、实物负责制的本意，造成各柜组月末清点库存的麻烦。因此，对于按售价核算的各柜组，在购进商品结转商品采购成本时，必须按含税销售价格计算库存商品，将税额计入商品进销差价，通过差价金额来抵减库存金额，最终使库存商品进价金额不含税。

上述会计处理方法也有其局限性，即“商品进销差价”并非真正的销价与进价的差价，不便于分析商品的差价率（毛利率）。为此，可以采用以下几种会计处理方法。

（1）库存商品、商品进销差价均不含税。仍按上例，第一笔会计分录不变，第二笔会计分录如下：

每台VCD不含税售价＝1 560÷(1＋13％)＝1 381(元)

借：库存商品——××DVD（1 381×150）　　207 150
　贷：材料采购　　150 000
　　　商品进销差价　　57 150

（2）在“商品进销差价”账户下，设“毛利”“销项税额”两个二级账户。仍按上例，第一笔会计分录不变，第二笔会计分录如下：

借：库存商品——××DVD　　234 000
　贷：材料采购　　150 000
　　　商品进销差价——毛利　　57 150
　　　　　　　　　——销项税额　　26 850

（3）在“库存商品”账户下，增设“销项税额”明细账。仍按上例，第一笔会计分录不变，第二笔会计分录如下：

借：库存商品　　234 000
　贷：材料采购　　150 000
　　　商品进销差价　　57 150
　　　库存商品——销项税额　　26 850

上述几种会计处理方法各有利弊，企业在不违反现行有关法规的前提下，可以选择其中之一或创造更好的会计处理方法。

2. 购进农产品进项税额的会计处理

对农民专业合作社销售本社成员生产的农业产品，视同农业生产者销售自产农业产品免征增值税；增值税一般纳税人从农民专业合作社购进的免税农业产品，可计算抵扣增值税进项税额。

【例3-10】 天天食品公司系增值税一般纳税人，主要从事饼干、雪饼、果汁等的生产销售。10月份发生如下购进业务：

（1）从一般纳税人A公司购进大米100吨，专用发票金额50万元，增值税额4.5万元；当月生产领用大米40吨用于雪饼生产。

（2）从B农民专业合作社购入自产苹果4 000千克，价款3.2万元，取得增值税普通发票，当月全部领用生产苹果汁。

（3）从小规模纳税人C公司购进鲜橙1 500千克，价款2.1万元，取得增值税普通发票，当月领用生产橙汁；从批发市场购入适用免税政策的胡萝卜800千克，价款2 400元，取得增值税普通发票。相关会计处理如下：

（1）购进大米时。

借：原材料——大米　　500 000
　　应交税费——应交增值税（进项税额）　　45 000
　贷：银行存款　　545 000

（2）生产领用大米时。企业购进大米用于生产销售的饼干、雪饼，为适用13%增值税税率的货物，可在生产领用时加计抵扣1%的进项税额。

加计扣除农产品进项税额 ＝当期生产领用农产品已按9％扣除率抵扣税额÷9％×1％

＝50×40÷100×9％÷9％×1％＝0.2（万元）

借：生产成本——雪饼　198 000

　　应交税费——应交增值税（进项税额）　2 000

　贷：原材料——大米　200 000

（3）购进自产苹果时。一般纳税人从农民专业合作社购进自产苹果系免税农业产品，可计算抵扣增值税进项税额。

借：原材料——苹果　29 120

　　应交税费——应交增值税（进项税额）（32 000×9％）　2 880

　贷：银行存款　32 000

（4）生产领用苹果时。当月购进苹果全部用于生产，可加计扣除进项税额320元（2 880÷9％×1％）。

借：生产成本——苹果汁　28 800

　　应交税费——应交增值税（进项税额）　320

　贷：原材料——苹果　29 120

（5）购进鲜橙、胡萝卜时。纳税人从小规模纳税人C公司购进鲜橙不属于从农业生产者购进自产农产品，进项税额不予抵扣；从批发、零售环节购进适用免征增值税的蔬菜、部分鲜活肉蛋而取得的普通发票，不得作为计算抵扣进项税额的凭证。

借：原材料——鲜橙　21 000

　　　　　——胡萝卜　2 400

　贷：银行存款　23 400

（6）领用鲜橙时。

借：生产成本——橙汁　21 000

　贷：原材料——鲜橙　21 000

3. 进口货物进项税额的会计处理

纳税人在取得海关缴款书后，先借记“应交税费——待认证进项税额”，贷记相关对应账户；稽核比对相符允许抵扣时，借记“应交税费——应交增值税（进项税额）”，贷记“应交税费——待认证进项税额”。对不得抵扣的进项税额，借记相关对应账户，贷记“应交税费——待认证进项税额”账户。

【例3-11】 某商业企业从国外进口A商品一批，完税价格400 000美元，采取汇付结算方式，关税税率为20％，增值税税率为13％，另外支付国内运杂费2 400元（不含税）。该企业开出人民币转账支票2 400 000元，从银行购入400 000美元，转入美元存款户。假设计税日外汇牌价为1∶6。做会计分录如下：

（1）买入外汇时。

借：银行存款——美元户（USD 400 000×6）　2 400 000

　贷：银行存款——人民币　2 400 000

（2）支付货款时。

借：材料采购　　2 400 000

　贷：银行存款——美元户　　2 400 000

（3）支付进口关税和增值税时。

应纳关税＝2 400 000×20%＝480 000(元)

增值税组成计税价格＝2 400 000＋480 000＝2 880 000(元)

增值税进项税额＝2 880 000×13%＝374 400(元)

借：材料采购　　480 000

　　应交税费——待认证进项税额　　374 400

　贷：银行存款　　854 400

（4）支付国内运杂费时。

借：材料采购　　2 400

　　应交税费——待认证进项税额　　216

　贷：银行存款　　2 616

（5）结转商品采购成本时。

借：库存商品——A 商品　　2 882 400

　贷：材料采购　　2 882 400

4. 委托加工材料、接受应税服务进项税额的会计处理

企业接受应税服务，按照增值税专用发票注明的增值税税额，借记“应交税费——应交增值税（进项税额）”账户。

【例 3-12】 天华工厂委托东方木器厂加工产品包装用木箱，发出材料 16 000 元，支付加工费 3 600 元和增值税额 468 元。支付给承运部门往返运杂费 400 元（含税）。做会计分录如下：

（1）发出材料时。

借：委托加工物资　　16 000

　贷：原材料　　16 000

（2）支付加工费和增值税额时。

借：委托加工物资　　3 600

　　应交税费——应交增值税（进项税额）　　468

　贷：银行存款　　4 068

（3）用银行存款支付往返运杂费时。

应计进项税额＝400÷(1＋9%)×9%＝33.03(元)

借：委托加工物资　　366.97

　　应交税费——应交增值税（进项税额）　　33.03

　贷：银行存款　　400.00

(4) 结转加工材料成本时。

借：包装物——木箱　19 966.97

　贷：委托加工物资　19 966.97

【例3-13】 某生产企业与中介公司签订委托销售合同，通过中介公司销售自产产品。9月份中介公司销售生产企业自产产品100万元，企业按合同规定支付佣金6万元。中介公司向企业开具增值税专用发票，注明价款6万元，增值税额3 600元，价税合计63 600元。生产企业会计处理如下：

借：销售费用——手续费及佣金　60 000

　　应交税费——应交增值税（进项税额）　3 600

　贷：银行存款　63 600

由于实际支付的佣金超过所得税法规定的限额（100万元×5%），超额支付的1万元，企业应做所得税纳税调增处理。

5. 购建固定资产（动产、不动产）进项税额的会计处理

企业购买、自制固定资产时，取得增值税专用发票并支付进项税额，会计处理方法与增加存货基本相同。外购时，借记“应交税费——应交增值税（进项税额）”，按专用发票记载的应计入固定资产价值的金额，借记“固定资产”等账户，按应付或实际支付的金额，贷记“应付账款”“应付票据”“银行存款”“长期应付款”等账户。

纳税人应设立不动产和不动产在建工程台账，分别记录并归集不动产和不动产在建工程的成本、费用、扣税凭证及进项税额抵扣情况，留存备查。用于简易计税方法计税项目、免征增值税项目、集体福利或个人消费的不动产和不动产在建工程，也应在纳税人设立的台账中记录。

【例3-14】 某制造企业9月购进专门用于研发的不需安装的数控机床一台，价款850 000元，税金110 500元，价税合计960 500元，以银行存款支付。

(1) 设备购进时。

借：固定资产——数控机床　850 000

　　应交税费——应交增值税（进项税额）　110 500

　贷：银行存款　960 500

(2) 企业购进用于研发的仪器、设备，单位价值不超过100万元的，允许一次性计入当期成本费用在税前扣除。做会计分录如下：

借：研发支出——费用化支出　850 000

　贷：累计折旧　850 000

(3) 如果该企业两年后将当初用于新产品研发的数控机床出售，价税合计395 500元，货款已收讫。做会计分录如下：

借：银行存款　395 500

　贷：研发支出——费用化支出　350 000

　　　应交税费——应交增值税（销项税额）　45 500

同时，

借：累计折旧　　850 000
　贷：固定资产——数控机床　　850 000

【例 3-15】 天喜公司系增值税一般纳税人，8 月购进一座仓库，购入价 1 090 万元，取得增值税专用发票。

进项税额的计算：

进项税额＝1 090÷(1＋9%)×9%＝90(万元)

借：固定资产——××仓库　　10 000 000
　　应交税费——应交增值税（进项税额）　　900 000
　贷：银行存款　　10 900 000

6. 小规模纳税人购进货物的会计处理

由于小规模纳税人不实行税款抵扣制，因此，不论收到普通发票还是增值税专用发票，其所付税款均不应单独反映，而是直接计入采购成本，按应付或实际支付的价款和进项税额，借记“材料采购”“原材料”“管理费用”等，贷记“应付账款”“银行存款”“库存现金”等。

【例 3-16】 大明厂系小规模纳税人，3 月购入原材料一批，增值税专用发票上注明：材料价款 8 800 元，增值税 1 144 元；购入包装物一批，普通发票上所列价款为 2 500 元。已付款并验收入库。做会计分录如下：

借：原材料　　9 944
　　包装物　　2 500
　贷：银行存款　　12 444

3.3.3 增值税进项税额转出的会计处理

当企业购进货物用于免征增值税项目、集体福利、个人消费，或者发生非正常损失时，应做进项税额转出或将其视同销项税额处理，从本期的进项税额中抵减，借记有关账户，贷记“应交税费——应交增值税（进项税额转出）”等。出口货物的进项税额与出口退税额的差额，也应做进项税额转出的会计处理（见本书第 6 章）。

1. 直接用于或改为用于集体福利、个人消费进项税额转出的会计处理

企业购进货物、不动产，如果直接或者改为用于集体福利、个人消费，对其已抵扣的进项税额，应做进项税额转出处理。

【例 3-17】 某公司（一般纳税人）两年前购入不动产作为办公楼使用，取得的增值税专用发票上注明价款 4 000 万元，税额 360 万元。今年 1 月，公司决定将该办公楼改用做职工宿舍，其净值 3 600 万元。相关计算和会计处理如下：

(1) 当初购入不动产（办公楼）时。

借：固定资产　　40 000 000
　　应交税金——应交增值税（进项税额）　　3 600 000
　贷：银行存款　　43 600 000

（2）办公楼改用做职工宿舍时。

不动产净值率＝3 600÷4 000×100%＝90%

办公楼应转出进项税额＝360×90%＝324(万元)

借：固定资产　　3 240 000
　贷：应交税金——应交增值税（进项税额转出）　　3 240 000

2. 用于免税项目的进项税额转出的会计处理

如果企业生产的产品全部是免税项目，则其购进货物的进项税额应计入采购成本，不存在进项税额转出的问题。如果企业购进的货物既用于应税项目又用于免税项目，而进项税额又不能单独核算，月末应按免税项目销售额与全部销售总额之比计算免税项目不予抵扣的进项税额，然后做进项税额转出的会计处理。

【例3-18】 某超市为增值税一般纳税人，经营当地蔬菜、水果等农产品。在上年12月末增值税纳税申报表中，“期末留抵税额”中蔬菜、水果金额共计88 000元。按有关规定，从当年1月份起，蔬菜、水果分别属于免税货物和应税货物。该超市1月份销售蔬菜240 000元、水果160 000元。本月销售上述货物，共发生（分摊）电费8 000元、运输费6 000元，均取得符合规定的抵扣凭据，但无法在水果与蔬菜之间进行划分。进项税额转出计算如下：

期初留抵税额中转出数＝88 000×240 000÷(240 000＋160 000)＝52 800(元)

当月电费和运输费用可抵扣进项税额＝8 000×13%＋6 000×9%＝1 580(元)

当月免税项目进项税额转出数＝1 580×240 000÷400 000＝948(元)

进项税额转出合计＝52 800＋948＝53 748(元)

做会计分录如下：

借：主营业务成本——蔬菜　　53 748
　贷：应交税费——应交增值税（进项税额转出）　　53 748

【例3-19】 2月15日，某企业购买口罩等防疫物资捐赠给公益性社会组织用于支援抗击疫情，取得的专用发票注明价款150万元，增值税19.5万元，货款已经支付。

（1）购进口罩时。

借：库存商品——防疫物资　　1 500 000
　　应交税费——应交增值税（进项税额）　　195 000
　贷：银行存款　　1 695 000

（2）捐赠时。

借：营业外支出　　1 695 000
　贷：库存商品——防疫物资　　1 500 000
　　　应交税费——应交增值税（进项税额转出）　　195 000

3. 非正常损失货物进项税额转出的会计处理

增值税一般纳税人在生产经营过程中，因管理不善，可能造成存货被盗、霉烂变质等损失。按照税法规定，非正常损失购进货物的进项税额和非正常损失的在产品、产成品所耗用的购进货物或应税服务的进项税额，不得从销项税额中抵扣。企业应正确界定正常损失①与非正常损失。

购进货物发生非正常损失后，其税负也不能再往后转嫁。因此，对发生损失的企业（视为应税货物的最终消费者）应征收该货物的增值税。因当初进货时支付的增值税额作为进项税额进行了抵扣，发生损失后应将其转出，由企业负担该项税负，即转作待处理财产损失的增值税，与遭受损失的存货成本一并处理。

对非正常损失存货进行会计处理，关键是正确计算其涉及的不得从销项税额中抵扣的进项税额。非正常损失发生后，一般很难核实所损失的货物是在何时购进的，其原始进价和进项税额也无法准确核定，因此，可按货物的实际成本计算不得抵扣的进项税额。损失的在产品、产成品中耗用外购货物的实际成本，需要参照企业近期的成本资料加以计算。存货损失还涉及企业所得税，其税前扣除见第8章。

【例3-20】 某酒厂为增值税一般纳税人，本月外购食用酒精150吨，每吨不含税价7 600元，取得的增值税专用发票上注明金额1 140 000元，税额148 200元；取得的增值税专用发票上注明的不含税运费金额45 000元；取得的增值税专用发票上注明的不含税装卸费金额25 000元。月末盘存时发现，因管理不善当月购进的酒精被盗5吨，经主管税务机关确认作为损失转营业外支出处理。

应转出进项税额＝5×7 600×13%＋45 000×9%÷150×5＋25 000×6%÷150×5
＝4 940＋135＋50＝5 125(元)

（1）反映被盗发生时。

借：待处理财产损溢——待处理流动资产损溢　　45 458
　贷：原材料（5×7 600＋45 000÷150×5＋25 000÷150×5）　　40 333
　　应交税费——应交增值税（进项税额转出）　　5 125

（2）报经批准后。

借：营业外支出——非正常损失　　45 458
　贷：待处理财产损溢——待处理流动资产损溢　　45 458

4. 进项税额转入的会计处理

对允许抵扣的进项税额，应借记“应交税费——应交增值税（进项税额）”“应交税费——待抵扣进项税额”，企业也可在“应交增值税”下增设“进项税额转入”明细账户。

【例3-21】 某企业系增值税一般纳税人，今年6月购买了一栋房屋用作员工食堂，取得增值税专用发票注明税款54万元，价款600万元，折旧年限20年，无残值，7月份

---

① 正常损失额确认后，可记入“管理费用”或“销售费用”，不做进项税额转出。

进行勾选确认、申报抵扣并做了进项税额转出处理。今年9月因经营需要将该房屋改作生产车间。

（1）可抵扣进项税额（进项税额转入额）计算如下：

不动产净值＝600－[600÷(20×12)]×3＝592.5(万元)

不动产净值率＝592.5÷600×100%＝98.75%

可抵扣进项税额＝54×98.75%＝53.325(万元)

（2）做会计分录如下：

借：应交税费——应交增值税（进项税额）　533 250

　贷：固定资产　533 250

3.4 增值税销项税额的会计处理

企业销售货物、无形资产、不动产，提供服务，借记“应收票据”“应收账款”“银行存款”等，贷记“主营业务收入”“固定资产清理”“工程结算”等，贷记“应交税费——应交增值税（销项税额）”。发生销售退回的，应按规定开具红字增值税专用发票并做相反会计分录。

如果按会计准则确认收入或利得的时点早于按照税法规定确认的增值税纳税义务发生时点，先将相关销项税额记入“应交税费——待转销项税额”，待实际发生纳税义务时再转入“应交税费——应交增值税（销项税额）”。如果前者确认的时点晚于后者确认的时点，应按应纳增值税额，借记“应收票据”“应收账款”，贷记“应交税费——应交增值税（销项税额）”；待按会计准则确认收入或利得时，按扣除增值税销项税额后的金额确认收入。

企业发生视同销售行为，应按增值税规定确认计量销项税额，借记“应付职工薪酬”“利润分配”等，贷记“应交税费——应交增值税（销项税额）”。

3.4.1 现销方式销售货物销项税额的会计处理

1. 一般销售方式销项税额的会计处理

一般销售方式销售货物即直接收款方式销售货物，按收入确认的原则和条件，不论货物是否发出，均应以收到货款或取得索取销货款凭据、销货发票交给购货方的当日确认销售成立并发生纳税义务。即使对不完全符合收入确认条件的销售业务，只要已向对方开出专用发票，也应确认销项税额。企业应根据销售结算凭证和银行存款进账单等，借记“银行存款”“应收票据”“应收账款”等；按专用发票上所列增值税额或普通发票上所列货款按征收率折算增值税额，贷记“应交税费——应交增值税（销项税额）”，按销售额，贷记“主营业务收入”。

【例3-22】 天华工厂采用汇兑结算方式向光明厂销售甲产品360件，600元/件，增值税额 28 080 元，开出转账支票，支付代垫运杂费 1 000 元。货款尚未收到。

借：应收账款/应收票据——光明厂　　245 080
　贷：主营业务收入　　216 000
　　　应交税费——应交增值税（销项税额）　　28 080
　　　银行存款　　1 000

若该笔业务不完全符合财务会计中的收入确认条件，企业可按销售产品成本转账，并确认销项税额，即借记“发出商品”，贷记“产成品”或“库存商品”；同时做如下会计分录：

借：应收账款/应收票据——光明厂　　28 080
　贷：应交税费——应交增值税（销项税额）　　28 080

如果天华工厂是以自备运输工具送货上门，则此笔业务属于混合销售。假定应收取的运费 1 000 元不含税，销项税额 28 210 元 [(216 000＋1 000)×13%]，借记“应收账款 245 210”，贷记“主营业务收入 217 000”“应交税费——应交增值税（销项税额）28 210”。

【例 3－23】 某工业企业取得对外加工费收入现金 1500 元，开具增值税专用发票，增值税额 195 元。做会计分录如下：

借：库存现金　　1 695
　贷：其他业务收入　　1 500
　　　应交税费——应交增值税（销项税额）　　195

如果是专门从事加工服务的企业，应贷记“主营业务收入”。

【例 3－24】 某商品零售企业 9 月 9 日各营业柜组交来销货款现金 8 700 元，货款已由财会部门集中送存银行。做会计分录如下：

销项税额＝8 700÷(1＋13%)×13%＝1 001(元)

借：银行存款　　8 700
　贷：主营业务收入　　7 699
　　　应交税费——应交增值税（销项税额）　　1 001

上述处理需要每天或每次计算销项税额，工作量大，容易出现误差。因此，对采用售价金额核算、实物负责制的零售企业，可按实收销货款（含税），借记“银行存款”，贷记“主营业务收入”；同时按售价金额结转成本，借记“主营业务成本”，贷记“库存商品”。月末，将含税商品销售收入换算为不含税销售额，乘以税率算出全月的销项税额，借记“主营业务收入”，贷记“应交税费——应交增值税（销项税额）”，使主营业务收入由含税变为不含税。月末根据商品进销差价表结转实际成本时，借记“商品进销差价”（差价＋销项税额），贷记“主营业务成本”（含税），将“主营业务成本”账户调整为商品实际销售成本。

仍按上例的资料，9 月 9 日收到销货款时，做会计分录如下：

借：银行存款　　8 700
　贷：主营业务收入　　8 700

借：主营业务成本　　8 700

　贷：库存商品　　8 700

假设本月商场的含税销售收入总额为350 000元，做会计分录如下：

借：主营业务收入（350 000÷1.13×13%）　　40 265

　贷：应交税费——应交增值税（销项税额）　　40 265

根据商品进销差价表结转实际成本，假设表中所列商品进销差价总额为295 000元（含税）：

借：商品进销差价　　295 000

　贷：主营业务成本　　295 000

当月实现毛利＝本期含税毛利－销项税额
＝295 000－40 265＝254 735(元)

2. 平销和租赁收入销项税额的会计处理

（1）平销销售方式。平销方式就是生产企业以商业企业经销价或高于商业企业经销价将货物销售给商业企业，商业企业再以进货成本或低于进货成本进行销售，生产企业则以返还资金方式（返还利润、赠送实物或以实物方式投资等）弥补商业企业的进销差价损失。

税法规定，不论是否有平销行为，只要因购买货物而从销售方取得各种形式的返还资金，均应依所购货物的增值税税率计算应冲减的进项税额，并从其取得返还资金当期的进项税额中予以冲减。其计算公式如下：

$$\text{当期应冲减的进项税额}=\frac{\text{当期取得的返还资金}}{1+\text{所购货物适用的增值税税率}}\times\text{所购货物适用的增值税税率}$$

【例3-25】 4月初，某生产企业向某商业企业销售家电产品80万元，开出专用发票，增值税额为10.4万元；月末，生产企业给予该商业企业4万元的现金返利。双方各自做会计分录如下：

1）生产企业销售产品。

借：银行存款等　　904 000

　贷：主营业务收入　　800 000

　　　应交税费——应交增值税（销项税额）　　104 000

2）生产企业支付现金返利，企业可以红字贷记（冲减）“主营业务收入”或蓝字借记“销售费用”“销售折扣与折让”。

贷：主营业务收入　　40 000①

　贷：银行存款　　40 000

3）商业企业收到现金返利后，计算当期应冲减的进项税额。

应冲减的进项税额＝40 000÷(1＋13%)×13%＝4 602(元)

① 表示红字，全书同。

借：银行存款　　40 000
　贷：应交税费——应交增值税（进项税额转出）　　4 602
　　　主营业务成本　　35 398

4）如果是以实物方式返利，假定生产企业返还商业企业售价4万元的产品（假定其成本为3.5万元），未开具专用发票，生产企业应按视同销售进行会计处理。

贷：主营业务收入　　40 200
　贷：库存商品　　35 000
　　　应交税费——应交增值税（销项税额）　　5 200

5）商业企业收到实物返利，厂家开具普通发票时。

借：库存商品　　40 000
　贷：主营业务成本　　35 398
　　　应交税费——应交增值税（进项税额转出）　　4 602

（2）租赁业务销项税额的会计处理。

【例3-26】 A企业向B企业出租生产用新购设备一台，合同约定租赁日期从当年4月1日起，租期1年，含税租赁价款总额为452万元。双方约定，B企业应于每个季度的第一个月10日前向A企业按季预付租金。

3月20日，A企业收到B企业预付的第一个季度租金113万元并开具发票，做会计分录如下：

（1）收到B企业预付租金时。

采用预收款方式的租赁服务，纳税义务发生时间为收到预收款的当天。

应交增值税＝1 130 000÷(1＋13%)×13%＝130 000(元)

借：银行存款　　1 130 000
　贷：预收账款——B企业　　1 000 000
　　　应交税费——应交增值税（销项税额）　　130 000

（2）确认该季度每月收入时。

每月收入额＝1 000 000÷3＝333 333(元)

借：预收账款——B企业　　333 333
　贷：其他业务收入——租赁收入　　333 333

3.4.2 分期收款方式销售货物销项税额的会计处理

企业采用分期收款方式销售货物，其纳税义务的发生时间为按合同约定的收款日期的当天。即不论在合同约定的收款日是否如数收到货款，均应确认纳税义务发生，并在规定时间内缴纳增值税。发出商品时，借记“长期应收款”，贷记“主营业务收入”；同时，结转销售成本。按合同约定的收款日期开具发票，借记“银行存款”“应收账款”等，贷记“长期应收款”“应交税费——应交增值税（销项税额）”。而按会计准则的规定，如果收款期较短（一般在3年以下），以合同金额确认收入，其会计处理与税法规定基本相同。如果收款期较长（一般在3年以上），实质上是具有融资性质的销售商品，按应收合同或协议价款，借记“长期应收款”账户，按应收合同或协议价款的公允价值（未来现金流量的现值），贷记“主营业务收入”账户，按专用发票上注明的增值税额，贷记“应交税费——应交增值税（销项税额）”账户，按其差额，贷记“未实现融资收益”账户。未实现融资收益在收款期内按实际利率法摊销，摊销结果与按直线法的结果相差不大时，也可以采用直线法摊销。

【例3-27】 大华工厂按销售合同向N公司销售A产品300件，售价1 000元/件，产品成本800元/件，税率13%。合同规定付款期限为18个月，货款分3次平均支付。本月为第1期产品销售实现月，开出增值税专用发票：价款100 000元，增值税13 000元，款已如数收到。假定不计息。做会计分录如下：

（1）确认销售时。

借：长期应收款　339 000

　贷：主营业务收入　300 000

　　　应交税费——待转销项税额　39 000

同时，

借：主营业务成本　240 000

　贷：库存商品　240 000

（2）在约定收款日收到款项时。

借：银行存款　113 000

　贷：长期应收款　113 000

同时，

借：应交税费——待转销项税额　13 000

　贷：应交税费——应交增值税（销项税额）　13 000

3.4.3 销货退回及折让、折扣销项税额的会计处理

一般纳税人销售货物、提供应税服务并开具增值税专用发票后，在发生销售货物退回、折让时，应按规定开具红字专用发票，对退还给购买方的增值税额，可从发生销货退回、折让当期的销项税额中扣减。未按规定开具红字专用发票的，不得冲减当期销项税额。

1. 销货退回销项税额的会计处理

（1）已开发票未入账退货的会计处理。当销货方收到退回发票时，可对原蓝字发票作废处理，一般不做账务处理。在产品退回时发生的相关费用，借记“销售费用”，贷记“银行存款”“其他应付款（购货方代垫）”等。

（2）无退货条件且已入账的会计处理。如果未确认收入，企业应按已记入“发出商品”账户的商品成本金额，借记“库存商品”等，贷记“发出商品”。采用计划成本或售价核算的，应按计划成本或售价记入“库存商品”，同时计算产品成本差异或商品进销差价。

如果已确认收入，销货方在购货方提供《进货退出或索取折让通知单》后，开具红字专用发票。红字贷记"主营业务收入""应交税费——应交增值税（销项税额）"，红字借记（或蓝字贷记）"应收账款""银行存款""财务费用"等；同时，借记"库存商品"，贷记"主营业务成本"。

（3）对于附有销售退回条款的销售，企业应当在客户取得相关商品控制权时，按照因向客户转让商品而预期有权收取的对价金额（不含预期因销售退回而可能退还的金额）确认收入，按照预期因销售退回而可能退还的金额确认负债；同时，按预期将退回商品转让时的账面价值扣除收回该商品预计发生的成本（包括退回商品的价值减损）后的余额，确认为一项资产；按商品转让时的账面价值，扣除上述资产成本的净额结转成本。在资产负债表日，应重新估计未来销售退回情况，如有变化，应当作为会计估计变更进行会计处理。

（4）税务会计应在销售时全部确认销项税额，实际发生退货时开具红字发票冲减当期的销项税额和销售收入等；财务会计只对有控制权且不会退回的部分确认收入，由此产生的暂时性差异需要进行递延所得税的会计处理。

【例3-28】 某公司系增值税一般纳税人，10月18日销售一批商品给乙公司，取得收入102万元（不含税，增值税税率13%）。发出商品后，按正常情况已确认收入，并结转成本85万元。下个月，该笔货款已经如数收到。12月19日，因产品质量问题，该批销售商品被退回。该公司执行《小企业会计准则》，企业已经确认销售商品收入的售出商品发生的销售退回，不论是否属于本年度，均应在发生时冲减当期销售收入。

对退回商品，做会计分录如下：

贷：主营业务收入	[1 020 000]
应交税费——应交增值税（销项税额）	[132 600]
贷：银行存款	1 152 600
借：库存商品	850 000
贷：主营业务成本	850 000

【例3-29】 天通公司是增值税一般纳税人，销售自产货物实行10天无理由退货。根据以往的销售数据统计，年平均退货率为10%。上年12月份销售商品含税价为113万元（其中增值税销项税额13万元），成本85万元。

（1）确认销售收入时。

借：应收账款/应收票据——××客户	1 130 000	
贷：应交税费——应交增值税（销项税额）		130 000
预计负债——应付退货款（1 000 000×10%）		100 000
主营业务收入（1 130 000－130 000－100 000）		900 000

（2）结转销售成本时。

借：主营业务成本	765 000	
应收退货成本（850 000×10%）	85 000	
贷：库存商品		850 000

（3）确认退回金额时。无理由退货期满，假设今年1月6日前共支付退货金额7.6万元（含税金额），开具红字专用发票。

借：预计负债——应付退货款　67 257

　贷：银行存款　76 000

　　应交税费——应交增值税（销项税额）[76 000÷(1+13%)×13%]　[8 743]

（4）采用未来适用法调整上年底多预计的退货金额（不涉及销项税额），多预计的退货费应增加退货当期的主营业务收入。若是少预估了退货费用，则应调减退货当期的主营业务收入。

借：预计负债——应付退货款（100 000−67 257）　32 743

　贷：主营业务收入　32 743

（5）确认退货成本时。

借：库存商品（850 000÷1 000 000×67 257）　57 168

　　主营业务成本　27 832

　贷：应收退货成本　85 000

注：上述5笔会计分录，第（1）（3）笔属于税务会计处理，其余应属财务会计处理。

2. 销售折让销项税额的会计处理

销售折让指货物销售后，由于品种、规格、质量等原因购货方未予退货，而由销货方给予购货方的一种价格减让。对销售折让，可在实际发生时直接从当期实现的销售收入中抵减，即将折让后的货款作为销售额，计算缴纳增值税。具体处理应分以下不同情况：

（1）购货方尚未进行账务处理也未付款。销货方应在收到购货方转来的原增值税专用发票的发票联和抵扣联上注明“作废”字样。

如属当月销售，销货方尚未进行账务处理，则不需要进行冲销当月产品销售收入和销项税额的账务处理，只需根据双方协商扣除折让后的价款和增值税税额，重新开具增值税专用发票，并进行账务处理。

（2）购货方已进行账务处理，发票联和抵扣联已无法退还。这时，销货方一般已进行了账务处理，销货方应根据购货方转来的通知单，按折让金额（价款和税额）开具红字增值税专用发票，作为冲销当期主营业务收入和销项税额的凭据。

如属以前月份销售，销货方已进行账务处理，则应根据折让后的价款和增值税税额重新开具增值税专用发票，按原增值税专用发票的发票联和抵扣联与新开的增值税专用发票的记账联的差额，冲销当月主营业务收入和当月销项税额，红字借记“应收账款”账户，红字贷记“主营业务收入”“应交税费——应交增值税（销项税额）”账户。

【例3-30】 天华厂7月20日采用托收承付结算方式（验货付款）销售给光明厂乙产品40 000元，增值税税额5 200元，由于质量原因，双方协商折让30%。8月18日收到光明厂转来的增值税专用发票的发票联和抵扣联。做会计分录如下：

（1）7月20日办妥托收手续时。

借：应收账款——光明厂　　45 200

　贷：主营业务收入——乙产品　　40 000

　　　应交税费——应交增值税（销项税额）　　5 200

（2）8月18日转来增值税专用发票时，按扣除折让后的价款28 000元［40 000×(1−30%)］和增值税税额3 640元［5 200×(1−30%)］，重新开具专用发票，冲销主营业务收入12 000元（40 000−28 000）和增值税税额1 560元（5 200−3 640）。

借：应收账款　　[13 560]

　贷：主营业务收入——乙产品　　[12 000]

　　　应交税费——应交增值税（销项税额）　　[1 560]

3. 折扣销售销项税额的会计处理

在财务会计中，销售折扣分为商业折扣和现金折扣两种形式，而在税务会计（税法）中，折扣销售方式分为折扣销售和销售折扣两种方式。

（1）折扣销售销项税额的会计处理。折扣销售即财务会计中的商业折扣，是指销货方在销售货物时，由于购货方购货数量较大或与销售方有特殊关系等原因而给予对方的价格优惠（打折）①。纳税人采取折扣方式销售货物，如果销售额和折扣额在同一张发票上的“金额”栏分别注明，可按折扣后的销售额征收增值税；未在同一张发票“金额”栏注明折扣额，而仅在发票的备注栏注明折扣额的，折扣额不得从销售额中扣除。如果将折扣额另开发票，不论其在财务会计上如何处理，都不得从销售额中扣除折扣额，即按折扣前的销售额全额计算销项税额。

【例3-31】 某企业9月8日销售给某商场一批货物，该货物的正常销售价格为250 000元（不含税），鉴于商场购货额较大，厂家给予商场6%的价格折扣。在货物发出时，开具增值税专用发票，将销售额和折扣额在同一张发票上分别注明，货款于当月15日由当地银行转来。会计处理如下：

折扣后的销售额＝250 000×(1−6%)＝235 000(元)

销项税额＝235 000×13%＝30 550(元)

借：银行存款　　265 550

　贷：主营业务收入　　235 000

　　　应交税费——应交增值税（销项税额）　　30 550

折扣销售仅限于对货物价格的折扣，如果销售方将自产、委托加工和购买的货物用于实物折扣的，则该实物价款不能从货物销售额中减除，且该实物应按视同销售货物中的“将自产、委托加工或者购进的货物无偿赠送其他单位或者个人”计算缴纳增值税。

税法中对纳税人采取折扣方式销售货物销售额的核定，之所以强调销售额与折扣额必须在同一张发票上注明，主要是满足增值税征管的需要（征税、扣税相一致）。如果允

① 实物折扣按视同销售中“无偿捐赠”处理。

许对销售额开一张销货发票，对折扣额再开一张退款的增值税负数（红字）发票，就可能造成销售方按减去折扣额后的销售额计算销项税额，而购货方却按未减去折扣额的销售额及其进项税额进行抵扣的问题，导致增值税逃税现象的发生。①

"随货赠送"是组合销售本企业商品，实为折扣销售，属有偿赠送，应将总的销售金额按各项商品公允价值的比例进行分摊，以确认各项销售收入。它是企业采用的一种促销行为：在销售主货物的同时赠送从货物，这种赠送是出于利润动机的正常交易，属于捆绑销售或降价销售。赠送的目的是诱导消费者购买，其实赠品的价值已经包含在销售商品的售价之中。

从增值税的链条来说，企业销售的商品有对应的进项税额和销项税额，但销售的赠品只有进项税额而没有销项税额，表面上不合理，其实赠品的销项税额隐含在售品的销项税额当中，只是没有剥离出来而已，因此，对于赠品的进项税额应允许其申报抵扣，赠送赠品时不应该单独再次计算其销项税额。折扣销售是在销售实现时发生的，在会计处理上与一般销售和购进货物相同，购销双方均不反映折扣额，均按扣减折扣额后的余额计价入账，并各自反映其销项税额与进项税额。

【例3-32】 天一公司（系增值税一般纳税人）是厨房用品生产企业，主要产品是微波炉，副产品是电磁炉。微波炉成本为每台800元，售价为每台1 000元（不含税）；电磁炉成本为每台140元，售价为每台180元（不含税）。为了减少库存、增加销售额，公司决定每售出1台微波炉赠购买者1台电磁炉，本月共卖出500台微波炉。

1）按微波炉和电磁炉各自公允价值占总销售金额的比例计算确认各自的销售收入。

微波炉的销售收入$=50\times1\,000\div(1\,000+180)\times100\%\approx50\times85\%=42.5$(万元)

电磁炉的销售收入$=50\times180\div(1\,000+180)\times100\%\approx50\times15\%=7.5$(万元)

开具发票时，应将微波炉的销售额50万元、电磁炉的销售额9万元和折扣额9万元在同一张发票上的"金额"栏分别注明。

2）相关会计分录。

借：银行存款　565 000
　贷：主营业务收入——微波炉　425 000
　　　　　　　　——电磁炉　75 000
　　　应交税费——应交增值税（销项税额）　65 000

借：主营业务成本——微波炉　400 000
　　　　　　　　——电磁炉　70 000
　贷：库存商品——微波炉　400 000
　　　　　　——电磁炉　70 000

（2）销售折扣销项税额的会计处理。销售折扣即财务会计中的现金折扣，是指销货方在销售货物后，为了鼓励购货方早日偿付货款而许诺给予购货方一定比率的折扣优惠。折扣条件一般用"2/10，1/20，n/30"等表示，其含义是：10天内付款给予2%的折扣，20天内付款给予1%的折扣，30天内付款全价付款，没有折扣。

① 如果不是在销售商品（产品）和提供服务的过程中发放赠品或通过价格折扣、折让方式向个人赠送礼品，企业应代扣代缴个人所得税（详见财税〔2011〕50号）。

纳税人销售货物时，确认纳税义务，开具专用发票，折扣额不得从销售额中减除，即按销售额全额计算销项税额。

在财务会计中，对附有现金折扣条件的商品赊销时，可将销售额扣除估计的极有可能发生的现金折扣后的余额记入“应收账款”，将销售额（不含税交易总价）扣除现金折扣后的余额贷记“主营业务收入”。资产负债表日，应重新估计可能收到的对价，按其差额调整“主营业务收入”。

【例3-33】 8月8日，天鑫公司赊销一批产品给B客户，合同规定现金折扣条件为“2/10，1/20，n/30”，按销售价款计算现金折扣。当日开具专用发票，价款200 000元，税额26 000元。根据B客户此前付款情况等综合考虑，估计一般在11～20日内可以支付全部货款，即可能获得2 000元（200 000×1%）的现金折扣。天鑫公司会计处理如下：

1）产品发出并办理完托收手续时。

借：应收账款/应收票据　　224 000

　贷：主营业务收入（200 000－2 000）　　198 000

　　　应交税费——应交增值税（销项税额）　　26 000

2）如果客户在11～20日内付清货款。

借：银行存款　　224 000

　贷：应收账款/应收票据　　224 000

3）如果客户超过20日付款，不能获得现金折扣，应将估计的现金折扣贷记收入。

借：应收账款/应收票据　　2 000

　贷：主营业务收入　　2 000

4. 代金券消费的会计处理

售（发）卡企业销售单用途卡，或接受单用途卡持卡人充值取得的预收款，不属于增值税征税范围，不需缴纳增值税，同时也不涉及企业所得税。售卡方可按规定向购卡人、充值人开具增值税普通发票，不得开具增值税专用发票。销售方与售卡方不是同一个纳税人的，销售方在收到售卡方结算的销售款时，应向售卡方开具增值税普通发票，并在备注栏注明“收到预付卡结算款”，不得开具增值税专用发票。售卡方从销售方取得的增值税普通发票，作为其销售单用途卡或接受单用途卡充值取得预收资金不缴纳增值税的凭证，留存备查。

【例3-34】 天乐超市为推动消费者下载使用其客户端，对首次下载并安装其客户端的注册客户可以50元购入100元代金券。代金券性质与预付卡相同，即以50元购入100元预付卡，到购物结算时以代金券所注金额100元抵减部分价款（但不能退款）。超市销售代金券时，不能向客户开具增值税专用发票，可开具增值税普通发票，并需使用“未发生销售行为的不征税项目”编码中的601“预付卡销售和充值”开具，发票税率栏应填写“不征税”。虽然代金券金额为100元，但实际收款50元，应按50元开具普通发票（不在增值税申报表中体现）。当月超市向某客户售卡两张，做会计分录如下：

借：银行存款　　100

　贷：其他应付款——代金券（100抵200）　　100

客户持代金券到超市购买商品时，代金券所注金额与当初销售代金券的差额系对客户的销售折扣，应按折扣后的金额确认收入，超市仅对客户补付货款部分开具发票。如果不需补付价款，则不应向客户开具发票。

假设客户到超市购买单价351元的衣服，使用2张“50元抵100元”的代金券，实际支付现金151元。会计分录如下：

借：银行存款　151

　其他应付款——代金券（100抵200）　100

　贷：主营业务收入（251÷1.13）　222.12

　　应交税费——应交增值税（销项税额）　28.88

超市按151元金额向客户开具发票，在发票备注栏应注明“使用50元抵100元代金券两张”。增值税申报时，含税销售额151元作为已开具发票销售额申报，含税销售额100元作为未开具发票销售额申报；如果实收151元未向客户开具发票，则按含税销售额251元作为未开具发票销售额申报。

原应卖351元的衣服，实际只卖251元，是否会被税务机关界定为“没有正当理由的价格明显偏低”而被核定销售额呢？如果商家有发售代金券的计划和文件，应属正常市场推广活动，不应被界定为“无正当理由”，一般不存在调整销售额的风险。

3.4.4 包装物销售及没收押金销项税额的会计处理

1. 包装物销售销项税额的会计处理

（1）随同产品销售并单独计价的包装物。作为销售计算缴纳增值税，借记“银行存款”“应收账款”，贷记“其他业务收入”“应交税费——应交增值税（销项税额）”。不单独计价时，并入产品销售。

【例3-35】 大华工厂销售给本市天众工厂带包装物的丁产品600件，包装物单独计价，开出的增值税专用发票上列明产品销售价款96 000元、包装物销售价款10 000元、增值税额13 780元，款未收到。做会计分录如下：

借：应收票据/应收账款——天众工厂　119 780

　贷：主营业务收入——丁产品　96 000

　　其他业务收入——包装物销售　10 000

　　应交税费——应交增值税（销项税额）　13 780

（2）收取包装物租金。包装物租金属于价外费用，应缴纳增值税。

【例3-36】 大华工厂采用银行汇票结算方式，销售给东平机械厂甲产品400件，单价为400元/件，增值税额20 800元（400×400×13%），出租包装物400个，承租期为两个月，共计租金4 680元，一次收取包装物押金23 400元，总计结算金额208 880元（400×400+20 800+4 680+23 400）。做会计分录如下：

企业收取的包装物租金应计算的销售额，不含向购买方收取的销项税额，因此，应先换算为不含税销售额，再计算应交增值税额。

包装物租金应计销项税额＝4 680÷(1＋13%)×13%＝4 141.59×13%
＝538.41(元)

借：银行存款　　208 880
　贷：主营业务收入　　160 000
　　其他业务收入　　4 141.59
　　应交税费——应交增值税（销项税额）　　21 338.41
　　其他应付款——存入保证金　　23 400

2. 包装物押金销项税额的会计处理

（1）销售酒类产品之外的货物而收取的押金。当包装物逾期未收回时，没收押金，按适用税率计算销项税额。逾期以一年为限，收取押金超过一年时，无论是否退还，均应并入销售额计税。对个别周转使用期较长的包装物，经税务机关批准，可适当放宽逾期期限。

（2）销售酒类产品而收取的押金。分两种情况：一是啤酒、黄酒，其计税要求、会计处理方法同上；二是其他酒类，对这类货物销售时收取的包装物押金，无论将来押金是否返回、是否按时返还以及财务会计如何核算，均应并入当期销售额计税。

【例3-37】 某企业销售A产品100件，成本价350元/件，售价500元/件，收取包装物押金9 280元，包装物成本为70元/件。该产品征收消费税，税率为10%。做会计分录如下：

（1）销售产品时。

借：银行存款　　65 780
　贷：主营业务收入——A产品　　50 000
　　应交税费——应交增值税（销项税额）　　6 500
　　其他应付款——存入保证金　　9 280

（2）计提消费税时。

借：税金及附加　　5 000
　贷：应交税费——应交消费税　　5 000

（3）没收逾期未退包装物押金时。

借：其他应付款——存入保证金　　9 280
　贷：应交税费——应交增值税（销项税额）　　1 068
　　其他业务收入　　8 212
借：税金及附加　　821.2
　贷：应交税费——应交消费税　　821.2

同时，

借：其他业务成本　　7 000
　贷：库存商品——包装物　　7 000

（4）如果企业在销售商品时，包装物随同商品一并销售（又分单独计价和不单独计价两种情况），但为了督促包装物退回，还要加收押金。当包装物逾期未退回时，没收的押金作为“营业外收入”，同时也应计算缴纳增值税、消费税。

3.4.5 以旧换新货物销项税额的会计处理

1. 一般商品以旧换新

采取以旧换新方式销售货物的，应按新货物的同期销售价格作为销售额计税，不得冲减旧货物的收购价格。销售货物与有偿收购旧货是两项不同的业务活动，销售额与收购额不能相互抵减。

【例3-38】 天祥百货商场销售A牌冰箱，含税零售价为6 780元/台，5月份销售A牌冰箱50台；采取以旧换新方式销售A牌冰箱10台，回收作价230元/台，每台实际收款6 550元。做会计分录如下：

当月销售A牌冰箱销项税额＝(50＋10)×6 780÷(1＋13%)×13%＝46 800(元)

借：银行存款	404 500	
库存商品——旧冰箱	2 300	
贷：主营业务收入——A牌冰箱		360 000
应交税费——应交增值税（销项税额）		46 800

商场收回的旧冰箱不能计算进项税额，也不应以实际收到的价款404 500元作为零售价格入账，因为那样会少计销售收入，逃避缴纳增值税、城建税、企业所得税等。

2. 首饰以旧换新

鉴于金银首饰以旧换新业务的特殊情况，税法规定，对金银首饰以旧换新业务，按销售方实际收取的不含增值税的价款计缴增值税。

【例3-39】 某金银首饰零售商店为小规模纳税人，10月取得含税销售收入60 000元，以旧换新业务收入30 000元（含税），其中收回旧金银首饰折价21 000元，实收现金9 000元。做会计分录如下：

应交增值税＝(60 000＋9 000)÷(1＋3%)×3%＝2 010(元)

商品销售收入＝(60 000＋9 000)÷(1＋3%)＋21 000＝87 990(元)

借：银行存款	69 000	
库存商品——旧金银首饰	21 000	
贷：主营业务收入——金银首饰		87 990
应交税费——应交增值税（销项税额）		2 010

3.4.6 视同销售销项税额的会计处理

视同销售是指没有直接现金流入的销售。根据税法的要求，所有视同销售行为都应正常计税。在财务会计中，视同销售一般不符合收入确认原则。对视同销售行为的会计处理，关键是是否通过收入账户进行核算，有两种观点（两种做法）：一种是与正常的、真正的销售核算相同，即按公允价值记销售收入并相应计提销项税额，再按成本结转销售成本。另一种是不通过收入账户核算，直接按成本结转，同时按市价或公允价值计提销项税额；期末，还应进行企业所得税纳税调整。前者是财务会计与税务会计不分离的做法，即会计准则与税法规定一致或财务会计服从税法；后者是两种会计分离的做法。对视同销售行为的会计处理，一般应遵循如下原则：

（1）视同销售行为是否会使企业获得收益。如果能获得收益，就应按销售收入处理；否则，按其成本进行结转。

（2）对视同销售计算的应交增值税，与一般的进项税额转出意义不同，税务会计应将其作为销项税额处理。

（3）视同销售行为的价格（计税依据）应按税法规定确定（税务部门认定）。

（4）财务会计不作为收入的视同销售的会计处理。企业将自产货物用于业务招待、宣传、捐赠、赞助等，不属于两个会计主体之间的利益交换。这类会计事项不符合会计准则的收入确认标准（条件），因为不产生经济利益流入，主要风险和报酬也没有转移到另一个会计主体。因此，不作为收入处理，直接结转产品成本，但按税法规定，应按公允价值确认计量的销售额计算其销项税额。

（5）作为收入的视同销售的会计处理。企业将自产或外购货物用于债务重组、奖励、职工福利、利润分配等，税务会计与财务会计均视同销售处理，即企业应交增值税、所得税要视同销售进行处理，财务会计也同步确认收入。这类会计事项符合会计准则的收入确认条件，虽然没有直接的现金流入，但它减少了企业的负债或提升了企业形象，促进商品销售，提高企业的潜在盈利能力。

根据我国现行税法和企业会计准则的规定，增值税视同销售行为的会计处理对比见表3-6。

表3-6 视同销售行为：税法与会计准则处理对比表

<table>
<tr><th>项目</th><th>去向</th><th>税法（税务会计）</th><th>会计准则（财务会计）</th></tr>
<tr><td>视同买断</td><td rowspan="2">委托代销</td><td rowspan="11">属于视同销售行为，贷记：
应交税费——应交增值税（销项税额）</td><td>确认收入</td></tr>
<tr><td>支付手续费</td><td>确认收入</td></tr>
<tr><td>视同买断</td><td rowspan="2">受托代销</td><td>确认收入</td></tr>
<tr><td>收取手续费</td><td>确认收入</td></tr>
<tr><td colspan="2">统一核算，异地移送</td><td>不确认收入</td></tr>
<tr><td rowspan="3">外购货物、自产货物、委托加工货物</td><td>对外投资</td><td>确认收入</td></tr>
<tr><td>利润分配</td><td>确认收入</td></tr>
<tr><td>公益性赞助</td><td>不确认收入</td></tr>
<tr><td rowspan="2">自产货物、委托加工货物</td><td>集体福利</td><td>确认收入</td></tr>
<tr><td>个人消费</td><td>不确认收入</td></tr>
<tr><td rowspan="2">无偿提供服务、转让无形资产、不动产</td><td>其他单位或个人</td><td>不确认收入</td></tr>
<tr><td>公益事业或以社会公众为对象</td><td rowspan="2">不属于视同销售行为，应做进项税额转出处理，贷记：
应交税费——应交增值税（进项税额转出）</td><td rowspan="2">不确认收入</td></tr>
<tr><td>外购货物</td><td>简易计税项目、免征增值税项目</td></tr>
</table>

1. 委托代销商品销项税额的会计处理

纳税人以代销方式销售货物，一般有以下三种方式：

第一种是收取手续费方式。委托方和受托方签订代销合同或协议，受托方按合同或协议约定的价格销售商品，并按代销商品销售额或销售量以一定比例或金额计算确定代销手续费收入。

第二种是视同买断方式。委托方和受托方签订代销合同或协议，委托方按合同或协议价格收取代销商品款，商品实际售价由受托方自定，实际售价与合同或协议约定价之间的差额归受托方所有。委托方将商品交付给受托方时，商品所有权的风险和报酬并未转移给受托方，因此，该方式本质上仍属代销。

第三种是视同买断并收取手续费方式。委托方按合同或协议约定的价格收取代销商品款，实际销售价格由受托方自定，其加价部分归受托方所有。此外，委托方还要再按代销商品销售额或销售量以一定比例或金额支付受托方手续费。

委托方在收到代销清单前已收到全部或部分货款的，其纳税义务发生时间为收到全部或部分货款的当天。对于发出代销商品超过规定时间仍未收到代销清单及货款的，视同销售实现，其纳税义务发生时间为发出代销商品满规定期限的当天。

(1) 支付手续费方式的委托代销。委托方应按商品售价（不含税）反映销售收入，所支付的手续费计入销售费用。如果受托方为一般纳税人，应为其开具增值税专用发票，列明代销商品价款和增值税款；如果受托方为小规模纳税人，应按税款和价款合计开具普通发票，借记“应收账款”或“银行存款”，贷记“主营业务收入”“应交税费——应交增值税（销项税额）”。收到受托方开来的手续费普通发票后，借记“销售费用——手续费”，贷记“应收账款”或“银行存款”。

【例3-40】 某商业批发企业委托天方商店（一般纳税人）代销B商品400件，合同规定含税代销价为226元/件，手续费按不含税销售额的5%支付，该商品进价为150元/件。

1) 拨付委托代销商品时（按进价）。

借：发出商品——委托代销商品	60 000	
贷：库存商品——B商品		60 000

2) 当在规定时间内收到天方商店报来的代销清单时。代销清单列明销售数量150件，金额33 900元，倒算销售额并开具增值税专用发票，列明价款30 000元、增值税额3 900元。

借：应收账款——天方商店	33 900	
贷：主营业务收入		30 000
应交税费——应交增值税（销项税额）		3 900

3) 如果委托代销商品超过规定时间而未收到代销清单，应在当期确认销项税额，但不确认收入。

借：应收账款	3 900	
贷：应交税费——应交增值税（销项税额）		3 900

4）收到天方商店汇来的款项和手续费普通发票时。普通发票列明：扣除手续费1 500元（30 000×5%），实收金额32 400元。

借：银行存款	32 400	
销售费用	1 500	
贷：应收账款——天方商店		33 900

5）结转委托代销商品成本时。

借：主营业务成本	22 500	
贷：发出商品——委托代销商品		22 500

（2）视同买断的委托代销。委托方不采用支付手续费方式的委托代销商品，一般通过商品售价调整来确定对代销单位的报酬。这种方式实质上是一种赊销，受托单位按什么价格销售，既可以约定，也可以由受托方自定。委托方在收到受托方的代销清单后，按商品代销价反映销售收入，其涉税会计处理基本同前，只是不支付手续费而已。

【例3-41】 某商业零售企业委托天天商店代销A商品300件，双方协商含税代销价113元/件，原账面价128.90元/件，代销价小于原账面价的差额冲销商品进销差价。拨付委托代销商品时，做会计分录如下：

借：发出商品——委托代销商品	33 900	
商品进销差价	4 770	
贷：库存商品——A商品		38 670

收到代销款存入银行时。天天商店报来代销清单，按代销商品全部销售金额33 900元倒算销售额，并开具增值税专用发票给受托单位（如为小规模纳税人，应开具普通发票），销售额为30 000元，增值税额为3 900元。

借：银行存款	33 900	
贷：主营业务收入		30 000
应交税费——应交增值税（销项税额）		3 900

收到代销清单时，也可以将代销货款（包括销项税额）借记“银行存款”，贷记“主营业务收入”。月终，将含税销售额换算为不含税销售额，乘以税率，计算销项税额并登记入账，借记“主营业务收入”，贷记“应交税费——应交增值税（销项税额）”。结转委托代销商品成本时：

借：主营业务成本	33 900	
贷：发出商品——委托代销商品		33 900

2. 受托代销商品销项税额的会计处理

（1）收取手续费方式的受托代销。如果受托方只收取手续费，应按服务收入计算缴纳增值税，代销商品应作为应税销售，计算销项税额。如果购货方为一般纳税人，应为其开具增值税专用发票。

【例3-42】 某商品零售企业接受代销B商品600件，委托方规定代销价为60元/件（含税），代销手续费为含税代销额的5%，增值税税率为13%，代销手续费收入的增值税税率为6%。

1）收到代销商品时（按含税代销价）。

借：受托代销商品——××部、组（B商品） 36 000

贷：代销商品款 36 000

2）代销商品全部售出时。

借：银行存款 36 000

贷：应付账款——××企业 36 000

3）向委托单位报送代销清单，并向委托单位索要增值税专用发票；同时，计算代销商品的销项税额并调整“应付账款”，注销“代销商品款”和“受托代销商品”。

$$代销商品销项税额=600\times60\div(1+13\%)\times13\%=4\ 142(元)$$

借：应付账款——××企业 4 142

贷：应交税费——应交增值税（销项税额） 4 142

同时，

借：受托代销商品款 36 000

贷：受托代销商品——××部、组（B商品） 36 000

4）收到委托单位的增值税专用发票时。

借：应交税费——应交增值税（进项税额） 4 142

贷：应付账款——××企业 4 142

5）开具代销手续费收入发票时。

$$代销手续费收入=36\ 000\times5\%=1\ 800(元)$$

$$应交增值税=1\ 800\div(1+6\%)\times6\%=102(元)$$

借：应付账款——××企业 1 800

贷：主营业务收入——代销服务收入 1 698

应交税费——应交增值税（销项税额） 102

6）划转扣除代销手续费后的代销价款时。

借：应付账款——××企业 34 200

贷：银行存款 34 200

零售企业销售商品品种繁多，企业不可能把每一笔销货款都按自营和代销商品分开登记，更不可能在每天营业终了时对代销商品进行盘点，以存计销。因此，代销商品和自营商品在销售时可全部记入“主营业务收入”账户，待代销商品全部销售或月终时，由各部、组填报代销商品分户盘存计销表，冲销商品销售收入，贷记“应付账款”。仍以上例，做会计分录如下：

1）收到代销商品时，会计处理同上。

2）平时零售收到销货款75 200元（不分自营和代销）时。

借：银行存款 75 200

贷：主营业务收入 75 200

3）本月26日代销商品全部售出，根据各部、组填报的代销商品分户盘存计销表上列示的代销商品销售额36 000元，开具代销商品清单和计算销项税额4 142元时。

借：主营业务收入[①] 36 000

　贷：应付账款——××企业 31 858

　　　应交税费——应交增值税（销项税额） 4 142

4）注销“代销商品款”和“受托代销商品”账户时。

借：代销商品款 36 000

　贷：受托代销商品——××部、组（B商品） 36 000

（2）视同买断方式的受托代销。委托方在交付商品时不确认收入，受托方也不做商品购进处理。受托方在销售商品时，应向购货方开具增值税专用发票，做销售处理。在会计处理上又分两种方式：一种是委托方和受托方在合同或协议中明确受托方在取得代销商品后，无论是否能够卖出、是否获利，均与委托方无关。双方之间的代销商品交易与委托方直接销售商品给受托方没有实质区别，在符合销售商品收入确认条件时，委托方确认销售收入，受托方则直接做购进商品处理。另一种情况是，双方之间的合同或协议明确，如果受托方未能将商品售出，可将商品退给委托方，或受托方因代销商品出现亏损，可要求委托方补偿。委托方在交付商品时不确认收入，受托方也不做购进商品处理。受托方将商品销售后，按实际售价确认销售收入，并向委托方开具代销清单，委托方收到代销清单时，再确认销售收入。该方式实属赊购商品销售，代销商品收益不表现为手续费收入，而是差额（毛利）。

代销商品售出时，借记“银行存款”账户，贷记“主营业务收入”“应交税费——应交增值税（销项税额）”账户。定期开出代销清单送交委托方，根据增值税专用发票，借记“受托代销商品款”“应交税费——应交增值税（进项税额）”账户，贷记“应付账款”账户，同时转销代销商品成本，借记“主营业务成本”账户，贷记“受托代销商品”账户。

【例3-43】 A公司委托B公司代销商品100件，合同约定每件价格为300元，对外售价由B公司自定，其加价部分归其所有，B公司可以将未能代销出去的商品退回A公司。商品已发给B公司，B公司销售时每件价格为320元，商品已全部出售。B公司的会计处理如下：

1）收到代销商品时。

借：受托代销商品 30 000

　贷：受托代销商品款 30 000

2）对外销售时。

借：银行存款 36 160

　贷：主营（或其他）业务收入 32 000

　　　应交税费——应交增值税（销项税额） 4 160

借：主营业务成本 30 000

　贷：受托代销商品 30 000

---

① 实务中，可用红字记入贷方。

3）将代销清单交给A公司，取得代销商品发票时。

借：受托代销商品款　30 000
　　应交税费——应交增值税（进项税额）　3 900
　贷：应付账款——××委托代销企业　33 900

4）按合同约定价格将代销商品款付给A公司时。

借：应付账款——××委托代销企业　33 900
　贷：银行存款　33 900

B公司应交增值税260元（4 160－3 900），因2 000元的劳务报酬已经缴纳了增值税，无须再缴增值税。A公司代销商品取得的劳务报酬为2 000元（32 000－30 000），相当于代销手续费收入，已经含在32 000元的主营（或其他）业务收入中，且已计提了4 160元的销项税额。

3. 将自产、委托加工货物用于集体福利、个人消费销项税额的会计处理

企业将自产、委托加工的货物用于集体福利、个人消费时，虽然没有产生现金流，但不论是增值税的规定还是会计准则的规范，都将其视同销售（视同收入产生），应按移送货物的市场销售平均价格确认计量应税收入并计算销项税额。

【例3-44】 某面粉有限公司为增值税一般纳税人，主营面粉、挂面加工等，共有职工90人，其中生产工人80人、厂部管理人员10人。8月份，公司决定以其生产的特制面粉作为福利发放给职工，每人2袋。每袋面料单位成本40元，当月平均售价66元/袋（含税）。

（1）给职工发放面粉时。

应交增值税＝[66÷(1＋9%)×90×2]×9%＝10 899×9%
　　　　　＝981(元)

借：应付职工薪酬——职工福利　11 880
　贷：主营业务收入　10 899
　　　应交税费——应交增值税（销项税额）　981

（2）结转发放自产面粉成本时。

借：主营业务成本　7 200
　贷：库存商品——面粉　7 200

（3）成本费用分配。

计入生产成本＝11 880×80÷90＝10 560(元)
计入管理费用＝11 880×10÷90＝1 320(元)

借：生产成本　10 560
　　管理费用　1 320
　贷：应付职工薪酬——职工福利　11 880

4. 无偿赠送货物、提供服务销项税额的会计处理

为了交际应酬、宣传广告等目的，餐饮企业在本企业招待客户就餐，旅游娱乐企业

使用本企业资源招待客户旅游或娱乐，文化体育企业免费为用户办理健身卡提供健身服务，美容美发企业免费为他人美容美发，广播影视企业免费为其他单位或个人提供播映服务，建筑企业无偿为其他单位或个人提供建筑服务等，均视同销售服务。

在财务会计中，这类事项不符合收入确认条件，因为企业并未获得经济利益，但按税法规定，要视同销售计算缴纳增值税等。由于自产、委托加工的货物本身所耗原材料、支付的加工费等的“进项税额”以及购入货物中的“进项税额”已从“销项税额”中抵扣，若不按视同销售处理，双方“互赠”，将会造成税款流失。企业按所赠货物成本，贷记“产成品”“库存商品”等，按所赠货物售价或组成计税价格乘以税率计算应纳增值税，贷记“应交税费——应交增值税（销项税额）”，按两者之和借记“管理费用”。

【例 3-45】 天翼网络公司举办周年庆典活动，请客户 100 人参加。外购笔记本电脑 100 台用于赠送，购进不含税单价 2 800 元，支付价税合计金额 316 400 元。会计处理如下：

（1）购买笔记本电脑时。

借：库存商品——笔记本电脑	280 000	
应交税费——应交增值税（进项税额）	36 400	
贷：银行存款		316 400

（2）向客户赠送电脑时。

借：管理费用——业务招待费	316 400	
贷：库存商品——笔记本电脑		280 000
应交税费——应交增值税（销项税额）		36 400

【例 3-46】 天天商务酒店主要提供餐饮住宿服务，其重要关系单位 AN 公司一行 4 人入住该酒店，酒店做免单处理。假定该住宿服务成本 850 元，近期销售同类服务平均价格（不含税）为 950 元。增值税会计处理如下：

借：管理费用——业务招待费	907	
贷：主营业务成本		850
应交税费——应交增值税（销项税额）（950×6%）		57

5. 金融商品转让的增值税会计处理

对转让当月产生的转让收益，按应纳税额借记“投资收益”等，贷记“应交税费——转让金融商品应交增值税”；对当月产生的转让损失，按可结转下月的抵扣税额，借记“应交税费——转让金融商品应交增值税”，贷记“投资收益”等。缴纳增值税时，借记“应交税费——转让金融商品应交增值税”，贷记“银行存款”。年末，如果“应交税费——转让金融商品应交增值税”是借方余额，应借记“投资收益”等，贷记“应交税费——转让金融商品应交增值税”。

【例 3-47】 天泰公司（一般纳税人）于 6 月 1 日从上交所购入 A 公司股票 1 万股，该股票在购买日的公允价值 10 万元；支付交易费用 100 元，进项税额 6 元，取得专用发票并通过认证。8 月 10 日，天泰公司处置全部 A 公司股票，处置价款 14.5 万元。

(1) 购入时。

借：交易性金融资产——A公司（成本）　　100 000
　贷：其他货币资金——存出投资款　　100 000
借：投资收益　　100
　　应交税费——应交增值税（进项税额）　　6
　贷：其他货币资金——存出投资款　　106

(2) 处置时。

$$应交增值税=(145\ 000-100\ 000)\div(1+6\%)\times6\%=2\ 547.17(元)$$

借：其他货币资金——存出投资款　　145 000
　贷：交易性金融资产——A公司（成本）　　100 000
　　　投资收益　　45 000
借：投资收益　　2 547.17
　贷：应交税费——转让金融商品应交增值税　　2 547.17

3.4.7 销售固定资产（有形动产、不动产）和无形资产销项税额的会计处理

1. 转让固定资产（有形动产）应交增值税的会计处理

企业转让（销售）已使用过的、可抵扣增值税的固定资产，因该项固定资产在原来取得时，其增值税进项税额已记入“应交税费——应交增值税（进项税额）”，销售时按计算的增值税销项税额，应借记“固定资产清理”，贷记“应交税费——应交增值税（销项税额）”。如果是在增值税转型之前购入的机器设备，因当初购入时进项税额已计入资产成本，现在出售时，应按简易计税方法，依3%征收率减按2%计算应纳增值税。资产转让损益记入“资产处置损益”。

【例3-48】 某企业出售一台已经使用过的生产设备，含税价为113万元，已提折旧10万元，但未计提资产减值准备。该固定资产取得时，其进项税额13万元已记入“应交税费——应交增值税（进项税额）”，出售时收到价款80万元，不考虑城建税及附加税费。

(1) 转入清理时。

借：固定资产清理　　900 000
　　累计折旧　　100 000
　贷：固定资产　　1 000 000

(2) 出售时。

借：银行存款　　800 000
　贷：固定资产清理　　707 965
　　　应交税费——应交增值税（销项税额）　　92 035
借：资产处置损益　　192 035
　贷：固定资产清理　　192 035

2. 销售不动产应交增值税的会计处理

房地产开发企业中的一般纳税人销售自行开发的房地产项目，适用一般计税方法计税，按照取得的全部价款和价外费用，扣除当期销售房地产项目对应的土地价款后的余额计算销售额。

$$当期允许扣除的土地价款=\left(\frac{当期销售房地产项目建筑面积}{}\div\frac{房地产项目可供销售建筑面积}{}\right)\times 支付的土地价款$$

采取预收款方式销售自行开发的房地产项目，应在收到预收款时按照3%的预征率预缴增值税。以当期销售额和9%的适用税率计算当期应纳税额，抵减已预缴税款后，向主管税务机关申报纳税。

【例3-49】 天方房地产公司去年5月支付土地出让金660万元取得一块土地，开发缘园小区，适用一般计税方法。小区建筑总规模1 250平方米，可供出售建筑面积1 000平方米。相关会计处理如下：

（1）5月份支付地出让金时。

借：开发成本——土地征用及拆迁补偿费	6 600 000
贷：银行存款	6 600 000

（2）6月份企业请某建筑设计单位为其开发的缘园小区进行整体规划设计，价款总计159万元，该企业于纳税义务发生时代扣代缴增值税9万元。

借：开发成本	1 500 000
应交税费——应交增值税（进项税额）	90 000
贷：银行存款等	1 590 000

（3）今年5月开始预售，当月预售450平方米，预收房款2 200万元，做会计分录如下：

借：银行存款	22 000 000
贷：预收账款——××业主	22 000 000

（4）预缴增值税时。

借：应交税费——预交增值税（22 000 000÷1.09×3%）	605 505
贷：银行存款	605 505

（5）9月份缘园小区预售部分办理产权转移（交房）手续，开具增值税发票，确认预售房收入时。

借：预收账款——××业主	22 000 000
贷：应交税费——应交增值税（销项税额）	1 816 514
主营业务收入	20 183 486

（6）计算可扣除土地价款应抵减的销项税额。

可抵减销项税额的土地价款=660×(450÷1 000)=297(万元)

可抵减的销项税额=2 970 000÷1.09×9%=245 229(元)

借：应交税费——应交增值税（销项税额抵减）　　245 229
　贷：主营业务成本　　245 229

3. 转让无形资产应交增值税的会计处理

【例3-50】 某企业7月份将某产品的商标权以106万元（含税）转让给另一家企业，按6%的增值税税率计算应交增值税60 000元。该商标权的账面余额为700 000元，已计提减值准备80 000元。做如下会计分录：

借：银行存款　　1 060 000
　　无形资产减值准备　　80 000
　贷：无形资产　　700 000
　　　应交税费——应交增值税（销项税额）　　60 000
　　　资产处置损益　　380 000

3.4.8 增值税简易计税方法的会计处理

增值税简易计税方法适用于小规模纳税人和一般纳税人的特定货物、特定服务。

1. 小规模纳税人增值税的会计处理

小规模纳税人不实行税款抵扣办法，应以不含税销售额乘以征收率，计算应缴增值税。因此，只需通过“应交税费——应交增值税”账户反映增值税的应缴、上缴和欠缴情况。

【例3-51】 某工业企业属小规模纳税人，3月份产品含税销售收入154 500元，货款尚未收到。做会计分录如下：

（1）销售货款未收到时。

应交增值税＝154 500÷(1＋3%)×3%＝4 500(元)

借：应收账款　　154 500
　贷：主营业务收入　　150 000
　　　应交税费——应交增值税　　4 500

（2）月末缴纳增值税时。

借：应交税费——应交增值税　　308.74
　贷：银行存款　　308.74

【例3-52】 某餐饮企业系小规模纳税人。当月与驻地某施工队签订为期4个月的施工人员就餐协议。协议规定，每月餐费为4万元（含税），在协议签订时一次性付清4个月的就餐费16万元，同时为施工队开具增值税专用发票。根据有关规定，先开具发票的，纳税义务发生时间为开具发票的当天。相关会计处理如下：

销售额＝160 000÷(1＋3%)＝155 340(元)

应交增值税＝155 340×3%＝4 660(元)

每月销售额＝155 340÷4＝38 835(元)

（1）收到施工队支付的餐费款时。

借：银行存款　　160 000

　贷：预收账款　　155 340

　　应交税费——应交增值税　　4 660

（2）确认销售收入时（每月）。

借：预收账款　　38 835

　贷：主营业务收入　　38 835

2. 一般纳税人简易计税方法的会计处理

一般纳税人适用简易计税方法的计税项目，其进项税额按规定不得从销项税额中抵扣，应计入相关成本费用，不通过“应交税费——应交增值税（进项税额）”核算；在其销售货物、无形资产、不动产，提供服务时，借记“应收账款”“银行存款”等，贷记“主营业务收入”“应交税费——增值税简易计税”。

【例3-53】 某公司系一般纳税人，主营钢材和商品混凝土业务，其中，自产商品混凝土选择简易计税方法。当月钢材销售额700万元，钢材采购额800万元；商品混凝土销售收入159万元（含税）。做会计分录如下：

（1）销售钢材时。

借：应收账款——××客户　　7 910 000

　贷：主营业务收入——钢材　　7 000 000

　　应交税费——应交增值税（销项税额）　　910 000

（2）采购钢材时。

借：库存商品　　8 000 000

　应交税费——应交增值税（进项税额）　　1 040 000

　贷：应付账款——××供应商　　9 040 000

（3）销售混凝土时。

借：应收账款——××客户　　1 590 000

　贷：主营业务收入——商品混凝土　　1 543 690

　　应交税费——增值税简易计税　　46 310

在实务中，对于简易计税方法减按2%征收的会计处理，因为纳税申报表中没有2%征收率一栏，为了完整地体现税收优惠，可以将减缴的1%作为补贴收入，在主表第23行“应纳税额减征额”填写。

【例3-54】 某一般纳税人企业6月份销售一台使用过的特定设备，变价收入15.45万元。会计分录如下：

（1）销售时。

借：银行存款　　154 500

　贷：固定资产清理　　150 000

　　应交税费——增值税简易计税　　4 500

（2）反映减计1%的税款。

借：应交税费——增值税简易计税 1 500

贷：其他收益——减免税款 1 500

（3）下个月减按2%缴纳增值税时。

借：应交税费——增值税简易计税 3 000

贷：银行存款 3 000

3.5 增值税减免及缴纳的会计处理

3.5.1 减免增值税的会计处理

1. 增值税免税的会计处理

增值税免税的会计处理有价税分离记账法和价税合计记账法两种方法。在价税分离记账法下，销售免税项目时，借记“银行存款”等，贷记“主营业务收入”“应交税费——应交增值税（销项税额）”；对直接减免的销项税额，借记“应交税费——应交增值税（减免税款）”，贷记“其他收益——减免税款”，但这样可能会导致记账凭证与原始凭证不符，如果贷记“主营业务收入”就不会出现两者不符的情况。在价税合并记账法下，对法定免征的增值税无须做专门的会计处理，其进项税额计入相关项目的成本或费用，并按收款全额贷记“主营业务收入”。

【例3-55】 某金融机构9月份取得农村小额贷款利息收入106万元（含税），按规定免征增值税。会计分录如下：

借：银行存款 1 060 000

贷：主营业务收入 1 000 000

应交税费——应交增值税（销项税额） 60 000

借：应交税费——应交增值税（减免税款） 60 000

贷：其他收益——减免税款 60 000

上述会计处理出现记账凭证（会计分录）与原始凭证（发票）不符的问题。如果将直接减免的增值税记入“主营业务收入”，则不会产生这个问题。直接减免的增值税是交易中产生的与交易额挂钩的收益，可以与发生的成本费用配比，计入营业收入更为合理。因此，可做如下会计处理：

借：银行存款 1 060 000

应交税费——应交增值税（减免税款） 60 000

贷：主营业务收入 1 060 000

应交税费——应交增值税（销项税额） 60 000

实务中，直接减免也不都是做如上处理。如企业初次购买增值税税控系统专用设备所支付的费用及缴纳的技术维护费，允许在增值税应纳税额中全额抵减。虽然也借记“应交税费——应交增值税（减免税款）”，但不能贷记“主营业务收入”或“其他收益”，而应贷记“管理费用”等，这是为了与企业购买税控设备及支付技术维护服务时记入的损益类账户保持一致。

2. 即征即退增值税的会计处理

纳税人既有即征即退、先征后退项目，又有出口等其他应税项目的，即征即退、先征后退项目不参与出口项目免抵退计算。纳税人应分别核算，分别享受优惠政策，其进项税额也应分开核算，各自处理。

为了将上述项目单独核算，企业应设置“应交税费——应交增值税（一般项目）”“应交税费——应交增值税（即征即退项目）”“应交税费——未交增值税（即征即退项目）”等明细科目；计提退税款时，借记“其他应收款”，贷记“其他收益”。

【例3-56】 某软件开发企业8月购进生产材料取得增值税专用发票，注明价款8 500元，增值税为1 105元；支付运费300元，取得的专用发票上注明的进项税额27元；当月销售自行开发生产的软件产品，销售额69 000元，增值税8 970元，已开具增值税专用发票。假设上月无留抵税额，本月无其他与增值税有关的经济事项。

应纳税额＝69 000×13%－1 105－27＝7 838(元)

实际税负＝7 838÷69 000＝11.36%，实际税负超过3%的部分实行即征即退。

实际应负担税额＝69 000×3%＝2 070(元)

应退税额＝7 838－2 070＝5 768(元)

相关会计处理如下：

(1) 购进原材料时。

借：原材料　8 500
　　应交税费——应交增值税（进项税额）　1 105
　贷：银行存款等　9 605

(2) 支付运费时。

借：原材料　300
　　应交税费——应交增值税（进项税额）　27
　贷：银行存款等　327

(3) 销售软件时。

借：应收账款等　77 970
　贷：主营业务收入　69 000
　　　应交税费——应交增值税（销项税额）　8 970

(4) 计提应收增值税退税时。

借：其他应收款——应收增值税退税　5 768
　贷：其他收益　5 768

(5) 收到增值税退税时。

借：银行存款　　5 768
　　贷：其他应收款——应收增值税退税　　5 768

3.5.2 缴纳增值税的会计处理

1. 按日申报缴纳增值税的会计处理

若主管税务机关核定纳税人按日缴纳增值税，企业平时按核定纳税期纳税时，属预缴性质；下月初，在核实上月应交增值税额后，应于15日前清缴。

平时，企业在“应交税费——应交增值税”明细账中核算增值税涉税业务。其中，当月上缴当月应交增值税额时，做会计分录如下：

借：应交税费——应交增值税（已交税金）
　　贷：银行存款

月末，结出该账户借方、贷方合计和差额。若“应交税费——应交增值税”账户为贷方差额，表示本月应交未交的增值税额；若“应交税费——应交增值税”账户为借方差额，由于月中有预缴税款的情况，故该借方差额不仅可能是尚未抵扣完的进项税额，还可能包含多交的增值税。

2. 按月申报缴纳增值税的会计处理

【例3-57】 天诚建筑公司系增值税一般纳税人。10月份销项税额为110万元，当期认证抵扣的进项税额为155万元。11月份销项税额为320万元，当期认证抵扣的进项税额为240万元；当月部分钢材被盗，应转出进项税额61万元。12月10日，申报缴纳11月份增值税（相关附加税费略）。

10月份应交增值税＝1 100 000－1 550 000＝－450 000(元)＜0

当月应交增值税为0元，留抵税额为450 000元。

11月份增值税会计分录如下：

（1）进项税额转出时。

借：营业外支出　　610 000
　　贷：应交税费——应交增值税（进项税额转出）　　610 000

（2）应交增值税。

当月可抵扣进项税额＝450 000＋2 400 000－610 000＝2 240 000(元)

当月应交增值税＝3 200 000－2 240 000＝960 000(元)

借：应交税费——应交增值税（转出未交增值税）　　960 000
　　贷：应交税费——未交增值税　　960 000

（3）12月10日，申报缴纳11月份增值税时。

借：应交税费——未交增值税　　960 000
　　贷：银行存款　　960 000

3. 按季申报缴纳增值税的会计处理

纳税人按季度申报增值税时，每月只做计提增值税的会计处理，不做缴纳或免征增值税的会计处理，季末合并计算销售额，如果符合免征增值税条件，再做免征增值税的会计处理；如果不符合免征增值税条件，按季度合计销售额全额计算缴纳增值税。

【例 3-58】 天鹏厂系制造企业，被认定为增值税小规模纳税人。当年 7 月份销售额为 10 万元（不含税，下同），8 月份销售额为 12 万元，9 月份销售额为 18 万元，第三季度销售额合计为 40 万元，按季申报缴纳增值税。按季申报缴纳增值税时，即使有的月份未达到起征点，应免缴增值税，但因无法确定季度是否应该免税。因此，各月应按正常计税进行会计处理，季末一次结转免缴增值税。

（1）7 月份应交增值税。

借：应收账款等	103 000	
贷：主营业务收入		100 000
应交税费——应交增值税		3 000

（2）8 月份应交增值税。

借：应收账款等	123 600	
贷：主营业务收入		120 000
应交税费——应交增值税		3 600

（3）9 月份应交增值税。

借：应收账款等	185 400	
贷：主营业务收入		180 000
应交税费——应交增值税		5 400

（4）结转季度免缴增值税时。第三季度合计销售额 40 万元（10＋12＋18），低于 45 万元，免缴增值税。

季度免缴税额＝3 000＋3 600＋5 400＝12 000(元)

借：应交税费——应交增值税	12 000	
贷：其他收益——减免税款		12 000

小规模纳税人选择按月还是按季申报缴纳增值税，其计算结果不同。企业应根据其生产经营特点，慎重选择申报缴纳期限，且一个会计年度内不得变更。

4. 预缴增值税的会计处理

一般纳税人采用一般计税方法预缴增值税时，借记“应交税费——预交增值税”，贷记“银行存款”；月末，应将“预交增值税”明细账户余额转入“未交增值税”明细账户，借记“应交税费——未交增值税”，贷记“应交税费——预交增值税”。

小规模纳税人或一般纳税人选择简易计税方法，预缴税款时，借记“应交税费——应交增值税”，贷记“银行存款”；月末不必结转，无须进行专门的会计处理。

【例3-59】 天宇公司为从事货物生产销售的增值税一般纳税人。当月将营改增后购置的异地房产出租，按一般计税方法计税，年租金198万元，租期2年，按年收取租金。

收取租金后，公司应向房产所在地税务机关预缴增值税，再向机构所在地主管税务机关申报缴纳增值税。每年相关计算和会计处理如下：

应预缴增值税＝1 980 000÷(1＋9％)×3％＝54 495(元)

应交增值税＝1 980 000÷(1＋9％)×9％＝163 486(元)

应申报缴纳增值税＝163 486－54 495＝108 991(元)

(1) 收到房屋租金时。

借：银行存款　　1 980 000

　贷：预收账款　　1 816 514

　　应交税费——应交增值税（销项税额）　　163 486

(2) 异地预交增值税时。

借：应交税费——预交增值税　　54 495

　贷：银行存款　　54 495

(3) 期末结转预交增值税时。

借：应交税费——未交增值税　　54 495

　贷：应交税费——预交增值税　　54 495

(4) 在机构所在地缴税时。

借：应交税费——未交增值税　　108 991

　贷：银行存款　　108 991

(5) 每月确认收入151 376元（1 816 514÷12）时。

借：预收账款　　151 376

　贷：其他业务收入　　151 376

【例3-60】 天翔建筑公司为增值税一般纳税人，7月份在本市承包B公司R工程项目，合同总金额（含税）1 090万元，签订合同5日内，甲方按合同总价款的20％预付工程款。8月1日，B公司支付的预付款218万元入账，公司采用一般计税方法。

(1) 8月份收到B公司的预付款时。

借：银行存款　　2 180 000

　贷：合同负债——B公司　　2 180 000

(2) 计提并预缴增值税。

借：应交税费——预交增值税（2 180 000÷1.09×2％）　　40 000

　贷：银行存款　　40 000

(3) 10月末进行工程进度结算，合同资产价款（含税）为545万元，合同资产款抵顶预付工程款。公司开具增值税专用发票，计提销项税额45万元（545÷1.09×9％），当月可抵扣进项税额28万元。

应收账款＝545－218＝327(万元)

借：应收账款——B公司　3 270 000
　　合同负债——B公司　2 180 000
　贷：合同资产　5 000 000
　　　应交税费——应交增值税（销项税额）　450 000

（4）将预交增值税结转至“未交增值税”。

借：应交税费——未交增值税　40 000
　贷：应交税费——预交增值税　40 000

（5）下月初实际缴纳增值税时。

借：应交税费——未交增值税　130 000
　贷：银行存款（450 000－280 000－40 000）　130 000

【例3-61】 天缘房地产开发公司简易计税项目预收房款4 700万元，定金550万元。一般计税项目收取预收款10 900万元，有留抵税额101万元。当月预缴增值税计算如下：

简易计税项目预缴税款＝(4 700＋550)÷(1＋5%)×3%＝150(万元)

一般计税项目预缴税款＝10 900÷(1＋9%)×3%＝300(万元)

当月应预缴增值税合计＝150＋270＝420(万元)

（1）当月按规定预缴增值税时。

借：应交税费——预交增值税　3 000 000
　　应交税费——增值税简易计税　1 500 000
　贷：银行存款　4 500 000

（2）月末将“预交增值税”转入“未交增值税”。

借：应交税费——未交增值税　3 000 000
　贷：应交税费——预交增值税　3 000 000

5. 补缴增值税的会计处理

开发企业应按规定的纳税义务发生时间确认销售收入和应纳税额。简易计税项目交房时应计算应纳税额，抵减预缴增值税后的余额应补缴增值税。一般计税项目交房或产权转移时，应计算从全部价款中减去支付的土地价款后的销售额，并根据销售额计算销项税额、应纳税额和应补缴增值税额。

【例3-62】 接例3-61。一年后，天缘房地产开发公司简易计税的房地产项目交付给业主；两年后，一般计税的房地产项目交付给业主，当月公司的进项税额（含留抵税额）合计为320万元。简易计税项目和一般计税项目合计缴纳土地款6 200万元，合计可售建筑面积1.55万平方米，其中简易计税项目可售建筑面积5 500平方米，一般计税项目可售建筑面积1万平方米。相关会计处理如下：

（1）简易计税交房时。

应交增值税＝5 250÷(1＋5%)×5%＝250(万元)

公司此前已预缴税款450万元，当月无须缴纳增值税，后期可抵减的预缴增值税200

万元（450－250）。

借：预收账款 52 500 000

　贷：主营业务收入 50 000 000

　　　应交税费——增值税简易计税 2 500 000

借：应交税费——增值税简易计税 2 500 000

　贷：应交税费——未交增值税 2 500 000

（2）一般计税交房时。

1）预收房款。开发企业应按全额开具增值税专用发票，即专用发票上注明的销售额为10 000万元（10 900÷1.09），增值税额为900万元（购房者可供抵扣的进项税额）。

借：预收账款 10 900

　贷：主营业务收入 10 000

　　　应交税费——应交增值税（销项税额） 900

2）土地抵减的销项税额。

当期销售项目对应的土地价款＝6 200×1÷1.55＝4 000(万元)

土地抵减的销项税额＝4 000÷(1＋9％)×9％＝330.275 2(万元)

借：应交税费——应交增值税（销项税额抵减） 3 302 752

　贷：主营业务成本 3 302 752

3）转出未交增值税。

销售额＝(10 900－4 000)÷(1＋9％)＝6 330.275 2(万元)

销项税额＝6 330.275 2×9％＝569.724 8(万元)

应交增值税＝569.724 8－320＝249.724 8(万元)

借：应交税费——应交增值税（转出未交增值税） 2 497 248

　贷：应交税费——未交增值税 2 497 248

4）补缴增值税。

应补缴增值税＝249.724 8－200＝49.724 8(万元)

借：应交税费——未交增值税 497 248

　贷：银行存款 497 248

6. 从事生产、生活性服务纳税人缴纳增值税的会计处理

从事生产、生活性服务的纳税人应在“应交税费——应交增值税”下，设置“加计抵减额”明细账户，单独核算和反映增值税加计抵减的计提、调减、结余等情况。该账户的借方记当期计提的加计抵减额，贷方记当期按规定调整减少的加计抵减额，期末借方余额反映加计抵减结余金额。

计提加计抵减额时，借记“应交税费——应交增值税（加计抵减额）”，贷记“其他收益——增值税加计抵减收益”；期末按规定调整减少时，借记“其他收益——增值税加计抵减收益”，贷记“应交税费——应交增值税（加计抵减额）”。

3.5.3 增值税纳税调整的会计处理

增值税一般纳税人在税务机关对其增值税纳税情况进行检查后，凡涉及增值税账务调整的，应设立“应交税费——增值税检查调整”专门账户。

凡稽查后应调减账面进项税额或调增销项税额和进项税额转出的数额，借记有关账户，贷记本账户；凡稽查后应调增账面进项税额或调减销项税额和进项税额转出的数额，借记本账户，并分别情况对该余额进行如下会计处理：

（1）若本账户余额在借方，全部视同留抵进项税额，借记“应交税费——应交增值税”，贷记“应交税费——增值税检查调整”。

（2）若本账户余额在贷方，且“应交税费——应交增值税”账户无余额，则借记“应交税费——增值税检查调整”，贷记“应交税费——未交增值税”。

（3）若本账户余额在贷方，“应交税费——应交增值税”账户有借方余额且等于或大于该贷方余额，则借记“应交税费——增值税检查调整”，贷记“应交税费——应交增值税”。

（4）若本账户余额在贷方，“应交税费——应交增值税”账户有借方余额但小于该贷方余额，则借记“应交税费——增值税检查调整”，贷记“应交税费——应交增值税”“应交税费——未交增值税”。

【例3-63】 2月，某市税务稽查局对AB公司（一般纳税人）上年度增值税进行检查时发现：上年12月，公司存货发生非正常损失，全部记入“营业外支出”账户，其中包括增值税进项税额3 200元；将自产产品作为福利发放给职工，未按视同销售进行税务处理，少计算增值税销项税额4 000元；公司上年12月底“应交税费——应交增值税”账户为借方余额1 550元。据此，稽查局做出补缴增值税5 650元、加收滞纳金和罚款9 300元的决定。公司当即缴纳了上述税款、滞纳金和罚款。做会计分录如下：

（1）转出非正常损失存货的增值税进项税额。

借：以前年度损益调整　　3 200

　贷：应交税费——增值税检查调整　　3 200

（2）补提视同销售的增值税销项税额。

借：应付职工薪酬——职工福利　　4 000

　贷：应交税费——增值税检查调整　　4 000

在年度纳税检查中，“应交税费——增值税检查调整”借方发生额为零，贷方发生额为7 200元，余额为7 200元，按规定应将检查后的“应交税费——增值税检查调整”的贷方余额先抵顶上期留抵，抵顶后的余额作为应当补交的增值税税额。

（3）若“应交税费——应交增值税”账户无余额，则

借：应交税费——增值税检查调整　　7 200

　贷：应交税费——未交增值税　　7 200

实际缴纳查补税款时：

借：应交税费——未交增值税　　7 200

　贷：银行存款　　7 200

(4) 若“应交税费——应交增值税”账户借方余额 8 000 元，查补税款可全部从留抵税额中抵扣。

借：应交税费——增值税检查调整　　7 200

　贷：应交税费——应交增值税　　7 200

(5) 若“应交税费——应交增值税”账户借方余额 3 500 元，则

借：应交税费——增值税检查调整　　7 200

　贷：应交税费——应交增值税　　3 500

　　应交税费——未交增值税　　3 700

实际缴纳查补税款时：

借：应交税费——未交增值税　　3 700

　贷：银行存款　　3 700

AB 公司在申报上年应交企业所得税时，还应对应纳税所得额做相应调整，但应缴纳的滞纳金和罚款不得在税前扣除。

ABC 公司在申报上年企业所得税时，应调减应纳税所得额 3 200 元；申报当年企业所得税时，因税款的滞纳金和罚款不得在税前扣除，应调增应纳税所得额 9 300 元。

复习思考题

1. 试述增值税的主要特点和计税原理。
2. 简述增值税的计税方法。简易计税方法能够体现增值税的计税原理吗？
3. 简述增值税发票管理的意义和要求。
4. 简述增值税进项税额和销项税额的确认和计量。
5. 简述增值税的申报与缴纳。
6. 试述增值税进项税额转出与转入的基本含义。
7. 如何对增值税销项税额进行会计处理？
8. 增值税视同销售业务与会计准则规定有何差异，如何进行会计处理？
9. 减免增值税如何进行会计处理？
10. 试分析价外计税的增值税会计处理与价内计税的消费税会计处理（见第 4 章）对财务会计信息质量的影响。

技能题

一、单项选择题

1. 某商场（一般纳税人）销售冰箱一台，零售价格 3 390 元，则该笔业务的销项税额为（　　）元。

A. 39　　B. 390　　C. 170　　D. 68

2. 甲企业为乙公司加工一批药酒，乙公司提供原材料价值22万元，支付加工费8万元，甲企业代收代缴消费税3.33万元，并开具了增值税专用发票。甲企业提供此项加工服务增值税的正确处理是（　　）。

A. 以8万元加工费为依据计算缴纳增值税

B. 以11.33万元为依据计算缴纳增值税

C. 以33.33万元为依据计算缴纳增值税

D. 以增值税专用发票上注明的税金作为进项税额

3. 增值税对小规模纳税人采用简易征收办法，其小规模纳税人适用的征收率为（　　）。

A. 2%　　B. 3%　　C. 4%　　D. 6%

4. 某一般纳税人购进的原材料发生非正常损失，其成本价85万元，其中免税农产品15万元，应转出的进项税额是（　　）万元。

A. 14.45　　B. 10.58　　C. 13.85　　D. 11.05

二、多项选择题

1. 以下属于增值税特点的有（　　）。

A. 税款抵扣机制

B. 公平税负

C. 若同种产品最终售价相同、其总体税负相同

D. 增加财政收入

2. 下列关于增值税纳税义务发生时间的认定正确的有（　　）。

A. 采取直接收款方式销售货物的，为货物发出的当天

B. 委托商场销售货物，为商场售出货物的当天

C. 将委托加工货物无偿赠与他人的，为货物移送的当天

D. 进口货物为货物报关进口的当天

3. 增值税一般纳税人购进货物用于（　　），应将其相应的增值税额记入“应交税费——应交增值税（进项税额转出）”的贷方。

A. 免征增值税项目　　B. 集体福利

C. 分配给股东　　D. 个人消费

三、判断题

1. 年应税销售额超过小规模纳税人标准的其他个人可以按小规模纳税人纳税，也可以申请为一般纳税人。（　　）

2. 个体工商户的混合销售行为，按照销售服务缴纳增值税。（　　）

3. 出口货物税率为零等同于出口货物免税。（　　）

4. 将自产、委托加工或购进货物用于集体福利、个人消费，属于视同销售行为。（　　）

5. 对增值税一般纳税人向购买方收取的包装物押金，要并入销售额计缴增值税。（　　）

四、计算题

1. 某增值税一般纳税人生产并销售自行车，出厂不含税单价为280元/辆。某年2月该厂购销情况如下：

(1) 向当地百货大楼销售800辆，百货大楼当月付清货款后，厂家给予了8%的销售折扣，开具红字发票入账。

(2) 向外地特约经销点销售500辆，并支付给运输单位8 000元，收到运输企业开具的运费发票。

(3) 转让企业作为固定资产使用两年的小轿车一辆，售价100 000元（原价90 000元）。

(4) 逾期仍未收回的包装物押金60 000元，计入销售收入。

要求：计算当月应交增值税。

2. 某生产企业为增值税一般纳税人，当年4月发生下列业务：

(1) 外购原材料取得的普通发票上注明价税合计金额40 000元，原材料已入库；另支付给运输企业运输费用3 000元（不含税价），取得运输公司开具的货物运输业增值税专用发票。

(2) 外购设备零配件，取得的增值税专用发票上注明价款100 000元，本月生产领用其中的80%。

(3) 从小规模纳税人处购入机器专用螺丝钉10 000个，取得税务机关代开的增值税专用发票一张，注明价款4 000元；将其中的1 000个替换本厂生产设备的螺丝钉，将旧的螺丝钉销售，开具普通发票，取得销售款113元。

(4) 销售甲产品一批，开具的增值税专用发票上注明价款3 000 000元；另开具普通发票，收取代垫运费8 000元。

(5) 用甲产品与汽车生产企业换取小汽车一辆，将换入的小汽车提供给管理部门使用，换出的甲产品的不含税销售价格为150 000元，换入的小汽车的不含税价款为200 000元，该生产企业向汽车生产企业支付了差价，双方互开了增值税专用发票。

(6) 销售一批甲产品零部件，取得含税销售额58 000元。

(7) 提供维修业务，开具的普通发票上注明价税合计金额34 800元。

(8) 转让自己使用6年的生产设备一台，取得含税收入24 360元（该设备购入时未抵扣过进项税额）。

企业取得的上述相关发票均已通过认证并在当月抵扣。

要求：根据上述资料，计算增值税销项税额、进项税额和应纳税额。

3. 某餐饮企业（一般纳税人）6月发生如下业务：

(1) 实现营业收入800万元（含增值税），其中包括顾客现场消费收入500万元、外卖收入300万元。

(2) 因该企业位置优越，某广告公司在其临街墙壁上悬挂广告牌，从广告公司取得含税收入10万元（该企业选择简易计税方法）。

(3) 转让一栋房产，该房产是若干年前由债务人抵债而得，当时冲抵的债务金额是650万元。此次转让含税售价800万元。

（4）授权境外某中餐馆使用其字号，当月取得特许权使用费收入20万元（不含增值税）。

（5）直接从农业合作社收购农产品，取得农产品销售发票注明的收购价款30万元。

（6）从红酒批发市场购得红酒10箱，取得增值税专用发票注明的价税合计金额6 000元。

（注：转让的房产与企业所在地一致。企业选择适用简易计税方法计税。）

要求：根据业务（1）计算销项税额；根据业务（2）计算应缴纳的增值税；根据业务（3）计算应缴纳的增值税；根据业务（4）计算销项税额；根据业务（5）计算当月可抵扣进项税额；根据业务（6）计算当月应缴增值税的合计数。

五、会计核算题

1. 资料：红光机床厂为增值税一般纳税人，按月缴纳增值税。5月份发生下列有关经济业务（专用发票已通过认证）：

（1）6日，从本市第三铸造厂购进铸铁一批，增值税专用发票上注明价款180 000元，增值税额23 400元，上述款项已通过银行汇款付讫。

（2）9日，因铸铁质量问题发生进货退货，根据铸铁厂开具的红字增值税专用发票，收到退回价款210 000元，增值税款27 300元。

（3）12日，拨付钢材一批，委托轻工机械厂加工齿轮，已拨付钢材价值168 000元。

（4）22日，收到轻工机械厂开来的增值税专用发票，支付齿轮加工费18 000元，税额2 340元，以银行存款支付。

（5）22日，齿轮加工完毕，该批加工半成品价款为186 000元，收回入库转账。

（6）29日，销售机床10台，实现销售收入2 760 000元，向对方开出增值税专用发票，并收取增值税358 800元，收回货款存入银行。

要求：根据上述资料，作有关增值税的会计处理。

2. **资料：**某企业6月1日购买环保处理设备一台，增值税专用发票载明价款为45万元，增值税额5.85万元，支付设备安装费0.9万元，款项均从银行支付。根据有关规定，该项设备得到市级财政一次性补助21万元，款已到账。该设备预计使用5年，假定无残值。该企业按国家政策招收了16名残疾人，为补偿残疾人在未来一年学徒期内对企业成本的影响，财政一次性拨款15万元。

要求：根据上述资料，进行有关计算并编制相应的会计分录。

3. **资料：**某房地产开发公司系增值税一般纳税人。8月18日预售其开发的A-1房地产项目的房屋一套，售价1 000万元，收到客户李先生预交款800万元，采用一般计税方法。

要求：计算应预缴和应交增值税，并做预收房款和预缴增值税、售房应缴增值税和实际缴纳增值税的会计分录。

第4章
消费税会计

学习目标

1. 掌握消费税会计的确认、计量、记录与申报;
2. 理解消费税的特点及其与增值税的关系;
3. 了解消费税设置的意义。

引　言

诺贝尔经济学奖获得者保罗·萨缪尔森针对消费税如是说:“对于酒烟及其他对健康有害的物品的征税。一种新型税收是对污染和其他有害的外部效应征税。这些税被称为绿税,因为它们旨在改善环境,同时增加收入。”与增值税相比,消费税永远是“配角”,应该主要发挥调节作用,至于是价内计税还是价外计税,并不能影响其性质。但其会计处理为什么不同呢?

4.1　消费税税制要素

消费税(consumption tax),亦称货物税,其历史源远流长,在我国可追溯到周朝的“关市之赋”和西汉对酒的课税及后来的盐税、茶税等。古罗马时代曾课征盐税。由于消费税的独特调节作用,目前,世界上有120多个国家和地区征收消费税。新中国成立以来,在先后征收的货物税、商品流通税、工商统一税、工商税、产品税以及1994年以前的增值税中,对烟、酒、化妆品等消费品都设计了较高的税率。从1994年起,作为独立税种的消费税开始在全国征收。2009年1月1日起,我国开始实施修订后的《中华人民共和国消费税暂行条例》及其实施细则。

消费税具有征收范围的选择性、税率的调节性、征收环节的单一性和征收方法的多样性等特点。

4.1.1 消费税的纳税人、纳税范围与征收意义

消费税是对消费进行引导和调节的一种流转税，既有对奢侈品消费征税的调节收入分配功能，也有对成品油等征税的引导环保功能。

消费税的纳税人是在我国境内销售、委托加工和进口应税消费品的单位和个人。

纳税人在生产、批发或者零售环节销售应税消费品，纳税人自用未对外销售应税消费品，应依法缴纳消费税；纳税人出口应税消费品，免征消费税（国务院另有规定的除外）。

我国现行消费税与其他国家对消费行为、消费品普遍课征的消费税不同，它是选择性课征的特种消费税，即以调节功能为主，取得财政收入为辅的消费税。调节功能主要体现为：一是“寓禁于征”，主要选择高能耗、高污染的产品、稀缺资源类产品，以及过度消费对人体健康不利的产品课税，在减少消费的同时还能取得收入；二是选择某些高档消费品或奢侈品课税，让高收入人群负担更多税款，从而调节收入差距。

4.1.2 消费税的税目与税率

1. 税目

从科学、合理的原则出发，现行消费税共设置15个税目、若干个子目，征税主旨明确，课税对象清晰。它们是：

（1）烟税目。包括卷烟、雪茄烟和烟丝等子目。

（2）酒税目。包括粮食白酒、薯类白酒、黄酒、啤酒、其他酒等子目。

（3）高档化妆品税目。高档化妆品是指生产（进口）环节销售（完税）价格在10元/毫升（克）或15元/片（张）及以上的美容、修饰类化妆品和护肤类化妆品，包括高档美容修饰类化妆品、高档护肤类化妆品和成套化妆品。

（4）高尔夫球及球具税目。

（5）高档手表税目。

（6）游艇税目。

（7）木制一次性筷子税目。

（8）实木地板税目。

（9）贵重首饰和珠宝玉石税目。

（10）鞭炮、焰火税目。

（11）成品油税目。包括汽油、柴油、石脑油、溶剂油、润滑油、燃料油、航空煤油等子目。

(12) 摩托车税目。

(13) 小汽车税目。设乘用车、中轻型商用客车和超豪华小汽车三个子税目。

(14) 电池税目。

(15) 涂料税目。

2. 税率

现行消费税实行从价比例税率、从量定额税率和从价从量复合计税三种方式。消费税税目、税率如表 4－1 所示。

表 4－1　消费税税目、税率表

税目	税率（单位税额）
一、烟	
1. 卷烟	
(1) 甲类卷烟（生产环节）	56%加 0.003 元/支
(2) 乙类卷烟（生产环节）	36%加 0.003 元/支
(3) 甲类、乙类卷烟（批发环节）	11%加 0.005 元/支
2. 雪茄烟	36%
3. 烟丝	30%
二、酒	
1. 白酒	20% 加 0.5 元/500 克（或 500 毫升）
2. 黄酒	240 元/吨
3. 啤酒	
(1) 甲类啤酒	250 元/吨
(2) 乙类啤酒	220 元/吨
4. 其他酒	10%
三、高档化妆品	15%
四、贵重首饰及珠宝玉石	
1. 金银首饰、铂金首饰和钻石及钻石饰品	5%
2. 其他贵重首饰和珠宝玉石	10%
五、鞭炮、焰火	15%
六、成品油	
1. 汽油、石脑油、溶剂油、润滑油	1.52 元/升
2. 柴油、航空煤油、燃料油	1.20 元/升
七、摩托车	
1. 气缸容量（排气量，下同）250 毫升	3%
2. 气缸容量 250 毫升以上的	10%
八、小汽车	
1. 乘用车	

续表

税目	税率（单位税额）
（1）气缸容量（排气量，下同）在1.0升（含1.0升）以下的	1%
（2）气缸容量在1.0升以上至1.5升（含1.5升）的	3%
（3）气缸容量在1.5升以上至2.0升（含2.0升）的	5%
（4）气缸容量在2.0升以上至2.5升（含2.5升）的	9%
（5）气缸容量在2.5升以上至3.0升（含3.0升）的	12%
（6）气缸容量在3.0升以上至4.0升（含4.0升）的	25%
（7）气缸容量在4.0升以上的	40%
2. 中轻型商用客车	5%
3. 超豪华小汽车	10%
九、高尔夫球及球具	10%
十、高档手表	20%
十一、游艇	10%
十二、木制一次性筷子	5%
十三、实木地板	5%
十四、电池	4%
十五、涂料	4%

说明：

①卷烟实行从量和从价复合计税办法。先从量定额计税，定额税率为每标准箱（50 000支，下同）150元；再按调拨价格从价计税，每标准条（200支，下同）调拨价格在70元（含70元，不含增值税）以上的卷烟税率为56%，每标准条调拨价格在70元（不含增值税）以下的卷烟税率为36%。白包卷烟，手工卷烟，自产自用没有同牌号、同规格调拨价格的卷烟，委托加工没有同牌号、同规格调拨价格的卷烟，未经国务院批准纳入计划的企业和个人生产的卷烟，一律适用56%的比例税率。

②每吨啤酒出厂价格（含包装物及包装物押金）在3 000元（含3 000元，不含增值税）以上的，单位税额250元/吨；每吨啤酒出厂价格在3 000元（不含增值税）以下的，单位税额220元/吨；对饮食业、商业、娱乐业举办的啤酒屋（啤酒坊）利用啤酒生产设备自制的啤酒，适用单位税额250元/吨。

③航空煤油暂缓缴纳消费税。

④对无汞原电池、金属氢化物镍蓄电池（“氢镍蓄电池”或“镍氢蓄电池”）、锂原电池、锂离子蓄电池、太阳能电池、燃料电池和全钒液流电池免征消费税。

⑤对施工状态下挥发性有机物（volatile organic compounds，VOC）含量低于420克/升（含）的涂料免征消费税。

4.1.3 消费税的纳税环节

我国现行消费税纳税（征收）环节具有单一性，即基本上都在生产/进口环节征收，仅对少数消费品在批发或零售环节征税，即消费税的纳税环节可以分为生产/进口环节和其他环节，具体如下：

（1）生产/进口环节纳税。

1）纳税人生产的应税消费品，在销售时纳税。

2）纳税人自产自用的应税消费品，用于连续生产应税消费品的，移送时不纳税，待最终应税消费品销售时纳税；用于其他方面的，在移送时纳税。

3）委托加工的应税消费品，除受托方为个人外，受托方在向委托方交货时代收代缴消费税。

4）进口的应税消费品，在报关进口时纳税。

（2）其他环节纳税。

1）甲类、乙类卷烟：除在生产环节纳税外，在批发环节按定额税率征收消费税。

2）金银（不包括镀金、包金首饰）、铂金、钻石及其饰品：在零售环节纳税。

3）超豪华小汽车：在生产/进口环节按乘用车或中轻型商用客车征收消费税的基础上，在零售环节再加征10%的消费税。

4.1.4 消费税纳税期限与纳税地点

1. 纳税期限

消费税的计税期间分别为10日、15日、1个月、1个季度或者半年。具体计税期间由主管税务机关根据纳税人应纳税额的大小分别核定；不能按照固定计税期间纳税的，可以按次纳税。

以1个月、1个季度或者半年为一个计税期间的，自期满之日起15日内申报纳税；以10日、15日为一个计税期间的，自期满之日起5日内预缴税款，于次月一日起15日内申报纳税并结清上月应纳税款。

对同一纳税人，其消费税的纳税期限与增值税相同。

2. 纳税地点

（1）纳税人销售应税消费品的，以及自用应税消费品的，除国务院财政、税务主管部门另有规定外，应当向纳税人机构所在地或居住地的主管税务机关申报纳税。

（2）委托加工应税消费品（除受托方为个人外），由受托方向机构所在地的主管税务机关解缴消费税税款。

（3）委托个人加工的应税消费品，由委托方向机构所在地或居住地主管税务机关申报纳税。

（4）进口应税消费品的，应当向报关地海关申报纳税。

4.2 消费税的确认、计量与申报

4.2.1 消费税纳税义务的确认

（1）纳税人销售应税消费品，纳税义务发生时间为收讫销售款项或者取得索取销售款项凭据的当天；先开具发票的，为开具发票的当天。

（2）委托加工应税消费品，除受托方为个人外，由受托方在向委托方交货时代收代缴税款，纳税义务发生时间为受托方向委托方交货的当天。

（3）未对外销售，自用应税消费品纳税义务发生时间为移送货物的当天。

（4）进口应税消费品，纳税义务发生时间为进入关境的当天。

4.2.2 销售额的确认

1. 销售额及其确认

销售额是指纳税人销售应税消费品取得的与之相关的对价，包括全部货币或者非货币形式的经济利益。

纳税人销售的应税消费品，以人民币计算销售额。纳税人以人民币以外的货币结算销售额的，应当折合成人民币计算。

纳税人兼营不同税率的应税消费品，应当分别核算不同税率应税消费品的销售额、销售数量；未分别核算销售额、销售数量，或者将不同税率的应税消费品组成成套消费品销售的，从高适用税率。

纳税人申报的应税消费品的计税价格和数量明显偏低且不具有合理商业目的的，税务机关、海关有权核定其计税价格和数量。

2. 白酒生产企业销售额的确认

（1）基本要求。白酒生产企业售给销售单位的白酒，生产企业消费税计税价格低于销售单位对外销售价格（不含增值税，下同）70%以下的，税务机关应核定消费税最低计税价格。销售单位是指销售公司、购销公司以及委托境内其他单位或个人包销本企业生产的白酒的商业机构。销售公司、购销公司是指专门购进并销售白酒生产企业生产的白酒，并与该白酒生产企业存在关联。包销是指销售单位依据协定价格从白酒生产企业购进白酒，同时承担大部分包装材料等成本费用，并负责销售白酒。

企业销售酒类产品（啤酒、黄酒除外）收取的包装物押金，不论押金是否返还、财务会计如何核算，均需并入酒类产品销售额中，依酒类产品适用税率计税。

（2）计税价格的申报（申请）。白酒生产企业应按各种白酒的消费税计税价格和销售单位销售价格，在主管税务机关规定的时限内，填报白酒相关经济指标申报表。

白酒生产企业申报的销售给销售单位的消费税计税价格低于销售单位对外销售价格70%以下的各种白酒，在规定的时限内，填报白酒消费税最低计税价格核定申请表（见表4-2），由税务机关核定消费税最低计税价格。①

---

① 年销售额1 000万元以上的各种白酒，在规定时限内逐级上报至国家税务总局选择部分白酒核定消费税最低计税价格，其余均由各省、自治区、直辖市和计划单列市国家税务局核定。

表 4-2 白酒消费税最低计税价格核定申请表

生产企业名称（公章）： 填报时间：

序号	品名	规格	出厂价格（元）	产品成本利润率	销售价格	出厂价格占销售价格比例	销售收入（万元）	备注
1	2	3	4	5	6	7=4/6	8	9

经办人（签章）： 财务负责人（签章）： 法人代表（签章）：

（3）最低计税价格的核定。

1）最低计税价格的核定标准。白酒生产企业销售给销售单位的白酒，生产企业消费税计税价格低于销售单位对外销售价格70%以下的，消费税最低计税价格由税务机关根据生产规模、白酒品牌、利润水平等情况，在销售单位对外销售价格的50%～70%范围内自行核定。其中生产规模较大、利润水平较高的企业生产的需要核定消费税最低计税价格的白酒，税务机关核价幅度原则上应选择在销售单位对外销售价格的60%～70%范围内。

2）从高适用计税价格。已核定最低计税价格的白酒，生产企业实际销售价格高于消费税最低计税价格的，按实际销售价格申报纳税；实际销售价格低于消费税最低计税价格的，按最低计税价格申报纳税。

3）重新核定计税价格。已核定最低计税价格的白酒，销售单位对外销售价格持续上涨或下降时间达到3个月以上、累计上涨或下降幅度在20%（含）以上的白酒，税务机关须重新核定最低计税价格。

4）对账证不全的小酒厂白酒消费税，采取核定征收方式。

2. 其他企业销售额的确认

应税产品销售额为纳税人销售应税消费品向购买方收取的全部价款和价外费用，但不包括应向购货方收取的增值税税款。如果纳税人应税消费品的销售额中含增值税或因不得开具增值税专用发票而发生价款与增值税合并收取的，在计算消费税时，应当换算为不含增值税的销售额。其换算公式为：

应税消费品的销售额=含增值税销售额÷(1+增值税税率或征收率)

应税消费品连同包装物销售的，无论包装物是否单独计价以及在会计上如何核算，均应并入应税消费品销售额中缴纳消费税。如果包装物不作价随同产品销售，而是收取押金，则此项押金不应并入应税消费品销售额中征税。但对因逾期未收回的包装物不再退还的或者已收取的时间超过12个月的押金，应并入应税消费品销售额，按照应税消费品的适用税率缴纳消费税。

4.2.3 销售数量的确认

销售数量是指应税消费品的销售量。具体包括：

（1）销售应税消费品的，为应税消费品的实际销售量；

（2）自用应税消费品的，为应税消费品的移送使用量；

（3）委托加工应税消费品的，为纳税人收回的应税消费品数量；

（4）进口应税消费品的，为海关核定的应税消费品进口征税量。

4.2.4 应交消费税的计算

1. 消费税从价计税的计算

在消费税按从价定率方法计算时，其计算公式如下：

应纳消费税额＝应税消费品的销售额×消费税比例税率

纳税人将自产的应税消费品与外购或自产的非应税消费品组成套装销售的，以套装产品的销售额（不含增值税）为计税依据。

（1）销售应税消费品应纳税额的计算。

1）基本销售行为应纳税额的计算。消费税的计税依据（销售额）与增值税中的销售额含义相同；增值税销售额的确认同时也是消费税销售额的确认，确认的销售额乘以消费税税率即可计算应纳消费税额。

超豪华小汽车的征收范围为每辆零售价格130万元（不含增值税）及以上的乘用车和中轻型商用客车，即乘用车和中轻型商用客车子税目中的超豪华小汽车。在生产环节、进口环节，对超豪华小汽车按乘用车和中轻型商用客车税率征收消费税的基础上，在零售环节加征消费税，税率为10%。将超豪华小汽车销售给消费者的单位和个人为超豪华小汽车零售环节纳税人，应交消费税计算公式如下：

应交消费税＝零售环节销售额(不含增值税,下同)×零售环节税率

国内汽车生产企业直接销售给消费者的超豪华小汽车，消费税税率按照生产环节税率和零售环节税率加总计算，应交消费税计算公式如下：

应交消费税＝销售额×(生产环节税率＋零售环节税率)

2）企业以非货币性资产交换方式，用以投资、抵偿债务的应税消费品，应以同类应税消费品的最高销售价格（而非加权平均价格）为计税依据计算应纳消费税额。

3）企业用外购已税消费品生产销售的应税消费品，准予从应纳消费税税额中抵扣外购已税消费品已纳税额。

以外购或委托加工收回的已税烟丝、高档化妆品、鞭炮焰火、珠宝玉石、葡萄酒等为原料，连续加工生产卷烟、高档化妆品、鞭炮焰火、珠宝玉石、葡萄酒等消费品，在其销

售时，准予从应纳消费税税额中抵扣已纳消费税税款。以外购或委托加工收回的已税杆头、杆身和握把为原料生产的高尔夫球杆，以外购或委托加工收回的已税木制一次性筷子为原料生产的木制一次性筷子，以外购或委托加工收回的已税实木地板为原料生产的实木地板，以外购或委托加工收回的已税石脑油为原料生产的应税消费品，以外购或委托加工收回的已税润滑油为原料生产的润滑油，准予从消费税应纳税额中抵扣原料已纳消费税税款。

当期准予抵扣外购应税消费品已纳消费税税款，在计税时按当期生产耗用量计算，计算公式如下：

$$\text{当期准予抵扣的外购应税消费品买价}=\text{期初库存的外购应税消费品买价}+\text{当期购进应税消费品的买价}-\text{期末库存的外购应税消费品买价}$$

$$\text{当期准予抵扣的外购应税消费品应交税额}=\text{当期准予抵扣的外购应税消费品买价}\times\text{外购应税消费品适用税率}$$

外购应税消费品买价是发票中注明的销售额。纳税人用外购已税珠宝玉石生产的应在零售环节缴纳消费税的金银首饰（镶嵌首饰），在计税时不得扣除外购珠宝玉石的已纳税款。对既有自产卷烟，又委托联营企业加工与自产卷烟牌号、规格相同卷烟的工业企业（即回购企业），从联营企业购进后再直接销售的卷烟，在对外销售时，不论是否加价，只要能提供当初委托加工时的卷烟牌号、税务机关已公示的消费税计税价格，并且将回购后的卷烟销售收入与自产卷烟销售收入分开设账、核算的，可以不再缴纳消费税，不符合上述条件的，应一并计算缴纳消费税。

【例4-1】 某卷烟厂8月份外购烟丝价款100 000元，月初库存外购已税烟丝75 000元，月末库存外购已税烟丝36 000元。当月准予抵扣的外购应纳消费品已纳税额计算如下：

当月准予抵扣的外购应税消费品买价＝75 000＋100 000－36 000＝139 000(元)

当月准予抵扣的外购应税消费品已交税额＝139 000×30%＝41 700(元)

4）白酒生产企业应纳税额的计算。

【例4-2】 某酒厂年销售白酒2 000吨，年销售额预计880万元。10月份销售白酒150吨，对外销售不含税单价6 500元/吨，销售散装白酒10吨，单价5 000元/吨，款项全部存入银行。其应交消费税计算如下：

应交消费税＝(150×6 500＋10×5 000)×20%＋(150×2 000＋10×2 000)×0.5
＝365 000(元)

如果该酒厂设立一个销售部，酒厂售给销售部的白酒价格为4 100元/吨，散装白酒价格为3 100元/吨，计税价格低于销售单位对外销售价格70%以下，则该酒厂销售给销售部的白酒计税价格须经省级（包括计划单列市）国家税务局核定消费税最低计税价格。假设省级国税机关核定的最低计税价格分别为白酒5 900元/吨、散装白酒4 200元/吨，则酒厂应交消费税计算如下：

应交消费税＝(150×5 900＋10×4 200)×20%＋(150×2 000＋10×2 000)×0.5
＝345 400(万元)

企业不能按照289 200万元［(150×4 100＋10×3 100)×20%＋(150×2 000＋10×2 000)×0.5)］缴纳消费税。

【例4-3】 某葡萄酒有限公司8月8日从其他葡萄酒生产企业购进葡萄酒290万元，取得增值税专用发票；12日，生产葡萄酒领用上述购进葡萄酒200万元，15日生产领用进口葡萄酒110万元。本月期初库存葡萄酒160万元，期初留抵税额21万元，17日直接销售进口葡萄酒11万元。本月生产销售各类应征消费税的葡萄酒取得收入1 900万元。葡萄酒适用“酒”税目下的“其他酒”子目，计算当月应交消费税。

期末库存额＝1 600 000＋2 900 000－(2 000 000＋1 100 000)－110 000
＝1 290 000(元)

本月准予抵扣税额＝210 000＋3 100 000×10%＝520 000(元)

本月应纳消费税＝19 000 000×10%＝1 900 000(元)

本期准予抵扣税额＝520 000(元)

本期应补交税额＝1 900 000－520 000＝1 380 000(元)

(2) 企业自用应税消费品应纳税额的计算。

自用就是纳税人生产应税消费品后，不是用于直接对外销售，而是用于连续生产应税消费品或用于其他方面。

纳税人若是用于连续生产应税消费品的（作为生产最终应税消费品的直接材料，并构成最终产品实体的应税消费品，如卷烟厂生产的烟丝，再用于本厂连续生产出卷烟），根据税不重征的原则，不纳消费税；生产企业将自产石脑油用于本企业连续生产汽油等应税消费品的，不缴纳消费税，用于连续生产乙烯等非应税消费品或其他方面的，于移送使用时缴纳消费税。

纳税人若是用于其他方面，应于移送时缴纳消费税，按照纳税人生产同类消费品的销售价为计税依据；若没有同类消费品的销售价格，则可按组成计税价格计算纳税。纳税人自产自用的应税消费品，按照纳税人生产的同类消费品的销售价格计算纳税；没有同类消费品销售价格的，按照组成计税价格计算纳税。

同类消费品的销售价格是指纳税人或者代收代缴义务人当月销售的同类消费品的销售价格，如果当月同类消费品各期销售价格高低不同，应按销售数量加权平均计算。但销售的应税消费品有下列情况之一的，不得列入加权平均计算：

1) 销售价格明显偏低并无正当理由的；

2) 无销售价格的。

如果当月无销售或者当月未完结，应按照同类消费品上月或者最近月份的销售价格计算纳税。

实行从价计税方法计算纳税的组成计税价格计算公式为：

$$组成计税价格=\frac{成本+利润}{1-消费税税率}$$

式中，成本是应税消费品的生产成本；利润是按应税消费品的全国平均成本利润率计算的利润。

实行复合计税办法计算纳税的组成计税价格计算公式：

$$\text{组成计税价格}=(\text{成本}+\text{利润}+\text{自产自用数量}\times\text{消费税定额税率})\div(1-\text{消费税比例税率})$$

应税消费品的全国平均成本利润率如下：烟类消费品为10%或5%；酒类消费品，除粮食白酒为10%，其余为5%；高档化妆品、鞭炮焰火等为5%；贵重首饰及珠宝玉石、摩托车为6%；乘用车为8%；高尔夫球及球具为10%；高档手表为20%；游艇为10%；木制一次性筷子为5%；实木地板为5%；中轻型商用客车为5%；电池4%；涂料7%。

【例4-4】 某汽车制造厂将自产乘用车（气缸容量2.0升）一辆，转作自用（固定资产），该种汽车对外销售价格18万元，生产成本10万元。其应交消费税计算如下：

应交消费税额＝180 000×5%＝9 000(元)

如果该自用车没有同类消费品的销售价格，其生产成本为15万元，则其组成计税价格计算如下：

消费税组成计税价格＝150 000×(1＋8%)÷(1－5%)＝170 526(元)
应交消费税＝170 526×5%＝8 526(元)
增值税组成计税价格＝150 000×(1＋8%)＋8 526＝170 526(元)
应交增值税＝170 526×13%＝22 168(元)

(3) 委托加工应税消费品应纳税额的计算。

委托加工应税消费品是指由委托方提供原料或主要材料，受托方只收取加工费和代垫部分辅助材料进行加工的应税消费品。

如属税法规定的委托加工行为，受托方必须严格履行代收代缴义务，在与委托方办理交货结算时，代收代缴消费税。若受托方为个体经营者，由委托方自己在所在地缴纳消费税。

委托加工应税消费品，按照受托方的同类消费品的销售价格计算纳税。没有同类消费品销售价格的，按照组成计税价格计税，其计算公式如下：

$$\text{组成计税价格}=\frac{\text{材料成本}+\text{加工费}}{1-\text{消费税税率}}$$

实行复合计税办法计算纳税的组成计税价格计算公式：

$$\text{组成计税价格}=\frac{\text{材料成本}+\text{加工费}+\text{委托加工收回数量}\times\text{消费税定额税率}}{1-\text{消费税比例税率}}$$

组成计税价格中的材料成本是指委托方所提供加工的材料实际成本。委托方必须在委托加工合同中如实注明（或者以其他方式提供）材料成本，凡未提供材料成本的，受托方主管税务机关有权核定其材料成本。加工费是受托方加工应税消费品向委托方收取的全部费用（包括代垫的辅助材料实际成本）。

如果企业对收回的委托加工应税消费品不再继续加工，以不高于受托方的计税价格直接出售，不再计算缴纳消费税；如果企业对收回的委托加工应税消费品不再继续加工，但以高于受托方的计税价格出售，需按规定计算缴纳消费税，并准予抵扣受托方已代收代缴的消费税。

【例 4－5】 某酒业有限公司为增值税一般纳税人，11 月初从农业生产者手中收购粮食 40 吨，每吨收购价格 3 000 元，支付粮食收购价款 120 000 元。公司将收购的粮食从收购地直接运回本地并委托本市某酒厂生产加工高度白酒（在当地无同类产品市场价格）。白酒加工完毕，公司当月收回白酒 10 吨，并取得该酒厂开具的防伪税控增值税专用发票，注明协议加工费 75 000 元，其中包含代垫辅助材料 40 000 元。月底，公司在支付加工费和代扣代缴消费税后，直接将这批委托加工的高度白酒以每吨 28 000 元的价格出售。双方应交消费税计算如下：

$$\text{酒厂代收代缴消费税组成计税价格}=[40\times 3\,000\times(1-10\%)+75\,000+10\times 2\,000\times 0.5]\div(1-20\%)=241\,250(\text{元})$$

$$\text{代收代缴消费税}=241\,250\times 20\%+10\times 2\,000\times 0.5=58\,250(\text{元})$$

酒业有限公司在向酒厂支付加工费的同时，已经向受托方支付其代收代缴消费税 58 250 元。酒厂生产这批高度白酒的每吨消费税组成计税价格为 24 125 元（241 250÷10），酒业有限公司是以每吨 28 000 元的计税价格出售，高于酒厂的组成计税价格，不属于直接出售行为。因此，公司在销售这批高度白酒后，还应申报缴纳消费税。

$$\text{应交消费税}=(28\,000\times 10\times 20\%+10\times 2\,000\times 0.5)-58\,250=7\,750(\text{元})$$

（4）外购、委托加工的应税消费品连续加工生产应税消费品应纳税额的计算。

若以外购、委托加工的应税消费品为原料，连续加工生产成为另一种应税消费品，当其销售时，根据税不重征的原则，凭合法有效凭证，准予从应纳消费税中抵扣原已缴纳的消费税。有关计算公式如下：

$$\text{本期应交消费税}=\text{当期销售额}\times\text{消费税比例税率}-\text{当期准予抵扣的应税消费品已纳税款}$$

$$\text{当期准予抵扣的外购应税消费品已纳税款}=\text{当期准予抵扣的外购应税消费品买价}\times\text{外购应税消费品比例税率}$$

$$\text{当期准予抵扣的外购应税消费品买价}=\text{期初库存的外购应税消费品买价}+\text{当期购进的应税消费品买价}-\text{期末库存的外购应税消费品买价}$$

$$\text{当期准予抵扣的委托加工应税消费品已纳税款}=\text{期初库存的委托加工应税消费品已纳税款}+\text{当期收回的委托加工应税消费品已纳税款}-\text{期末库存的委托加工应税消费品已纳税款}$$

【例 4－6】 某高档化妆品生产企业为增值税一般纳税人，以外购已税化妆品为原料生产高档化妆品。月初库存外购原料买价 86 万元，当月购进原料 260 万元，月末库存外购原料买价 150 万元。购进原材料按规定取得增值税专用发票，并于当月通过增值税发票选择确认平台勾选认证。高档化妆品消费税税率为15%，增值税税率为13%。

当月准予抵扣的增值税进项税额＝260×13%＝33.8(万元)

当月准予抵扣的外购应税消费品买价＝86＋260－150＝196(万元)

当月准予抵扣的已交消费税额＝196×15%＝29.4(万元)

(5) 进口应税消费品应纳税额的计算。

部分进口应税消费品由原来的从价计税一种方法改为从价计税和复合计税两种方法。进口的应税消费品按照组成计税价格计算纳税。

实行从价计税方法纳税的组成计税价格计算公式为：

应交消费税税额＝组成计税价格×消费税比例税率

$$组成计税价格=\frac{关税完税价格+关税}{1-消费税比例税率}$$

实行复合计税方法纳税的组成计税价格计算公式为：

$$组成计税价格=\left(\begin{matrix}关税\\完税价格\end{matrix}+关税+\begin{matrix}进口\\数量\end{matrix}\times\begin{matrix}消费税\\定额税率\end{matrix}\right)\div\left(1-\begin{matrix}消费税\\比例税率\end{matrix}\right)$$

关税完税价格是指海关核定的关税计税价格。

进口环节消费税，除国务院另有规定外，一律不得给予减税、免税。

【例4-7】 某公司进口一批成套高档化妆品。该成套高档化妆品CIF价格折合人民币40万元，消费税税率15%，增值税税率13%，假定关税税率25%。其应交消费税、增值税计算如下：

消费税组成计税价格＝400 000×(1＋25%)÷(1－15%)＝588 235(元)

应交消费税＝588 235×15%＝88 235(元)

增值税计税价格＝400 000＋400 000×25%＋88 235＝588 235(元)

应交增值税＝588 235×13%＝76 471(元)

2. 消费税从量计税的计算

消费税实行从量定额计税，其公式为：应税消费品数量×消费税定额税率（单位税额）。

根据我国现行税法，消费税中黄酒、啤酒和成品油以销售数量作为计税依据。黄酒、啤酒是以吨为税额单位，成品油是以升为税额单位。为了规范不同产品的计量单位，准确计算应纳税额，税法对吨与升两个计量单位的换算标准规定如下：

(1) 黄酒1吨＝962升；啤酒1吨＝988升。

(2) 汽油1吨＝1 388升；柴油1吨＝1 176升；石脑油1吨＝1 385升；溶剂油1吨＝1 282升；润滑油1吨＝1 126升；燃料油1吨＝1 015升；航空煤油1吨＝1 246升。

【例4-8】 某企业5月份采购原油125吨，委托炼油厂加工成汽油125吨，计算应交消费税额如下：

应交消费税＝125×1 388×1.52＝263 720(元)

3. 消费税复合计税的计算

复合计税方法是从价计税与从量计税相结合、计算应纳税额的一种计税方法。目前，我国对白酒和卷烟行业实行从价定率和从量定额相结合的复合计算方法征收消费税。其计算公式如下：

应交消费税＝销售数量×消费税定额税率＋销售额×消费税比例税率

实行复合计税办法纳税的组成计税价格计算公式：

组成计税价格＝(成本＋利润＋自产自用数量×定额税率)÷(1－比例税率)

【例4-9】 某卷烟厂2月出售卷烟25个标准箱①，每标准条调拨价格70元，共计价款437 500元，烟丝45 000元，不退包装物，采用商业汇票结算，货已发出并办妥结算手续，该厂应交消费税额计算如下：

应交消费税＝25×150＋437 500×56%＋45 000×30%＝262 250(元)

【例4-10】 某酒厂4月用粮食白酒1 000箱（每箱1 200元，每箱6瓶，每瓶500克）换取建筑材料，以满足扩建工程的需要。假定每箱白酒1 200元的价格高于销售单位对外销售价格的70%以上。应交消费税额计算如下：

应交消费税＝1 000×1 200×20%＋1 000×6×0.5＝243 000(元)

4.2.5 消费税的纳税申报

纳税人无论当期有无销售或是否盈利，均应在规定时间内填制《消费税及附加税费纳税申报表》（见表4-3），并向主管税务机关进行纳税申报。与原表相比，《消费税及附加税费申报表》的主要变化是：

(1) 将原分税目的8张消费税纳税申报表主表整合为1张主表，基本框架结构维持不变，包含销售情况、税款计算和税款缴纳三部分，增加了栏次和列次序号及表内勾稽关系，删除不参与消费税计算的“期初未缴税额”等3个项目，方便纳税人平稳过渡使用新申报表。

(2) 将原分税目的22张消费税纳税申报表附表整合为7张附表，其中4张为通用附表，1张为成品油消费税纳税人填报的专用附表，2张为卷烟消费税纳税人填报的专用附表。

除成品油消费税纳税人、卷烟消费税纳税人需要填报的专用附表外，其他纳税人不需填报，系统也不会带出；企业在委托加工环节由受托方代收代缴的消费税不再填报《代收代缴税款计算表》，应填报各税种通用的《代扣代缴、代收代缴税款明细报告表》。

---

① 每标准箱为50 000支。

表4-3 消费税及附加税费申报表

税款所属期：自　　年　月　日至　　年　月　日

纳税人识别号（统一社会信用代码）：□□□□□□□□□□□□□□□□□□□□

纳税人名称：　　　　　　　　　　　　　　　　　　　金额单位：人民币元（列至角分）

项目 应税消费品名称	适用税率		计量单位	本期销售数量	本期销售额	本期应纳税额
	定额税率	比例税率				
	1	2	3	4	5	6=1×4+2×5
合 计	—	—	—	—	—	

	栏 次	本期税费额
本期减（免）税额	7	
期初留抵税额	8	
本期准予扣除税额	9	
本期应扣除税额	10=8+9	
本期实际扣除税额	11［10<(6-7)，则为10，否则为6-7］	
期末留抵税额	12=10-11	
本期预缴税额	13	
本期应补（退）税额	14=6-7-11-13	
城市维护建设税本期应补（退）税额	15	
教育费附加本期应补（退）费额	16	
地方教育附加本期应补（退）费额	17	

声明：此表是根据国家税收法律法规及相关规定填写的，本人（单位）对填报内容（及附带资料）的真实性、可靠性、完整性负责。

纳税人（签章）：　　　　年　月　日

经办人： 经办人身份证号： 代理机构签章： 代理机构统一社会信用代码：	受理人： 受理税务机关（章）： 受理日期：　　年　月　日

填表说明：

1. 本表作为《消费税及附加税费申报表》的主表，由消费税纳税人填写。

2. “税款所属期”：纳税人申报的消费税应纳税额所属时间，应填写具体的起止年、月、日。

3. “应税消费品名称”栏、第1栏“定额税率”、第2栏“比例税率”和第3栏“计量单位”：按照附注1《应税消费品名称、税率和计量单位对照表》内容对应填写。

4. 第4栏“本期销售数量”：填写税法规定的本期应当申报缴纳消费税的应税消费品销售数量（不含出口免税销售数量）。用自产汽油生产的乙醇汽油，按照生产乙醇汽油所耗用的汽油数量填写；以废矿物油生产的润滑油基础油为原料生产的润滑油，按扣除耗用的废矿物油生产的润滑油基础油后的数量填写。

5. 第5栏“本期销售额”：填写税法规定的本期应当申报缴纳消费税的应税消费品销售额（不含出口免税销售额）。

6. 暂缓征收的应税消费品，不计算本期应纳税额。

4.3 消费税的会计处理

4.3.1 消费税会计账户的设置

(1)“应交税费——应交消费税”。为了正确及时地反映企业应缴、已缴、欠缴消费税等相关涉税事项，纳税人应在“应交税费”账户下设置“应交消费税”明细账户进行会计处理。该明细账户采用三栏式账户记账，贷方核算企业按规定应缴纳的消费税，借方核算企业实际缴纳的消费税或允许抵扣的消费税；期末，贷方余额表示尚未缴纳的消费税，借方余额表示企业多缴的消费税。

(2)“税金及附加”。为了反映因消费税负债而产生的消费税费用，企业还应设置“税金及附加”账户，该账户核算因企业销售应税产品而负担的消费税金及其附加（城市维护建设税、教育费附加等）。

企业计算应缴消费税时，借记“税金及附加”，贷记“应交税费——应交消费税”。实际缴纳时，借记“应交税费——应交消费税”，贷记“银行存款”。期末，应将“税金及附加”账户的余额转入“本年利润”账户，结转后，本账户无余额。

4.3.2 应税消费品销售的会计处理

1. 应税消费品销售的会计处理

由于消费税属价内税，企业应税消费品的售价包含消费税（不含增值税），因此，企业缴纳的消费税应记入“税金及附加”账户，由销售收入补偿。销售实现时，按规定计算应缴消费税。

【例4-11】 某企业8月销售乘用车15辆（气缸容量2.2升），出厂价每辆150 000元，价外收取有关费用每辆11 000元。有关计算如下：

应交消费税=[150 000+11 000÷(1+13%)]×9%×15=215 642(元)

应交增值税=[150 000+11 000÷(1+13%)]×13%×15=311 482(元)

根据有关凭证，做会计分录如下：

借：银行存款　　2 707 500

　贷：主营业务收入 [150 000+11 000÷(1+13%)]×15　　2 396 018

　　　应交税费——应交增值税（销项税额）　　311 482

同时，

借：税金及附加　　215 642

　贷：应交税费——应交消费税　　215 642

上缴税金（假设同期应交增值税110 000元）时，做会计分录如下：

借：应交税费——应交增值税（已交税金）　110 000
　　　　　——应交消费税　215 642
　贷：银行存款　325 642

【例4-12】 某酒厂将1 500瓶（每瓶500克）新研制的以粮食为原料的“特曲”以55元/瓶的价格销售给关联企业。因该白酒尚未投放市场，没有对外销售价格。已知每500克白酒的成本为50元，成本利润率为10%。计算应交消费税并做相关会计分录。

组成计税价格＝[50×(1＋10%)＋0.5]÷(1－20%)＝69.375(元/瓶)
应交消费税＝(69.375×20%＋0.5)×1 500＝21 562.5(元)
应交增值税＝69.375×1 500×13%＝13 528.125(元)

（1）销售给关联企业时。

借：银行存款等　96 028.125
　贷：主营业务收入　82 500
　　　应交税费——应交增值税（销项税额）　13 528.125

（2）计算应交消费税时。

借：税金及附加　21 562.5
　贷：应交税费——应交消费税　21 562.5

2. 应税消费品包装物应交消费税的会计处理

应税消费品连同包装物一并出售的，无论包装物是否单独计价核算，原则上均应并入应税消费品的销售额中计算缴纳增值税、消费税。若是从量计税，只计增值税、不计消费税；若是从价计税，两税都应计缴；在复合计税时，对从价金额部分，计缴消费税，对从量部分，不计缴消费税。对出租包装物收取的租金，应缴纳增值税；出租、出借包装物因逾期未收回而没收的押金，应计缴消费税。

（1）随同产品销售而不单独计价。因其收入已包含在产品销售收入中，其应纳消费税与产品销售一并进行会计处理。

（2）随同产品销售而单独计价。因其收入记入“其他业务收入”账户，其应纳消费税则应记入“其他业务成本”账户。

（3）收取包装物押金时，贷记“其他应付款”，按规定计算应缴增值税、消费税时，借记“其他应付款”，贷记“应交税费”；返还押金或没收逾期未收回包装物押金时，借记“其他应付款”，贷记“银行存款”或“其他业务收入”。

【例4-13】 某酒厂异地销售粮食白酒，包装物单独计价，收取包装费700元（不含税金）。出售包装物应交的增值税、消费税计算如下：

应交消费税＝700×20%＝140(元)
应交增值税＝700×13%＝91(元)

借：应收账款　791
　贷：其他业务收入　700
　　　应交税费——应交增值税（销项税额）　91

借：其他业务成本　140

　贷：应交税费——应交消费税　140

【例4-14】 某酒厂系增值税一般纳税人，7月份销售白酒10吨，每吨35 000元（不含税），随同产品销售的包装物价款12 430元（含税）。另外收取包装物押金2 260元，约定6个月后返还包装物，否则没收押金。

（1）销售白酒时。

借：应收账款或银行存款等　407 930

　贷：主营业务收入　350 000

　　其他业务收入（12 430÷1.13）　11 000

　　应交税费——应交增值税（销项税额）　46 930

应交消费税＝10×35 000×20%＋10×2 000×0.5＋12 430÷1.13×20%
＝82 200(元)

借：税金及附加　80 000

　其他业务成本　2 200

　贷：应交税费——应交消费税　82 200

（2）收取押金时。

借：银行存款等　2 260

　贷：其他应付款——××单位　2 260

（3）押金计税时。

借：其他应付款——××单位　660

　贷：应交税费——应交增值税（销项税额）（2 660÷1.13×13%）　260

　　——应交消费税（2 260÷1.13×20%）　400

（4）若如期退回包装物，返还押金时。

借：其他应付款——××单位　1 600

　销售费用　660

　贷：银行存款　2 260

（5）若逾期未退回包装物，没收押金时。

借：其他应付款——××单位　1 600

　贷：其他业务收入　1 600

4.3.3 应税消费品视同销售的会计处理

1. 企业以生产的应税消费品作为投资的会计处理

企业以生产的应税消费品作为投资，应视同销售缴纳消费税，但在会计处理上，投资不宜做销售处理。因为投资与销售两者性质不同，投资作价与用于投资的应税消费品账面成本之间的差额应由整个投资期间的损益来承担，而不应仅由投资当期损益承担。现行税法要求做销售处理，主要是基于不影响所得税的计算来考虑的。

企业在投资时，借记“长期股权投资”“存货跌价准备”等，按该应税消费品的账面成本，贷记“产成品”或“自制半成品”等，按投资的应税消费品售价或组成计税价格计算的应缴增值税、消费税，贷记“应交税费”；按投资时支付的相关税（增值税、消费税除外）费，贷记“银行存款”。

【例4-15】 某汽车制造厂5月份以其生产的20辆乘用车（气缸容量2.0升）向出租汽车公司投资。双方协议，税务机关认可的每辆汽车售价为150 000元，每辆车的实际成本为100 000元。计算应交税额如下：

应交增值税＝150 000×13%×20＝390 000(元)

应交消费税＝150 000×5%×20＝150 000(元)

借：长期股权投资	3 390 000	
贷：主营业务收入		3 000 000
应交税费——应交增值税（销项税额）		390 000
借：税金及附加	150 000	
贷：应交税费——应交消费税		150 000
借：主营业务成本	2 000 000	
贷：库存商品		2 000 000

2. 企业以生产的应税消费品换取生产资料、消费资料或抵偿债务的会计处理

企业以生产的应税消费品换取生产资料、消费资料或抵偿债务、支付代购劳务费等，应视同销售行为，在会计上做销售处理。

以应税消费品换取生产资料和消费资料的，应按售价（若有不同售价，则计算增值税时按平均售价，计算消费税时，应按最高售价）借记“材料采购”等，贷记“主营业务收入”；以应税消费品支付代购劳务费，按售价借记“应付账款”等，贷记“主营业务收入”。同时，按售价计算应交消费税，借记“税金及附加”，贷记“应交税费——应交消费税”，并结转销售成本。

【例4-16】 某白酒厂1月份用粮食白酒10吨抵偿胜利农场大米款55 000元。该粮食白酒每吨本月售价在4 800～5 200元之间浮动，平均销售价格5 000元/吨。10吨白酒的市价为51 000元。

以物抵债属于销售范畴，因此

销项税额＝5 000×10×13%＝6 500(元)

该粮食白酒的最高销售价格为5 200元/吨，因此

应交消费税＝5 200×10×20%＋10×2 000×0.5＝20 400(元)

借：应付账款——胜利农场	55 000	
营业外支出	2 500	
贷：主营业务收入		51 000
应交税费——应交增值税（销项税额）		6 500

借：税金及附加　　20 400
　　贷：应交税费——应交消费税　　20 400

3. 企业以自产应税消费品用于在建工程、职工福利的会计处理

企业将自产的产品自用是一种内部结转关系，不存在销售行为，企业并没有现金流入，因此，应按产品成本转账，并据其用途记入相应账户。当企业将应税消费品移送自用时，按其成本转账，借记"在建工程""营业外支出""销售费用"等，贷记"产成品"或"自制半成品"。

按自用产品的销售价格或组成计税价格计算应交消费税时，借记"在建工程""营业外支出""销售费用"等（不通过"税金及附加"账户），贷记"应交税费——应交消费税"。

【例4-17】 某啤酒厂将自己生产的某新品牌啤酒20吨发给职工作为福利，10吨用于广告宣传，让客户及顾客免费品尝。该啤酒每吨成本2 000元，每吨出厂价格2 500元。做会计分录如下：

（1）将啤酒发给职工时。

应付职工薪酬＝20×2 500×1.13＝56 500(元)

应交消费税＝20×220＝4 400(元)

应交增值税＝2 500×20×13%＝6 500(元)

借：应付职工薪酬——职工福利　　56 500
　　贷：主营业务收入　　50 000
　　　　应交税费——应交增值税（销项税额）　　6 500
借：税金及附加　　4 400
　　贷：应交税费——应交消费税　　4 400
借：主营业务成本　　40 000
　　贷：产成品　　40 000

（2）将啤酒用于广告宣传时。

应交消费税＝10×220＝2 200(元)

应交增值税＝2 500×10×13%＝3 250(元)

借：销售费用　　25 450
　　贷：应交税费——应交增值税（销项税额）　　3 250
　　　　　　　　——应交消费税　　2 200
　　　　产成品　　20 000

期末用于广告宣传的啤酒应视同销售，调增应纳税所得额。

4.3.4 委托加工应税消费品的会计处理

1. 委托方的处理

（1）收回后不再加工而用于销售。委托方发出委托加工材料、向受托方支付加工费

和代收代缴消费税时，借记“委托加工物资”等，贷记“应付账款”“银行存款”等。收回的委托加工应税消费品不再加工而是销售时，如果委托方在受托方计税基础上加价出售，则计税并做应交消费税的会计分录；如果直接出售（不加价），因为不缴消费税，所以不用做应交消费税的会计分录。

【例4-18】 某卷烟厂委托A厂加工烟丝，卷烟厂和A厂均为一般纳税人。卷烟厂提供烟叶55 000元，A厂收取加工费20 000元，增值税2 600元。卷烟厂应做会计分录如下：

1）发出材料时。

借：委托加工物资　　55 000

　贷：原材料　　55 000

2）支付加工费时。

借：委托加工物资　　20 000

　　应交税费——应交增值税（进项税额）　　2 600

　贷：银行存款　　22 600

3）支付代收代缴消费税时。

代收代缴消费税额=(55 000+20 000)÷(1−30%)×30%=32 143(元)

借：委托加工物资　　32 143

　贷：银行存款　　32 143

4）加工的烟丝入库时。

借：产成品　　107 143

　贷：委托加工物资　　107 143

如果烟丝按入库价对外销售，不再计算缴纳消费税；如果加价出售，则应计算缴纳消费税，其会计处理参照例4-19。

（2）收回后连续生产应税消费品。收回后连续生产应税消费品时，已纳消费税款准予抵扣。因此，委托方应将受托方代收代缴的消费税借记“应交税费——应交消费税”账户，待最终应税消费品销售时，允许从缴纳的消费税中抵扣。现行税法将收回扣税法改为生产实耗扣税法，为了在会计上清晰反映其抵扣过程，可设“待扣税金”账户反映其发生和抵扣过程。

仍依例4-18的资料，假定委托加工后的烟丝尚需再加工成卷烟，则应计算缴纳消费税，则会计处理应为：

1）发出材料、支付加工费时，会计分录同前。

2）支付代收代缴消费税时。

借：待扣税金——待扣消费税　　32 143

　贷：银行存款　　32 143

3）加工的烟丝入库时。

借：产成品　　75 000

　贷：委托加工物资　　75 000

【例 4－19】 接例 4－18，委托加工的烟丝收回后，经过进一步加工后作为卷烟对外销售。假设当月销售 3 个标准箱，每标准条调拨价 60 元，期初库存委托加工应税烟丝已纳消费税 2 580 元，期末库存委托加工应税烟丝已纳税额 29 880 元，有关会计分录如下：

1）取得收入时。

借：银行存款　　50 850

　贷：主营业务收入（3×250×60）　　45 000

　　　应交税费——应交增值税（销项税额）　　5 850

2）计提消费税时。

应交消费税＝150×3＋45 000×36％＝16 650(元)

借：税金及附加　　16 650

　贷：应交税费——应交消费税　　16 650

3）抵扣消费税时。

当月准予抵扣的消费税额＝2 580＋32 143－29 880＝4 843(元)

借：应交税费——应交消费税　　4 843

　贷：待扣税金——待扣消费税　　4 843

4）当月实际上缴消费税时。

借：应交税费——应交消费税　　11 807

　贷：银行存款　　11 807

2. 受托方的会计处理

受托方可按本企业同类消费品的销售价格计算代收代缴消费税款；若没有同类消费品销售价格，则按照组成计税价格计算。

【例 4－20】 A 厂作为受托方为某卷烟厂将烟叶加工成烟丝，资料见例 4－18。按组成计税价格计算，税率为 30％，则

组成计税价格＝(55 000＋20 000)÷(1－30％)＝107 143(元)

应交消费税＝107 143×30％＝32 143(元)

A 厂做有关会计分录：

(1) 收取加工费时。

借：银行存款　　22 600

　贷：主营业务收入　　20 000

　　　应交税费——应交增值税（销项税额）　　2 600

(2) 收取代收税金时。

借：银行存款　　32 143

　贷：应交税费——应交消费税　　32 143

(3) 上缴代收消费税时。

借：应交税费——应交消费税 32 143
　贷：银行存款 32 143

4.3.5 进口应税消费品的会计处理

进口应税消费品时，进口单位缴纳的消费税应计入应税消费品成本。按进口成本连同应纳关税、消费税、增值税，借记“固定资产”“商品采购”等账户；由于进口货物将海关缴税与提货联系在一起，即缴税后方能提货，为简化核算，关税、消费税、增值税可以不通过“应交税费”账户反映，而是直接贷记“银行存款”账户。若情况特殊，先提货后缴税时，也可以通过“应交税费”账户。

【例4-21】 某公司从国外购进高档化妆品一批，CIF价折合人民币25万元。消费税税率15%，增值税税率13%，假定关税税率为25%。

应交关税＝250 000×20%＝50 000(元)

消费税组成计税价格＝250 000×(1＋20%)÷(1－15%)＝352 941(元)

应交消费税＝352 941×15%＝52 941(元)

应交增值税＝352 941×13%＝45 882(元)

（1）进口商品入库时。

借：库存商品 352 941
　贷：应付账款——××供货商 250 000
　　应交税费——应交关税 50 000
　　　　——应交消费税 52 941

（2）缴纳税款时。

借：应交税费——应交增值税（进项税额） 45 882
　　　——应交关税 50 000
　　　——应交消费税 52 941
　贷：银行存款 148 823

4.3.6 金银首饰、钻石及其饰品零售的会计处理

1. 自购自销

零售企业销售金银首饰[①]、钻石及其饰品的收入记入“主营业务收入”账户，按其应缴的消费税，借记“税金及附加”，贷记“应交税费——应交消费税”。

金银首饰、钻石及其饰品连同包装物一起销售的，无论包装物是否单独计价，均应并入金银首饰、钻石及其饰品的销售额计缴消费税。随同金银首饰、钻石及其饰品销售但不单独计价的包装物，其收入及应缴消费税均与商品销售收入和税金一起计算和处理；随同首饰、饰品销售而单独计价的包装物，其收入贷记“其他业务收入”，应交消费税

① 黄金摆件和金条不属于金银首饰范围，在零售环节不征收消费税。

（税率同商品）借记“其他业务成本”。

【例4-22】 某金银首饰商店是经中国人民银行总行批准经营金银首饰的企业（一般纳税人）。8月份实现以下销售业务：

（1）销售给经中国人民银行总行批准的经营金银首饰单位金项链一批，销售额为2 648 000元。

（2）销售给未经中国人民银行总行批准的经营金银首饰单位金首饰一批，销售额为1 845 000元。

（3）门市零售金银首饰、钻石饰品，销售额3 415 800元。

（4）销售金银首饰、钻石连同包装物销售，其包装物金额为314 500元，未并入金银首饰销售额，作为其他业务收入。

（5）采取以旧换新方式销售金银首饰，换出金银首饰同类品种销售价为1 644 000元，收回旧金银首饰作价916 000元，实收回金额728 000元。

该商店8月应交消费税计算如下：

（1）消费税计算如下：

$$金银首饰、钻石饰品零售应交消费税=\frac{1\ 845\ 000+3\ 415\ 800+728\ 000}{1+13\%}\times 5\%$$

$$=264\ 991.15(元)$$

$$包装物应交消费税=314\ 500\div(1+13\%)\times 5\%=13\ 915.93(元)$$

（2）增值税销项税额计算如下：

$$金银首饰销项税额=\frac{2\ 648\ 000+1\ 845\ 000+3\ 415\ 800+728\ 000}{1+13\%}\times 13\%$$

$$=993\ 614.16(元)$$

$$包装物销项税额=314\ 500\div(1+13\%)\times 13\%=36\ 181.42(元)$$

（3）根据以上计算，做会计分录如下：

1）金银首饰（批发、零售、以旧换新）收入。

借：银行存款	8 636 800	
库存商品（旧金银首饰）	916 000	
贷：主营业务收入——批发		2 343 362.83
——零售		6 215 823.01
应交税费——应交增值税（销项税额）		993 614.16

2）计提金银首饰消费税（附加税费，略）。

借：税金及附加	264 991.15	
贷：应交税费——应交消费税		264 991.15

3）随金银首饰销售包装物收入。

借：银行存款	314 500.00	
贷：其他业务收入		278 318.58
应交税费——应交增值税（销项税额）		36 181.42

4）计提包装物收入应交消费税。

借：其他业务成本　　13 915.93

　贷：应交税费——应交消费税　　13 915.93

2. 受托代销

企业受托代销金银首饰时，消费税由受托方负担，即受托方是消费税的纳税人。

如果是以收取劳务费方式代销金银首饰，收取的劳务费贷记“劳务费及佣金收入”。根据销售价格计算的应缴消费税相应冲减“劳务费及佣金收入”，借记“劳务费及佣金收入”，贷记“应交税费——应交消费税”。

不采用收取劳务费方式代销的，通常是由双方商定代销协议价，委托方按协议价收取代销货款，受托方实际销售的货款与协议价之间的差额归受托方所有。在这种情况下，受托方缴纳消费税的会计处理与自购自销相同。

复习思考题

1. 与增值税相比，消费税有何特点？

2. 简述消费税的三种计税方法。

3. 为什么消费税的会计记录方法与增值税不同？从财务会计的角度，你认为哪一种处理方法更符合其信息质量特征？

技能题

一、单项选择题

1. 某企业将一批自产高档化妆品作为促销礼品随产品出售，化妆品生产成本 7 000 元，无同类产品售价，则其应缴消费税为（　　）元（消费税成本利润率为 5%，税率为 15%）。

A. 1 297.06　　B. 3 110　　C. 7 350　　D. 10 500

2. 甲企业为增值税一般纳税人，当年 4 月接受某烟厂委托加工烟丝，自行提供烟叶的成本为 35 000 元，代垫辅助材料 2 000 元，发生加工支出 4 000 元；当月允许抵扣的进项税额为 260 元。烟丝的成本利润率为 5%，下列表述正确的是（　　）。

A. 应交增值税 360 元，应代收代缴消费税 18 450 元

B. 应交增值税 1 020 元，应代收代缴消费税 17 571.43 元

C. 应交增值税 680 元，应纳消费税 18 450 元

D. 应交增值税 10 115 元，应纳消费税 18 450 元

3. 某啤酒厂销售 A 型啤酒 20 吨给副食品公司，开具税控专用发票注明价款 580 000 元，收取包装物押金 3 000 元；销售 B 型啤酒 10 吨给宾馆，开具普通发票收取 32 760 元，收取包装物押金 1 500 元。该啤酒厂应缴纳的消费税是（　　）。

A. 5 000 元　　B. 6 600 元　　C. 7 200 元　　D. 7 500 元

二、多项选择题

1. 下列应税消费品中，采用复合计税方法计算消费税的有（　　）。

A. 烟丝　　B. 卷烟　　C. 白酒　　D. 啤酒

2. 下列关于消费税纳税地点的阐述正确的有（　　）。

A. 自产自用应税消费品，应在使用地主管税务机关申报纳税

B. 委托加工的应税消费品，受托方（受托方为个人除外）向机构所在地主管税务机关申报纳税

C. 进口的应税消费品，进口人或代理人向报关地海关申报纳税

D. 委托外地单位代销自产应税消费品的，向代销地税务机关申报纳税

3. 企业将自产应税消费品用于在建工程、职工福利等，按其成本转账，借记（　　）等。

A. “在建工程”　　B. “营业外支出”

C. “应付职工薪酬”　　D. “销售费用”

三、判断题

1. 委托加工的应税消费品，一律由受托方向机构所在地缴纳消费税。（　　）

2. 应税消费品销售额为纳税人销售应税消费品向购买方收取的全部价款和价外费用，包括应向购货方收取的增值税税款。（　　）

3. 企业对收回的委托加工应税消费品不再继续加工，而直接出售时，不再计算缴纳消费税。（　　）

4. 纳税人销售应税消费品，均应在纳税人机构所在地的主管税务机关申报纳税。（　　）

四、计算题

1. 某电源公司系增值税一般纳税人，主要从事锂电池、磷酸亚铁锂电池等电池生产销售业务。3月份原电池、蓄电池、燃料电池、太阳能电池（不属于太阳能发电储能用的蓄电池）和其他电池不含税销售额分别为400万元、320万元、240万元、160万元和80万元。其中，原电池销售额中无汞电池160万元，锂电池80万元；蓄电池销售额中锂离子蓄电池80万元，铅蓄电池64万元；其他电池销售中全钒液流电池24万元。

要求：计算该公司当月应交消费税。

2. 某日化公司系生产甲系列高档化妆品的增值税一般纳税人，10月发生以下各项业务：

（1）用生产成本为10 000元的350盒甲系列高档化妆品换取原材料，约定按甲高档化妆品当月销售平均价格450元/盒进行结算，双方互开专用发票。

（2）本期购进酒精1吨，取得专用发票，注明不含税售价为70 000元。

（3）将成本55 000元的材料委托其他厂加工丙高档化妆品，支付加工费11 000元并取得专用发票，丙高档化妆品已收回，受托方没有同类销售价格。

（注：化妆品的成本利润率是5%，甲高档化妆品当期最高价格550元/盒。）

要求：根据上述资料计算：

（1）销售高档化妆品应交增值税；

(2) 委托加工业务代收代缴的消费税；

(3) 销售高档化妆品应交消费税。

3. 某啤酒厂销售A型啤酒20吨给副食品公司，开具的税控专用发票注明价款580 000元，收取包装物押金3 000元；销售B型啤酒10吨给宾馆，开具普通发票收取32 760元，收取包装物押金1 500元。

要求：计算应交消费税。

五、会计核算题

1. **资料：**某汽车制造厂10月份发生有关业务如下：

(1) 6日，对外销售气缸容量2.2升以上的乘用车15辆，每辆出厂价16万元、价外收费1万元（不含税），对外销售气缸容量2.0升的乘用车15辆，每辆出厂价11万元、价外收费0.6万元（不含税），开出专用发票，以银行本票收讫。

(2) 23日，将自产的小客车2辆自用，该类小客车（气缸容量3.0升）无对外销售价格，已知每辆生产成本7.5万元。

(3) 28日，以自产乘用车（气缸容量3.5升）3辆换回企业所需原材料，每辆乘用车生产成本12万元，支付相关费用2 200元，不涉及补价。

该厂生产的乘用车燃气排放符合减征消费税标准。

要求：根据以上资料，作有关消费税、增值税的会计处理。

2. **资料：**天翔公司是一家以销售蓄电池为主的商贸企业，系小规模纳税人。2月5日委托M公司加工145件铅蓄电池，天翔公司提供原材料成本57 700元，M公司收取加工费4 400元，代垫辅助材料款300元。已知M公司没有同类消费品的销售价格，2月22日加工收回，委托加工产品全部收回后，当月全部对外出售，共取得销售价款80 340元。

要求：根据上述资料，做相关会计分录。

第5章
关税会计

学习目标

1. 掌握关税会计的确认、计量、记录与申报；
2. 理解关税的会计处理特点；
3. 了解关税的特点和意义。

引　言

世界贸易组织（WTO）前总干事素帕猜表示，发展中国家实施“无关税世界”计划将会很困难。现实是，几乎各主权国家都有关税，而且在可预见的将来也不会取消关税，因为关税已经不再是单纯的“税收”意义了。其实，如果真的取消了关税，会计人员一定不持异议。正是关税的特殊性，体现了会计的重要性。

5.1　关税税制要素

5.1.1　关税的概念与特征

1. 关税的概念

关税（tariff）是国家授权海关对出入关境的货物和物品征收的一种流转税。

与关税同一范畴的还有船舶吨税、行李和邮递物品进口关税（简称行邮税），其共同点是都要在进入关境时征收，但它们又有明显的区别。船舶吨税是对进入我国港口的外籍船舶按其注册的净吨位征收的一种税，行邮税是对入境旅客行李物品和个人邮递物品征收的一种进口税，而且是关税、增值税、消费税合并征收的混合税种。本章讲述的关税是“纯种”关税，而船舶吨税、行邮税应该是“混血儿”，即“类关税”。

2. 关税的主要特征

(1) 关税的征收以“关境”为界。关境与国境既有联系，又有区别。国境是主权国家行使行政权力的领域，即主权国家的领土、领海、领空范围。关境亦称税境，是一个国家的海关征收关税的领域，即主权国家关税法令实施的领域，只有在货物、物品进出关境时，才能对其征税。因此，关税是以通过关境为征税界点。

(2) 关税的征收主体是海关。税收一般是由国家税务机关征收的，但关税是由海关征收管理的，海关是依法监督管理进出境事务的国家行政机关。关税法规是相对独立的法律法规体系。

(3) 对进出口贸易的调节性。许多国家通过制定和调整关税税率来调节进出口贸易。在出口方面，通过低税、免税和退税来鼓励商品出口；在进口方面，通过税率的调整、减免来调节商品的进口，如为了维护我国的正当权益，可以依法加征特别关税。

(4) 关税的保护性。关税是国际经济竞争的一种有效手段，强调对等与互惠，加强与世界各国的经济联系，同时也要坚决维护国家主权和经济利益，体现其保护性。制定保护性关税（protective tariff）的一般原则是征收的税额要等于或略高于该商品的国内外差价，即进口商品在征收关税后，其进口成本等于或略高于本国商品的平均成本。

3. 关税的分类

依据不同的分类标准，关税可以划分为不同种类。

(1) 按货物、物品的流向分类。

1) 进口关税（import duty）。它是指海关在外国货物进口时所课征的关税。进口税通常在外国货物进入关境或国境时征收，或在外国货物从保税仓库提出运往国内市场时征收。现今世界各国的关税主要是征收进口税。征收进口税的目的于保护本国市场和增加财政收入。

2) 出口关税（export duty）。它是指海关在本国货物出口时所课征的关税。为降低出口货物的成本，提高本国货物在国际市场上的竞争力，世界各国一般少征或不征出口税。但为限制本国某些产品或自然资源的输出，或为保护本国生产、本国市场供应和增加财政收入以及某些特定的需要，有些国家征收出口税。

(2) 按征税标准分类。可以分为从量税、从价税、复合税和滑准税，其中从量税、从价税是关税的基本计算方法。从量税、从价税、复合税的含义与消费税相同，滑准税的含义见本章5.2节。

(3) 按差别待遇分类。可以分为普通关税、优惠关税和差别关税。

5.1.2 关税的纳税人与纳税范围

1. 纳税人

进口货物的收货人、出口货物的发货人、进境物品的所有人，是关税的纳税义务人。

凡由外贸企业代理进出口业务的，都由办理进出口业务的外贸企业代为申报纳税，不通过外贸企业而自行经营进出口业务的，则由收发货人自行申报纳税。

非贸易性物品的纳税人是物品持有人、所有人或收件人。

2. 纳税范围

关税的纳税范围（对象）是进出我国国境的货物和物品。货物是指贸易性商品；物品包括入境旅客随身携带的行李和物品、个人邮递物品、各种运输工具上的服务人员携带进口的自用物品、馈赠物品，以及以其他方式进入我国国境的个人物品。

5.1.3 关税税则、税目和税率

1. 关税税则

关税税则（customs tariff）亦称海关税则。它是一国对进出口商品计征关税的规章和对进出口的应税商品、免税商品加以系统分类的一览表，是海关征税的依据，是一国关税政策的具体体现。

《中华人民共和国海关进出口税则》包括正文和附录两大部分，正文包括海关进口税则和出口税则，附录是进口商品税目税率表、进口商品关税配额税目税率表、进口商品税则暂定税率表、出口商品税则暂定税率表、入境旅客行李物品和个人邮递物品税目税率表、非全税目信息技术产品税率表等附表。2021年，我国进口关税税目共计8 580个。

2. 进口关税税则、税目和税率

（1）进口税则、税目。进口税则商品分类目录采用《商品名称及编码协调制度》。税目税率表设置序号、税则号列、货品名称、最惠国税率、协定税率、特惠税率、普通税率等栏目。

税目包括税则号列（以下简称税号）和目录条文，税号在税则号列栏中列示，目录条文在货品名称栏中列示。

（2）进口税率。

1）最惠国税率。原产于共同适用最惠国待遇条款的世界贸易组织成员的进口货物，原产于与中华人民共和国签订含有相互给予最惠国待遇条款的双边贸易协定的国家或者地区的进口货物，以及原产于中华人民共和国境内的进口货物，适用最惠国税率。最惠国税率在进口税则中的标示方式如下：

a. 以从价方式计征关税的最惠国税率，在最惠国税率栏中直接列明；以其他方式计征关税的最惠国税率在脚注中列明。

b. 若税率中间有“♯”，“♯”前后分别为当年上半年和下半年适用税率。

c. 非全税目信息技术产品的最惠国税率在最惠国税率栏中列明；其税则号列前标注“ex”，表示适用该税率的应税货物以货品名称栏中的描述为准。

2）协定税率。原产于与中华人民共和国签订含有关税优惠条款的区域性贸易协定的国家或者地区的进口货物，适用协定税率。

3）特惠税率。原产于与中华人民共和国签订含有特殊关税优惠条款的贸易协定的国家或者地区的进口货物，适用特惠税率。

4）普通税率。原产于除适用最惠国税率、协定税率、特惠税率国家或地区以外的国家或者地区的进口货物，以及原产地不明的进口货物，适用普通税率。普通税率在进口税则中的标示方式：以从价方式计征关税的普通税率，在进口税则普通税率栏中直接列明；以其他方式计征关税的普通税率在普通税率栏脚注中列明。

5）关税配额税率。实行关税配额管理的进口货物，关税配额内的适用关税配额税率，关税配额外的依照《条例》有关规定执行。

6）暂定税率。适用最惠国税率、协定税率、特惠税率、关税配额税率的进口货物在一定期限内可以实行暂定税率。

a. 最惠国暂定税率。最惠国暂定税率在最惠国税率栏中以前置“△”标示（如“△8”表示该税目最惠国暂定税率为8%）。以从价以外方式计征关税的最惠国暂定税率见脚注。税号前标注“ex”，表示适用该税率的应税进口货物应在该税号范围内，以具体描述为准。若税率中间有“♯”，“♯”前后分别为当年上半年和下半年适用税率。

b. 关税配额暂定税率。关税配额暂定税率在最惠国税率栏的脚注中列明。

3. 出口关税税则、税目和税率

（1）出口税则、税目。出口税则包括归类规则与税目税率表。归类规则与进口税则相同，不单独列明。税目税率表设置序号、税则号列、货品名称、出口税率等栏目。

税目与进口税则相同。税目税率表中仅列示征收出口关税或实行出口暂定税率的税目。

（2）出口税率。出口关税设置出口税率。

（3）出口暂定税率。适用出口税率的出口货物在一定期限内可以实行暂定税率。出口暂定税率在出口税率栏中以前置“△”标示（如“△8”表示该税目出口暂定税率为8%）。税号前标注“ex”，表示适用该税率的货物应在该税号范围内，以货品名称栏中的具体描述为准。

4. 其他规则与说明

（1）反倾销税、反补贴税、保障措施关税。按照有关法律、行政法规的规定对进口货物采取反倾销、反补贴、保障措施的，其税率的适用按照《中华人民共和国反倾销条例》《中华人民共和国反补贴条例》《中华人民共和国保障措施条例》的有关规定执行。

（2）报复性关税。任何国家或地区违反与我国签订或共同参加的贸易协定及相关协定，对我国在贸易方面采取禁止、限制、加征关税或者其他影响正常贸易的措施的，对原产于该国家或者地区的进口货物可以征收报复性关税，适用报复性关税税率。征收报复性关税的货物、适用国别、税率、期限和征收办法，由国务院关税税则委员会决定并公布。

5.1.4 关税的减免

1. 法定免缴关税

（1）关税税额在人民币50元以下的一票货物；

（2）无商业价值的广告品和货样；

（3）外国政府、国际组织无偿赠送的物资；

（4）在海关放行前损失的货物；

（5）进出境运输工具装载的途中必需的燃料、物料和饮食用品。

2. 特定减免关税

特定减免亦称政策性减免税，主要有：

（1）科教用品。对于不以营利为目的的科学研究机构和学校，在合理数量范围内进口国内不能生产的科学研究和教学用品，直接用于科学研究或者教学的，免缴进口关税以及进口环节的增值税、消费税。

（2）残疾人专用品。对于规定范围内的残疾人个人专用品，免缴进口关税和进口环节增值税、消费税；对康复机构、福利机构、假肢厂和荣誉军人康复医院进口国内不能生产的、该规定明确的残疾人专用品，免缴进口关税和进口环节增值税。

（3）扶贫、慈善性捐赠物资。对境外自然人、法人或者其他组织等境外捐赠人，无偿向经国务院主管部门依法批准成立的，以人道救助和发展扶贫、慈善事业为宗旨的社会团体以及国务院有关部门和各省、自治区、直辖市人民政府捐赠的，直接用于扶贫、慈善事业的物资，免缴进口关税和进口环节增值税。

（4）特定地区、特定企业或者特定用途的进出口货物减征或者免征关税的，以及其他依法减征或免征关税的，按国务院的有关规定执行。

3. 临时减免关税

临时减免税是指上述法定减免和特定减免税以外的其他减免税，即由国务院根据《中华人民共和国海关法》对某项目、某类（批）进出口货物的特殊情况，给予特别照顾而一案一批、专文下达的减免税。

5.2 关税的确认、计量与申报

5.2.1 关税完税价格的确认

1. 完税价格及确认要求

完税价格是海关在计征关税时采用的计税价格，是海关根据有关规定对进出口货物审查确定或估定后而确定的应税价格，它是海关征收关税的依据。海关以进出口货物的实际成交价格为基础审定完税价格，实际成交价格是一般贸易项下进口或出口货物的买方为购买该项货物向卖方实际支付或应当支付的价格。在关税计算中，除从量计税外，其余计税均涉及"完税价格"。

纳税人向海关申报时，应按有关规定，如实向海关提供发票、合同、提单、装箱清单等单证，还应如实提供与货物买卖有关的支付凭证以及证明申报价格真实、准确的其他商业单证、书面资料和电子数据。

货物交易中发生价格调整事项或发生运输及其相关费用的，纳税人应如实向海关申报；如果因此而需要分摊计算的，纳税人应当根据客观量化的标准进行分摊，并向海关提供分摊依据。

2. 进口货物完税价格的确认

2014年2月1日起实施的《中华人民共和国海关审定进出口货物完税价格办法》(海关总署令第213号)规定，进口货物的完税价格，由海关以该货物的成交价格为基础审查确定，并应当包括货物运抵中华人民共和国境内输入地点起卸前的运输及其相关费用、保险费。

进口货物的成交价格是卖方向我国境内销售该货物时，买方为进口该货物向卖方实付、应付的，并且按规定调整后的价款总额，包括直接支付的价款和间接支付的价款。

若是单独计价，且已包括在进口货物的成交价格中，经海关审查属实的，下列费用应从完税价格中扣除：(1) 进口人向其境外采购代理人支付的买方佣金；(2) 卖方付给买方的正常回扣；(3) 工业设施、机械设备类货物进口后基建、安装、装配、调试或技术指导的费用。

如果进口货物的成交价格不符合有关规定，或者成交价格不能确定的，海关经了解有关情况，并与纳税人进行价格磋商后，依次以下列方法审查确定该货物的完税价格：

(1) 相同货物成交价格估价方法；

(2) 类似货物成交价格估价方法；

(3) 倒扣价格估价方法；

(4) 计算价格估价方法；

(5) 合理方法。

3. 出口货物完税价格的确认

出口货物的完税价格由海关以该货物的成交价格为基础审查确定，并应当包括货物运至我国境内输出地点装载前的运输及其相关费用、保险费。出口货物的成交价格是指该货物出口销售时，卖方为出口该货物应当向买方直接收取和间接收取的价款总额。下列税收、费用不计入出口货物的完税价格：

（1）出口关税；

（2）在货物价款中单独列明的货物运至我国境内输出地点装载后的运输及其相关费用、保险费；

（3）在货物价款中单独列明由卖方承担的佣金。

出口货物的成交价格不能确定的，海关经了解有关情况，并与纳税人进行价格磋商后，依次以下列价格审查确定该货物的完税价格：

（1）同时或者大约同时向同一国家或者地区出口的相同货物的成交价格；

（2）同时或者大约同时向同一国家或者地区出口的类似货物的成交价格；

（3）根据境内生产相同或者类似货物的成本、利润和一般费用（包括直接费用和间接费用）、境内发生的运输及其相关费用、保险费计算所得的价格；

（4）按照合理方法估定的价格。

4. 进出口货物原产地的认定

原产地规则是确定进出口货物原产国的标准和方法，是确定货物适用关税税率的重要依据。确定进境货物原产国有利于正确运用进口税则的各栏税率，对产自不同国家或地区的进口货物适用不同的关税税率。我国原产地规定基本上采用了全部产地生产标准和实质性加工标准这两种国际通用的原产地标准。

（1）全部产地生产标准。全部产地生产标准是指进口货物完全在一个国家内生产或制造，生产或制造国即为该货物的原产国。

（2）实质性加工标准。实质性加工标准是适用于确定有两个或两个以上国家参与生产的产品的原产国的标准，即经过几个国家加工、制造的进口货物，以最后一个对货物进行经济上可以视为实质性加工的国家作为有关货物的原产国。实质性加工是指产品加工后，已不适用原进出口税则中的税则归类，税目税率发生了改变，或者加工增值部分占新产品总值的比例超过 30%及以上的。例如，进口的棉布是一国用他国的棉纱纺织而成的，该棉布不能以棉纱的生产国为原产国，而应以将棉纱织成棉布的国家为原产国，因为棉纱经加工后，改变了原税则归类，不属于同一税号。

（3）其他。对机器、仪器、器材或车辆所用零件、部件、配件、备件及工具，如与主件同时进口且数量合理的，其原产地按主件的原产地确定，分别进口的则按各自的原产地确定。

5.2.2 关税的计算公式

关税的基本计算公式为：

应交关税＝关税完税价格×关税税率

由于关税分从价、从量、复合和滑准四种计税方法，因此，关税基本计算公式应具体分为以下几种。

1. 从价税计算公式

从价税（ad valorem duty）是以进出口货物的价格作为计税标准计缴的关税，具有税负公平明确、易于实施、计征简便等优点。大多数进出口商品采用从价税。货物的价格不是指商品的成交价格，而是指进出口商品的完税价格。其计算公式为：

应交关税＝应税进出口货物数量×单位完税价格×适用税率

2. 从量税计算公式

从量税（specific duty）是以货物的实物计量单位（数量、重量、面积、容量、长度等）作为计税标准，以每一计量单位应纳的关税金额作为税率来计缴的关税。其特点是不因商品价格的涨落而改变应纳税额，手续简便，但税负不合理，难以普遍采用。我国目前仅对啤酒、胶卷等少数商品计征从量关税。其计算公式为：

应交关税＝应税进口货物数量×关税单位税额

3. 复合税计算公式

复合税（mixed or compound duty）亦称混合税。它是对进口商品既征从量税又征从价税的一种办法，一般以从量税为主，再加征从价税。实务中，货物的从量税额与从价税额难以同时确定，且手续繁杂，难以普遍采用。我国目前仅对录像机、放像机、摄像机和摄录一体机实行复合计税。其计算公式为：

应交关税＝应税进口货物数量×关税单位税额＋应税进口货物数量×单位完税价格×适用税率

4. 滑准税计算公式

滑准税（sliding duty）亦称滑动税、伸缩税，是对进口税则中的同一种商品按其市场价格标准分别制定不同价格档次的税率而征收的一种进口关税。征收这种关税的目的是使某种进口商品不论进口价格高低，其税后价格保持在一个预定的价格标准上，以稳定该种商品的国内市场价格。它是预先按照商品市场价格的高低制定出不同价格档次的税率，然后根据进口商品价格的变化升降进口关税税率（比例税率）的一种计缴方法。一般是随着进口商品价格的变动呈反方向变动，即价格越高，税率越低。因此，对实行滑准税率的进口商品应纳关税税额的计算与从价税基本相同。

采用滑准税率可使商品的税后价格保持稳定，以缓解供需矛盾。我国关税配额外进口的棉花执行滑准税率，可以降低企业的用棉成本，并鼓励更多纺织企业走高端路线，多生产高附加值的产品。当进口棉花完税价格高于或等于 15.000 元/千克时，暂定从量税率为0.570元/千克；当进口棉花完税价格低于15.000元/千克时，暂定从价税率按下式计算：

$$R_i=9.337/P_i+2.77\%\times P_i-1(R_i\leqslant 40\%)$$

式中，R_i 为暂定从价税率，按上式计算结果小数点后第4位四舍五入保留前3位；P_i 为关税完税价格，单位为元/千克。

应交关税＝进口货物完税价格×滑准税率

5. 选择税与季节性关税计算公式

选择税就是在从价税与从量税之间选择一种。目前，我国对天然橡胶实行选择税。在20%的从价税和2 600元/吨从量税两者中，从低选择计征关税。这种方法既可在国际市场胶价走低时保护国内橡胶产业，又可在进口胶价过高时适当降低税负，稳定国内市场胶价和用胶行业的生产成本。

季节性关税就是对同种货物在不同季节执行不同的关税税率。目前，我国对尿素征收季节性关税。即在每年的1—9月农忙时，对尿素征收30%的出口关税；在10—12月农闲时，对尿素征收15%的出口关税，以此调控国内的化肥供应和生产安排。

6. 报复性关税的计算公式

应交关税＝关税完税价格×进口关税税率

应交报复性关税＝关税完税价格×报复性关税税率

进口环节消费税＝进口环节消费税完税价格×进口环节消费税税率

$$\text{进口环节消费税完税价格}=\left(\text{关税完税价格}+\text{关税}+\text{报复性关税}\right)\div\left(1-\text{进口环节消费税税率}\right)$$

进口环节增值税＝进口环节增值税完税价格×进口环节增值税税率

进口环节增值税完税价格＝关税完税价格＋关税＋报复性关税＋进口环节消费税

7. 反倾销关税计算公式

应交反倾销税＝完税价格×反倾销税税率

$$\text{进口环节应交增值税}=\left(\text{完税价格}+\text{关税税额}+\text{反倾销税税额}\right)\times\text{进口环节增值税税率}$$

5.2.3 进出口货物从价计征关税的计算

由上文可知，目前我国对进出口货物征收关税有不同计算方法，以下仅是从价计征关税的计算实务说明。

1. 进口货物从价计征关税的计算

（1）CIF价格（成本加保险及运费价格）。以我国口岸CIF价格成交或者与我国毗邻的国家以两国共同边境地点交货价格成交的，分别以该价格作为完税价格。当成交价格不能确定时，以海关的估定价格为完税价格，其计算方法如下：

完税价格＝在我国口岸成交的价格

应交进口关税＝完税价格×进口关税税率

【例5-1】 某进出口公司从日本进口甲醇，进口申报价格为CIF天津USD500 000。假定计税日外汇牌价（中间价）① 为USD100＝CNY700，税则号列29051210，税率5.5%。

先计算出甲醇的完税价格：

USD500 000×7＝3 500 000(元)

再计算出甲醇应交进口关税：

3 500 000×5.5%＝192 500(元)

(2) FOB价格（装运港船上交货价格）。以国外口岸FOB价格或者从输出国购买以国外口岸CIF价格成交的，必须分别在上述价格基础上加从发货口岸或者国外交货口岸运到我国口岸以前的运杂费和保险费作为完税价格。

完税价格＝国外口岸价格成交(FOB)＋运费及相关费用＋保险费

完税价格内应当另加的运费、保险费和其他杂费，原则上按实际支付的金额计算，若无法得到实际支付金额，也可以外贸系统海运进口运费率或按协商规定的固定运杂费计算运杂费，保险费则按中国人民保险公司的保险费率计算，其计算公式如下：

$$完税价格=\frac{FOB价格+运杂费}{1-保险费率}$$

【例5-2】 某进出口公司从美国进口硫酸镁5 000吨，进口申报价格为FOB旧金山USD325 000，运费每吨USD40，保险费率3‰，假定计税日外汇牌价USD100＝CNY600。

1) 计算运费。

5 000×40×6＝1 200 000(元)

2) 将进口申报价格由美元折合成人民币。

325 000×6＝1 950 000(元)

3) 计算完税价格。

完税价格＝(1 950 000＋1 200 000)÷(1－3‰)＝3 159 478(元)

---

① 实务中，海关每月使用的计征汇率为上月第三个星期三（若遇法定节假日，顺延采用第四个星期三）中国人民银行公布的外汇折算价。

经查找，硫酸镁的税则号列为 28332100，税率为 5.5%，计算该批进口硫酸镁应交进口关税如下：

应交进口关税＝3 159 478×5.5%＝173 771(元)

【例 5-3】 6 月份，某市广播电视局经批准从国外购入磁带型广播级录像机一台，完税价格 6 500 美元。磁带型广播级录像机的进口商品暂定税率规定，完税价格不超过 5 000 美元/台时，税率 15%；高于 5 000 美元/台时，税率 3%，加 3 648 元。假定计税日外汇牌价为 USD100＝CNY700。应交进口关税计算如下：

应交进口关税＝6 500×7×3%＋3 648＝5 013(元)

（3）CFR 价格（有时称 CNF，成本加运费价格）。以成本加运费价格（即含运费价格）成交的，应当另加保险费作为完税价格。

完税价格＝CFR 价格÷(1－保险费率)

【例 5-4】 某进出口公司从日本进口乙醛 17 吨，保险费率为 0.3%，进口申报 CFR 价格为 USD306 000，假定计税日外汇牌价 USD100＝CNY600。乙醛税则号列为 29121200，税率为 5.5%。

进口申报价格由美元折合成人民币＝306 000×6＝1 836 000(元)

完税价格＝1 836 000÷(1－0.3%)＝1 841 525(元)

应交进口关税＝1 841 525×5.5%＝101 284(元)

对个别货物实际没有支付运费以及货物没有投保的，在计缴关税时可酌情增加运费和普通保险费。由陆路进口的货物在计算完税价格时，所有应加运费等均应计算至该货物运抵我国境内第一口岸为止。

以上三种术语均适用于海运、内河航运，三者之间的关系是：

CIF 价格＝CFR 价格＋保险费＝FOB＋海运费＋保险费

在上述术语的基础上，为了适应海运、内河航运、空运及多种联运的需要，又发展出 CIP，FCA 和 CPT 三种价格术语。

（4）国内正常批发价格。若海关不能正确确定进口货物在采购地的正常批发价格，应以申报进口时国内输入地点的同类货物的正常批发价格减去进口关税和进口环节的其他税以及进口后的正常运输、储存、营业费用及利润作为完税价格。如果国内输入地点同类货物的正常批发价格不能正确确定或者有其他特殊情况，货物的完税价格由海关估定。其计算公式如下：

1）不缴国内增值税、消费税或只缴增值税的货物，其完税价格计算公式为：

$$完税价格=\frac{国内市场批发价格}{1+进口关税税率+20\%}$$

2）应同时缴纳国内增值税和消费税的货物，其完税价格计算公式为：

$$完税价格=\frac{国内市场批发价格}{1+\frac{进口}{关税税率}+\frac{1+进口关税税率}{1-消费税税率}\times消费税税率+20\%}$$

式中，分母中的20%为国家统一规定的进口环节各项相关费用和利润占完税价格的比例。

【例5-5】 M公司经批准从国外进口一批高档化妆品，其CIF价格无法确定，进货地国内同类产品的市场正常批发价格为925 000元，国内消费税税率为15%，设进口关税税率为25%。计算该高档化妆品应交关税。

完税价格=925 000÷[1+25%+(1+25%)÷(1-15%)×15%+20%]

=553 693.28(元)

应交进口关税=553 693.28×25%=138 423.32(元)

应交消费税=(553 693.28+138 423.32)÷(1-15%)×15%=122 138.22(元)

应交增值税=(553 693.28+138 423.32+122 138.22)×13%

=105 853.13(元)

2. 出口货物从价计征关税的计算

(1) FOB价格。出口货物关税完税价格的计算公式如下：

$$完税价格=\frac{FOB价格}{1+出口关税税率}$$

应交出口关税=完税价格×出口关税税率

【例5-6】 某进出口公司出口5 000吨磷到日本，每吨FOB天津USD500，磷的出口关税税率为10%。假定计税日外汇牌价USD100=CNY700。计算应交出口关税。

1) 计算该批磷的完税价格：

完税价格=5 000×500÷(1+10%)=2 272 727(美元)

2) 将美元价折合为人民币完税价格：

2 272 727×7=15 909 089(元)

3) 计算该公司应纳出口关税：

应交出口关税额=15 909 089×10%=1 590 909(元)

(2) CIF价格。出口货物以国外口岸CIF价格成交的，应先扣除离开我国口岸后的运费和保险费，再按上述公式计算完税价格及应交出口关税。

$$完税价格=\frac{CIF价格-保险费-运费}{1+出口关税税率}$$

【例5-7】 天津某进出口公司向新加坡出口黑钨砂5吨，成交价格为CIF新加坡USD20 000，其中运费USD2 000，保险费USD200；假定关税税率20%，计税日外汇牌价 USD100＝CNY600。计算应交关税。

$$完税价格=(20\,000\times5-2\,000-200)\times6\div(1+20\%)=489\,000(元)$$

$$应交关税=489\,000\times20\%=97\,800(元)$$

（3）CFR 价格。以境外口岸 CFR 价成交的，其出口货物完税价格的计算公式为：

$$完税价格=\frac{\text{CFR 价格}-运费}{1+出口关税税率}$$

（4）CIFC 价格（CIF 价格加佣金）。当成交价格为 CIFC 境外口岸时，有两种情况：

1）佣金 C 为给定金额，则出口货物完税价格的计算公式为：

$$完税价格=\frac{\text{CIFC 价格}-保险费-运费-佣金}{1+出口关税税率}$$

2）佣金 C 为百分比，则出口货物完税价格的计算公式为：

$$完税价格=\frac{\text{CIFC 价格}(1-C)-保险费-运费}{1+出口关税税率}$$

上述（2）～（4）价格内所含的运费和保险费原则上应按实际支付数扣除，如无实际支付数，海关可根据定期规定的运费率和保险费率计算，纳税后一般不做调整。由陆路运往国外的货物，应以该货物运离国境的 FOB 价格减去出口关税后作为完税价格。若 FOB 价格不能确定，则由海关估定。

5.2.4 关税的缴纳及退补

1. 关税的缴纳

（1）关税的基本缴纳方式。由接受进（出）口货物通关手续申报的海关逐票计算应征关税并填发关税缴款书，纳税人凭以向海关或指定的银行办理税款交付或转账入库手续后，海关凭银行回执联办理结关放行手续。征税手续在前，结关放行手续在后，有利于税款及时入库，防止拖欠税款。因此，各国海关都以这种方式作为基本纳税方式。

（2）关税的后纳方式。海关允许某些纳税人在办理有关关税手续后，先行办理放行货物的手续，然后再办理征纳关税手续。后纳方式是针对某些易腐、急需产品或有关手续无法立即办结等特殊情况采取的一种变通措施，海关在提取货样、收取保证金或接受纳税人其他担保后即可放行有关货物。

为降低纳税成本（通关成本），促进进出口贸易发展，近年来，海关改革传统的税收征管模式，在有效监管的前提下变“逐票审核，先税后放”为“先放后税，汇总缴税”。即对符合条件的纳税人实行“先进口后征税”政策，对在一个月内多次进口货物应纳税款实施汇总计征。

（3）关税的纳税地点。海关征收关税时，根据纳税人的申请及进出口货品的具体情况，既可以在关境地缴税，也可以在主管地缴税。

2. 关税的申报

进出口货物的收发货人或其代理人应当在海关填发税款缴纳凭证之日起 15 日内（法定公休日顺延），向海关或其指定银行缴纳税款。逾期缴纳的，除依法追缴外，由海关自到期日次日起至缴清税款日止，按日加收欠缴税款的滞纳金。

纳税人缴纳关税时，需填写海关（进出口关税）专用缴款书（以下简称缴款书），并携带有关单证。缴款书一式六联，依次为收据联（此联是国库收到税款签章后退还纳税人作为完税凭证的法律文书，是关税核算的原始凭证）、付款凭证联、收款凭证联、回执联、报查联、存根联。

3. 关税的退税

有下列情况之一的，进出口货物的收发货人或其代理人可以自缴纳税款之日起一年内，书面声明理由，连同纳税收据向海关申请退税，逾期不予受理。

（1）因海关误征，多纳税款的；

（2）海关核准免验进口的货物，在完税后发现有短缺情况并经海关审查认可的；

（3）已征出口关税的货物，因故未装运出口，申报退关，经海关查验属实的。

按规定，上述退税事项，海关应当自受理退税申请之日起 3 日内做出书面答复并通知退税申请人。

4. 关税的补缴

进出口货物完税后，如发现少征或者漏征税款，海关应当自缴纳税款或者货物放行之日起一年内，向收发货人或其代理人补征。因收发货人或其代理人违反规定而造成少征或者漏征的，海关在 3 年内可以追征，因特殊情况，追征期可延至 10 年。骗取退税款的，无限期追征。

5.3 关税的会计处理

企业进出口业务的会计处理需设置记录外汇业务的复币式账户，如“应收（应付）外汇账款”“预收（预付）外汇账款”等①，还要进行汇兑损益的计算和处理。企业要正确进行关税的会计处理，就必须正确进行销售收入、采购成本的确认。在进口商品时，国外进价成本一般以 CIF 价格为基础，以企业收到银行转来的全套进口单证，经与合同、信用证等审核相符，并通过银行向国外出口商承付或承兑远期汇票时间为入账标准。出口商品销售收入的入账金额一般应以 FOB 价格为标准，即不论发票价格（成交价格）采用哪种，都以 FOB 作为收入确认的基础。商品进出口业务中发生的相关国内费用，计入采购成本或销售费用；进口时发生的国外费用，应计入商品采购成本；出口时发生的国

---

① 也可作为“应收账款”“应付账款”等的二级账户。

外费用，应冲减商品销售收入。企业可以在“应交税费”账户下设置“应交关税”二级账户，也可以分别设置“应交进口关税”“应交出口关税”两个二级账户。

5.3.1 自营进口业务关税的会计处理

企业自营进口商品应以 CIF 价格作为完税价格计缴关税，借记“材料采购”“商品采购”等账户，贷记“应交税费——应交进口关税”账户；实际缴纳时，借记“应交税费——应交进口关税”账户，贷记“银行存款”账户。企业也可不通过“应交税费——应交进口关税”账户核算，待实际缴纳关税时，直接借记“材料采购”“商品采购”等账户，贷记“银行存款”账户，但这种会计处理方法不便于进行税负分析。企业若以 FOB 价格或 CFR 价格成交，应将这些成交价格下的运费、保险费计入进口商品成本，即将成本调整到以 CIF 价格为标准。

【例 5-8】 某外贸企业从国外自营进口排气量 2.2 升的小轿车一批，CIF 价格折合人民币 200 万元，进口关税税率为 25%，代征消费税税率 9%、增值税税率 13%。根据海关开出的税款缴纳凭证，以银行转账支票付讫税款。应缴关税和商品采购成本计算如下：

$$应交关税=2\ 000\ 000\times 25\%=500\ 000(元)$$

$$应交消费税=\frac{2\ 000\ 000+500\ 000}{1-9\%}\times 9\%=2\ 747\ 253\times 9\%$$

$$=247\ 253(元)$$

$$应交增值税=2\ 747\ 253\times 13\%=357\ 143(元)$$

会计分录如下：

(1) 应付账款时。

借：商品采购	2 000 000	
贷：应付账款——××供应商		2 000 000

(2) 应交税费时。

借：商品采购	747 253	
贷：应交税费——应交进口关税		500 000
——应交消费税		247 253

(3) 上缴税金时。

借：应交税费——应交增值税（进项税额）	357 143	
——应交进口关税	500 000	
——应交消费税	247 253	
贷：银行存款		1 104 396

(4) 商品验收入库时。

借：库存商品	2 747 253	
贷：商品采购		2 747 253

【例 5-9】 根据例 5-2 的计算资料，有关会计处理如下（假定本例中各入账日期的

外汇牌价不变)：

(1) 以成交价格反映应付账款时。

借：商品采购　1 950 000

　贷：应付账款——××公司　1 950 000

(2) 支付运费、保险费时。

借：商品采购　1 209 478

　贷：银行存款　1 209 478

(3) 应交关税时。

借：商品采购　173 771

　贷：应交税费——应交关税　173 771

【例 5－10】 某工业企业从香港进口原产地为韩国的某型号设备 2 台，该设备 CFR 价格为 HKD120 000，保险费率 0.3%，关税税率 6%，代征增值税税率 13%，假定计税日外汇牌价 HKD100＝CNY80。有关计算如下：

完税价格＝120 000÷(1－0.3%)＝120 361(港元)

完税价格折合人民币＝120 361×0.8＝96 289(元)

应交进口关税＝96 289×6%＝5 777(元)

应交增值税＝(96 289＋5 777)×13%＝13 269(元)

有关会计分录如下：

(1) 应付价款时。

借：在建工程　96 289

　贷：应付账款——××供应商　96 289

(2) 实际上缴关税、增值税时。

借：在建工程　5 777

　　应交税费——应交增值税（进项税额）　13 269

　贷：银行存款　19 046

5.3.2　自营出口业务关税的会计处理

企业自营出口商品应以 FOB 价格作为完税价格计缴关税，借记“税金及附加”，贷记“应交税费——应交出口关税”账户；实际缴纳时，借记“应交税费——应交出口关税”账户，贷记“银行存款”账户。企业也可不通过“应交税费——应交出口关税”账户核算，待实际缴纳关税时，直接借记“税金及附加”账户，贷记“银行存款”账户。如果成交价格是 CIF 或 CFR 价格，则应先按 CIF 或 CFR 价格入账，在实际支付海外运费、保险费时，再以红字冲减销售收入，将收入调整到以 FOB 价格为标准。

【例 5－11】 某进出口公司自营出口商品一批，我国口岸 FOB 价折合人民币 720 000 元，设出口关税税率为 20%，根据海关开出的税款缴纳凭证，以银行转账支票付讫税款。有关会计处理如下：

应交出口关税＝720 000÷(1＋20%)×20%＝120 000(元)

借：应收账款——××购货商	720 000	
贷：主营业务收入		720 000
借：税金及附加	120 000	
贷：应交税费——应交出口关税		120 000

【例5-12】 根据例5—7的资料（假定确认收入、支付费用时的汇率相同），有关会计处理如下：

（1）确认销售收入时。

借：应收账款——××购货商	24 000	
贷：主营业务收入		24 000

（2）支付运费、保险费时。

贷：主营业务收入（红字冲账）	2 640	
贷：银行存款等		2 640

（3）计算应交关税。

借：税金及附加	3 560	
贷：应交税费——应交出口关税		3 560

5.3.3 代理进出口业务关税的会计处理

代理进出口业务，对受托方来说，一般不垫付货款，多以成交额（价格）的一定比例收取劳务费作为其收入。因进出口商品而计缴的关税应由委托单位负担，受托单位即使向海关缴纳了关税，也只是代垫或代付，日后仍要与委托方结算。

代理进出口业务所计缴的关税，在会计处理上也是通过设置“应交税费”账户来反映的，其对应账户是“应付账款”“应收账款”“银行存款”等。

【例5-13】 某进出口公司受某单位委托代理进口商品一批，进口货款1 780 000元已汇入进出口公司的开户银行。该进口商品我国口岸CIF价折合人民币144万元，进口关税税率为20%，代理劳务费按货价的2%收取。该批商品已运达指定口岸，公司与委托单位办理有关结算。

应交进口关税＝1 440 000×20%＝288 000(元)

代理劳务费＝1 440 000×2%＝28 800(元)

根据上述计算资料，该进出口公司接收委托单位货款并向委托单位收取关税和劳务费等，做会计分录如下：

（1）收到委托方划来货款时。

借：银行存款	1 780 000	
贷：应付账款——××单位		1 780 000

（2）对外付汇进口商品时。

借：应收账款[①]——××外商　　1 440 000
　贷：银行存款　　1 440 000

（3）进口关税结算时。

借：应付账款——××单位　　288 000
　贷：应交税费——应交进口关税　　288 000

借：应交税费——应交进口关税　　288 000
　贷：银行存款　　288 000

借：应付账款——××单位　　1 468 800
　贷：其他业务收入——劳务费　　28 800
　　　应收账款——××外商　　1 440 000

（4）将委托单位余款退回时。

借：应付账款——××单位　　23 200
　贷：银行存款　　23 200

【例5-14】 某进出口公司受托代理某厂出口一批商品。我国口岸FOB价折合人民币360 000元，出口关税税率为20%，劳务费10 800元。做会计分录如下：

应交关税＝360 000÷(1＋20%)×20%＝60 000(元)

（1）计算应交出口关税。

借：应收账款——××单位　　60 000
　贷：应交税费——应交出口关税　　60 000

（2）缴纳出口关税时。

借：应交税费——应交出口关税　　60 000
　贷：银行存款　　60 000

（3）应收劳务费时。

借：应收账款——××单位　　10 800
　贷：其他业务收入——劳务费　　10 800

（4）收到委托单位划来的税款及劳务费时。

借：银行存款　　70 800
　贷：应收账款——××单位　　70 800

复习思考题

1. 何谓关税？关税有何作用？如何分类？
2. 我国现行关税有哪几种计征方法？
3. 何谓关税完税价格？如何确认进出口关税完税价格？
4. 企业如何进行关税的会计处理？

---

① 或通过“应付账款”账户，下同。

技能题

一、单项选择题

1. 以下不计入进口货物关税完税价格的项目是（　　）。

A. 进口人向其境外采购代理人支付的买方佣金

B. 向代表买卖双方利益的经纪人支付的劳务费用

C. 由买方负担的与该货物视为一体的容器费用

D. 由买方负担的包装材料和包装劳务费用

2. 出口货物的完税价格应该包括（　　）。

A. 离境口岸至境外口岸之间的运输费、保险费

B. 支付给境外的佣金

C. 工厂至离境口岸之间的运输费、保险费

D. 出口关税

二、多项选择题

1. 下列选项中，如能与该货物实付价格区分，不得列入进口关税完税价格的费用有（　　）。

A. 进口关税及其他国内税

B. 货物运抵境内输入地点之后的运输费用

C. 买方为购进货物向代表双方利益的经纪人支付的劳务费

D. 卖方付给买方的正常回扣

2. 关税是由海关对进出境的（　　）征收的一种税。

A. 货物　　B. 物品　　C. 无形资产　　D. 劳务

三、判断题

1. 特惠税率适用于原产于与我国签订含有最惠国待遇条款的贸易协定的国家或者地区的进口货物。（　　）

2. 海关征收关税时，根据纳税人的申请及进出口货品的具体情况，一般在纳税人机构所在地缴税。（　　）

3. 企业进口货物时发生的国外费用，应计入商品采购成本。（　　）

四、计算题

1. 某外贸公司（有进出口经营权）10月经有关部门批准从境外进口小轿车30辆，每辆小轿车货价15万元，运抵我国海关前发生的运输费用、保险费用无法确定，经海关查实其他运输公司相同业务的运输费用占货价的比例为2%。公司向海关缴纳了相关税款，并取得了完税凭证（小轿车关税税率15%、消费税税率9%）。

要求：计算小轿车在进口环节应缴纳的关税、消费税、增值税。

2. 迪拜斯公司将一台设备运往境外修理，出境时向海关报明价值100 000美元，当期汇率1∶6.7。支付境外修理费6 000美元，料件费1 500美元；支付复运进境的运输费2 000美元和保险费500美元。当期汇率1∶6.8。该设备适用关税税率7%。

要求：计算该公司应交进口关税。

五、会计核算题

资料：某外贸公司代某工厂从美国进口A材料15吨，每吨FOB纽约USD20 000，运费USD3 000，保险费率0.3%，关税税率12%，当日的外汇牌价为USD 1=RMB 6.8，外贸公司收取手续费80 000元。材料尚在运输途中。

要求：根据上述资料，分别做外贸公司向委托单位收取关税、手续费和委托单位承付关税、手续费的会计分录。

第6章

出口货物免退税会计

学习目标

1. 掌握出口退税会计的确认、计量与记录；
2. 理解增值税与消费税出口退税的不同；
3. 了解出口退税的实质。

引　言

出口货物免退税是对出口企业的“税收优惠”吗？出口货物免退税的会计处理之所以成为税务会计的一个难点，原因在于出口业务本身吗？学完本章后，你会得出自己的结论。

6.1　出口货物免退税概述

6.1.1　出口货物免退税的含义和应税人

在传统进出口贸易中，所涉及的税收以关税、增值税和消费税（统简称贸易税）等流转税为主，征税对象是跨境流动的货物。以货权确定应税人，进口取得货权者为纳税人，出口移出货权者为退税人，即海关报关单中的“收发货人”，征管主体则是税务和海关两个部门。

出口退税是将出口货物（含技术转让、技术咨询等出口服务）的原料进口税和在国内生产、流通环节已缴纳的增值税、消费税等间接税税款退还给出口企业，使出口商品以不含间接税的价格进入国际市场、参与国际竞争的一项税收制度。它不是一个纯粹的税收学概念，而是随着国际经济贸易的发展而衍生的一种涉外宏观经济政策。

理想的出口退税政策应该是“征多少退多少，不征不退和彻底退税”，即不会对自由贸易产生扭曲效应并且符合国民待遇原则，使出口产品可以与进口国的同类产品承担相同的税负。目前，世界上大多数国家将出口货物在国内生产和流通过程中缴纳的间接税予以免征或退还，从而使本国产品以不含税价格进入国际市场。

出口货物免退税政策作为各国普遍实施的出口产品零税率政策，旨在鼓励出口货物公平竞争，有效避免国际双重征税和价格扭曲。出口货物免退税是对报关出口的货物免征和（或）退还其在国内各生产环节和流通环节按税法规定缴纳的增值税和消费税，即对出口货物实行零税率。税率为零是指货物在出口时，其整体税负为零，它是国际贸易中的税收国际惯例而非政府补贴。

6.1.2 出口货物免退税的方法

1. 出口货物免退增值税方法

目前，我国对出口货物退税主要采取先征后退和免抵退两种方法。流通企业以收购方式出口的货物，实行先征后退办法。生产企业出口货物，既可以采用免抵退税方法，又可以选择免（征）税方法。采用免抵退税办法，可以使出口货物的进项税额能够先抵顶其应纳税额，从而减少现金流，有利于加速企业资金周转；同时，有利于加强征退税的衔接，更有效地防止骗取出口退税等。但该方法操作复杂，而且有可能比免（征）税方法多缴税。生产企业应根据其产品内外销比例，事先预计、测算，选择其中一种方法。

（1）先征后退方法。先征后退作为出口退税的一种主要计算方法，有广义和狭义之分。广义的先征后退是指出口货物在生产（供货）环节按规定缴纳增值税、消费税，货物出口后由出口的外（工）贸企业向其主管出口退税的税务机关申请办理出口货物退税。狭义的先征后退仅是指对生产企业自营出口或委托外贸企业代理出口自产货物实行的一种出口退税方法，即生产企业自营出口或委托外贸企业代理出口的自产货物，一律先按出口货物离岸价及增值税法定征税税率计算征税，然后按出口货物离岸价及规定的退税率计算退税。

（2）免抵退税方法。免抵退税是指对生产企业的出口货物在生产销售环节实行免税，其进项税额先抵顶内销货物的销项税额，不足抵扣部分给予退税。免税是指对生产企业自营出口或委托外贸企业代理出口的自产货物，免征本企业生产销售环节的增值税；抵税是指对生产企业自营出口或委托外贸企业代理出口的自产货物应予免征或退还所耗用原材料、零部件等已纳税款抵减（抵顶）内销货物的应纳税款；退税是指生产企业出口的自产货物在当月应抵扣的进项税额大于应纳税额时，对未抵扣完的部分予以退税。

2. 出口货物免退消费税方法

出口货物免退消费税主要有两种方法：一是免税，适用于生产企业出口自产货物；二是免退税，适用于外贸企业。

3. 跨境电商的出口退税方法

跨境贸易电子商务（跨境电商）、外贸综合服务（外综服）等是目前外贸的新业态。

跨境电商出口商品时，并未结清其国内完税义务，处于国内税“待税”状态。在程序上，对其征税与退税应一并完成。对增值税、消费税，未取得发票（进货凭证）的出口电商企业免税，后续无退税，即“无票免税”“免征不退”；取得发票的出口电商企业就应税项目缴税，出口后退税。前者“免征＋不退税”，后者“征税＋退税”。

6.1.3 出口货物的退税率

按照税收国际惯例，一般实行出口商品零税率的稳定的出口退税政策。我国是转型经济国家，近年来，我国出口退税政策变化比较频繁。今后，应该逐步趋于稳定，以市场调节为主、政府调控为辅，增强企业的经营预期，减少市场波动幅度，避免使税收产生叠加或者扭曲市场信号参数的效应。

1. 消费税的出口退税率

出口货物应退消费税的退税率（或单位税额）与其征税率（额）相同，即出口货物的消费税能够做到彻底退税。

办理出口货物退免税的企业应将不同税率的出口应税消费品分开核算和申报，凡是因未分开核算而划分不清适用税率的，一律从低适用税率计算免退税税额。

2. 增值税的出口退税率

1994年实行新税制时，按照规范化的增值税制度，对出口货物实行了零税率，货物出口时，按其征税率退税。1995年7月1日起，不断调整出口货物的退税率。目前，我国出口货物增值税退税率有6%，8%，9%，11%，13%等档次。

6.2 出口货物免退税的确认与计量

6.2.1 出口货物免退增值税、消费税的确认与计量

1. 企业出口货物免退税的申请方式

(1) 上门申报方式。上门申报方式即直接申报方式，是企业出口退税申报的专业

方式。企业在税法规定的退税期内，在计算机上自行录入出口退税数据，并将出口货物退税进货凭证申报明细表、出口货物退税申报明细表、出口货物退税汇总申报明细表、退税申报软盘和装订成册的有关退税凭证，报送主管退税的税务机关，以申请退税。

（2）邮寄申报方式。邮寄申报是指经主管出口退税的税务机关批准的企业，采用特快专递，通过邮政部门办理出口退税申报的寄送手续，并向邮政部门索取收据作为出口退税申报凭证，申报日期以邮政部门收寄日戳日期为准的出口退税申报方式。

（3）电子申报方式。电子申报是经主管出口退税的税务机关批准的企业，通过计算机网络办理出口退税申报，并同时将与电子数据相同的申报表、出口退税单证等纸质资料报送主管出口退税的税务机关，以纸质资料数据为准的一种申报出口退税方式。

2. 企业出口货物免退税的申请程序

企业办理出口货物免退税的申请程序是：

出口退税单证录入→生成申报数据软盘→出口退税机关预审→外贸企业调整数据→生成正式申报数据→企业办理正式申报

3. 一般贸易应退增值税的计算

企业出口货物退还增值税应依据购进货物的增值税专用发票所注明的价款和出口货物所对应的退税率计算。实行出口退税电子化管理后，企业应退税款的计算方法有单票对应法和加权平均法。

（1）单票对应法。单票对应法就是对同一关联号下的出口数量、金额按商品代码进行加权平均，合理分配各出口货物占用的数量，计算每笔出口货物的应退税额。采用这种办法，在一次申报中，同一关联号、同一商品代码下，应保持进货与出口数量一致；如果进货数量大于出口数量，企业应到主管退税机关开具进货分批申报表。

单票对应法的进货与出口的对应关系有一票进货对应一票出口、一票进货对应多票出口、多票进货对应一票出口、多票进货对应多票出口等四种。不论何种对应关系，采取单票对应法计算及申报出口退税时，都要保证进货数量与出口数量一致。单票对应法退税的计算公式为：

$$\begin{aligned}\text{应退增值税}&=\text{出口货物的购进金额}\times\text{退税率}\\&=\text{出口货物的进项税额}-\text{出口货物不予退税的税额}\end{aligned}$$

$$\begin{matrix}\text{出口货物}\\\text{不予退税的税额}\end{matrix}=\begin{matrix}\text{出口货物的}\\\text{购进金额}\end{matrix}\times\left(\begin{matrix}\text{增值税}\\\text{法定税率}\end{matrix}-\begin{matrix}\text{增值税}\\\text{退税率}\end{matrix}\right)$$

$$\text{出口货物的购进金额}=\text{出口货物数量}\times\text{出口货物的购进单价或加权平均购进单价}$$

（2）加权平均法。加权平均法是指出口企业进货凭证按企业代码＋部门代码＋商品代码汇总，加权平均计算每种商品代码下的加权平均单价和平均退税率；出口申报用上述加权平均单价乘以平均退税率乘以实际退税数量计算每种商品代码下的应退税额。审核数据按月保存，进货结余自动保留，供下期退税时继续使用。采用加权平均法计算出口退税的计算公式为：

应退税增值税＝出口数量×加权平均单价×退税率

加权平均单价＝本次进货可用金额÷本次进货可用数量

本次进货可用金额＝上期结余金额＋本次发生金额＋释放出口金额（指调整出口数据后返回进货已占用金额）

本次进货可用数量＝上期结余数量＋本次发生数量＋释放出口数量（指调整出口数据后返回进货已占用数量）

本次进货可用退税额＝上期结余可退税额＋本次发生可退税额＋释放出口可退税额（指调整出口数据后返回进货已占用可退税额）

在实务中，需要先计算加权平均单价，再计算应退增值税税额，最后计算（计算机自动计算并结转下期）剩余进货数量、剩余进货金额和剩余进货可退税额。

4. 兼营出口与内销货物应退增值税的计算

企业兼营出口与内销货物，且其出口货物不能单独设账核算的，应先计算内销货物销项税额并扣除当期进项税额后，再按下式计算出口货物应退税额。

（1）若出口货物FOB价格×人民币外汇牌价×退税率≥未抵扣完的进项税额，则

应退税额＝未抵扣完的进项税额

（2）若出口货物FOB价格×人民币外汇牌价×退税率＜未抵扣完的进项税额，则

应退税额＝出口货物FOB价格×人民币外汇牌价×退税率

结转下期抵扣的进项税额＝当期未抵扣完的进项税额－应退税额

从小规模纳税人购进特准退税的出口货物的进项税额，应按普通发票上所列金额和增值税的征收率还原为不含税金额，再乘以退税率计算。

如果购进货物时不能确定是用于出口或内销的，一律先记入出口货物库存账，内销时再从出口货物库存账转入内销货物库存账。征税机关可凭该批货物的增值税专用发票或退税机关出具的证明办理抵扣。

【例6-1】 某外贸公司本月库存商品（轻工产品）明细账反映货物进销存情况如下：期初结存2 000千克，金额6 000元，本期购进21 000千克，金额63 300元，本期出口10 000千克；本期非销售转出1 100千克，金额3 300元。未抵扣完的进项税额为5 000元。该货物的出口退税率为13%，则该企业出口货物的退税额为：

$$\text{出口货物的加权平均进价}=\frac{6\,000+63\,300-3300}{2\,000+21\,000-1\,100}=3.01(\text{元/千克})$$

应退税额＝10 000×3.01×13%＝3 913(元)

结转下期的进项税额＝5 000－3 913＝1 087(元)

5. 进料加工复出口货物应退增值税的计算

进料加工是出口企业利用外汇从国外购进原材料（即进口料件），经过生产加工后复出口的一种贸易方式。进料加工自营或委托代理出口的货物，生产企业增值税执行免抵

退税办法，其应税消费品免征消费税；外贸企业增值税执行免退税办法，其应税消费品应退还消费税。

进料加工贸易按进口料件的国内加工方式不同，可分为作价加工和委托加工两种，两种加工方式的退税规定及计算办法也有所不同。

（1）作价加工复出口货物应退增值税的计算。外贸企业将减税、免税进口的原材料、零部件转售给其他企业加工生产出口货物时，应先填具进料加工贸易申报表，报经主管出口退税的税务机关同意签章后，再将此申报表报送主管征税的税务机关，在开具增值税专用发票时，按规定的税率计算注明销售料件的税款，主管征税的税务机关对这部分销售料件的销售发票上注明的应缴增值税不计征入库，而由主管退税的税务机关在出口企业办理出口退税时在当期应退税额中抵扣。具体计算公式为：

$$\text{出口货物退税额}=\text{出口货物的应退税额}-\text{销售进口料件的应缴税额}$$

$$\text{销售进口料件应交税额}=\text{销售进口料件金额}\times\text{复出口货物退税率}-\text{海关已对进口料件实征的增值税税额}$$

销售进口料件金额是指外贸企业销售进口料件的增值税专用发票上注明的金额。

复出口货物退税率是指进口料件加工的复出口货物退税率。如进口料件的征税税率小于或等于复出口货物退税率，按进口料件的征税税率计算抵扣；如进口料件的征税税率大于复出口货物退税率，按复出口货物的退税税率计算抵扣。

海关已对进口料件实征的增值税税额是指海关完税凭证上注明的增值税税额，出口企业不得将进料加工贸易方式进口料件取得的海关征收增值税完税凭证交主管征税税务机关作为计算当期进项税额的依据，而应交主管出口退税税务机关作为计算退税的依据。

（2）进料委托加工复出口货物应退增值税的计算。外贸企业以进料加工贸易方式进口的料件，采取委托加工方式加工并收回货物复出口的，按购进国内原辅材料增值税专用发票上注明的金额，依原辅材料适用的退税率计算原辅材料的应退税额；支付的加工费，凭受托方开具的增值税专用发票上注明的加工费金额，依复出口货物的退税率计算加工费的应退税额；对进口料件实征的进口环节增值税，凭海关完税凭证计算进口料件的应退税额。其出口退税计算公式为：

$$\text{应退税额}=\text{购进原辅材料增值税专用发票注明的金额}\times\text{原辅材料适用退税率}+\text{增值税专用发票注明的加工费金额}\times\text{复出口货物退税率}+\text{海关对进口料件实征增值税额}$$

$$\text{海关对进口料件实征增值税额}=\text{海关对进口料件应征增值税额}-\text{海关对进口料件减征增值税额}$$

外贸企业保税进口的原材料、零部件转售给其他企业加工时，应按规定的增值税税率计算销售进口料件应缴的增值税。

6. 企业收购小规模纳税人货物出口应退增值税的计算

（1）企业从小规模纳税人购进并持普通发票的货物出口，免税但不退税；而对税法列举的12类出口货物特准退税，有关计算公式如下：

计税金额＝普通发票所列(含增值税)销售金额÷(1＋征收率)

应退税额＝计税金额×退税率

（2）取得税务机关代开的增值税专用发票的货物出口应退税额的计算。由于税务机关代开的增值税专用发票已注明不含税价格，因此，可直接按增值税专用发票注明的金额计算应退税额。其计算公式为：

应退税额＝增值税专用发票注明的金额×退税率

7. 出口应税消费品应退消费税的范围

有进出口经营权[①]的外贸企业购进或委托加工收回的应税消费品以及自营或委托其他企业代理出口的货物，可退还其在前一环节已缴纳的消费税。

有进出口经营权的生产企业收购或委托加工收回含有消费税的出口货物，采用自行或委托其他企业代理出口的，或没有进出口经营权的生产企业委托其他企业代理出口含有消费税货物的，可退还其在前一环节已缴纳的消费税，但必须符合增值税出口货物视同自产范围（消费税比照执行）。

若属生产企业自营出口或委托代理出口自产货物及不符合视同自产货物范围的，不予退还消费税，但可享受免税政策。

8. 出口应税消费品应退消费税的计算

出口企业出口应税消费品，应在确认收入次月的增值税纳税申报期内，向主管税务机关办理增值税、消费税退税申报。在纳税申报期内，收齐单证且信息齐全，方可正式申报退税。除提供增值税退税所需的资料及凭证外，还需提供生产企业出口非自产货物消费税退税申请表、消费税专用缴款书或分割单、海关进口消费税专用缴款书、委托加工收回应税消费品的代扣代收税款凭证原件或复印件。

从价定率计税方法的应退税额＝出口货物的工厂销售额×消费税税率

从量定额计税方法的应退税额＝出口数量×单位税额

$$\text{复合计税方法的应退税额}=\text{出口数量}\times\text{单位税额}+\text{出口货物的工厂销售额}\times\text{消费税税率}$$

$$\text{委托加工应税消费品应退税款}=\text{同类消费品销售价格或组成计税价格}\times\text{消费税税率}$$

【例6-2】 某外贸企业从某日化厂购进高档化妆品出口，购进时增值税专用发票和消费税专用缴款书列明的购进单价为55元，数量为2 800支，消费税额是46 200元。本期出口购入的该批化妆品2 000支。其应退消费税额如下：

应退消费税＝出口销售数量×购进单价×消费税税率

＝2 000×55×15%＝16 500(元)

---

① 没有进出口经营权的非出口企业（流通企业）购进或委托加工收回的应税消费品出口享受免税政策。

6.2.2　生产企业出口货物增值税免抵退税的确认与计量

1. 生产企业免抵退增值税的基本程序

生产企业在货物出口并在会计上确认销售后，在增值税法定纳税申报期内向主管国税机关办理增值税纳税和免抵退税申报，在办理完增值税纳税申报后，应于每月 15 日前（逢节假日顺延），再向主管国税机关申报办理免抵退税。

2. 生产企业出口货物 FOB 价格的确定

生产企业出口货物的免抵退税额应根据出口货物 FOB 价格、出口货物退税率计算。出口货物 FOB 价格以出口发票计算的 FOB 价格为准（委托代理出口的，出口发票可以是委托方开具的或受托方开具的），若以其他价格条件成交，应扣除按会计制度规定允许冲减出口销售收入的运费、保险费、佣金等。若申报数与实际支付数有差额，在下次申报退税时调整（或年终清算时一并调整）。若出口发票不能如实反映 FOB 价格，企业应按实际 FOB 价格申报免抵退税，税务机关有权根据税法规定予以核定。

3. 生产企业出口货物增值税免抵退税的计算方法

（1）当期应纳税额的计算。

$$\text{当期应纳税额}=\text{当期销项税额}-(\text{当期进项税额}-\text{当期不得免征和抵扣税额})$$

$$\text{当期不得免征和抵扣税额}=\text{当期出口货物离岸价}\times\text{外汇人民币折合率}\times(\text{出口货物适用税率}-\text{出口货物退税率})-\text{当期不得免征和抵扣税额抵减额}$$

$$\text{当期不得免征和抵扣税额抵减额}=\text{当期免税购进原材料价格}\times(\text{出口货物适用税率}-\text{出口货物退税率})$$

（2）当期免抵退税额的计算。

$$\text{当期免抵退税额}=\text{当期出口货物离岸价}\times\text{外汇人民币折合率}\times\text{出口货物退税率}-\text{当期免抵退税额抵减额}$$

$$\text{当期免抵退税额抵减额}=\text{当期免税购进原材料价格}\times\text{出口货物退税率}$$

（3）当期应退税额和免抵税额的计算。

1）当期期末留抵税额≤当期免抵退税额，则

$$\text{当期应退税额}=\text{当期期末留抵税额}$$

$$\text{当期免抵税额}=\text{当期免抵退税额}-\text{当期应退税额}$$

2）当期期末留抵税额＞当期免抵退税额，则

$$\text{当期应退税额}=\text{当期免抵退税额}$$

当期免抵税额＝0

当期期末留抵税额为当期增值税纳税申报表中“期末留抵税额”。

(4) 当期免税购进原材料价格包括当期国内购进的无进项税额且不计提进项税额的免税原材料的价格和当期进料加工保税进口料件的价格，其中当期进料加工保税进口料件的价格为组成计税价格。

$$\text{当期进料加工保税进口料件的组成计税价格}=\text{当期进口料件到岸价格}+\text{海关实征关税}+\text{海关实征消费税}$$

1) 采用“实耗法”的，当期进料加工保税进口料件的组成计税价格为当期进料加工出口货物耗用的进口料件组成计税价格。其计算公式为：

$$\text{当期进料加工保税进口料件的组成计税价格}=\text{当期进料加工出口货物离岸价}\times\text{外汇人民币折合率}\times\text{计划分配率}$$

$$\text{计划分配率}=\text{计划进口总值}\div\text{计划出口总值}\times 100\%$$

实行纸质手册和电子化手册的生产企业，应根据海关签发的加工贸易手册或加工贸易电子化纸质单证所列的计划进出口总值计算计划分配率。

实行电子账册的生产企业，计划分配率按前一期已核销的实际分配率确定；新启用电子账册的，计划分配率按前一期已核销的纸质手册或电子化手册的实际分配率确定。

2) 采用“购进法”的，当期进料加工保税进口料件的组成计税价格为当期实际购进的进料加工进口料件的组成计税价格。

若当期实际不得免征和抵扣税额抵减额＞当期出口货物离岸价×外汇人民币折合率×(出口货物适用税率－出口货物退税率)，则

$$\text{当期不得免征和抵扣税额抵减额}=\text{当期出口货物离岸价}\times\text{外汇人民币折合率}\times(\text{出口货物适用税率}-\text{出口货物退税率})$$

(5) 出口企业既有适用增值税免抵退项目，也有增值税即征即退、先征后退项目的，增值税即征即退和先征后退项目不参与出口项目免抵退税计算。出口企业应分别核算增值税免抵退项目和增值税即征即退、先征后退项目，并分别申请享受增值税即征即退、先征后退和免抵退税政策。用于增值税即征即退或者先征后退项目的进项税额无法划分的，按照下列公式计算：

$$\text{无法划分进项税额中用于增值税即征即退或者先征后退项目的部分}=\text{当月无法划分的全部进项税额}\times\text{当月增值税即征即退或先征后退项目销售额}\div\text{当月全部销售额合计}$$

【例6-3】 (1) 某工厂是一家有进出口经营权的生产企业，兼营国际贸易和国内贸易，从事塑料制品的生产，适用的增值税税率为13%。10月份发生如下相关业务：

当月从国内购入原材料，取得增值税专用发票上注明的价款为85万元，增值税为11.05万元，本月已通过税务机关的认证；支付运保费用，取得的运输发票上注明的运

费为4.5万元，保险费为0.6万元，运输发票已通过比对认证。9月份有尚未抵扣完的进项税额5.4万元。本月内销塑料制品取得不含税收入32万元，报关出口货物离岸价为21.3万美元，折算汇率为USD1∶CNY6，假定出口退税率为11%，已经收汇核销。计算该企业10月份的应纳（退）增值税额。

当期进项税额＝11.05＋4.5×9%＝11.46(万元)
当期免抵退税不得免征和抵扣税额＝21.3×6×(13%－11%)＝2.56(万元)
当期应交增值税＝32×13%－(11.46－2.56)－5.4＝－10.14(万元)
当期免抵退税额＝21.3×6×11%＝14.06(万元)

当期期末留抵税额10.14万元＜当期免抵退税额14.06万元，因此

当期应退税额＝当期期末留抵税额＝10.14(万元)
当期免抵税额＝当期免抵退税额－当期应退税额＝14.06－10.14＝3.92(万元)

当月没有留抵下期的进项税额。

(2) 该企业11月份国内购入的原材料，已认证的增值税专用发票上注明的价款为247万元，增值税款为32.11万元；支付运保费用，取得的运输发票上注明的运费6.6万元，保险费0.7万元，装卸费0.8万元，运输发票已经税务机关比对认证。本月内销塑料制品取得不含税收入61万元，报关出口货物离岸价为19.5万美元，折算汇率为USD1∶CNY6，适用的出口退税率为11%，已经收汇核销。计算该企业11月份的应纳（退）增值税额。

当期进项税额＝32.11＋6.6×9%＝32.70(万元)
当期免抵退税不得免征和抵扣税额＝19.5×6×(13%－11%)＝2.34(万元)
当期应交增值税＝61×13%－(32.70－2.34)＝－22.43(万元)
当期免抵退税额＝19.5×6×11%＝12.87(万元)

当期期末留抵税额22.43万元＞当期免抵退税额12.87万元，因此

当期应退税额＝当期免抵退税额＝12.87(万元)
当期免抵税额＝0
当月结转下期抵扣的进项税额＝22.43－12.87＝9.56(万元)

(3) 该企业12月国内购入的原材料，已认证的增值税专用发票上注明的价款为68万元，增值税款为8.84万元。本月内销塑料制品取得不含税收入200万元，报关出口货物离岸价为12.2万美元，折算汇率为USD1∶CNY6，适用的出口退税率为11%，已经收汇核销。计算该企业12月份的应纳（退）增值税额。

当期进项税额＝8.84(万元)
当期免抵退税不得免征和抵扣税额＝12.2×6×(13%－11%)＝1.46(万元)
当期应交增值税＝200×13%－(8.84－1.46)－9.56＝9.06(万元)

4. 生产企业免抵退税计算的改进

上述计算程序和方法比较复杂，不易理解，如当期免抵退税不得免征和抵扣税额、

免抵退税不得免征和抵扣税额抵减额、免抵退税额抵减额等用词重复，计算烦琐，容易出错，与内销货物应纳增值税的计算公式差异太大，似乎两者在计算原理上截然不同，令人困惑。而且将出口货物发生的“当期免抵退税不得免征和抵扣税额”作为进项税额转出，与税法规定只有通过防伪税控系统认证的进项税额才能在当期抵扣，而当企业出现购进货物用于非应税项目、免税项目、集体福利或个人消费，以及购进货物发生非正常损失、在产品或产成品发生非正常损失等情况时，已在前期抵扣的进项税额要在发生上述情况的当期进项税额中扣减，并做进项税额转出处理；两类情况有很大不同，如果均做进项税额转出，容易混淆，造成该转出的未转出，影响增值税专用发票的认证和抵扣工作的顺利进行，应该加以改进，适当简化，便于操作。

【例6-4】 某自营出口生产企业系增值税一般纳税人，出口货物原征税率为13%，退税率为9%。某年11月份发生以下业务：

（1）上期期末留抵税额4万元；

（2）国内采购原料取得专用发票上注明税额32万元，发票已经税务机关认证；

（3）当期以进料加工方式进口保税料件100万元；

（4）内销货物不含税收入为160万元，销项税额为20.8万元。

出口货物离岸价为240万元。出口退税的简化计算如下：

（1）分别计算外销货物进项税额与内销货物进项税额。

外销货物进项税额＝出口货物离岸价(FOB)×增值税税率

＝(2 400 000－1 000 000)×13%＝182 000(元)

内销货物进项税额＝(320 000＋40 000)－182 000＝178 000(元)

（2）计算内销货物应纳税额和出口退税额。

内销货物应纳税额(免抵税额)＝内销销项税额－内销进项税额

＝208 000－178 000＝30 000(元)

出口货物应退税额(免抵退税额)＝(2 400 000－1 000 000)×9%

＝126 000(元)

（3）计算应退税额。

应退税额＝免抵退税额－免抵税额＝126 000－30 000＝96 000(元)

5. 出口退税方法的选择

既然生产企业出口货物劳务可以在免抵退税方法与免（征）税方法之间选择，企业就应根据具体情况，如外销产品价格与内销产品价格的高低、退税率与征税率的差异、外销产品与内销产品的比重、预计未来几年的变化趋势等，事先分析测算，选定比较有利的出口退税方法。

【例6-5】 N公司是一家经营玻璃纤维及其制品生产、销售的生产型出口企业，为增值税一般纳税人。当月购进材料37 000万元，内销产品销售额46 000万元，外销产品销售额31 250万元，实行免抵退出口退税方式，退税率6%。当月增值税申报纳税及退免税计算分析如下：

（1）采用免抵退税方法：

销项税额＝46 000×13%＝5 980(万元)

进项税额＝37 000×13%－31 250×(13%－6%)

＝2 622.5(万元)

应交增值税＝5 980－2 622.5＝3 357.5(万元)

免抵退税额＝31 250×6%(退税率)＝1 875(万元)

因为应纳税额3 357.5万元大于0，没有可退进项税额。因此，退税额1 875万元为免抵税额。

（2）采用免（征）税方法：

销项税额＝46 000×13%＝5 980(万元)

出口免税部分的进项税额不能抵扣，内销应分摊予以抵扣的进项税额：

准予抵扣应分摊进项税额＝(37 000×13%)×46 000÷(46 000＋31 250)

＝2 864.21(万元)

应交增值税＝5 980－2 864.21＝3 115.79(万元)

根据上述计算，可知采用免（征）税方法比采用免抵退税方法少交税241.71万元(3 115.79－3 357.5)。

在企业产品外销价格低于内销价格的情况下，企业采用免抵退税方法，因减少外销增加内销，内销销项税额抵消进项税额，以致当年无退税额。在这种情况下，如果按免（征）税方法，将少缴增值税241.71万元。在预计企业以后几年内销比例将会逐步增加且外销价格不会高于内销价格时，企业选择免（征）税方法比较有利。

6.3 出口货物免退税的会计处理

6.3.1 外贸企业出口货物免退增值税的会计处理

外贸企业购进货物时，应按照增值税专用发票上注明的增值税额，借记“应交税费——应交增值税（进项税额）”账户，按照专用发票上记载的应计入采购成本的金额，借记“材料采购”等账户；按照应付或实际支付的金额，贷记“应付账款”“应付票据”“银行存款”等账户。

外贸企业按照规定退税率计算应收出口退税款时，借记“应收出口退税”[①] 或“其

① 根据WTO规则，不论应该禁止的“红色补贴”还是可起诉的“黄色补贴”，都会导致不公平贸易或引起贸易争端。出口退税是国家立法机构认可的国际惯例而非政府补贴，原《企业会计制度》规定出口退税通过“应收补贴款”账户核算，容易授人以柄。在《企业会计准则——应用指南》中，已经取消了“应收补贴款”和“补贴收入”账户，这样有利于应对国外的反倾销诉讼。本书统一采用“应收出口退税”。

他应收款——出口退税”账户，贷记“应交税费——应交增值税（出口退税）”账户；收到出口退税款时，借记“银行存款”账户，贷记“应收出口退税”账户。按照出口货物购进时取得的增值税专用发票上记载的进项税额或应分摊的进项税额与按照国家规定的退税率计算的应退税额的差额，借记“主营业务成本”账户，贷记“应交税费——应交增值税（进项税额转出）”账户。

1. 外贸企业自营出口的会计处理

【例6-6】 某外贸公司8月份从天馨日化厂购进高档化妆品1 000箱，经认证的增值税专用发票注明价款50万元、进项税额6.5万元，货款已经支付。当月该批商品已全部出口，出口价款折合人民币70万元，申请退税的单证齐全。该高档化妆品的消费税税率为15%，增值税退税率为11%。相关计算和会计分录如下：

应退增值税税额＝500 000×11%＝55 000(元)

转出增值税额＝65 000－55 000＝10 000(元)

应退消费税税额＝500 000×15%＝75 000(元)

(1) 购进商品时。

借：商品采购	500 000	
应交税费——应交增值税（进项税额）	65 000	
贷：银行存款		565 000

(2) 商品入库时。

借：库存商品——库存出口商品	500 000	
贷：商品采购		500 000

(3) 商品出口时。

借：应收账款	700 000	
贷：主营业务收入——出口销售收入		700 000

(4) 结转商品销售成本时。

借：主营业务成本	500 000	
贷：库存商品		500 000

(5) 进项税额转出时。

借：主营业务成本	10 000	
贷：应交税费——应交增值税（进项税额转出）		10 000

(6) 应收增值税退税款时。

借：应收出口退税——应退增值税	55 000	
贷：应交税费——应交增值税（出口退税）		55 000

(7) 应收消费税退税款时。

借：应收出口退税——应退消费税	75 000	
贷：主营业务成本		75 000

(8) 收到退税款时。

借：银行存款 130 000
　贷：应收出口退税——应退增值税 55 000
　　　　　　　　——应退消费税 75 000

2. 外贸企业一般贸易出口委托加工货物的会计处理

【例6-7】 A外贸企业从B企业购进一批服装面料，以作价销售的形式将面料卖给C企业委托加工服装，收回后报关出口。服装出口退（免）税率为11%，服装面料征税率为13%。不考虑国内运费及所得税等其他税费因素，其1—4月份发生的相关业务及其会计处理如下：

（1）1月初，A企业购入B企业服装面料，收到增值税专用发票，计税金额为100 000元，进项税额13 000元，当月购货款已通过银行转账支付。

借：库存商品——服装面料 100 000
　　应交税费——应交增值税（进项税额） 13 000
　贷：银行存款 113 000

（2）在国内作价销售服装面料并结转成本。

1）作价11万元销售时。

借：银行存款 124 300
　贷：主营业务收入——内销收入 110 000
　　　应交税费——应交增值税（销项税额） 14 300

2）结转主营业务成本时。

借：主营业务成本——内销商品 100 000
　贷：库存商品——服装面料 100 000

3）月末结转未缴增值税时。

借：应交税费——应交增值税（销项税额） 14 300
　贷：应交税费——应交增值税（进项税额） 13 000
　　　　　　　——应交增值税（未交增值税）（14 300－13 000） 1 300

（3）2月份，申报上月应缴增值税税额。同时，A企业收回C企业加工完成的服装，取得增值税专用发票，计税价格为150 000元（含加工费），进项税额为19 500元，并在当月全部报关出口，其离岸价折合人民币180 000元。

1）2月份申报缴纳增值税时。

借：应交税费——应交增值税（已交税金） 1 300
　贷：银行存款 1 300

2）结转已缴税金时。

借：应交税费——应交增值税（未交增值税） 1 300
　贷：应交税费——应交增值税（已交税金） 1 300

3）确认外销收入时。

借：应收账款——应收外汇账款（客户） 180 000
　贷：主营业务收入——外销收入（服装） 180 000

（下月初应将出口销售额填入增值税纳税申报表中的“免税货物销售额”栏进行纳税申报。）

4）购进服装并通过银行转账支付货款时。

借：库存商品——出口商品（服装）　　150 000
　　应交税费——应交增值税（进项税额）　　19 500
　贷：银行存款　　169 500

5）根据取得的增值税专用发票上列明的计税金额计算退税额，并结转成本。

应退税额＝150 000×11%＝16 500(元)

结转成本额＝150 000＋150 000×(13%－11%)＝153 000(元)

借：应交税费——应交增值税（出口退税）　　16 500
　　主营业务成本——出口商品（服装）　　153 000
　贷：应交税费——应交增值税（进项税额转出）　　19 500
　　　库存商品——出口商品（服装）　　150 000

6）结转应交增值税（出口退税）时。

借：应收出口退税——应退增值税　　16 500
　贷：应交税费——应交增值税（出口退税）　　16 500

7）2月末结转科目余额时。

借：应交税费——应交增值税（进项税额转出）　　19 500
　贷：应交税费——应交增值税（进项税额）　　19 500

（4）3月份，A企业收齐出口货物报关单和其他单证并向主管税务机关申报出口退（免）税。

（5）4月份，收到出口退税款时。

借：银行存款　　16 500
　贷：应收出口退税——应退增值税　　16 500

3. 外贸企业进料加工复出口的会计处理

外贸企业进料加工复出口业务分为作价加工和委托国内生产企业加工两种方式。外贸企业进料加工复出口作价加工销售是指外贸企业以进料加工贸易方式，将减免税的料件作价销售给生产企业，由生产企业购进料件后加工成成品，再由外贸企业回购复出口。外贸企业将以进料加工贸易方式减免税进口的原材料、零部件转售给其他企业加工时，应先填报进料加工贸易免税证明申请表，报经退税机关审核同意后，获得进料加工贸易免税证明。外贸企业将有关免税证明报送其主管征税的税务机关，并据此在开具增值税专用发票时按规定税率计算注明销售料件的税额，主管出口征税的税务机关对这部分销售料件的销售发票上注明的应缴税额不计征入库，而由主管退税的税务机关在出口企业办理退税时在退税额中抵扣。

【例6-8】 某外贸出口企业以进料加工方式免税进口化工原料一批，该批进口原料报关进口的到岸价格折合人民币420 000元，货款及税金均已通过银行存款支付。进口后企业采用作价加工方式将原料销售给某工厂加工成成品，转售加工时履行了“计算税金但不入库”手续，所售原料价款为50万元，当月工厂加工完毕后，外贸企业以不含税价85万元全部收购，收回后外贸企业将该批货物全部出口，取得货款折合人民币90万元。该货物的退税率为9%。企业申请退税的单证齐全。

（1）料件报关进口并入库时。

借：在途物资——进料加工　420 000

　贷：银行存款　420 000

借：库存商品——进料加工　420 000

　贷：在途物资——进料加工　420 000

（2）料件作价加工销售，依进料加工贸易免税证明开具增值税专用发票。

借：银行存款　565 000

　贷：主营业务收入——进料加工　500 000

　　应交税费——应交增值税（销项税额）　65 000

销项税额65 000元系进料加工计征的销项税额，留待退税机关在办理企业退税时从当期应退税额中抵扣。

（3）收回成品时。

借：库存商品——进料加工　850 000

　应交税费——应交增值税（进项税额）　110 500

　贷：银行存款　960 500

（4）报关出口并结转商品成本时。

借：应收外汇账款　900 000

　贷：主营业务收入——进料加工　900 000

借：主营业务成本——进料加工　850 000

　贷：库存商品——进料加工　850 000

（5）申报退税时。

出口退税额＝应退税额－进料加工应抵退税额

＝回购出口货物增值税专用发票所列金额×退税率

　－销售进口料件金额×退税率－海关实征增值税额

＝850 000×9%－500 000×9%＝31 500(元)

企业回购出口货物的增值税税率为13%，退税率为9%，其4%的差额为当期不予退税金额。同理，企业采取作价加工方式时，销售的料件增值税税率为13%，而退税率为9%，4%的差额应作为不予退税的税额，即

$$\text{当期不予退税的税额}=\left(\text{回购出口货物增值税专用发票所列金额}-\text{销售进口料件金额}\right)\times(\text{征税率}-\text{退税率})$$

$$=(850\ 000-500\ 000)\times(13\%-9\%)=14\ 000(\text{元})$$

（6）当期不予退税的税额应作为进项税额转出计入主营业务成本，做会计分录如下：

借：主营业务成本——进料加工　14 000

　贷：应交税费——应交增值税（进项税额转出）　14 000

借：应收出口退税——应退增值税　　31 500
　　贷：应交税费——应交增值税（出口退税）　　31 500

（7）收到出口退税时。

借：银行存款　　31 500
　　贷：应收出口退税——应退增值税　　31 500

4. 从小规模纳税人购进特准退税出口货物的会计处理

【例6-9】 某土产进出口公司从小规模纳税人处购入麻纱一批用于出口，金额60 000元，小规模纳税人开来普通发票。土产公司已将该批货物出口，有关出口应收的全套凭证已经备齐。

应退税额＝60 000÷(1＋3%)×3%＝1 747.57(元)

（1）申报退税时。

借：应收出口退税——应退增值税　　1 747.57
　　贷：应交税费——应交增值税（出口退税）　　1 747.57

（2）收到出口退税时。

借：银行存款　　1 747.57
　　贷：应收出口退税——应退增值税　　1 747.57

6.3.2 生产企业出口货物免抵退增值税的会计处理

1. 免抵退增值税会计账户的设置

生产企业免抵退增值税的会计处理主要涉及免税出口销售收入、不得抵扣税额、应交税费、免抵退税货物不得抵扣税额抵减额、出口货物免抵税额、应退税额以及免抵退税额的调整等会计事项。对免抵退税的会计处理，企业应合理设置有关账户。出口企业应在“应交税费——应交增值税”二级账户下设置有关明细账户。生产企业实行免抵退税，其退税的前提是期末有留抵税额，而当期期末的留抵税额在月末需从“应交税费——应交增值税（转出多交增值税）”账户转入“应交税费——未交增值税”账户，退税的实质就是退“应交税费——未交增值税”的借方余额的部分。对“应交增值税”二级账户，除第3章述及外，在免抵退税的会计处理中，主要涉及“出口退税抵减应纳税额”“出口退税”“进项税额转出”等明细项目。

（1）“出口退税抵减应纳税额”明细账户。如果生产企业在发生出口业务的同期有内销业务，当然会有内销产品应纳税额，在办理免抵退税时，可以从中抵减。但在一般贸易出口、进料加工复出口业务中，即使没有发生内销业务，也有应纳税额的问题，依免抵退税办法，也可从中抵减。因此，将“出口抵减内销产品应纳税额”改为“出口退税抵减应纳税额”更为贴切。企业货物出口后，按规定计算的应免抵税额，借记“出口退税抵减应纳税额”明细项目，贷记“应交税费——应交增值税（出口退税）”。

（2）“出口退税”明细账户。记录企业凭有关单证向税务机关申报办理出口退税而应收的出口退税款及应免抵税额。出口货物应退回的增值税额用蓝字登记，退税后又发生退货、退关而补缴已退税款时，用红字登记。

(3)“进项税额转出”明细账户。企业在核算出口货物免税收入的同时，对免税收入按征退税率之差计算的不得抵扣税额，借记“主营业务成本”，贷记本明细账户。当月“不得抵扣税额”发生额合计数应与本月生产企业出口货物免抵退税申报明细表中的“不得抵扣税额”合计数一致。企业收到税务机关出具的生产企业进料加工贸易免税证明后，按证明上注明的“不得抵扣税额抵减额”，以红字做上述会计分录。企业支付国外运保佣费用时，按出口货物征退税率之差计算的分摊额，也做上述红字会计分录。

(4)“转出多交增值税”明细账户。对按批准数进行会计处理的，月末转出数为当期期末留抵税额；对按申报数进行会计处理的，月末转出数为按公式计算的结转下期继续抵扣的进项税额。月末将多交增值税转出后，其借方余额为尚未抵扣的进项税额。在税务会计处理时，也可以将其余额全部转出。这样便于进行免抵退税会计处理，税务机关倾向于采用后一种方法。不论用哪种方法，企业在纳税申报时，上期留抵税额均不应包括多交部分。

(5)销售账簿的设置。生产企业产品销售应按内销外销分别设账，对自营出口销售、委托代理出口销售、来料加工出口销售、深加工结转出口销售，应分别设置多栏式明细账，对不同征税率、不同退税率的出口销售，还应分设账页。

2. 免抵退增值税的会计处理

【例6-10】 某自营出口生产企业生产的产品既有国内销售，又有出口销售。该企业10月份购进原材料等货物，价款800万元，允许抵扣的进项税额104万元。内销产品销售额480万元，出口产品FOB价格折合人民币3 850万元。上期留抵税额6.5万元，增值税税率13%，退税率9%。相关会计处理如下：

(1)购入原材料等时。

借：原材料　　8 000 000
　　应交税费——应交增值税（进项税额）　　1 040 000
　贷：应付账款（或银行存款）　　9 040 000

(2)产品内销时。

借：银行存款（或应收账款）　　5 424 000
　贷：主营业务收入——内销产品　　4 800 000
　　　应交税费——应交增值税（销项税额）　　624 000

(3)产品外销时，免征本环节增值税。

借：应收账款　　38 500 000
　贷：主营业务收入——出口产品　　38 500 000

(4)月末，计算当月出口货物不予抵扣或退税的税额时。

$$当期不予抵扣或退税的税额=3\,850\times(13\%-9\%)=154(万元)$$

借：主营业务成本 1 540 000

贷：应交税费——应交增值税（进项税额转出） 1 540 000

（5）计算应纳税额并实际缴纳时。

$$\text{当期应纳税额}=\text{当期内销货物销项税额}-\left(\text{当期进项税额}+\text{上期留抵税额}-\text{当期不予抵扣或退税的金额}\right)$$

$$=624\ 000-(1\ 040\ 000+65\ 000-1\ 540\ 000)=1\ 059\ 000\text{（元）}$$

借：应交税费——应交增值税（已交增值税） 1 059 000

贷：银行存款 1 059 000

【例 6-11】 某有限公司 10 月份出口销售额为 165 万美元（包括 CIF 价和 FOB 价两种贸易方式的业务），其中，60 万美元为 FOB 价，未在当月收齐出口报关单（退税专用联）；105 万美元为 CIF 价并在当月全部收齐出口报关单。海外运保费 15 万美元。该公司当月内销销售收入（不含税价）为 300 万元人民币，销项税额为 39 万元人民币，购进原材料 7 058 824 元，进项税额为 91.76 万元人民币。销售货物的征税率为 13%、退税率为 11%，假设当月 1 日美元汇率中间价为 1 美元兑人民币 6 元。相关计算和会计处理如下：

（1）确认出口货物销售收入。

出口销售收入＝1 650 000×6＝9 900 000(元)

借：应收账款——外汇账款（国外客户） 9 900 000

贷：主营业务收入——出口收入 9 900 000

（2）出口货物离岸价（FOB）应以出口发票上的离岸价为准（委托代理出口的，出口发票可以是委托方开具的或受托方开具的），若以其他价格条件成交的，应扣除按规定允许冲减出口销售收入的海外运费、保险费、佣金等。因此，该公司海外运保费应折合人民币用红字冲减外销收入。按当期全部（包括单证不齐部分）免抵退出口货物人民币销售额与征退税率之差的乘积计算当期免抵退税不得免征和抵扣税额，并将当期免抵退税不得免征和抵扣税额转入成本账户。

海外运保费＝150 000×6＝900 000(元)

免抵退税不得免征和抵扣税额＝(1 650 000－150 000)×6×(13%－11%)

＝180 000(元)

贷：应付账款——运保费单位 900 000

贷：主营业务收入——出口收入（运保费） 900 000

借：主营业务成本——出口商品 180 000

贷：应交税费——应交增值税（进项税额转出） 180 000

（3）根据主管退税机关审核确认后的当月“生产企业出口货物免抵退税申报汇总表”及附表，确认计算当期应纳税额、免抵退税额。

当期应纳税额＝390 000－(917 600－180 000)＝－347 600(元)

免抵退税额＝[(1 650 000－150 000－600 000)×6－347 600]×11%

=555 764(元)

应退税额=期末留抵税额=347 600 元

免抵税额=555 764-347 600=208 164(元)

借：应收出口退税——应退增值税 347 600

应交税费——应交增值税（出口退税抵减应纳税额） 208 164

贷：应交税费——应交增值税（出口退税） 555 764

【例 6-12】 某自营出口生产企业 8 月份发生如下业务：

(1) 本期外购货物 500 万元验收入库，取得准予抵扣的进项税额 65 万元，上期留抵进项税额 15 万元（按全额转出进行会计处理）。

(2) 本期收到其主管税务机关出具的"生产企业进料加工贸易免税证明"，其中注明的免税核销进口料件组成计税价格 100 万元，不得抵扣税额抵减额 2 万元，免抵退应抵扣税额 15 万元。

(3) 本期收到其主管税务机关出具的"生产企业出口货物免抵退税审批通知单"，批准上期出口货物的应免抵税额 10 万元，应退税额 5 万元，未抵扣完的税额 10 万元，应退税额于当月办理了退库。

(4) 本期内销货物销售额 500 万元，自营进料加工复出口货物折合人民币金额 400 万元，来料加工复出口货物加工缴费收入额 100 万元。

(5) 当期实际支付国外运费、保险费、佣金等 50 万元并冲减出口销售额。

(6) 本期取得单证齐全的退税资料出口额 300 万元，均为进料加工贸易，计划分配率均为 70%，并于 9 月 10 日前向退税机关申报。该企业内、外销货物适用增值税税率 13%（非消费税应税货物），复出口货物的退税率为 11%，存货按实际成本法核算。

根据以上业务，按主管税务机关批准数进行相关会计处理。

(1) 购进货物的处理。

借：原材料 5 000 000

应交税费——应交增值税（进项税额） 650 000

贷：应付账款（或银行存款） 5 650 000

(2) 按当期收到的免税证明入账，不得抵扣税额抵减额 2 万元。

借：主营业务成本 20 000

贷：应交税费——应交增值税（进项税额转出） 20 000

(3) 收到"生产企业出口货物免抵退税审批通知单"，批准免税税额 10 万元，未抵扣完的进项税额 10 万元，退税 5 万元。

借：应交税费——应交增值税（出口退税抵减应纳税额） 100 000

应收出口退税——应退增值税 50 000

贷：应交税费——应交增值税（出口退税） 150 000

对未抵扣完的进项税额不作会计处理，据"生产企业出口货物免抵退税审批通知单"批准的应退税款办理退库。

借：银行存款 50 000

贷：应收出口退税——应退增值税 50 000

（4）当期免税销售的会计处理。

内销货物的销售：

借：银行存款（或应收账款） 5 650 000

　　贷：主营业务收入——内销产品 5 000 000

　　　　应交税费——应交增值税（销项税额） 650 000

来料加工复出口销售：

借：银行存款（或应收账款） 1 000 000

　　贷：主营业务收入——来料加工贸易出口 1 000 000

同时，对来料加工耗用的进口料件按销售比例计算进项税额转出额：

$$转出额=[65\div(500+400+100-50)]\times 100=6.84(万元)$$

借：主营业务成本 68 400

　　贷：应交税费——应交增值税（进项税额转出） 68 400

凭出口外销发票，对进料加工复出口销售入账（不考虑成交方式）：

借：银行存款 4 000 000

　　贷：主营业务收入——进料加工贸易出口 4 000 000

同时，计算不得抵扣税额：

$$不得抵扣税额=400\times(13\%-11\%)=8(万元)$$

借：主营业务成本 80 000

　　贷：应交税费——应交增值税（进项税额转出） 80 000

（5）运费、保险费、佣金等费用入账（冲减销售收入，平时不参与免抵退税计算，年终时一次调整免抵退税额①）。

借：主营业务收入（出口产品免税销售收入） 500 000②

　　贷：银行存款 500 000

（6）应纳税额计算与应交税费的会计处理。

$$\begin{aligned}本月应纳税额&=[65+(-2)+15+6.84+8-(65+10)]-15\\&=17.84-15=2.84(万元)\end{aligned}$$

本月“应交税费——应交增值税”为贷方余额，月末会计分录如下：

借：应交税费——应交增值税（转出未交增值税） 178 400

　　贷：应交税费——未交增值税 178 400

月末，“应交税费——未交增值税”为贷方余额2.84万元（17.84－15）。

6.3.3 出口货物应退消费税的会计处理

【例6-13】 某外贸公司从国内某摩托车厂购入摩托车500辆，价款2 500 000元，

① 企业出口业务次数少时，也可同时冲减不得抵扣税额，这样，年终不再调整。

② 实际入账时，应用红字或用负数记入贷方，以反映冲减“收入”。

增值税额325 000元，厂方已计算缴纳消费税税额250 000元。款项已付。外贸公司将该批摩托车销往国外，并按规定申报办理消费税退税，退税款已收到。与此同时，该公司收到上批出口摩托车退货，当时已退消费税50 000元，企业按规定计算补缴已退税款，有关会计处理如下（增值税退税略）：

（1）公司在国内采购时。

借：库存商品　　2 500 000

　　应交税费——应交增值税（进项税额）　　325 000

　贷：银行存款　　2 825 000

（2）计算应退税款时。

借：应收出口退税——应退消费税　　250 000

　贷：主营业务成本　　250 000

（3）收到退税款时。

借：银行存款　　250 000

　贷：应收出口退税——应退消费税　　250 000

（4）计算补缴已退税款时。

借：主营业务成本　　50 000

　贷：应收出口退税——应退消费税　　50 000

借：应收出口退税——应退消费税　　50 000

　贷：银行存款　　50 000

【例6-14】 某日化厂系一般纳税人，主要出口高档化妆品。5月份外购一批原材料，计税价格为80万元，进项税额为10.4万元，当月委托天馨厂进行加工。8月份委托加工收回成品并出口，加工费计税金额为4万元，出口高档化妆品符合视同自产退税要求。当月报关出口额总价折算人民币为128万元，申请退税单证齐备、信息齐全，尚未收到国外货款（属出口收汇非重点监管企业，在退税申报期内收汇即可）。高档化妆品的消费税税率为15%，增值税税率为13%，假定增值税退税率为11%，当期无内销业务发生，无上期结转留抵进项税额。相关会计处理如下：

（1）购进委托加工原材料（通过银行支付）时。

借：原材料　　800 000

　　应交税费——应交增值税（进项税额）　　104 000

　贷：银行存款　　904 000

（2）发出委托加工原材料时。

借：委托加工物资——天馨厂　　800 000

　贷：原材料　　800 000

（3）支付委托加工费时。

借：委托加工物资——天馨厂加工费　　40 000

　　应交税费——应交增值税（进项税额）　　5 200

　贷：银行存款　　45 200

（4）支付代扣代缴消费税时。

借：委托加工物资——出口商品［(800 000＋40 000)÷(1－15%)×15%］ 148 235

贷：银行存款 148 235

(5) 加工收回成品入库时。

借：库存商品——出口商品（800 000＋40 000＋148 235） 988 235

贷：委托加工物资——出口商品 988 235

(6) 确认出口货物收入时。

借：应收账款——国外××客户 1 280 000

贷：主营业务收入——出口收入 1 280 000

结转出口高档化妆品销售成本时：

借：主营业务成本——出口化妆品 988 235

贷：委托加工物资或库存商品——出口商品 988 235

(7) 计算当期应纳税额时。

当期不得免征和抵扣税额＝1 280 000×(13%－11%)＝25 600(元)

借：主营业务成本——出口化妆品 25 600

贷：应交税费——应交增值税（进项税额转出） 25 600

当期应纳税额＝0－(104 000＋5 200－25 600)－0＝－83 600(元)

(8) 计算当期免抵退税额时。

当期免抵退税额＝1 280 000×11%＝140 800(元)

因当期期末留抵税额83 600元＜当期免抵退税额140 800元，所以当期应退税额＝当期期末留抵税额＝83 600元。

当期免抵税额＝当期免抵退税额－当期应退税额
＝140 800－83 600＝57 200(元)

在8月份的增值税纳税申报期内，从出口退税申报系统中录入相关数据，生成电子数据并凭相关报表及凭证进行免抵退税正式申报。

(9) 根据出口货物消费税专用缴款书计算消费税应退税额时。

借：应收出口退税——应退消费税 148 235

贷：主营业务成本——出口化妆品 148 235

(10) 8月底，企业正式申报的免抵退税通过主管税务机关审批时。

借：应收出口退税——应退增值税 83 600

应交税费——应交增值税（出口退税抵减应纳税额） 57 200

贷：应交税费——应交增值税（出口退税） 140 800

(11) 出口企业收到退税款时。

借：银行存款 231 835

贷：应收出口退税——应退增值税 83 600

——应退消费税 148 235

复习思考题

1. 试述出口货物退税的基本原则和基本含义。
2. 简述我国出口货物免退税管理的基本内容。
3. 简述企业出口货物免退增值税的计算及其会计处理。
4. 简述生产企业出口货物免抵退增值税的计算及其会计处理。
5. 试述出口货物应退消费税的规定及其会计处理。

技能题

一、单项选择题

1. 生产企业出口货物的免抵退税额，应根据出口货物（　　）价格、出口货物退税率计算。

A. CIF　　B. FOB　　C. CFR　　D. CIFC

2. 企业在核算出口货物免税收入时，对免税收入按征退税率之差计算的“不得抵扣税额”，应记入（　　）账户的贷方。

A. “主营业务成本”

B. “应交税费——应交增值税（进项税额转出）”

C. “税金及附加”

D. “应交税费——应交增值税（转出多交增值税）”

二、多项选择题

1. 出口货物免退增值税的方法包括（　　）。

A. 免退税　　B. 免抵退税

C. 先征后退税　　D. 免税采购

2. 在生产企业出口货物免抵退增值税的会计处理中，在“应交税费——应交增值税”二级科目下，涉及的明细科目有（　　）。

A. 出口抵减内销产品应纳税额　　B. 出口退税

C. 进项税额转出　　D. 销项税额

三、判断题

1. 免抵退税是指对生产企业的出口货物在生产销售环节实行免税，其进项税额先抵顶内销货物的销项税额，不足抵扣部分给予退税。（　　）

2. 进料加工自营或委托代理出口的货物，外贸企业增值税执行免抵退税办法，其应税消费品免征消费税。（　　）

四、计算题

某棉纺厂为增值税一般纳税人，增值税税率13%，退税率11%。上年11月外购一批棉花，取得的增值税专用发票注明价款200万元，增值税26万元，货已入库。当月进口料件一批，海关核定的完税价格25万美元。当月出口服装的离岸价格75万美元，内销棉布不含税销售额80万元。该棉纺厂上期期末留抵税额5万元。假设美元与人民币的汇率为1∶6，棉纺厂进料加工复出口符合相关规定。

要求：计算该棉纺厂当期应退增值税额。

五、会计核算题

1. **资料：**某外贸公司3月份从生产企业购进供出口的商品一批，取得的增值税专用发票注明价款20万元，税额2.6万元。当月出口商品FOB价为2万美元，当日外汇牌价为USD1＝RMB6，出口商品退税率为11％。

要求：根据上述资料，进行商品购进、入库、出口及应退增值税的会计处理。

2. **资料：**某生产企业当期内销产品价款100万元，外销产品报关出口日外汇牌价折合人民币180万元，同期购进货物的进项税额35万元。增值税税率13％，退税率为11％。

要求：根据上述资料，计算该企业当期应退税额并做相关会计处理。

第7章

资源税会计

学习目标

1. 掌握资源税会计的确认、计量与记录；
2. 理解资源税的特点；
3. 了解资源税的发展前景。

引　言

资源有自然资源与人力资源之分，资源税当然是针对自然资源而言的。自然资源并非取之不尽、用之不竭。建立节约型社会、实现人与自然的和谐相处，我们不能不善待资源。资源税作为绿色税收之一，既有利于实现企业平等竞争，又能体现国家的基本国策。资源税会计又如何处理呢?

7.1　资源税税制要素

资源税（resource tax）是以特定自然资源为纳税对象的一种流转税。我国的资源税是在1984年第二步“利改税”时开征的一个税种。1994年税制改革扩大了资源税的征收范围，并将盐税纳入其中，但尚未将所有自然资源列入纳税对象。2019年8月26日，第十三届全国人民代表大会常务委员会第十二次会议通过《中华人民共和国资源税法》，自2020年9月1日起实施。

征收资源税有利于合理开采和充分利用自然资源，促进企业节能减排，加快生态文明建设，形成健康、适度的消费观念和消费行为，构建人与自然的和谐环境等。

7.1.1 资源税的纳税人

在中华人民共和国领域和管辖的其他海域开发应税资源的单位和个人，为资源税的纳税人。单位是指企业、行政单位、事业单位、军事单位、社会团体及其他单位，个人是指个体工商户和其他个人。

7.1.2 资源税的扣缴义务人

资源税的扣缴义务人是收购未税矿产品的单位（独立矿山、联合企业以及其他单位）。“未税矿产品”是指资源税纳税人在销售其产品时不能向扣缴义务人提供《资源税管理证明》的矿产品。

增值税小规模纳税人可以在50%的税额幅度内减征资源税，资源税扣缴义务人则无法享受减半优惠。因此，在与销售方订立供销合同时，其收购价格应充分考虑该因素，以有效管控税负。

资源税代扣代缴适用范围是除原油、天然气、煤炭以外的，税源小、零散、不定期开采，且难以在采矿地申报缴纳资源税的矿产品。对已纳入开采地正常税务管理或者在销售矿产品时开具增值税发票的纳税人，不采用代扣代缴的征管方式。

7.1.3 资源税的征收范围

我国现行资源税的征税对象主要是各种矿产资源，应税产品为矿产品的，包括原矿和选矿产品。从我国资源税的征收对象看，基本上属于产出型资源税。

资源税的征收范围包括资源矿产、金属矿产、非金属矿产、水汽矿产和盐五大类。

纳税人开采或生产应税产品自用的，应当依法缴纳资源税；自用于连续生产应税产品的，不缴纳资源税。

7.1.4 资源税的税目与税率

资源税税法以正列举的方式统一规范税目，分类确定税率，按照《资源税税目税率表》（表7-1）实行从价计征或者从量计征。省级人民政府可在税率幅度内提出或确定本地区资源税适用税率。

表7-1 资源税税目税率表

税目		征税对象	税率
能源矿产	原油	原矿	6%
	天然气、页岩气、天然气水合物	原矿	6%
	煤	原矿或选矿	2%～10%
	煤成（层）气	原矿	1%～2%
	铀、钍	原矿	4%
	油页岩、油砂、天然沥青、石煤	原矿或选矿	1%～4%
	地热	原矿	1%～20%或每立方米1～30元

续表

税目			征税对象	税率
金属矿产	黑色金属	铁、锰、铬、钒、钛	原矿或选矿	1%～9%
	有色金属	铜、铅、锌、锡、镍、锑、镁、钴、铋、汞	原矿或选矿	2%～10%
		铝土矿	原矿或选矿	2%～9%
		钨	选矿	6.5%
		钼	选矿	8%
		金、银	原矿或选矿	2%～6%
		铂、钯、钌、锇、铱、铑	原矿或选矿	5%～10%
		轻稀土	选矿	7%～12%
		中重稀土	选矿	20%
		铍、锂、锆、锶、铷、铯、铌、钽、锗、镓、铟、铊、铪、铼、镉、硒、碲	原矿或选矿	2%～10%
非金属矿	矿物类	高岭土	原矿或选矿	1%～6%
		石灰岩	原矿或选矿	1%～6%或每吨（或每立方米）1～10 元
		磷	原矿或选矿	3%～8%
		石墨	原矿或选矿	3%～12%
		萤石、硫铁矿、自然硫	原矿或选矿	1%～8%
		天然石英砂、脉石英、粉石英、水晶、工业用金刚石、冰洲石、蓝晶石、硅线石（矽线石）、长石、滑石、刚玉、菱镁矿、颜料矿物、天然碱、芒硝、钠硝石、明矾石、砷、硼、碘、溴、膨润土、硅藻土、陶瓷土、耐火黏土、铁矾土、凹凸棒石黏土、海泡石黏土、伊利石黏土、累托石黏土	原矿或选矿	1%～12%
		叶蜡石、硅灰石、透辉石、珍珠岩、云母、沸石、重晶石、毒重石、方解石、蛭石、透闪石、工业用电气石、白垩、石棉、蓝石棉、红柱石、石榴子石、石膏	原矿或选矿	2%～12%
		其他黏土（铸型用黏土、砖瓦用黏土、陶粒用黏土、水泥配料用黏土、水泥配料用红土、水泥配料用黄土、水泥配料用泥岩、保温材料用黏土）	原矿或选矿	1%～5%或每吨（或每立方米）0.1～5 元
	岩石类	大理石、花岗岩、白云岩、石英岩、砂岩、辉绿岩、安山岩、闪长岩、板岩、玄武岩、片麻岩、角闪岩、页岩、乳石、凝灰岩、黑曜岩、霞石正长岩、蛇纹岩、麦饭石、泥灰岩、含钾岩石、含钾砂页岩、天然油石、橄榄岩、松脂岩、粗面岩、辉长岩、辉石岩、正长岩、火山灰、火山渣、泥炭	原矿或选矿	1%～10%
		砂石	原矿或选矿	1%～5%或每吨（或每立方米）0.1～5 元
	宝玉石类	宝石、玉石、宝石级金刚石、玛瑙、黄玉、碧玺	原矿或选矿	4%～20%

续表

税目		征税对象	税率
水气矿产	二氧化碳气、硫化氢气、氦气、氡气	原矿	2%～5%
	矿泉水	原矿	1%～20%或每吨（或每立方米）1～10元
盐	钠盐、钾盐、镁盐、锂盐	选矿	3%～15%
	天然卤水	原矿	3%～15%或每吨（或每立方米）1～10元
	海盐		2%～5%

7.1.5 资源税的纳税环节、地点和期限

1. 纳税环节

纳税人将自产应税产品对外销售，在销售环节缴纳资源税，纳税义务发生时间为收讫销售款或取得索取销售款凭据的当日。

纳税人以自采原矿加工为选矿产品销售，或者将选矿产品自用于应缴纳资源税的，按照选矿产品计征资源税，在原矿移送环节不缴纳资源税。

自用于连续生产应税产品的（如铁原矿用于继续生产铁精粉），移送时不缴纳资源税；但用于生产非应税产品（如将铁精粉继续用于冶炼），应在移送时计算缴纳资源税，纳税义务发生时间为移送应税产品的当日。

2. 纳税地点

纳税人应当在矿产品的开采地或者海盐的生产地缴纳资源税。

扣缴义务人代扣代缴的资源税，应在收购地缴纳资源税。

纳税人跨省开采应税产品的，其下属生产单位与核算单位不在同一省、自治区、直辖市的，一律在开采地纳税，应纳税款由独立核算、自负盈亏的单位按开采地的实际销售（或自用）额（量）及适用税率（或单位税额）计算划拨。

3. 纳税期限

资源税按月或者按季申报缴纳；不能按固定期限计算缴纳的，可以按次申报缴纳。

纳税人按月或者按季申报缴纳的，应当自月度或者季度终了之日起15日内，向税务机关办理纳税申报并缴纳税款；按次申报缴纳的，应当自纳税义务发生之日起15日内，向税务机关办理纳税申报并缴纳税款。

7.1.6 资源税的减免

1. 免缴资源税

(1) 开采原油以及在油田范围内运输原油过程中用于加热的原油、天然气；

（2）煤炭开采企业因安全生产需要抽采的煤成（层）气。

2. 减缴资源税

（1）从低丰度油气田开采的原油、天然气，减征20%资源税。

（2）高含硫天然气、三次采油和从深水油气田开采的原油、天然气，减征30%资源税。

（3）稠油、高凝油减征40%资源税。

（4）从衰竭期矿山开采的矿产品，减征30%资源税。

（5）自2019年1月1日至2021年12月31日，对增值税小规模纳税人可在50%的税额幅度内减征资源税。

（6）自2018年4月1日至2021年3月31日，对页岩气资源税减征30%。

（7）自2014年12月1日至2023年8月31日，对充填开采置换出来的煤炭，资源税减征50%。

纳税人开采或者生产同一应税产品同时符合两项或两项以上减征资源税优惠政策的，除另有规定外，只能选择其中一项。

纳税人开采或者生产同一应税产品，其中既有享受减免税政策的，又有不享受减免税政策的，按照免税、减税项目的产量占比等方法分别核算确定免税、减税项目的销售额或者销售数量。

3. 省、自治区、直辖市可以决定的免征或减征资源税

（1）纳税人开采或者生产应税产品过程中，因意外事故或者自然灾害等原因遭受重大损失；

（2）纳税人开采共伴生矿、低品位矿、尾矿。

纳税人的免税、减税项目应单独核算销售额或销售数量；未单独核算或不能准确提供销售额或销售数量的，不予免税或减税。

纳税人享受资源税优惠政策，实行“自行判别、申报享受、有关资料留存备查”的办理方式（另有规定的除外）。

纳税人对资源税优惠事项留存材料的真实性和合法性承担法律责任。

7.2 资源税的确认与计量

7.2.1 资源税计税依据及其确认

1. 资源税的计税依据

资源税的计税依据为应税产品的销售额、销售数量。

应税产品销售额是纳税人销售应税产品向购买方收取的全部价款和价外费用，不包括增值税税款。计入销售额中的相关运杂费用，凡取得增值税发票或者其他合法有效凭据的，准予从销售额中扣除。相关运杂费用是指应税产品从坑口或者洗选（加工）地到车站、码头或者购买方指定地点的运输费用、建设基金以及随运销产生的装卸、仓储、港杂费用。

应税产品销售数量包括纳税人开采或者生产应税产品的实际销售数量和自用于应当缴纳资源税情形的应税产品数量。纳税人不能准确提供应税产品销售数量或移送数量的，以应税产品产量或主管税务机关确定的折算比换算的数量为销售量。

2. 资源税计税依据的确认

（1）纳税人开采或生产同一税目下适用不同税率应税产品的，应当分别核算不同税率应税产品的销售额、销售数量；未分别核算或者不能准确提供不同税率应税产品的销售额、销售数量的，从高适用税率。

（2）为公平原矿与选矿之间的税负，对同一种应税产品，征税对象为原矿的，纳税人销售自采原矿加工的选矿，应将选矿销售额折算为原矿销售额缴纳资源税；征税对象为选矿的，纳税人销售原矿时，应将原矿销售额换算为选矿销售额缴纳资源税。

（3）纳税人以外购原矿与自采原矿混合为原矿销售，或者以外购选矿产品与自产选矿产品混合为选矿产品销售的，在计算应税产品销售额或者销售数量时，直接扣减已单独核算的外购原矿或者外购选矿产品的购进金额或购进数量；当期不足扣减的，可结转至下期扣减。

纳税人以外购原矿与自采原矿混合加工为选矿产品销售的，按下式计算扣减应税产品销售额、销售量：

$$\begin{matrix}\text{准予扣减的外购}\\\text{应税产品购进金额(数量)}\end{matrix}=\begin{matrix}\text{外购原矿}\\\text{购进金额(数量)}\end{matrix}\times\left(\begin{matrix}\text{本地区原矿}\\\text{适用税率}\end{matrix}\div\begin{matrix}\text{本地区选矿}\\\text{产品适用税率}\end{matrix}\right)$$

如煤炭企业将外购150万元原煤与自采300万元原煤混合洗选加工为选煤销售，选煤销售额为680万元。当地原煤税率为3%，选煤税率为2%，在计算应税产品销售额时，准予扣减的外购应税产品购进金额＝150×(3%÷2%)＝225万元。

不能按照上式计算扣减的，按主管税务机关确定的其他合理方法进行扣减。

（4）纳税人自用应税产品时，应按对外销售该应税产品的平均价格确认销售额。纳税人自用应税产品包括纳税人以应税产品用于非货币性资产交换、捐赠、偿债、赞助、集资、投资、广告、样品、职工福利、利润分配或者连续生产非应税产品等。

（5）纳税人申报的应税产品销售额明显偏低且无正当理由的，或者有自用应税产品行为而无销售额的，主管税务机关可按下列方法和顺序确定其应税产品销售额：

1）按纳税人最近时期同类产品的平均销售价格确定。

2）按其他纳税人最近时期同类产品的平均销售价格确定。

3）按后续加工非应税产品销售价格，减去后续加工环节的成本利润后确定。

4）按应税产品组成计税价格确定。

组成计税价格＝成本×(1＋成本利润率)÷(1－资源税税率)

公式中的成本利润率由省、自治区、直辖市税务机关确定。

5）按其他合理方法确定。

7.2.2　应交资源税的计算

1. 从量计征资源税的计算

对经营分散、多为现金交易且难以控管的黏土、砂石，按照便利征管原则，资源税仍实行从量定额计征。从量计征资源税的，其应纳税额的计算公式如下：

应交资源税＝应税产品实际销售数量×单位税额(定额税率)

代扣代缴税额＝收购的未税矿产品数量×适用单位税额

销售数量包括纳税人开采或者生产应税产品的实际销售数量和视同销售的自用数量。纳税人不能准确提供应税产品销售数量的，以应税产品的产量或者主管税务机关确定的折算比换算成的数量为计征资源税的销售数量。

【例 7－1】　某砂石厂 4 月份开采砂石 2 000 吨，当月对外销售 1 500 吨，为建职工宿舍耗用自采砂石 80 吨；其余砂石待售。每吨资源税税额 4.5 元，计算当月应交资源税。

应交资源税＝(1 500＋80)×4.5＝7 110(元)

2. 从价计征资源税的计算

(1) 开采原矿、销售原矿的计算。在开采原矿并销售原矿情况下，按从价定率计征资源税时，其计算公式如下：

应交资源税＝应税产品销售额×适用税率

【例 7－2】　某煤矿 1 月份开采原煤 50 万吨，当月对外销售 35 万吨，取得不含税收入 24 500 万元；销售与原煤同时开采的天然气，取得不含税收入 26 万元；因管理不善当月开采的原煤发生火灾损失 3 万吨。原煤资源税税率 5%，天然气资源税税率 6%。

按规定，煤矿生产的天然气不缴资源税，因管理不善而造成的损失不能减免资源税。当月应交资源税计算如下：

应交资源税＝24 500×5%＋24 500÷35×3×5%＝1 330(万元)

【例 7－3】　某油田 1 月份对外销售原油，销售额为 300 000 元，适用税率为 6%。在开采原油的同时，开采天然气 200 万立方米，当月全部用于职工宿舍取暖，已知开采成本 220 万元，当地无同类天然气售价，当地规定的天然气成本利润率为 8%，资源税适用税率为 6%。应交资源税计算如下：

原油应交资源税＝300 000×6%＝18 000(元)

天然气组成计税价格＝2 200 000×(1＋8%)÷(1－6%)＝2 527 660(元)

应交资源税＝2 527 660×6%＝151 660(元)

（2）原矿销售额与选矿销售额的换算与折算。销售额的换算比、折算率一般应通过原矿售价、选矿售价和选矿比计算（市场法），也可通过原矿销售额、加工环节的成本利润率计算（成本法）。

1）以原矿为征税对象的税目。如果销售选矿，在计算应纳资源税时，应将选矿销售额折算为原矿销售额。

原矿销售额＝选矿销售额×折算率

折算率＝(原矿单位售价×选矿比)÷ 选矿单位售价

选矿比＝加工选矿耗用的原矿数量÷选矿数量

纳税人将开采的原煤加工成选煤（选矿）销售时，应以选煤销售额乘以折算率作为应税原煤销售额计算缴纳资源税。

应交资源税＝煤销售额×选煤折算率×税率

选煤折算率计算公式1：

$$选煤折算率=\left(\begin{matrix}选煤平均\\销售额\end{matrix}-\begin{matrix}洗选环节\\平均成本\end{matrix}-\begin{matrix}洗选环节\\平均利润\end{matrix}\right)\div 选煤平均销售额\times 100\%$$

洗选煤折算率计算公式2：

选煤折算率＝原煤平均销售额÷(选煤平均销售额×综合回收率)×100%

综合回收率＝选煤数量÷入洗前原煤数量×100%

2）以选矿为征税对象的税目。如果销售原矿，在计算应纳资源税时，应将原矿销售额换算为选矿销售额。

选矿销售额＝原矿销售额×换算比

换算比＝选矿单位售价÷(原矿单位售价×选矿比)

选矿比＝加工选矿耗用的原矿数量÷选矿数量

如果本地区原矿销售情况很少，缺乏可参照的市场售价，纳税人销售或视同销售其自采原矿加工的选矿，可采用成本法计算销售额：

选矿销售额＝原矿销售额＋原矿加工为选矿的成本×(1＋成本利润率)

【例7-4】 某稀土矿山企业6月销售轻稀土选矿取得不含税收入1 400万元；销售自采轻稀土原矿取得含税收入791万元；移送45吨轻稀土原矿继续加工稀土选矿，当月没有销售。

省政府规定轻稀土资源税税率为7.5%，市场法的折算比为3.1。当月应交资源税计算如下：

选矿销售应交资源税＝14 000 000×7.5％＝1 050 000(元)

原矿销售应交资源税＝7 910 000÷(1＋13％)×3.1×7.5％＝1 627 500(元)

合计应交资源税＝1 050 000＋1 627 500＝2 677 500(元)

【例7－5】 某省规定煤炭资源税税率6％。该省天原煤矿12月销售自产原煤1万吨，每吨不含税价格700元；用自采原煤连续加工成选煤500吨，当月销售300吨，每吨不含税价格900元，洗选煤折算率为75％。应交资源税计算如下：

自产原煤销售应交资源税＝10 000×700×6％＝420 000(元)

选煤销售应交资源税＝300×900×75％×6％＝12 150(元)

合计应交资源税＝420 000＋12 150＝432 150(元)

7.3 资源税的会计处理

7.3.1 资源税会计账户的设置

为反映和监督资源税的计算和缴纳，纳税人应设置“应交税费——应交资源税”账户，贷方记本期应缴纳的资源税，借方记企业实际缴纳及应抵扣的资税额，贷方余额表示企业应缴未缴的资源税。

企业按规定计算出对外销售应税产品应纳资源税时，借记“税金及附加”账户，贷记“应交税费——应交资源税”账户；企业计算出自产自用应税产品应缴纳的资源税时，借记“生产成本”或“制造费用”账户，贷记“应交税费——应交资源税”账户；独立矿山、联合企业收购未税矿产品，按实际支付的收购款，借记“材料采购”等账户，贷记“银行存款”等账户，按代扣代缴的资源税，借记“材料采购”等账户，贷记“应交税费——应交资源税”账户。纳税人按规定上缴资源税时，借记“应交税费——应交资源税”账户，贷记“银行存款”账户。

企业外购液体盐加工成固体盐，在购入液体盐时，按允许抵扣的资源税，借记“应交税费——应交资源税”或“待扣税金——待扣资源税”账户，按外购价款扣除允许抵扣资源税的数额，借记“材料采购”等账户；企业加工成固体盐或碱销售时，按计算出的销售固体盐应缴的资源税，借记“税金及附加”账户，贷记“应交税费——应交资源税”账户，将销售固体盐应纳资源税扣抵液体盐已纳资源税后的差额上缴时，借记“应交税费——应交资源税”账户，贷记“银行存款”账户。

上月税款结算补缴税款时，借记“应交税费——应交资源税”账户，贷记“银行存款”账户；退回税款时，借记“银行存款”账户，贷记“应交税费——应交资源税”账户。

7.3.2 资源税的会计处理

【例7－6】 接例7－1，砂石厂4月份销售砂石应交资源税会计分录如下：

借：税金及附加　　7 110
　贷：应交税费——应交资源税　　7 110

【例7-7】 接例7-3，油田1月份应交资源税会计分录如下：

借：税金及附加　　151 660
　贷：应交税费——应交资源税　　151 660

【例7-8】 接例7-4，稀土矿山企业6月份应交资源税的会计分录如下：

借：税金及附加　　2 677 500
　贷：应交税费——应交资源税　　2 677 500

【例7-9】 接例7-5，天原煤矿12月应交资源税的会计分录如下：

借：税金及附加　　432 150
　贷：应交税费——应交资源税　　432 150

复习思考题

1. 试述国家征收资源税的意义。

2. 简述资源税的纳税范围和计税依据。

3. 以原矿为征税对象的税目，如果进一步加工为选矿并进行销售，如何计算其应交资源税？

4. 企业如何进行资源税的会计处理？

技能题

一、单项选择题

1. 下列单位出售的矿产品中，不缴纳资源税的是（　　）。

A. 采矿销售天然大理石　　B. 油田出售的天然气
C. 盐场销售的卤水　　D. 盐业公司销售的食盐

2. 纳税人跨省开采应税产品的，其下属生产单位与核算单位不在同一省、自治区、直辖市的，一律在（　　）。

A. 机构所在地纳税　　B. 核算地纳税
C. 开采地纳税　　D. 生产所在地纳税

二、多项选择题

1. 下列各项中，属于资源税纳税人的有（　　）。

A. 开采原煤的国有企业　　B. 进口铁矿石的私营企业
C. 开采石灰石的个体经营者　　D. 开采天然原油的外商投资企业

2. 关于资源税应税产品销售数量的含义，以下表述正确的是（　　）。

A. 应税产品销售数量包括纳税人开采应税产品的实际销售数量和自用于应当缴纳资源税情形的应税产品数量

B. 应税产品销售数量包括纳税人生产应税产品的实际销售数量和自用于应当缴纳资

源税情形的应税产品数量

C. 应税产品销售数量包括纳税人开采应税产品的数量和自用于应当缴纳资源税情形的应税产品数量

D. 应税产品销售数量包括纳税人生产应税产品的数量和自用于应当缴纳资源税情形的应税产品数量

三、判断题

1. 应税产品销售额是纳税人销售应税产品向购买方收取的全部价款和价外费用，不包括增值税税款和运杂费用。 （ ）

2. 纳税人自用应税产品时，应按对外销售该应税产品的最高价格确认销售额。 （ ）

四、计算题

1. 某油田 1 月生产原油 50 万吨，其中 20 万吨用于销售，单价 5 000 元/吨，收购联合企业同品种的已税原油 3 万吨，收购价 3 500 元/吨（原油税率为 6%）。

要求：计算该油田当月应交资源税。

2. 晋同煤矿 1 月份销售洗选煤 18 000 吨，每吨售价 920 元。假定核定折算率为 80%，适用税率 5%。

要求：计算当月应交资源税。

五、会计核算题

资料：(1) 某煤矿 1 月份开采原煤 50 万吨，当月对外销售 40 万吨，为职工宿舍供暖，耗用本月自采原煤 5 万吨，5 万吨待售。每吨原煤不含税价 600 元，资源税税率 6%。

(2) 某油田 5 月份生产原油 1 万吨，其中 6 000 吨用于对外销售，销售收入 3 000 万元；1 000 吨用于加热和修井，其余待售。在采油过程中，回收天然气 2 000 万立方米，对外销售收入 350 万元。原油每吨不含税售价 5 000 元，天然气每万立方米不含税售价 1 750 元，原油、天然气资源税税率 6%。

要求：根据上述资料，计算应交资源税，并做相应的会计处理。

第8章

企业所得税会计

学习目标

1. 掌握企业所得税的税制构成要素；
2. 掌握应纳税所得额与应纳所得税额的确认、计量；
3. 掌握企业所得税纳税申报表的构成及其填制方法；
4. 掌握企业所得税主要纳税事项的会计处理；
5. 理解财务会计中的所得税会计处理方法，尤其是资产负债表债务法；
6. 理解税务会计中的所得税会计与财务会计中的所得税会计的联系与区别。

引　言

PM公司年初采用分期收款方式向PN公司销售一套大型设备，合同约定的销售价格为2 100万元，分3次于每年12月31日等额收取。该大型设备成本为1 650万元。在现销方式下，该大型设备的销售价格为1 740万元。PM公司执行《企业会计准则》，如何对该分期收款销售业务进行会计处理？假定该公司执行《小企业会计准则》，其会计处理是否与执行《企业会计准则》相同？PM公司根据企业所得税法规定，在计算缴纳企业所得税，即进行税务会计处理时，是否会因执行不同会计准则而有所不同？当财务会计处理与税务会计处理有差异时，如何进行企业所得税的纳税调整？当你带着这些问题学习本章后，自然会得出该案例的正确答案，而且能够在理论上正确界定税务会计范畴的所得税会计（income taxes accounting）与财务会计范畴的所得税会计（accounting for income taxes），分析不同类型企业在所得税会计中体现的财务会计与税务会计的不同模式及其利弊。

8.1 企业所得税税制要素

改革开放以来，我国的企业所得税制进行了多次改革。1991 年 4 月 9 日，第七届全国人民代表大会审议通过了《中华人民共和国外商投资企业和外国企业所得税法》，决定自 1991 年 7 月 1 日起正式施行。该税法是在合并原《中外合资经营企业所得税法》和《外国企业所得税法》的基础上制定的。1993 年 12 月 13 日，国务院发布的《中华人民共和国企业所得税暂行条例》，统一了内资企业所得税（此前分别执行的是国有企业所得税、集体企业所得税和私营企业所得税），并自 1994 年 1 月 1 日起执行。

2007 年 3 月 16 日，第十届全国人民代表大会第五次会议通过了《中华人民共和国企业所得税法》，并自 2008 年 1 月 1 日起施行。企业所得税按照“简税制、宽税基、低税率、严征管”的税制改革原则，借鉴国际经验，建立各类企业统一适用的科学规范的企业所得税制度，为各类企业创造公平的市场竞争环境。

8.1.1 企业所得税的纳税人

企业所得税是对我国境内的企业和其他取得收入的组织的生产经营所得和其他所得征收的一种直接税。企业所得税的纳税人是中华人民共和国境内的企业和其他取得收入的组织（以下统称企业），但依照中国法律、行政法规规定成立的个人独资企业以及合伙人是自然人的合伙企业①除外。企业分为居民企业和非居民企业。

居民企业是指依法在中国境内成立或者依照外国（地区）法律成立但实际管理机构在中国境内的企业。依法在中国境内成立的企业，包括依照中国法律、行政法规在中国境内成立的企业、事业单位、社会团体以及其他取得收入的组织。

非居民企业是指依照外国（地区）法律成立且实际管理机构不在中国境内，但在中国境内设立机构、场所的，或者在中国境内未设立机构、场所，但有来源于中国境内所得的企业。依照外国（地区）法律成立的企业，包括依照外国（地区）法律成立的企业和其他取得收入的组织。

实际管理机构是指对企业的生产经营、人员、财产等实施实质性全面管理和控制的机构。机构、场所是指在中国境内从事生产经营活动的机构、场所，包括：

（1）管理机构、营业机构、办事机构。

（2）农场、工厂、开采自然资源的场所。

（3）提供劳务的场所。

（4）从事建筑、安装、装配、修理、勘探等工程作业的场所。

---

① 合伙人是法人和其他组织的，缴纳企业所得税，合伙人在计算其应缴企业所得税时，不得用合伙企业的亏损抵减其盈利。

（5）其他从事生产经营活动的机构、场所。

非居民企业委托营业代理人在中国境内从事生产经营活动的，包括委托单位或者个人经常代其签订合同，或者储存、交付货物等，该营业代理人视为非居民企业在中国境内设立的机构、场所。

8.1.2 企业所得税的扣缴义务人

1. 支付人为扣缴义务人

非居民企业在中国境内未设立机构、场所的，或者虽设立机构、场所但取得的所得与其所设机构、场所没有实际联系的，其来源于中国境内的所得应缴纳的所得税，实行源泉扣缴，以支付人为扣缴义务人。税款由扣缴义务人在每次支付或者到期应支付时，从支付或者到期应支付的款项中扣缴。

支付人是指依照有关法律规定或合同约定直接负有支付相关所得款项义务的组织和个人。支付是指现金支付、汇拨支付、转账支付，以及用非货币资产或者权益对价支付等货币和非货币支付。到期应支付的款项是指企业按权责发生制原则已计入与支付人生产经营活动相关的成本、费用的应付款项。

2. 指定扣缴义务人

对非居民企业在中国境内取得工程作业和劳务所得应缴纳的所得税，税务机关可以指定工程价款或者劳务费的支付人为扣缴义务人。扣缴义务人由县级以上税务机关指定，并同时告知扣缴义务人所扣税款的计算依据、计算方法和扣缴期限。

在中国境内从事工程作业和提供劳务的非居民企业发生下列情形之一的，支付人为扣缴义务人：

（1）预计工程作业或提供劳务期限不足一个纳税年度的，且有证据表明不履行纳税义务的；

（2）没有办理税务登记或者临时税务登记的，且未委托中国境内的代理人履行纳税义务的；

（3）未按照规定期限办理企业所得税纳税申报或者预缴申报的；

（4）其他规定情形。

扣缴义务人每次代扣的税款，应当自代扣之日起7日内缴入国库，并向所在地的税务机关报送扣缴企业所得税报告表。

扣缴义务人未依法扣缴或者无法履行扣缴义务的，由纳税人在所得发生地缴纳。在中国境内存在多个所得发生地的，由纳税人选择一地申报缴纳税款。

纳税人未依法缴纳的，税务机关可以从该纳税人在中国境内其他收入项目（该纳税人在中国境内从事其他投资经营活动和贸易等活动所应取得的收入）的支付人应付的款项中，追缴该纳税人的应纳税款。

8.1.3 企业所得税的征税对象

1. 居民企业的征税对象

居民企业应当就其来源于中国境内、境外的所得缴纳企业所得税。所得，包括销售货物所得、提供服务所得、转让财产所得、股息红利等权益性投资所得、利息所得、租金所得、特许权使用费所得、接受捐赠所得和其他所得。

2. 非居民企业的征税对象

非居民企业在中国境内设立机构、场所的，应当就其所设机构、场所取得的来源于中国境内的所得，以及发生在中国境外但与其所设机构、场所有实际联系①的所得，缴纳企业所得税。

非居民企业在中国境内未设立机构、场所的，或者虽设立机构、场所，但取得的所得与其所设机构、场所没有实际联系的，应当就其来源于中国境内的所得缴纳企业所得税。

来源于中国境内、境外的所得，按照以下原则确定：

（1）销售货物所得，按照交易活动发生地确定；

（2）提供劳务所得，按照劳务发生地确定；

（3）转让财产所得，不动产转让所得按照不动产所在地确定，动产转让所得按照转让动产的企业或者机构、场所所在地确定，权益性投资资产转让所得按照被投资企业所在地确定；

（4）股息、红利等权益性投资所得，按照分配所得的企业所在地确定；

（5）利息所得、租金所得、特许权使用费所得，按照负担、支付所得的企业或者机构、场所的所在地确定，或者按照负担、支付所得的个人的住所地确定；

（6）其他所得，由国务院财政、税务主管部门确定。

8.1.4 企业所得税税率

企业所得税税率采用比例税率，现行税率见表8-1。

表8-1　企业所得税税率表

税率种类	税率	适用范围
基本税率	25%	居民企业
		在中国境内设立机构、场所且所得与机构、场所有实际联系的非居民企业

① 实际联系是指非居民企业在中国境内设立的机构、场所拥有据以取得所得的股权、债权，以及拥有、管理、控制据以取得所得的财产等。

续表

税率种类	税率	适用范围
低税率	20%	在中国境内未设立机构、场所的非居民企业
		虽设立机构、场所，但取得的所得与机构、场所没有实际联系的非居民企业
优惠税率	10%	执行20%税率的非居民企业
	15%	高新技术企业，技术先进型服务企业，其他特定企业
	20%	小型微利企业（年应纳税所得额不超过100万元、100万元到300万元的部分，分别减按25%、50%计入应纳税所得额）

1. 小型微利企业的优惠税率

自2021年1月1日至2022年12月31日，符合条件的小型微利（包括电商）企业，无论采取查账征收方式还是核定征收方式缴纳企业所得税，其年应纳税所得额不超过100万元（含，下同）、100万元到300万元的部分，分别减按12.5%、50%计入应纳税所得额，按20%的税率计算缴纳企业所得税。

小型微利企业是指从事国家非限制和禁止行业，并符合下列条件的企业：年度应纳税所得额不超过300万元、从业人数不超过300人、资产总额不超过5 000万元。“从业人数”包括与企业建立劳动关系的职工人数和企业接受的劳务派遣用工人数，从业人数和资产总额指标应按企业全年的季度平均值确定，计算公式如下：

季度平均值＝(季初值＋季末值)÷2

全年季度平均值＝全年各季度平均值之和÷4

年度中间开业或者终止经营活动的，以其实际经营期作为一个纳税年度确定上述相关指标。

2. 高新技术企业、技术先进型服务企业的税率

为扶持和鼓励高新技术企业①发展，对符合规定的认定条件和认定程序的高新技术企业，企业所得税减按15%征收。

经认定的技术先进型服务企业，减按15%的税率征收企业所得税。技术先进型服务企业必须同时符合以下条件：(1)在中国境内（不包括港、澳、台地区）注册的法人企业；(2)从事《技术先进型服务业务认定范围（试行)》中的一种或多种技术先进型服务业务，采用先进技术或具备较强的研发能力；(3)具有大专以上学历的员工占企业职工总数的50%以上；(4)从事《技术先进型服务业务认定范围（试行）》中的技术先进型服务业务取得的收入占企业当年总收入的50%以上；(5)从事离岸服务外包业务取得的收入不低于企业当年总收入的35%。

---

① 指在国家重点支持的高新技术领域内，持续进行研究开发与技术成果转化，形成企业核心自主知识产权，并以此为基础开展经营活动，在中国境内（不包括港、澳、台地区）注册的居民企业。

3. 其他特定企业的优惠税率

自 2011 年 1 月 1 日至 2030 年 12 月 31 日，对设在西部地区的鼓励类产业企业减按 15%的税率征收企业所得税；国家规划布局内的重点软件企业和集成电路设计企业，当年未享受免税优惠的，可减按 10%的税率缴纳企业所得税。

8.1.5 企业所得税中的收入

1. 收入总额

收入总额是企业从各种来源取得的收入总和。收入包括企业以货币形式（现金、银行存款、应收账款、应收票据、准备持有至到期的债券投资以及债务的豁免等）和非货币形式（固定资产、生物资产、无形资产、股权投资、存货、不准备持有至到期的债券投资、服务以及有关权益等）从各种来源取得的收入。如果是以非货币形式取得的收入，应当按公允价值确定收入额，公允价值是指按照资产的市场价格确定的价值。收入项目主要有：

（1）销售货物收入。销售货物收入是指企业销售商品、产品、原材料、包装物、低值易耗品以及其他存货取得的收入。

（2）提供服务收入。提供服务收入是指企业从事建筑安装、修理修配、交通运输、仓储租赁、金融保险、邮电通信、咨询经纪、文化体育、科学研究、技术服务、教育培训、餐饮住宿、中介代理、卫生保健、社区服务、旅游、娱乐、加工以及其他劳务服务活动取得的收入。承包收入为应税收入，支付的分包款可以在税前扣除，但不能直接从收入中抵扣。

（3）转让财产收入。转让财产收入是指企业转让固定资产、投资性房地产、生物资产、无形资产、股权、债权等所取得的收入。

转让限售股取得收入，企业应按减持限售股取得的全部收入，计入企业当年应税收入计算纳税。企业转让代个人持有的限售股所取得的收入，应作为企业应税收入计算纳税。转让收入扣除限售股原值和合理税费后的余额为该限售股转让所得。企业未能提供完整、真实的限售股原值凭证，不能准确计算该限售股原值的，主管税务机关按该限售股转让收入的 15%核定其原值和税费。

（4）股息、红利等权益性投资收益。股息、红利等权益性投资收益是指企业因权益性投资从被投资方取得的收入。除国务院财政、税务主管部门另有规定外，企业应当以被投资方做出利润分配决定的日期确认收入的实现。

（5）利息收入。利息收入是指企业将资金提供给他人使用但不构成权益性投资，或因他人占用本企业资金所取得的收入，包括存款利息、贷款利息、债券利息、欠款利息等收入。

企业应按照合同约定的债务人应付利息日期确认收入。对持有至到期投资、贷款等，按《企业会计准则》规定采用实际利率法确认的利息收入为应税收入（贷记“投资收益”）。

（6）租金收入。租金收入是指企业提供固定资产、包装物或者其他有形资产的使用权取得的收入。租金收入应当按照合同约定的承租人应付租金的日期确认收入的实现。

（7）特许权使用费收入。特许权使用费收入是指企业提供专利权、专有技术、商标权、著作权以及其他特许权的使用权而取得的收入。特许权使用费收入应当按照合同约定的特许权使用人应付特许权使用费的日期确认收入的实现。

（8）接受捐赠收入。接受捐赠收入是指企业接受的来自其他企业、组织和个人无偿给予的货币性资产、非货币性资产。接受捐赠收入应当在实际收到捐赠资产的日期确认收入的实现。

（9）其他收入。其他收入是指企业取得的上述各项收入以外的一切收入，包括企业资产溢余收入、逾期未退包装物没收的押金、确实无法偿付的应付款项、企业已做坏账损失处理后又收回的应收账款、债务重组收入、补贴收入、即征即退税款、教育费附加返还款、违约金收入、汇兑收益等。

2. 不征税收入

（1）不征税收入的界定。根据可税性原理，如果一项收入、收益具有公益性或者非营利性，就不具可税性，就不应该对其征税。因此，不征税收入是指不具可税性的收入。从政府角度而言，对财政支出的拨款征税后再转为财政收入，就如同左手送出去的钱右手又拿回一部分，是对财政资金的循环征税，不符合效率原则。行政事业性收费、政府性基金两者均属财政性资金，都是国家财政收入，征税者不应再对自己征税。

按税法规定，收入总额中的下列收入为不征税收入：

1）财政拨款，是指各级政府对纳入预算管理的事业单位、社会团体等组织拨付的财政资金（财政补助、专项财政补贴等），但国务院以及国务院财政、税务主管部门另有规定的除外。

2）行政事业性收费，是指企业根据法律法规等有关规定，按照国务院规定程序批准，在实施社会公共管理，以及在向公民、法人或者其他组织提供特定公共服务过程中，向特定对象收取并纳入财政管理的费用。

3）政府性基金，是指企业根据法律、行政法规等有关规定，代政府收取的具有专项用途的财政资金。

4）其他不征税收入，是指企业取得的，由国务院财政、税务主管部门规定专项用途并经国务院批准的财政性资金。

（2）企业取得的财政性资金。企业从各级政府取得的财政性资金包括政府对企业的无偿拨款、税收返还、财政贴息，以及无偿给予的非货币性资产等（属于国家投资和使用后要求归还的本金除外）。同时符合以下条件的，准予作为不征税收入，在计算应纳税所得额时从收入总额中减除：

1）企业能够提供规定资金专项用途的资金拨付文件；

2）财政部门或其他拨付资金的政府部门对该资金有专门的资金管理办法或具体管理要求；

3）企业对该资金以及以该资金发生的支出单独进行核算。

企业将符合规定条件的财政性资金做不征税收入处理后，在5年（60个月）内未发生支出且未缴回财政或其他拨付资金的政府部门的部分，应重新计入取得该资金第6年的应税收入总额；重新计入应税收入总额的财政性资金发生的支出，允许在计算应纳税所得额时扣除。企业从政府取得的搬迁补偿收入或处置相关资产所取得的收入，从规划搬迁的次年起的5年内，作为不征税收入，期满后计入应税收入。

企业从政府取得的、与企业日常经营活动密切相关且构成企业商品或服务对价组成部分的经济资源，应按收入准则进行会计处理；而对与企业日常活动无关的政府补助（如受灾补贴等），按政府补助准则进行会计处理，记入“营业外收入”。

政府补助是来源于政府的经济资源，具有无偿性，不需要向政府交付商品或服务等对价。与资产相关的政府补助（企业取得的、用于购建或以其他方式形成长期资产的政府补助），应当冲减相关资产的账面价值或确认为“递延收益”；与收益相关的政府补助（除与资产相关的政府补助之外的政府补助），应当分别情况进行会计处理。

（3）企业取得财政性资金的会计处理。符合收入确认条件的，财务会计通过“其他收益”进行会计处理；符合政府补助确认条件的，财务会计通过“营业外收入”进行会计处理。

税务会计则应根据税法规定，对不征税收入或免税收入及其用于支出所形成的费用或资产进行同步纳税调整。不征税收入管理的核心是收入暂不征税，其支出不能税前扣除。

8.1.6 纳税地点和纳税年度

1. 纳税地点

除税收法律、行政法规另有规定外，居民企业以企业登记注册地（企业按照国家有关规定进行登记注册的住所地）为纳税地点，但登记注册地在境外的，以实际管理机构所在地为纳税地点。

非居民企业取得税法规定的所得，以机构、场所所在地为纳税地点。

非居民企业在中国境内未设立机构、场所，或者虽设立机构、场所但取得的所得与其所设机构、场所没有实际联系的，其所得应缴纳的所得税以扣缴义务人所在地为纳税地点。

2. 纳税年度

企业所得税按纳税年度计算，纳税年度自公历1月1日起至12月31日止。

企业在一个纳税年度中间开业，或者终止经营活动，使该纳税年度的实际经营期不足12个月的，应当以其实际经营期为一个纳税年度。

企业依法清算时，应当以清算期间作为一个纳税年度。

8.1.7 企业所得税的减免

1. 免税收入

免税收入是指具有可税性但按税法规定免予征税的收入。企业的下列收入为免税收入：

（1）国债利息收入。以国债发行时约定应付利息的日期，确认利息收入的实现。企业从发行者直接投资购买的国债持有至到期，其从发行者取得的国债利息收入；企业在到期前转让国债或者从非发行者投资购买的国债，按以下方法计算的国债利息收入，全额免缴企业所得税：

国债利息收入＝国债金额×(适用年利率÷365)×持有天数

式中，国债金额按国债发行面值或发行价格确定；适用年利率按国债票面年利率或折合年收益率确定；若企业不同时间多次购买同一品种国债的，持有天数可按平均持有天数计算确定。

（2）居民企业直接投资于其他居民企业所取得的股息、红利等权益性投资收益以及在中国境内设立机构、场所的非居民企业从居民企业取得与该机构、场所有实际联系的股息、红利等权益性投资收益，但不包括连续持有居民企业公开发行并上市流通的股票不足12个月取得的投资收益。

（3）符合条件的非营利组织[①]的收入（不包括非营利组织从事营利性活动所取得的收入，但国务院财政、税务主管部门另有规定的除外）。

对于不符合免税收入条件的财政性补贴，应属于征税收入（应税收入或免税收入），当且仅当有国务院、财政部或国家税务总局三个部门中的一个或多个部门明确下发文件确认为免税收入的，才属于免税收入，在计入会计收入的年度可进行纳税调整处理。[②]否则属于应税收入，应当在取得财政补贴款项的当年度计入应纳税所得额。

（4）证券投资基金有关收入。

1）对证券投资基金从证券市场中取得的收入，包括买卖股票、债券的差价收入，股权的股息、红利收入，债券的利息收入及其他收入，暂不征收企业所得税。

2）对投资者从证券投资基金分配中取得的收入，暂不征收企业所得税。

3）对证券投资基金管理人运用基金买卖股票、债券的差价收入，暂不征收企业所得税。

（5）符合条件的非营利组织收入。

2. 法定减免

（1）免缴企业所得税。企业[③]从事下列项目的所得，免缴企业所得税：

---

① 非营利组织的认定管理办法由国务院财政、税务主管部门会同国务院有关部门制定。

② 如生产软件、集成电路的企业，其增值税实际税负超过3%的即征即退增值税补贴就属于免税收入。

③ 包括“公司＋农户”经营模式的企业。

1）蔬菜、谷物、薯类、油料、豆类、棉花、麻类、糖料、水果、坚果的种植；

2）农作物新品种的选育；

3）中药材的种植；

4）林木的培育和种植；

5）牲畜、家禽的饲养；

6）林产品的采集；

7）灌溉、农产品初加工、兽医、农技推广、农机作业和维修等农、林、牧、渔服务业项目；

8）远洋捕捞。

（2）减缴企业所得税。企业从事下列项目的所得，减半缴纳企业所得税：

1）花卉、茶以及其他饮料作物和香料作物的种植；

2）海水养殖、内陆养殖；

3）企业种植观赏性植物。

企业从事国家限制和禁止发展的项目，不得享受税法规定的企业所得税优惠。

（3）技术转让所得的减免。技术转让是居民企业转让其所拥有技术的所有权或5年（含）以上全球独占许可使用权的行为。技术转让所得包括与专利技术、计算机软件著作权、集成电路布图设计权、植物新品种、生物医药新品种以及与转让相关的且一并收取的技术咨询、技术服务、技术培训收入以及财政部和国家税务总局规定的其他相关收入，但不包括销售或转让设备、仪器、零部件、原材料等非技术性收入。

在一个纳税年度内，居民企业技术转让所得不超过500万元的部分，免缴企业所得税；超过500万元的部分，减半缴纳企业所得税。

居民企业取得禁止出口和限制出口技术转让所得，不享受技术转让减免企业所得税优惠政策。居民企业从直接或间接持有股权之和达到100%的关联方取得的技术转让所得，不享受技术转让减免企业所得税优惠政策。关联方之间发生技术转让所取得的技术转让所得，不享受本优惠政策。

（4）预提所得税的减免。非居民企业取得的税法规定的所得，减按10%的税率缴纳企业所得税。下列所得可以免缴企业所得税：外国政府向我国政府提供贷款取得的利息所得；国际金融组织向我国政府和居民企业提供优惠贷款取得的利息所得；经国务院批准的其他所得。

对境外投资者从中国境内居民企业分配的利润直接投资于非禁止外商投资的项目和领域，凡满足规定条件的，实行递延纳税，暂不征收预提所得税。

境外投资者以分配利润补缴其在境内居民企业已经认缴的注册资本（新增或转增实收资本、资本公积）；境外投资者按金融主管部门规定，通过人民币再投资专用存款账户划转再投资资金，并在相关款项从利润分配企业账户转入境外投资者人民币再投资专用存款账户的当日，再由境外投资者人民币再投资专用存款账户转入被投资企业或股权转让方账户的，可享递延纳税优惠。

（5）民族自治地方的自治机关对本民族自治地方的企业应缴纳的企业所得税中属于地方分享的部分，可以决定减征或者免征。自治州、自治县决定减征或者免征的，须报省、自治区、直辖市人民政府批准。民族自治地方是指按照《中华人民共和国民族区域自治法》的规定，实行民族区域自治的自治区、自治州、自治县。民族自治地方内国家限制和禁止发展行业的企业，不得享受减免企业所得税的优惠。

3. 定期减免

（1）享受企业所得税定期减税或免税的新办企业。

1）享受企业所得税定期减税或免税的新办企业标准：按照国家法律法规以及有关规定在工商行政主管部门办理设立登记、新注册成立的企业。新办企业的权益性出资人（股东或其他权益投资方）实际出资中，固定资产、无形资产等非货币性资产的累计出资额占新办企业注册资金的比例一般不得超过25%。现有企业新设立的不具有法人资格的分支机构，不论其货币投资占了多大比例，均不得作为新办企业。

2）办理设立登记的企业，在设立时以及享受新办企业所得税定期减税或免税优惠政策期间，从权益性投资者及其关联方购置、租借或无偿占用的非货币性资产占注册资本的比例累计超过25%的，不得享受新办企业的所得税优惠政策。

3）符合条件的新办企业利用转让定价等方法从关联企业转移来利润的，转移过来的利润不得享受新办企业的所得税优惠政策；符合条件的新办企业，其业务和关键人员是从现有企业转移而来的，其全部所得不得享受新办企业的所得税优惠政策。

（2）企业从事国家重点扶持的公共基础设施项目的所得，从项目取得第一笔生产经营收入所属年度起，第1年至第3年免缴企业所得税，第4年至第6年减半缴纳企业所得税。

国家重点扶持的公共基础设施项目是指《公共基础设施项目企业所得税优惠目录》规定的港口、码头、机场、铁路、公路、电力、水利等项目。

企业承包经营、承包建设和内部自建自用以上项目，不得享受该项企业所得税优惠。

（3）从事符合条件的环境保护、节能节水项目的所得，从项目取得第一笔生产经营收入所属年度起，第1年至第3年免缴企业所得税，第4年至第6年减半缴纳企业所得税。

符合条件的环境保护、节能节水项目，包括公共污水处理、公共垃圾处理、沼气综合开发利用、节能减排技术改造、海水淡化等。项目的具体条件和范围由国务院财政、税务主管部门会同国务院有关部门制定，报国务院批准后公布施行。

（4）集成电路产业和软件产业。

1）国家鼓励的集成电路线宽小于28纳米（含），且经营期在15年以上的集成电路生产企业或项目，第1年至第10年免征企业所得税，优惠期自获利年度（应纳税所得额大于零的当年，下同）起计算。

2）国家鼓励的集成电路线宽小于65纳米（含），且经营期在15年以上的集成电路生产企业或项目，第1年至第5年免征企业所得税，第6年至第10年按照25%的法定税率减半征收企业所得税；国家鼓励的集成电路线宽小于130纳米（含），且经营期在10年以上的集成电路生产企业或项目，第1年至第2年免征企业所得税，第3年至第5年按照25%的法定税率减半征收企业所得税；优惠期自项目取得第一笔生产经营收入所属纳税年度起计算，集成电路生产项目需单独进行会计核算、计算所得，并合理分摊期间费用。

3）国家鼓励的线宽小于 130 纳米（含）的集成电路生产企业，属于国家鼓励的集成电路生产企业清单年度之前 5 个纳税年度发生的尚未弥补完的亏损，准予向以后年度结转，总结转年限最长不得超过 10 年。

4）国家鼓励的集成电路设计、装备、材料、封装、测试企业和软件企业，自获利年度起，第 1 年至第 2 年免征企业所得税，第 3 年至第 5 年按照 25%的法定税率减半征收企业所得税。

5）国家鼓励的重点集成电路设计企业和软件企业，自获利年度起，第 1 年至第 5 年免征企业所得税，接续年度减按 10%的税率征收企业所得税。

4. 加速折旧

加速折旧包括缩短折旧年限和采用加速折旧方法两种类型，采取加速折旧方法的，可以采用双倍余额递减法或年数总和法。采取缩短折旧年限方法的固定资产，最低折旧年限不得低于税法规定折旧年限的 60%；若为购置已使用过的固定资产，其最低折旧年限不得低于税法规定最低折旧年限减去已使用年限后剩余年限的 60%。

2019 年之前，固定资产加速折旧的适用范围是“六大行业和四个领域重点行业”。从 2019 年起，加速折旧的适用范围是信息传输、软件和信息服务业，以及全部制造业。

企业在享受加速折旧税收优惠时，并不要求财务会计也必须采取与税务会计相同的折旧方法。换言之，财务会计处理是否采取加速折旧方法，并不影响企业享受加速折旧税收优惠。这就可能导致财务会计折旧额小于同期税务会计折旧额，由此产生应纳税暂时性差异，可通过“递延所得税负债”账户调整该差异。企业在享受研发费加计扣除时，将已按财务会计处理的折旧额加计扣除，并做相应会计处理，否则不能加计扣除。

5. 加计扣除

（1）研发费用的加计扣除。

1）加计扣除比例及费用项目。制造企业在开展研发活动①中实际发生的研发费用，未形成无形资产计入当期损益的，在按规定据实扣除的基础上，自 2021 年 1 月 1 日起，再按实际发生额的 100%在税前加计扣除；形成无形资产的，按照无形资产成本的 200%在税前摊销。

除制造企业以外的企业（不包括烟草制造业、住宿和餐饮业、批发和零售业、房地产业、租赁和商务服务业、娱乐业），开展研发活动中实际发生的研发费用，未形成无形资产计入当期损益的，在 2023 年 12 月 31 日前，在按规定据实扣除的基础上，再按实际发生额的 75%在税前加计扣除；形成无形资产的，在上述期间按照无形资产成本的 175%在税前摊销。研发费用项目包括：

① 研发活动是指企业为获得科学与技术新知识，创造性运用科学与技术新知识，或实质性改进技术、产品（服务）、工艺而持续进行的具有明确目标的系统性活动。

①人工费用。直接从事研发活动人员的工资薪金、基本养老保险费、基本医疗保险费、失业保险费、工伤保险费、生育保险费、住房公积金和外聘研发人员的劳务费。

②直接投入费用。研发活动直接消耗的材料、燃料和动力费用；用于中间试验和产品试制的模具、工艺装备开发及制造费，不构成固定资产的样品、样机及一般测试手段购置费，试制产品的检验费；用于研发活动的仪器、设备的运行维护、调整、检验、维修等费用，以及通过经营租赁方式租入的用于研发活动的仪器、设备租赁费。

③折旧费用。用于研发活动的仪器、设备的折旧费。企业融资租入固定资产不能加速折旧，但符合条件的折旧额（而不是支付的租赁费）可以加计扣除。

④无形资产摊销额。用于研发活动的软件、专利权、非专利技术（包括许可证、专有技术、设计和计算方法等）的摊销费用。

⑤新产品设计费、新工艺规程制定费、新药研制的临床试验费、勘探开发技术的现场试验费。

⑥其他相关费用。指与研发活动直接相关的其他费用，如技术图书资料费、资料翻译费、专家咨询费、高新科技研发保险费，研发成果的检索、分析、评议、论证、鉴定、评审、评估、验收费用，知识产权的申请费、注册费、代理费，差旅费、会议费等。此项费用总额不得超过可加计扣除研发费用总额的10%。[①]

⑦财政部和国家税务总局规定的其他费用。

2）加计扣除适用范围。下列活动不得在税前加计扣除：①企业产品（服务）的常规性升级；②对某项科研成果的直接应用，如直接采用公开的新工艺、材料、装置、产品、服务或知识等；③企业在商品化后为顾客提供的技术支持活动；④对现存产品、服务、技术、材料或工艺流程进行的重复或简单改变；⑤市场调查研究、效率调查或管理研究；⑥作为工业（服务）流程环节或常规的质量控制、测试分析、维修维护；⑦社会科学、艺术或人文学方面的研究。

下列行业不得在税前加计扣除：①烟草制造业；②住宿和餐饮业；③批发和零售业；④房地产业；⑤租赁和商务服务业；⑥娱乐业；⑦财政部和国家税务总局规定的其他行业。

除上述活动和行业外，企业发生的研发支出均可享受税前加计扣除优惠。

3）特别事项处理。委托外部机构或个人进行研发活动所发生的费用，按照费用实际发生额（符合独立交易原则）的80%计入委托方研发费用并计算加计扣除，受托方不得再进行加计扣除。

委托境外进行研发活动所发生的费用，按费用实际发生额（符合独立交易原则）的80%计入委托方的委托境外研发费用。委托境外研发费用不超过境内符合条件研发费用2/3的部分，可以按规定在企业所得税前加计扣除。委托境外个人进行研发活动发生的费用，不得加计扣除。

委托方与受托方存在关联关系的，受托方应向委托方提供研发项目费用支出明细情况。

---

① 其他相关费用限额＝上述五项费用之和×10%÷(1－10%)。

4）核算管理要求。研发费用加计扣除适用于会计核算健全、实行查账征收并能够准确归集研发费用的居民企业，对可加计扣除的研发费用实行归并核算。企业应按照国家财务会计制度要求，对研发支出进行会计处理。企业研发项目立项时应设置研发支出辅助账（按自主、委托、合作、集中几种研发方式分设），留存备查；年末汇总分析填报研发支出辅助账汇总表，并在报送年度财务会计报告的同时，随附注一并报送主管税务机关。研发支出辅助账、研发支出辅助账汇总表格式参照国家税务总局公告所附样式编制。企业年度纳税申报时，根据研发支出辅助账汇总表填报研发项目可加计扣除研发费用情况归集表，随申报表一并报送。企业应在年度汇算清缴纳税申报之前，向税务机关报送企业所得税优惠事项备案表和研发项目文件完成备案，并将有关资料留存备查。

【例 8－1】 税务人员在对某仪表生产企业进行纳税评估时，实物盘查后发现实际结存的仪表比账上少 4 台。会计人员解释说，该企业是仪表生产企业，上年购进的 12 台仪表其实是其他企业生产的仪表，购入目的是为了进行拆解研究，以便改进本企业的产品。4 台仪表在上年研究开发时进行了拆解，已经失去使用价值，拆解研究后大部分零件作为废品处理了。当初，企业认为购入的精密仪表价值较高（单台价值在 10 万元左右），将其作为固定资产入账，并按折旧年限为 3 年计提了折旧。税务人员核查后证实了会计人员的解释。

税务人员经过分析后认为，企业购入的精密仪表虽然价值较高，但不属于固定资产，而属于研发活动直接消耗的材料，应该按照存货进行核算管理。根据税法规定，应该以购入仪表价值的全额为依据享受加计扣除。

税务人员建议企业应当及时进行账务调整，把库存未用的精密仪表由“固定资产”账调到“存货”账，未耗用的 8 台仪表不能再计提折旧，8 台仪表上年已经计提并加计扣除的折旧要及时转回调减补税，本年度拆解的仪表可以作为研发材料，备案后在本年企业所得税申报时一次性加计扣除。

（2）安置残疾人员就业的工资加计扣除。企业安置残疾人员及国家鼓励安置的其他人员就业并符合具体规定条件的，除所支付的工资可据实扣除外，不论企业盈亏，均可按支付给残疾职工工资的 100％加计扣除。企业支付给残疾职工的工资，在进行企业所得税预缴申报时，可据实计算扣除；在年度终了进行企业所得税年度申报和汇算清缴时，再按规定计算加计扣除。

如果企业实际支付给职工工资的加计扣除部分大于本年度应纳税所得额，准予扣除其不超过应纳税所得额的部分，超过部分在本年度和以后年度均不得扣除。亏损单位不适用工资加计扣除应纳税所得额的办法。

6. 减计收入

减计收入是指企业以《资源综合利用企业所得税优惠目录》规定的资源作为主要原材料，生产国家非限制和禁止并符合国家和行业相关标准的产品取得的收入，减按 90％计入收入总额。

主要原材料占生产产品材料的比例不得低于《资源综合利用企业所得税优惠目录》规定的标准。

7. 抵扣税额

创业投资企业从事国家需要重点扶持和鼓励的创业投资，可以按投资额的一定比例抵扣应纳税所得额。

创业投资企业采取股权投资方式投资于未上市的中小高新技术企业2年（含）以上，可以按照其对中小高新技术企业投资额的70%在股权持有满2年的当年抵扣该创业投资企业的应纳税所得额；当年不足抵扣的，可以在以后纳税年度结转抵扣。

中小高新技术企业是指企业职工人数不超过500人、年销售收入不超过2亿元、资产总额不超过2亿元的高新技术企业。

8. 税额抵免

企业购置用于环境保护、节能节水、安全生产等专用设备的投资额，可以按一定比例实行税额抵免。税额抵免是指企业购置并实际使用《环境保护专用设备企业所得税优惠目录》《节能节水专用设备企业所得税优惠目录》《安全生产专用设备企业所得税优惠目录》规定的环境保护、节能节水、安全生产等专用设备的，该专用设备投资额的10%可以从企业当年的应纳税额中抵免；当年不足抵免的，可以在以后5个纳税年度结转抵免。企业进行税额抵免时，如果增值税进项税额允许抵扣，其设备投资额不再包括增值税进项税额；如果增值税进项税额不允许抵扣，其设备投资额可以是价税合计金额；如果取得的是普通发票，其设备投资额是发票上注明的金额。

享受所得税税额抵免优惠的企业，应是实际购置并投入使用税法规定的专用设备；企业购置上述专用设备在5年内转让、出租的，应当停止享受企业所得税优惠，并补缴已经抵免的企业所得税税款。

当企业适用所得税优惠政策存在交叉时，一般情况下不能叠加享受，企业可选择其一，但加计扣除例外，可以叠加享受。

9. 企业所得税减免管理

企业按规定可以享受的各项减免政策（优惠事项）和资产损失税前扣除，实行“自行判别、申报享受、相关资料留存备查”的办理方式，即“以表代备”。企业应根据相关税收法规和经营情况自行判断是否符合规定条件。符合条件的可按规定时间自行计算减免税额，并通过填报企业所得税纳税申报主附表享受税收优惠。这大大简化了企业涉税事项的办理流程，但也将更多的隐性风险转移给企业，涉税风险从事前延伸到事后。如何应对后续稽查风险，对企业税务管理提出了更高要求。

企业同时享受多项优惠事项或享受的优惠事项按照规定分项目进行核算的，应按优惠事项或项目分别归集留存备查资料。在完成年度汇算清缴后，应同步将留存备查资料归集齐全并整理完成，以备税务机关核查。留存备查资料是指与企业享受优惠事项有关的合同、协议、凭证、证书、文件、账册、说明等资料，从享受优惠事项当年汇算清缴期结束次日起，保留期限10年。企业应按规定归集和留存相关资料备查，并对其真实性、合法性和完整性负责。

8.2　企业所得税的确认、计量与申报

8.2.1　应税收入的确认计量

应税收入就是按税法规定应纳企业所得税的收入。它是在财务会计按会计准则确认计量的基础上，再按税法规定重新确认计量的收入。

1. 应税收入确认的原则和条件

对应税收入的确认，一般也应遵循财务会计中的权责发生制原则和实质重于形式原则。① 税法规定，企业销售商品同时满足下列条件的，应确认收入的实现：

（1）商品销售合同已经签订，企业已将商品所有权相关的主要风险和报酬转移给购货方；

（2）企业对已售出的商品既没有保留通常与所有权相联系的继续管理权，也没有实施有效控制；

（3）收入的金额能够可靠地计量；

（4）已发生或将发生的销售方的成本能够可靠地核算。

根据税法实质重于形式的确认原则，房地产开发企业销售自建房产，如果已经签订正式销售合同并收取预收款，即使尚未办理产权过户手续，也应作为财产转让收入，计入当期应税收入额，预缴企业所得税。

2. 商品销售收入的确认计量

（1）一般商品销售收入的确认计量。销售商品采用托收承付方式的，在办妥托收手续时确认收入；销售商品采取预收款方式的，在发出商品时确认收入；销售商品需要安装和检验的，在购买方接受商品以及安装和检验完毕时确认收入。如果安装程序比较简单，可在发出商品时确认收入；销售商品采用支付手续费方式委托代销的，在收到代销清单时确认收入。

（2）特殊商品销售收入的确认计量。

以分期收款方式销售货物的，应当按照合同约定的收款日期确认收入的实现。

企业受托加工制造大型机械设备、船舶、飞机等，以及从事建筑、安装、装配工程业务或者提供服务等，持续时间超过 12 个月的，应当按照纳税年度内完工进度或者完成的工作量确认收入的实现。完工进度或者完成的工作量不能合理判断情况的，按照税法确定的原则处理。

采取产品分成方式取得收入的，以企业分得产品的日期确认收入的实现，其收入额

---

① 国务院财政、税务主管部门另有规定的除外。

按照产品的公允价值确定。

3. 视同销售收入的确认计量

视同销售是在税收上需要确认为应税收入（收益）而在财务会计中一般不做销售收入的事项。如企业将资产用于市场推广或销售、交际应酬、职工奖励或福利、股息分配、对外投资、对外捐赠等事项均应视同销售。

确认视同销售的前提是资产所有权属发生改变，按自制、外购、委托加工资产分别确认视同销售价格。企业以自产或外购资产作为职工福利费发给职工，其纳税处理的主要差异是：

（1）主营业务收入及成本的确认标准不同。以自制产品发放职工福利，主营业务收入按对外销售价或公允价值确认，主营业务成本按制造成本确认；以外购商品发放职工福利，主营业务收入和主营业务成本均按购买价确认。

（2）职工福利费税前扣除的确认方式不同。自制或外购两种方式的纳税差异：一是将自制产品发放职工福利按售价确认，根据税前扣除的真实发生原则，职工福利费按成本价确认，需要进行纳税调整；二是以外购商品发放职工福利，外购价既是公允价值又是成本价，因此，按外购价确认的职工福利费支出就是其发生的实际支出，无须进行纳税调整。

企业发生下列情形的处置资产（将资产转移至境外的除外），因资产所有权属在形式和实质上均不发生改变，应作为内部处置资产，不视同销售确认收入，相关资产的计税基础延续计算：（1）将资产用于生产、制造、加工另一产品；（2）改变资产的形状、结构或性能；（3）改变资产用途（如自建商品房转为自用或经营）；（4）将资产在总机构及其分支机构之间转移；（5）上述两种或两种以上情形的混合；（6）其他不改变资产所有权属的用途。

4. 租赁收入的确认计量

企业[①]提供固定资产、包装物或者其他有形资产的使用权取得的租金收入，应按交易合同或协议规定的承租人应付租金的日期确认收入的实现。交易合同或协议中规定租赁期限跨年度，且租金提前一次性收取的，出租人可对已确认的收入，在租赁期内分期均匀计入相关年度收入。例如，某企业收到当年9月份至下年8月份的一笔租金120万元，其在当年所得税汇算清缴时应确认40万元。

在融资性售后回租业务中，承租人出售资产的行为，不确认为销售收入，对融资性租赁的资产，仍按承租人出售前原账面价值作为计税基础计提折旧。租赁期间，承租人支付的属于融资利息的部分，作为企业财务费用在税前扣除。

5. 股权转让所得的确认计量

企业转让股权收入，应于转让协议生效且完成股权变更手续时确认收入的实现。转

---

① 也包括出租方在我国境内设有机构、场所，且采取据实申报缴纳企业所得税的非居民企业。

让股权收入扣除为取得该股权所发生的成本后，为股权转让所得。企业在计算股权转让所得时，不得扣除被投资企业未分配利润等股东留存收益中按该项股权所可能分配的金额。在财务会计中，企业处置长期股权投资时，其账面价值与实际取得价款的差额应确认为处置损益。采用权益法核算的长期股权投资，因被投资单位除净损益以外所有者权益的其他变动而计入所有者权益的，处置该项投资时应当将原计入所有者权益的部分按相应比例转入当期损益。

6. 财产转让等所得的确认计量

企业取得财产（包括各类资产、股权、债权等）转让收入、债务重组收入（债务重组合同或协议生效时，确认收入的实现）、接受捐赠收入、无法偿付的应付款收入等，不论是以货币形式还是非货币形式体现，除另有规定外，均应一次性计入确认收入的年度计算缴纳企业所得税。企业以非货币性资产对外投资确认的转让所得，可在不超过5年期限内分期均匀计入相应年度的应税所得额，计算缴纳企业所得税。

7. 股息、红利等权益性投资收益收入确认计量

企业权益性投资取得股息、红利等收入，应以被投资企业股东会或股东大会做出利润分配或转股决定的日期确定收入的实现。被投资企业将股权（票）溢价所形成的资本公积转为股本的，不作为投资方企业的股息、红利收入，投资方企业不得增加该项长期投资的计税基础。

8. 金融企业贷款利息收入的确认计量

金融企业按规定发放的贷款，属于未逾期贷款（含展期，下同）的，应根据先收利息、后收本金的原则，按贷款合同确认的利率和结算利息的期限计算利息，并于债务人应付利息的日期确认收入实现；属于逾期贷款的，其逾期后发生的应收利息，应于实际收到日期，或者虽未实际收到，但会计上确认为利息收入的日期，确认收入的实现。金融企业已确认为利息收入的应收利息，逾期90天仍未收回，且会计上已冲减了当期利息收入的，准予抵扣当期应纳税所得额。金融企业已冲减了利息收入的应收未收利息，以后年度收回时，应计入当期应纳税所得额计算纳税。

9. 企业接收划入资产收入的确认计量

（1）企业接收政府划入资产。

1）接收政府投资资产。县级以上人民政府及其有关部门将国有资产作为股权投资划入企业，属于政策性划转（投资）行为，不属于收入范畴，企业应将其作为国家资本金（资本公积）进行企业所得税处理。若为非货币性资产，应以政府确定的接收价为计税基础。

2）接收政府指定用途资产。县级以上人民政府及其有关部门将国有资产无偿划入企业，凡划出单位或监管部门指定专门用途，且企业按规定进行管理，具备财政性资金性

质，作为不征税收入进行所得税处理。若为非货币性资产，应以实际接收价计算不征税收入额。

3）接收政府无偿划入资产。如果属于上述情形以外的政府划入资产，企业应按政府确定的实际接收价计入当期应税收入，计算缴纳企业所得税。如果政府没有确定接收价，应按无偿划入资产的公允价值确认应税收入。

（2）企业接收股东划入资产。企业接收股东划入资产（包括股东赠与资产、在股权分置改革中接收非流通股股东赠与资产、股东放弃本企业的股权），合同（协议）约定作为资本金（含资本公积）且已进行会计处理的，属于接受股东股权的投资行为，不作为应税收入进行所得税处理，企业应按公允价值确定该项资产的计税基础。若企业接收股东划入资产系捐赠行为，应按公允价值确定该项资产的计税基础，同时作为应税收入计入收入总额，计算缴纳企业所得税。

10. 递延收入的确认计量

企业在搬迁期间发生的搬迁收入和搬迁支出，可以暂不计入当期应纳税所得额，而在完成搬迁的年度，对搬迁收入和支出进行汇总清算。企业应在搬迁完成年度，将搬迁所得计入当年的应纳税所得额计算纳税。搬迁完成年度的确认：从搬迁开始，5年内（包括搬迁当年，下同）任何一年完成搬迁的；从搬迁开始，搬迁时间满5年的年度。

11. 其他收入的确认计量

企业发生非货币性资产交换，将货物、劳务用于赞助、集资、广告、样品、职工福利和利润分配等用途的，应当视同销售货物、转让财产或者提供劳务，但国务院财政、税务主管部门另有规定的除外。

8.2.2 企业所得税的税前扣除

1. 税前扣除凭证及其扣除原则

企业所得税税前扣除凭证是指企业在计算企业所得税应纳税所得额时，证明与取得收入有关的、合理的支出实际发生，并可据以税前扣除的各类凭证。

企业发生的各项支出，应取得税前扣除凭证，作为计算企业所得税应纳税所得额时扣除相关支出的依据，企业应在当年度企业所得税汇算清缴期结束前取得税前扣除凭证。

根据凭证的来源，税前扣除凭证分为内部凭证和外部凭证。内部凭证是指企业自制用于成本、费用、损失和其他支出核算的会计原始凭证，其填制和使用应当符合国家会计法律法规等相关规定；外部凭证是指企业发生经营活动和其他事项时，从其他单位、个人取得的用于证明其支出发生的凭证，包括但不限于发票（包括纸质发票和电子发票）、财政票据、完税凭证、收款凭证、分割单等。

企业从境外购进货物或劳务发生的支出，以对方开具的发票或者具有发票性质的收款凭证、相关税费缴纳凭证作为税前扣除凭证。

税前扣除凭证应遵循真实性、合法性和关联性原则。真实性是指税前扣除凭证反映的经济业务真实，且支出已经实际发生；合法性是指税前扣除凭证的形式、来源符合国家法律法规等相关规定；关联性是指税前扣除凭证与其反映的支出相关联且有证明力。

企业应将与税前扣除凭证相关的资料，包括合同协议、支出依据、付款凭证等留存备查，以证实税前扣除凭证的真实性。

2. 税前扣除的确认原则

税前扣除权是纳税人的一项权利。企业在具体进行税前扣除时，对扣除项目的确认时间和条件，主要应遵循以下确认原则：

（1）权责发生制原则。该原则的基本含义与财务会计相同，所得税法规定该原则，旨在尽可能减少两者的差异，降低成本和风险，但另有规定的除外，即一般以权责发生制为基础，但也存在其他原则，如真实发生、确定性等原则。例如，承租方A与出租方B签订房屋租赁合同，租赁期限为三年。合同约定，第1年12月31日一次性支付三年租金300万元。出租方提前一次性收取全部租金属于预收租金，预收租金的纳税义务发生时间为收到预收款的当天，预收款应一次性开具专用发票、一次性缴纳增值税。根据权责发生制，承租方虽然在第1年年末实际支付了300万元租赁费，但不能在当年税前全部扣除，只能在税前扣除100万元，后两年每年再扣除100万元。

（2）配比原则。纳税人发生的费用应在费用应配比或应分配的当期申报扣除，不得提前或滞后申报扣除。

（3）确定性原则。纳税人可扣除的费用不论何时支付，其金额必须是确定的。

3. 税前扣除范围

企业实际发生的与取得应税收入有关的、合理的支出，包括成本、费用、税金、损失和其他支出，准予在计算应纳税所得额时扣除；除税收法律、行政法规另有规定外，不得重复扣除。

（1）销售成本。企业申报纳税期间已经确认的销售商品、提供劳务服务、转让和处置固定资产、无形资产等的销售成本、销货成本、业务支出以及其他耗费。销售成本与财务会计中的主营业务成本、其他业务成本有密切联系，但不是直接对应的。

从事代理服务，主营业务收入为手续费、佣金的企业（如证券、期货、保险代理等），其手续费及佣金支出属于营业成本范畴，准予在企业所得税前据实扣除。

（2）期间费用。企业为生产、经营商品和提供劳务等所发生的销售费用、管理费用和财务费用（已经计入成本的有关费用除外）。

（3）税金及附加。企业实际发生的除所得税和增值税以外的各项税金及附加，即通过“税金及附加”所反映的税费。

（4）损失。企业在生产经营活动中发生的固定资产和存货的盘亏、毁损、报废损失，转让财产损失，呆账损失，坏账损失，自然灾害等不可抗力因素造成的损失以及其他损失。税前扣除的损失为净损失，即企业的损失是扣除责任人赔偿和保险赔偿后的余额。

企业已经作为损失处理的资产，在以后纳税年度又全部收回或者部分收回时，应当计入当期收入。

(5) 其他支出。即除成本、费用、税金、损失外，企业经营活动中发生的有关的、合理的支出。

4. 税前扣除项目及其确认

对根据会计准则规定已经确认的支出，凡未超过税收法规规定的税前扣除范围和标准的，可按其实际确认的支出在税前扣除。超过税前扣除范围和标准的，应进行所得税的纳税调整。

(1) 工薪支出。企业发生的合理的工资、薪金支出，准予在税前扣除。职工工资薪金是指企业每一纳税年度支付给在本企业任职或与其有雇佣关系的员工的所有现金和非现金形式的劳动报酬，包括基本工资、奖金、津贴、补贴、年终加薪、加班工资，以及与员工任职或者受雇有关的其他支出。企业雇用季节工、临时工、实习生、返聘离退休人员以及接受外部劳务派遣用工，也属于企业任职或者受雇员工范畴。企业为其支付的相关费用，可以区分工资薪金支出和职工福利费支出后，准予在税前扣除，并以准予税前扣除的工资薪金支出总额为基数，作为计算其他各项相关费用的扣除依据。

合理工资薪金是指企业按照股东大会、董事会、薪酬委员会或相关管理机构制定的工资薪金制度实际发放给员工的工资薪金。税务机关在对工资薪金进行合理性确认时，按以下原则判断：

1) 企业制定了较为规范的员工工资薪金制度；

2) 企业所制定的工资薪金制度符合行业及地区水平；

3) 企业在一定时期所发放的工资薪金是相对固定的，工资薪金的调整是有序进行的；

4) 企业对实际发放的工资薪金依法履行了预扣预缴个人所得税义务；

5) 有关工资薪金的安排，不以减少或逃避税款为目的。

符合合理工薪原则，列入企业员工工薪制度、固定与工资薪金一起发放的福利性补贴，可作为企业发生的工薪支出在税前扣除。企业在年度所得税汇算清缴结束前向员工实际支付的已预提工资薪金，准予在汇缴年度按规定扣除。按协议（合同）约定直接支付给劳务派遣公司的费用，作为劳务费支出；直接支付给员工个人的费用，作为工薪支出和职工福利费支出，准予计入工薪总额基数，作为计算其他各项相关费用扣除的依据。

(2) 职工福利费[①]、工会经费、职工教育经费支出。企业实际发生的满足职工共同

---

① 企业职工福利费的内容包括：(1) 尚未实行分离办社会职能的企业，其内设福利部门所发生的设备、设施和人员费用，包括职工食堂、浴室、理发室、医务所、托儿所、疗养院等集体福利部门的设备、设施及维修保养费用和福利部门工作人员的工资薪金、社会保险费、住房公积金、劳务费等。(2) 为职工卫生保健、生活、住房、交通（包括车改补贴）等所发放的各项补贴和非货币性福利，包括企业向职工发放的因公外地就医费用、未实行医疗统筹企业职工医疗费用、职工供养直系亲属医疗补贴、供暖费补贴、职工防暑降温费、职工困难补贴、救济费、职工食堂经费补贴、职工交通补贴等。(3) 按照其他规定发生的其他职工福利费，包括丧葬补助费、抚恤费、安家费、探亲假路费等。

需要的集体生活、文化、体育等方面的职工福利费支出，不超过工资薪金总额14%的部分准予扣除。企业发生的职工福利费应该单独设置账册，进行准确核算。没有单独设置账册准确核算的，税务机关应责令企业在规定的期限内进行改正。逾期仍未改正的，税务机关可对企业发生的职工福利费进行合理的核定。

企业拨缴的工会经费，不超过工资薪金总额2%的部分，凭工会组织开具的工会经费收入专用收据，准予在税前扣除。

企业发生的职工教育经费支出，不超过工薪总额8%的部分，准予扣除；超过部分，可以在以后纳税年度结转扣除。

软件企业、集成电路设计企业、动漫企业、核电企业、航空企业的职工培训费用，可按其实际发生额在税前全额扣除。

(3) 社会保险费。

1) 企业按照国务院主管部门或省级人民政府规定的范围和标准为职工缴纳的基本医疗保险费、基本养老保险费、失业保险费、工伤保险费等基本社会保险费和住房公积金，准予税前扣除。

2) 企业为本企业任职和受雇的员工支付的补充养老保险费、补充医疗保险费，分别在不超过职工工资总额5%标准内的部分，准予税前扣除；超过部分，不得扣除。

3) 企业按规定为特殊工种职工支付的人身安全保险费和符合规定的商业保险费，准予扣除，但为投资人、一般职工支付的商业保险费，不得扣除。

4) 企业参加的财产保险、责任保险，按规定缴纳的保险费，准予扣除。

(4) 劳动保护费。企业实际发生的合理的劳动保护支出，准予扣除。劳动保护支出是指确因工作需要为雇员配备或提供工作服、手套、安全保护用品、防暑降温用品等所发生的支出。

(5) 利息费用。企业在经营过程中发生的、与收入有关的下列利息支出，准予在税前扣除：

1) 非金融企业向金融企业借款的利息支出、金融企业的各项存款利息支出和同业拆借利息支出、企业经批准发行债券的利息支出。①

2) 非金融企业向非金融企业、向股东或其他与企业有关联关系的自然人、向内部职工或其他人员②借款的利息支出，在不超过债权性投资与权益性投资2∶1的基础上，不超过按照金融企业同期同类贷款利率③计算的数额的部分。假设某企业权益性投资额5 000万元，向自然人（或关联方）借款15 000万元，在计算利息扣除时，只允许按10 000万元乘以金融企业同期同类贷款利率计算的利息在税前扣除。金融企业向关联方借款，不超过债资比5∶1部分的利息支出准予扣除。

3) 对于采用实际利率法确认的与金融负债相关的利息费用，未超过同期银行贷款利

---

① 符合资本化条件的，应计入相关资产成本。

② 企业与个人之间的借贷是真实、合法、有效的，并且不具有非法集资目的或其他违反法律法规的行为；企业与个人之间签订了借款合同。

③ 企业按合同要求首次支付利息并进行税前扣除时，应提供金融企业的同期同类贷款利率情况说明，以证明其利息支出的合理性。

率的部分，可在计算当期应纳税所得额时扣除，超过的部分不得扣除。

4）投资人投资未到位而发生的利息支出。投资人在规定期限内未缴足应投资本额的，应投资本额与实投资本额的差额应计付的利息，不属于企业合理的支出，应由投资人负担，企业不得在税前扣除。假如某企业注册资本 3 000 万元，投资人先投入 1 800 万元，尚欠 1 200 万元。该年度企业向银行借款 1 500 万元，支付借款利息 90 万元。不得扣除的借款利息为 72 万元（90×1 200÷1 500），允许扣除的利息支出 18 万元（90－72）。

（6）借款费用。企业在生产经营活动中发生的合理的不需要资本化的借款费用，准予在税前扣除。

企业为购置、建造和生产固定资产、无形资产和经过 12 个月以上的建造才能达到预定可销售状态的存货而发生的借款，在有关资产购置、建造期间发生的合理的借款费用，符合会计准则规定的资本化条件的，应作为资本性支出计入相关资产的成本；日后按税法规定计算的折旧等成本费用，可在税前扣除。有关资产竣工结算并交付使用后或达到预定可销售状态后发生的合理的借款费用，可在发生当期扣除。

企业通过发行债券、取得贷款、吸收保户储金等方式融资而发生的合理的费用支出（包括手续费及佣金支出），符合资本化条件的，应计入相关资产成本；不符合资本化条件的，作为财务费用，准予在企业所得税前据实扣除。

（7）汇兑损失。企业在货币交易中，以及纳税年度终了时将人民币以外的货币性资产、负债按照期末即期人民币汇率中间价折算为人民币时产生的汇兑损失，除已经计入有关资产成本以及与向所有者进行利润分配相关的部分外，准予扣除。

（8）业务招待费。企业实际发生的与生产经营活动有关的业务招待费，按照实际发生额的 60% 扣除，但最高不得超过当年销售收入额（含视同销售收入额）的 5‰。从事股权投资业务的企业（包括集团公司总部、创业投资企业等），从被投资企业所分配的股息、红利以及股权转让收入，可以按规定比例计算业务招待费扣除限额。

【例 8-2】 某企业某年度实现销售收入 40 000 万元，实际发生的与企业生产经营活动有关的业务招待费 400 万元，其中以企业自制商品作为礼品馈赠客户，商品成本 160 万元，同类商品售价 200 万元。

在计算业务招待费税前扣除数额时，企业应对业务招待费进行纳税调整。

调整后的业务招待费＝400－160＝240(万元)
调整后的计算基数＝40 000＋200＝40 200(万元)

按销售收入的 5‰计算，业务招待费税前扣除限额为 201 万元（40 200×5‰），按业务招待费实际支出额的 60%计算，扣除额为 144 万元（240×60%）。由于 144 万元＜201 万元，因此业务招待费企业所得税税前扣除标准为 144 万元，企业应调增应税所得额 96 万元（240－144）。

（9）广告费和业务宣传费。企业发生的符合条件的广告费和业务宣传费支出，除国务院财政、税务主管部门另有规定外，不超过当年销售收入额（含视同销售收入额和创投企业的投资收益，但不包括营业外收入和非创投企业的投资收益）15%的部分，准予扣除；超过部分，准予在以后纳税年度结转扣除。

化妆品制造或销售、医药制造和饮料制造（不含酒类制造）企业发生的广告费和业务宣传费支出，不超过当年销售收入30%的部分，准予扣除；超过部分，准予在以后纳税年度结转扣除。

烟草企业的烟草广告费和业务宣传费支出，一律不得在计算应纳税所得额时扣除。

企业申报的广告费支出必须符合以下条件：广告是通过工商部门批准的专门机构制作的；已实际支付，并取得相应发票；通过一定的媒体传播。

（10）手续费及佣金支出。佣金是在合法的商业活动中支付给中间商、经纪人、代理商、掮客等中间人的合法劳务报酬。

1）保险企业发生与其经营活动有关的手续费及佣金支出，不超过当年全部保费收入扣除退保金等后余额的18%（含本数）的部分，在计算应纳税所得额时准予扣除；超过部分，允许结转以后年度扣除。

2）企业应与具有合法经营资格中介服务企业或个人签订代办协议或合同，并按国家有关规定支付手续费及佣金。除委托个人代理外，企业以现金等非转账方式支付的手续费及佣金不得在税前扣除。企业为发行权益性证券支付给有关证券承销机构的手续费及佣金不得在税前扣除。

3）企业不得将回扣、业务提成、返利、进场费等计入手续费及佣金支出中。电信企业在发展客户、拓展业务等过程中（如委托销售电话入网卡、电话充值卡等），需向委托经纪人、代办商支付手续费及佣金的，其实际发生额不超过企业当年收入总额5%的部分，准予在企业所得税前据实扣除。

4）企业已计入固定资产、无形资产等相关资产的手续费及佣金支出，应当通过折旧、摊销等方式分期扣除，不得在发生当期直接扣除。

5）企业支付的手续费及佣金不得直接冲减服务协议或合同金额，应如实入账。

6）企业应当如实向当地主管税务机关提供当年手续费及佣金计算分配表和其他相关资料，并依法取得合法真实的凭证。

（11）固定资产折旧费用。企业按照规定计算的固定资产折旧，准予扣除。下列固定资产不得计算折旧扣除：

1）房屋、建筑物以外未投入使用的固定资产；

2）以经营租赁方式租入的固定资产；

3）以融资租赁方式租出的固定资产；

4）已足额提取折旧仍继续使用的固定资产；

5）与经营活动无关的固定资产；

6）单独估价作为固定资产入账的土地；

7）其他不得计算折旧扣除的固定资产。

（12）无形资产摊销费用。企业按照规定计算的无形资产摊销费用，准予扣除。下列无形资产不得计算摊销费用扣除：

1）自行开发的支出已在计算应纳税所得额时扣除的无形资产；

2）自创商誉；

3）与经营活动无关的无形资产；

4）其他不得计算摊销费用扣除的无形资产。

（13）长期待摊费用。企业发生的下列支出作为长期待摊费用，按照规定摊销的，准予扣除：

1）已足额提取折旧的固定资产的改建支出；

2）租入固定资产的改建支出；

3）固定资产的大修理支出；

4）其他应当作为长期待摊费用的支出，如企业在筹建期间发生的开办费等。①

（14）资产损失。企业当期发生的固定资产和流动资产盘亏、毁损净损失，提供清查盘存资料，向主管税务机关备案后，准予扣除；企业因存货盘亏、毁损、报废等原因不得从销项税额中抵扣的进项税金，视同财产损失，准予与存货损失一起扣除。

（15）环境保护专项资金。企业按照国家法律、行政法规有关规定提取的用于环境保护、生态恢复等的专项资金，准予扣除；提取资金后改变用途的，不得扣除，已经扣除的，应计入当期应纳税所得额。

（16）租赁费。企业根据生产经营的需要租入固定资产所支付的租赁费，按下列办法扣除：

1）以经营租赁方式租入固定资产发生的租赁费支出，按照租赁期限均匀扣除；

2）以融资租赁方式租入固定资产发生的租赁费支出，按照规定构成融资租入固定资产价值的部分应当提取折旧费用，分期扣除。

（17）公益性捐赠支出。公益性捐赠支出是企业通过境内公益性社会组织、县级及以上人民政府及其部门等国家机关，向教育、扶贫、济困等公益慈善事业的捐赠支出②。在不超过按国家会计制度规定计算的年度会计利润12%的部分，准予在计算应纳税所得额时扣除；超过年度利润总额12%的部分，准予在以后三年内计算应纳税所得额时结转扣除。2019年1月1日起至2022年底，目标扶贫地区的扶贫捐赠支出，疫情防控捐赠支出，准予在计算应纳税所得额时据实扣除（全额扣除）。

企业发生的公益性捐赠支出未在当年税前扣除的部分，准予向以后年度结转扣除，结转年限自捐赠发生年度的次年起计算，最长不得超过三年。

企业在计算扣除时，应先扣除以前年度结转的捐赠支出，再扣除当年发生的捐赠支出。

【例8-3】 天源公司某年度会计利润总额为600万元，向市慈善基金会捐赠其子公司10%的股权，该股权公允价值240万元，成本200万元，企业已将成本金额记入“营业外支出”。

假定不存在其他纳税调整事项，该公司实际捐赠支出为200万元，捐赠的扣除限额为72万元（600×12%），调增应纳税所得额128万元（200−72），视同销售收入200万

---

① 开（筹）办费既可以作为长期待摊费用处理，也可以在开始经营之日在当年一次扣除，扣除方法一经确定，不得改变。企业筹办期发生的业务招待费按其实际发生额的60%、广告费和业务宣传费按其实际发生额，计入筹办费。

② “公益捐赠”的界定也适用于个人所得税，但公益捐赠主体为“个人”。

元，视同销售成本 200 万元。该公司年度应交企业所得税 182 万元［(600＋128)×25%］。

如果该公司不是向公益性社会团体捐赠，而是通过区政府向某小学捐赠，则该公司视同销售收入 240 万元，视同销售成本 200 万元，应纳税所得额 40 万元（240－200）。公司年度应交企业所得税 192 万元［(600＋128＋40)×25%］。

（18）总机构分摊的费用。非居民企业在中国境内设立的机构、场所，就其中国境外总机构发生的与该机构、场所生产经营有关的费用，能够提供总机构出具的费用汇集范围、定额、分配依据和方法等证明文件，并合理分摊的，准予扣除。

（19）其他项目。根据有关法律、行政法规及有关税法规定准予扣除的其他项目，如会员费、合理的会议费、差旅费、违约金、诉讼费用等。

5. 不得扣除项目

（1）不得扣除的基本项目。

1）向投资者支付的股息、红利等权益性投资收益款项；

2）预提的土地增值税税款、企业所得税税款；

3）税收滞纳金；

4）罚金、罚款和被没收的违法所得①；

5）不属于公益性捐赠规定条件的捐赠支出；

6）赞助支出（即企业发生的与生产经营活动无关的各种非广告性质的支出）；

7）未经核定的准备金支出（企业未经国务院财政、税务主管部门核定而提取的各项资产减值准备、风险准备等准备金）；

8）因特别纳税调整而被加收的利息支出；

9）企业以其取得的不征税收入用于支出所形成的费用或资产（包括对资产计提的折旧、摊销）不得在税前扣除，但企业取得的各项免税收入所对应的各项成本费用，除另有规定者外，可以在计算企业应纳税所得额时扣除；

10）与取得收入无关的其他支出。

（2）其他不得扣除项目。企业之间支付的管理费、企业内营业机构之间支付的租金和特许权使用费，以及非银行企业内营业机构之间支付的利息，不得扣除。企业对外投资期间，投资资产的成本在计算应纳税所得额时不得扣除。

（3）企业发生的与其经营活动有关的合理的费用，税务机关要求提供证明资料的，应提供能够证明其真实性的合法凭证；否则，不得在税前扣除。

6. 企业亏损的确认和弥补

企业开始生产经营的年度为计算企业损益年度的起点。企业开（筹）办期间发生的筹办费用支出，不得计算为当期的亏损，即不做纳税调整。对于开（筹）办费用，企业

---

① 指行政机关依法没收的违法行为人取得的违法所得财物，不包括纳税人被没收财物的损失，如按经济合同规定支付的违约金、银行罚息、诉讼费等经营性罚款。

可以在开始经营之日的当年一次性扣除，也可以作为长期待摊费用分期摊销，一经选定，不得改变。

（1）亏损的确认计量。亏损是企业年度收入总额减去不征税收入、免税收入和各项税前扣除额后的余额为负数的金额。不征税收入和免税收入是指毛收入，其金额必然大于零；在计算亏损时，不减去免税所得大于零，以及税前扣除受盈利限制的加计扣除额，此类扣除额只能将应纳税所得额扣除到零为止。

【例8-4】 某企业某年实现利润50万元，其中，收入1 000万元，成本费用950万元，包括技术转让所得100万元（收入500万元，成本费用400万元）。

假设没有其他纳税调整项目，该企业当年应纳税所得额为－50万元［(1 000－500)－(950－400)］。

（2）亏损弥补期限。企业纳税年度发生的应税亏损，准予在以后年度以应税所得弥补，弥补年限不得超过5年；弥补年限连续计算，不得因弥补期间发生亏损而顺延。从2018年1月1日起，当年具备高新技术企业或科技型中小企业资格的企业，其具备资格年度之前5个年度发生的尚未弥补完的亏损，准予结转以后年度弥补，最长结转年限为10年。企业在开始生产经营前发生的筹办费用支出，不得作为当期亏损；从生产经营年度起，开始计算损益年度。

（3）亏损弥补的特殊问题。

1）企业合并。被合并企业的亏损不得在合并企业结转弥补，但企业股东在该企业合并发生时取得的股权支付金额不低于其交易支付总额的85%，以及同一控制下且不需要支付对价的企业合并，可以按下式计算：

$$\text{可由合并企业弥补的被合并企业亏损的限额}=\text{被合并企业净资产公允价值}\times\text{截至合并业务发生当年末国家发行的最长期限的国债利率}$$

2）企业分立。相关企业的亏损不得相互结转弥补，但被分立企业所有股东按原持股比例取得分立企业的股权，分立企业和被分立企业均不改变原来的实质经营活动，且被分立企业股东在该企业分立发生时取得的股权支付金额不低于其交易支付总额的85%，可以选择被分立企业未超过法定弥补期限的亏损额按分立资产占全部资产的比例进行分配，由分立企业继续弥补。

3）免税项目。如果一个企业既有应税项目，又有免税项目，其应税项目发生亏损时，按照规定可以结转以后年度弥补的亏损，应该是冲抵免税项目所得后的余额。如果应税项目有所得，但不足弥补以前年度亏损的，免税项目的所得也可用于弥补以前年度亏损，即应税项目所得与减免税项目所得盈亏可以互相弥补。

（4）弥补亏损的特定问题。

1）纳税人弥补以前年度亏损时，先到期亏损先弥补，同时到期亏损先发生的先弥补。

2）如果企业当期有境外所得，可以用其弥补境内以前年度亏损。如果企业境外所得来自多个国家，弥补境内亏损时，可以自行选择弥补境内亏损的境外所得来源国家（地区）顺序。

8.2.3 资产的所得税处理

1. 资产的计税基础

税法中界定的资产是以资本投资而形成的财产。资本性支出以及无形资产受让、开办、开发费用，不允许作为成本、费用一次性在税前扣除，应按折旧费用、摊销费用方式分次扣除。作为所得税处理的资产，包括固定资产、生物资产、无形资产、长期待摊费用、投资资产、存货等。

企业所得税法中用的“计税基础”与会计准则中的“计税基础”有明显差异。在税务会计中，资产的计税基础是指企业取得某项资产时实际发生的支出。除盘盈固定资产外，企业的各项资产均应以历史成本为计税基础。企业持有各项资产期间资产增值或减值，除国务院财政、税务主管部门规定可以确认损益外，不得调整资产的计税基础。企业不能提供资产取得或持有时的支出以及税前扣除有效凭证的，税务机关有权采用合理方法估定其净值。资产的净值是指企业按税法规定确定的资产的计税基础扣除按税法规定计提的资产折旧、摊销、折耗、呆账准备后的余额。

2. 固定资产的所得税处理

固定资产是指企业为生产产品、提供劳务、出租或经营管理而持有的使用时间超过12个月（不含12个月）的非货币性资产，包括房屋、建筑物、机器、机械、运输工具以及其他与生产经营有关的设备、器具、工具等。

(1) 固定资产的计税基础。

1) 外购的固定资产，以购买价款和支付的相关税费以及直接归属于使该资产达到预定用途发生的其他支出为计税基础；

2) 自行建造的固定资产，以竣工结算前发生的支出为计税基础；

3) 企业固定资产投入使用后，由于工程款项尚未结清未取得全额发票的，可暂按合同规定的金额计入固定资产计税基础计提折旧，待发票取得后进行调整（该项调整应在固定资产投入使用后12个月内进行）；

4) 融资租入的固定资产，以租赁合同约定的付款总额和承租人在签订租赁合同过程中发生的相关费用为计税基础，租赁合同未约定付款总额的，以该资产的公允价值和承租人在签订租赁合同过程中发生的相关费用为计税基础；

5) 盘盈的固定资产，以同类固定资产的重置完全价值为计税基础；

6) 通过捐赠、投资、非货币性资产交换、债务重组等方式取得的固定资产，以该资产的公允价值和支付的相关税费为计税基础；

7) 改建的固定资产，除已足额提取折旧的固定资产的改建支出、租入固定资产的改建支出外，以改建过程中发生的改建支出增加计税基础。

(2) 固定资产折旧。固定资产按照直线法计算的折旧，准予税前扣除。

企业应当从固定资产使用月份的次月起计提折旧；停止使用的固定资产，应当自停止使用月份的次月起停止计提折旧。企业应当根据固定资产的性质和使用情况，合理确定固定资产的预计净残值。固定资产的预计净残值一经确定，不得变更。

(3) 固定资产折旧年限。除国务院财政、税务主管部门另有规定外，固定资产计提折旧的最短年限如下：

1) 房屋、建筑物，为 20 年；

2) 飞机、火车、轮船、机器、机械和其他生产设备，为 10 年；

3) 与企业生产经营活动有关的器具、工具、家具等，为 5 年；

4) 飞机、火车、轮船以外的运输工具，为 4 年；

5) 电子设备，为 3 年。

(4) 不得计提折旧的固定资产。

1) 房屋、建筑物以外未投入使用的固定资产；

2) 以经营租赁方式租入的固定资产；

3) 以融资租赁方式租出的固定资产；

4) 已足额提取折旧仍继续使用的固定资产；

5) 与经营活动无关的固定资产；

6) 单独估价作为固定资产入账的土地；

7) 其他不得计算折旧扣除的固定资产。

(5) 固定资产改建支出。固定资产的改建支出是指企业改变房屋、建筑物结构，延长使用年限等发生的支出。

已足额提取折旧的固定资产的改建支出，按照固定资产预计尚可使用年限分期摊销；租入固定资产的改建支出，按照合同约定的剩余租赁期限分期摊销。

(6) 固定资产大修理支出。固定资产的大修理支出是指同时符合以下条件的支出：

1) 修理支出达到取得固定资产时的计税基础 50%以上；

2) 发生修理后固定资产的使用寿命延长 2 年以上。

固定资产的大修理支出按照固定资产尚可使用年限分期摊销。

(7) 长期待摊费用。长期待摊费用的支出应自支出发生的次月起分期摊销，摊销年限不得少于 3 年。

3. 递耗资产的所得税处理

从事开采石油、天然气等资源的企业所发生的矿区权益和勘探费用，可以在开始商业性生产后，在不少于 2 年的期限内分期计提折耗。

从事开采石油资源的企业，在开发阶段的费用支出和在采油气井上建造和安装的不可移作他用的建筑物、设备等固定资产，以油气井、矿区或油气田为单位，按以下方法和年限计提的折耗，准予扣除：

(1) 以油气井、矿区或油气田为单位，按照直线法综合计提折耗，折耗年限不少于 6 年；

(2) 以油气井、矿区或油气田为单位，按可采储量和产量法综合计提折耗。

采取上述方法计提折耗的，可以不留残值，从油气井或油气田开始商业性生产月份的次月起计提折耗。

4. 生产性生物资产的所得税处理

生产性生物资产是指企业为生产农产品、提供劳务或者出租等而持有的生物资产，包括经济林、薪炭林、产畜和役畜等。

（1）生产性生物资产的计税基础。生产性生物资产以实际发生的支出作为计税基础。具体确认方法为：

1）外购的生产性生物资产，以购买价款和支付的相关税费为计税基础；

2）通过捐赠、投资、非货币性资产交换、债务重组等方式取得的生产性生物资产，以该资产的公允价值和支付的相关税费为计税基础。

（2）生物性资产的折旧。生产性生物资产按照直线法计算的折旧准予扣除。

企业应当自生产性生物资产投入使用月份的次月起计提折旧；停止使用的生产性生物资产，应当自停止使用月份的次月起停止计提折旧。

企业应当根据生产性生物资产的性质和使用情况，合理确定生产性生物资产的预计净残值。生产性生物资产的预计净残值一经确定，不得变更。

（3）生产性生物资产折旧年限。生产性生物资产计算折旧的最低年限如下：

1）林木类生产性生物资产为 10 年；

2）畜类生产性生物资产为 3 年。

5. 无形资产的所得税处理

无形资产是指企业为生产产品、提供劳务、出租或者经营管理而持有的没有实物形态的非货币性长期资产，包括专利权、商标权、著作权、土地使用权、非专利技术、商誉等。

（1）无形资产的计税基础。无形资产按取得时的实际支出作为计税基础。具体确认方法为：

1）外购的无形资产，以购买价款和支付的相关税费以及直接归属于使该资产达到预定用途发生的其他支出为计税基础；

2）自行开发的无形资产，以开发过程中该资产符合资本化条件后至达到预定用途前发生的支出为计税基础；

3）通过捐赠、投资、非货币性资产交换、债务重组等方式取得的无形资产，以该资产的公允价值和支付的相关税费为计税基础。

（2）无形资产的价值摊销。无形资产按照直线法计算的摊销费用准予扣除。

无形资产的摊销年限不得低于 10 年。作为投资或者受让的无形资产，有关法律规定或合同约定了使用年限的，可以按照规定或者约定的使用年限分期摊销。

外购商誉的支出，在企业整体转让或清算时，准予税前扣除。

6. 投资资产的所得税处理

投资资产是指企业对外进行权益性投资和债权性投资形成的资产。企业在转让或者处置投资资产时，投资资产的成本，准予从转让该资产的收入中扣除。①

投资资产按发生的实际支出作为计税基础。具体确认方法为：

（1）通过支付现金方式取得的投资资产，以购买价款为成本；

（2）通过支付现金以外的方式取得的投资资产，以该资产的公允价值和支付的相关税费为成本。

7. 存货的所得税处理

存货是指企业持有以备出售的产品或商品、处在生产过程中的在产品、在生产过程或提供劳务过程中耗用的材料和物料等。

（1）存货的计税基础。企业应按取得存货时的实际支出作为计税基础。具体确认方法如下：

1）通过支付现金方式取得的存货，以购买价款和支付的相关税费为成本；

2）通过支付现金以外的方式取得的存货，以该存货的公允价值和支付的相关税费为成本；

3）生产性生物资产收获的农产品，以产出或者采收过程中发生的材料费、人工费和分摊的间接费用等必要支出为成本。

（2）存货的计价方法。企业各项存货的使用或者销售，其实际成本的计算方法可以在先进先出法、加权平均法、个别计价法中选用一种。计价方法一经选用，不得随意改变。

8. 非货币性资产投资的所得税处理

实行查账征收的居民企业（以下简称企业）以非货币性资产对外投资确认的非货币性资产转让所得，可自确认非货币性资产转让收入年度起不超过连续 5 个纳税年度的期间内，分期均匀计入相应年度的应纳税所得额，按规定计算缴纳企业所得税。非货币性资产投资同时符合多项政策的，企业可选择其中一项最优政策执行（一经选择，不得改变）。

关联企业之间发生的非货币性资产投资行为，投资协议生效后 12 个月内尚未完成股权变更登记手续的，于投资协议生效时确认非货币性资产转让收入。

企业以非货币性资产对外投资而取得被投资企业的股权，应以非货币性资产的原计税成本为计税基础，加上每年确认的非货币性资产转让所得，逐年进行调整。被投资企业取得非货币性资产的计税基础，应按非货币性资产的公允价值确定。

企业在对外投资 5 年内转让上述股权或投资收回的，应停止执行递延纳税政策，并就递延期内尚未确认的非货币性资产转让所得，在转让股权或投资收回当年的企业所得税年度汇算清缴时，一次性计算缴纳企业所得税；企业在计算股权转让所得时，可按上述规定将股权的计税基础一次调整到位。对外投资 5 年内注销的，应停止执行递延纳税政策，并就递延期内尚未确认的非货币性资产转让所得，在注销当年的企业所得税年度

① 企业对外投资的成本在对外转让或处置前不得扣除。

汇算清缴时，一次性计算缴纳企业所得税。

8.2.4 应交企业所得税的计算

1. 应纳税所得额的确定原则

（1）权责发生制原则。企业应纳税所得额的确定，一般以权责发生制为基础。一般情况下，企业所得税的纳税主体与会计核算主体是一致的，应纳税所得额的计算以财务会计核算的结果为基础，因而应纳税所得额的计算也采用了会计核算中的基本原则——权责发生制。企业经济活动导致其实际获取或拥有对某一利益的控制权时，企业已经产生应税收入，而与成本、费用对应的付款责任实际发生时，相关成本、费用也应从应税收入中减去，得出的应纳税所得额就是企业所得税的计税依据。

权责发生制原则与税前扣除的真实性原则并不矛盾。真实性是税前扣除的基本前提，除税法规定的研发费用支出和特定人员工资支出可以实行加计扣除外，一项费用只有真实发生，方可进行税前扣除。真实发生并非实际支付的概念，某些尚未支付但确属企业当期应该负担的费用，只要企业能够提供适当的凭据，就可以认定其已经真实发生，当期可以扣除。反之，即使是当期已经实际支付的费用，如果不属于企业当期应该承担的费用，也不应看作企业当期真实发生的费用，当期不得扣除。因此，对税前扣除真实性原则的阐释与权责发生制原则是不矛盾的。

（2）税法优先原则。税法优先原则是指企业在计算应纳税所得额时，企业财务、会计处理办法同税收法律、行政法规的规定不一致的，应当依照税收法律、行政法规的规定进行纳税调整，并据调整后的应纳税所得额计算缴税。

1）税务会计与财务会计的适度分离。由于税法（借助税务会计，下同）与财务会计目标不同，因此两者在某些规定上适度分离。财务会计的目标是真实、准确、完整地反映企业的财务状况、经营成果和现金流量，为会计报表使用者提供决策有用的信息。税法的主要目的是及时足额地为国家筹集财政资金，对社会和经济发展进行适当调节，保护纳税人的合法权益，其根本点在于防止企业少计应税所得、少缴所得税。

税法与财务会计两者遵循的原则不能兼容。绝大多数国家认为，作为财务会计基础的典型惯例并不能完全满足征税的需要。如财务会计确认收入要充分估计将来承担的义务或潜在义务，以确保能够准确反映一个经济实体真正的长期获利能力。根据风险自担的原则，国家已经赋予经营实体有限责任的法律保护，除此之外的经营风险，国家将不予承担。否则，将导致风险程度不同的纳税人的税收负担不公平。

目标和原则的差异带来了税法与财务会计的适度分离，导致按税法规定应该确认为收入的，财务会计可以不确认为收入，而按税法规定不应该确认为费用的，财务会计却可以确认为费用，或者出现相反的情况。这种适度分离有其客观性和必然性。

2）税务会计与财务会计差异的协调。税法具有独立的法律效力；而财务会计规范往往不具有法律效力。在处理税法与财务会计的冲突时，一般是采取协调的方式，除了无法协调的情况应遵循税法优先原则外，应尽可能减少税法与会计准则的差异，降低税收管理成本和税法遵从成本。

从提高税法的可操作性而言，财务会计无疑为税务会计提供了一个基点。也就是说，税法不是确定税务会计规则的唯一依据，如果会计准则能够更好地反映纳税人在纳税年度取得的应税所得，也可以从这些准则中获得一些框架性和原则性的支持。

对于企业财务会计已有明确处理方法，而税收法律、行政法规没有规定的，总体处理原则是按照已有的财务会计规定处理。这样既有利于缩小和协调税法与财务会计的差异，也有利于降低纳税人的会计核算成本、纳税遵从成本和税务机关的管理成本。

2. 居民企业及在我国境内设立机构、场所的非居民企业应纳税所得额的计算

企业应当建立健全会计制度，并按照税法规定正确计算应纳税所得额。

企业应纳税所得额的计算有直接计算法和间接计算法两种。直接计算法是按税法规定直接计算应纳税所得额的方法，即按税法规定的应税收入减去税法规定允许税前扣除项目金额计算应纳税所得额；间接计算法即在财务会计计算的账面利润（利润总额）的基础上，加减纳税调整项目金额，间接计算应纳税所得额的方法。直接计算法的计算公式如下：

$$\text{应纳税所得额}=\text{收入总额}-\text{不征税收入}-\text{减免税收入}-\text{扣除费用金额}-\text{抵扣和减免所得、弥补以前年度亏损额}$$

对征纳双方来说，企业所得税的直接计算法成本较高，因此，在企业所得税的年度纳税申报（A 类）时，都是采用间接计算法，即在财务会计利润总额的基础上，按税法规定，调整计算应纳税所得额。间接计算法的计算公式如下：

$$\text{纳税调整后所得}=\text{利润总额}-\text{境外所得}\pm\text{纳税调整额}-\text{免税、减计收入及加计扣除}+\text{境外应税所得抵减境内亏损额}$$

$$\text{应纳税所得额}=\text{纳税调整后所得}-\text{所得减免}-\text{弥补以前年度亏损}-\text{抵扣应纳税所得额}$$

企业按照国务院财政、税务主管部门有关文件规定，实际收到具有专门用途的先征后返所得税税款，按照会计准则规定应计入取得当期的利润总额，暂不计入取得当期的应纳税所得额。

企业以公允价值计量的金融资产、金融负债以及投资性房地产等，持有期间公允价值的变动不计入应纳税所得额，在实际处置或结算时，处置取得的价款扣除其历史成本后的差额应计入处置或结算期间的应纳税所得额。

企业确实不能提供真实、完整、准确的收入支出凭证，不能正确申报应纳税所得额的，税务机关可以采取成本加合理利润、费用换算以及其他合理方法核定其应纳税所得额。①

3. 居民企业及在我国境内设立机构、场所的非居民企业应纳税额的计算

企业的应纳税所得额乘以适用税率为应纳所得税额，再减去按税法规定的减免税额

① 详见 8.2.6“企业所得税的核定征收”。

和抵免税额后的余额为应纳税额。其计算公式为：

应纳税额＝应纳税所得额×适用税率－减免所得税额－抵免所得税额

式中，减免所得税额和抵免所得税额是指根据税法规定减征、免征和抵免的所得税额。

【例 8-5】 某制造企业为居民企业，某年度实际发生的经营业务汇总资料如下：

产品销售收入为 8 400 万元，产品销售成本 6 000 万元；其他业务收入 1 200 万元，其他业务成本 990 万元；固定资产出租收入 90 万元，非增值税销售税金及附加 486 万元；当期发生管理费用 1 290 万元，其中新技术的研究开发费用 450 万元；财务费用 300 万元；权益性投资收益 510 万元，为居民企业之间的股利收益，已在投资方所在地按 15％的税率缴纳了企业所得税；营业外收入 150 万元，营业外支出 375 万元（其中含公益性捐赠 270 万元）。

要求：计算该企业当年应纳税所得额和应交企业所得税。

(1) 会计利润总额＝8 400＋1 200＋90＋510＋150－6 000－990－486－1 290
－300－375＝909(万元)

(2) 权益性投资调减所得额＝510(万元)

(3) 技术开发费调减所得额＝450×50％＝225(万元)

(4) 公益性捐赠的纳税调整。

捐赠扣除标准＝909×12％＝109.08(万元)

实际捐赠额 270 万元大于标准 109.08 万元，应按标准额扣除。

捐赠额应调增所得额＝270－109.08＝160.92(万元)

(5) 应纳税所得额＝909－510－225＋160.92＝334.92(万元)

(6) 应交企业所得税＝334.92×25％＝83.73(万元)

【例 8-6】 某外国企业在中国境内设立一个分公司，该分公司可在中国境内独立开展经营活动，当年该分公司在中国境内取得营业收入 200 万元，发生成本费用 150 万元（其中有 20 万元不得税前扣除）。假设该分公司不享受税收优惠，该分公司当年应在中国缴纳多少企业所得税？

非居民企业在中国境内设立机构、场所的，应当就其所设机构、场所取得的来源于中国境内的所得，以及发生在中国境外但与其所设机构、场所有实际联系的所得，按 25％的税率计算缴纳企业所得税。

该分公司的应纳税所得额＝200－(150－20)＝70(万元)

由于该分公司不享受税收优惠，当年应在中国缴纳的所得税额为 17.5 万元（70×25％）。

4. 在我国境内未设立机构、场所的非居民企业应纳税所得额和应纳税额的计算

非居民企业取得的应税所得，按照下列方法计算其应纳税所得额：

(1) 股息、红利等权益性投资收益和利息、租金、特许权使用费所得，以收入全额为应纳税所得额；

（2）转让财产所得，以收入全额减去财产净值后的余额为应纳税所得额；

（3）其他所得，参照前两项规定的方法计算应纳税所得额。

收入全额是指非居民企业向支付人收取的全部价款和价外费用。提供专利权、专有技术所收取的特许权使用费，包括特许权使用费收入，以及与其相关的图纸资料费、技术服务费和人员培训费等费用。非居民企业应纳税额的计算公式如下：

应交企业所得税＝应纳税所得额×适用税率－抵免税额

5. 境外机构所得税抵免

（1）抵免法及其意义。抵免法是一国政府在优先承认其他国家的地域税收管辖权的前提下，在对本国纳税人来源于国外的所得征税时，以本国纳税人在国外缴纳的税款冲抵本国税收的方法。抵免法能够较为彻底地消除国际重复征税，使投资者国外投资与国内投资的税收负担大致相同，有利于促进国际投资和各国对外经济关系的发展；既避免了同一笔所得的双重征税，又在一定程度上防止了国际逃税、避税，保证对一笔所得必征一次税；体现了公平税负的原则，有利于维护各国的税收管辖权和税收利益。因此，它是目前世界各国普遍采用的方法。

（2）抵免法的分类。

1）按计算方式划分——全额抵免与限额抵免。全额抵免是指居住国政府对跨国纳税人在国外直接缴纳的所得税税款予以全部抵免。限额抵免也称普通抵免，是指居住国政府对跨国纳税人在国外直接缴纳的所得税税款给予抵免，但可抵免的数额不得超过国外所得额按本国税率计算的应纳税额。

限额抵免与全额抵免的区别在于：限额抵免规定了一个抵免限额，当应抵税额等于或小于抵免限额时，一般可全数抵免，超过限额的，则不能全数抵免；而全额抵免可实现全数抵免，但当居住国的税率低于非居住国的税率时，就会侵蚀居住国的税收利益，也违背了消除国际重复征税的初衷。采用限额抵免可以维护居住国的税收利益，因而被大多数国家采用；而全额抵免除在少数国家之间签订的国际税收协定中采用外，单边实行这种方法的国家很少。出于维护国家税收利益考虑，我国采用限额抵免法。

2）按适用对象不同划分——直接抵免与间接抵免。直接抵免是直接对本国纳税人在国外已经缴纳的所得税的抵免，一般适用于同一法人实体的总公司与海外分公司、总机构与海外分支机构之间的抵免。间接抵免是指母公司所在的居住国政府，允许母公司将其子公司已缴居住国的所得税中应由母公司分得股息承担的那部分税额冲抵母公司的应纳税额。

我国对境外所得直接负担的所得税采用直接抵免方法，同时又对股息、红利间接负担的所得税给予抵免，即采用间接抵免方法。实行间接抵免，有利于中国居民企业“走出去”，提高国际竞争力。根据国际惯例，实行间接抵免一般都要求以居民企业对外国公司有实质性股权参与为前提。美国、加拿大、英国、澳大利亚、墨西哥等国规定，本国公司直接或间接拥有外国公司 10%以上有表决权股票的，实行间接抵免；日本、西班牙规定的比例为25%以上。我国税法中的间接抵免方法规定控股比例为20%及以上。

（3）境外所得税直接抵免的计算。

1）可抵免境外所得税税额的确认。居民企业在境外投资设立不具有独立纳税地位的分支机构，其来源于境外的所得，以境外收入总额扣除与取得境外收入有关的各项合理支出后的余额为应纳税所得额。居民企业在境外设立不具有独立纳税地位的分支机构取得的各项境外所得，无论是否汇回中国境内，均应计入该企业所属纳税年度的境外应纳税所得额。

居民企业应就其来源于境外的股息、红利等权益性投资收益，以及利息、租金、特许权使用费、转让财产等收入，扣除按照企业所得税法及实施条例等规定计算的与取得该项收入有关的各项合理支出后的余额为应纳税所得额。来源于境外的股息、红利等权益性投资收益，应按被投资方做出利润分配决定的日期确认收入实现；来源于境外的利息、租金、特许权使用费、转让财产等收入，应按有关合同约定应付交易对价款的日期确认收入实现。

非居民企业在境内设立机构、场所的，应就其发生在境外但与境内所设机构、场所有实际联系的各项应税所得，比照居民企业的规定计算相应的应纳税所得额。

2）可抵免境外所得税税额的计量。可抵免境外所得税税额是指企业来源于中国境外的所得依照境外税收法律及相关规定应当缴纳并已实际缴纳的企业所得税性质的税款。

企业可以选择按国（地区）别分别计算（即“分国（地区）不分项”）或不按国（地区）别汇总计算（即“不分国（地区）不分项”）其来源于境外的应纳税所得额。“分国（地区）不分项”计算方式以一个国家为维度，计算可抵免境外所得税额和抵免限额；同一投资架构层级且位于不同国家的企业之间，盈亏不得相互弥补。

“不分国（地区）不分项”计算方法以同一投资架构层级为维度，计算可抵免境外所得税额和抵免限额；同一投资架构层级且位于不同国家的企业之间，盈亏可以相互弥补。

企业按规定计算的当年在境外缴纳的所得税额低于境外抵免限额的，可以从企业“应纳税总额”中据实抵免；超过抵免限额的，应以抵免限额作为境外所得税抵免额，超过抵免限额的部分，自下年起，可在连续5个纳税年度内，从每年度抵免限额抵免当年应抵税额后的余额内进行抵补。

企业按规定计算的当期境内外应纳税所得总额小于零时，以零计算当期境内外应纳税所得总额，其当期境外所得税的抵免限额也为零。

【例8-7】 天源公司当年源于境内的应纳税所得额为1 000万元，公司在甲国设有A公司和乙国设有B公司两个分支机构。按我国税法规定计算的A公司应纳税所得额200万元、B公司应纳税所得额150万元。A，B公司依据甲、乙两国税法规定，当年分别计算并实际缴纳所得税42万元和48万元。天源公司在我国应汇总缴纳企业所得税税额计算如下：

1. 按分国（地区）不分项计算。

（1）按我国税法规定计算的境内、境外所得应纳税总额。

应纳税总额＝(1 000＋200＋150)×基本税率25%＝337.5（万元）

（2）境外所得的抵免限额。

A公司抵免限额＝337.5×[200÷(1 000＋200＋150)]＝50(万元)

B公司抵免限额＝337.5×[150÷(1 000＋200＋150)]＝37.5(万元)

在甲国实际缴纳企业所得税42万元，低于抵免限额50万元，可全额抵免。

在乙国实际缴纳企业所得税48万元，大于抵免限额37.5万元，可按限额抵免，超过抵免限额的10.5万元可从下年起，用以后连续5个纳税年度的每年抵免限额抵免当年应抵税额后的余额进行抵免。

（3）天源公司当年实际应交企业所得税计算。

应交企业所得税＝337.5－42－37.5 ＝258(万元)

2. 按不分国不分项计算。

（1）按我国税法规定计算的境内、境外所得应纳税总额。

应纳税总额＝(1 000＋200＋150)×基本税率25％ ＝337.5（万元）

（2）境外所得的抵免限额。

抵免限额＝(200＋150) ×基本税率25％ ＝87.5（万元）

在境外实际缴纳企业所得税90万元（42＋48），大于境外可抵免限额2.5万元(90－87.5)，可按限额抵免，超过抵免限额的2.5万元可从下年起，用以后连续5个纳税年度的每年抵免限额抵免当年应抵税额后的余额进行抵免。

（3）天源公司当年实际应交企业所得税计算。

应交企业所得税＝337.5－87.5 ＝250(万元)

在本例中，选择“不分国（地区）不分项”计算境外税收抵免，不仅计算方法简便，而且作为居民企业的天源公司整体税负也有所降低。在实务中，企业应根据其境外各分支机构的盈亏情况和所在国企业所得税的具体规定（包括优惠政策），谨慎选择境外税收抵免计算方法。

（4）境外所得已纳税额抵免的简易计算。企业从境外取得营业利润所得以及符合境外税额间接抵免条件的股息所得，虽有所得来源国（地区）政府机关核发的具有纳税性质的凭证或证明，但若因客观原因无法真实、准确地确认应当缴纳并已经实际缴纳的境外所得税税额，除就该所得直接缴纳及间接负担的税额在所得来源国（地区）的实际有效税率低于我国企业所得税法规定的25％税率50％以上的外，可按境外应纳税所得额的12.5％作为抵免限额，企业按该国（地区）税务机关或政府机关核发的具有纳税性质凭证或证明的金额，其不超过抵免限额的部分准予抵免，超过的部分不得抵免。

（5）境外所得税间接抵免的计算。居民企业从其直接或者间接控股的外国企业分得的来源于中国境外的股息、红利等权益性投资收益，外国企业在境外实际缴纳的所得税税额中属于该项所得负担的部分，可以作为该居民企业的可抵免境外所得税税额，在法定的抵免限额内抵免。

居民企业在按照企业所得税法规定，用境外所得间接负担的税额进行税收抵免时，其取得的境外投资收益实际间接负担的税额，是指根据直接或者间接持股方式合计持股20%（含20%，下同）以上的规定层级的外国企业股份，由此应分得的股息、红利等权益性投资收益中，从最低一层外国企业起逐层计算的属于由上一层企业负担的税额，其计算公式如下：

$$\text{本层企业所纳税额属于由上一层企业负担的税额}=\left(\text{本层企业就利润和投资收益所实际缴纳的税额}+\text{符合本通知规定的由本层企业间接负担的税额}\right)\times\text{本层企业向上一层企业分配的股息(红利)}\div\text{本层企业所得税后利润额}$$

【例 8-8】 中国居民A企业拥有设立在甲国的B企业60%的有表决权股份。某年度，A企业本部确认计量的应纳税所得额1 000万元，收到B企业分回股息90万元，A企业适用所得税税率25%，B企业实现应纳税所得额500万元，适用20%的比例所得税税率，甲国规定的股息预提所得税税率为10%，假定B企业按适用税率在甲国已经实际缴纳了企业所得税，且A企业当年也无减免税和投资抵免，则A企业当年应在中国缴纳多少企业所得税?

B企业应支付给A企业的股息＝90÷(1－10%)＝100(万元)
B企业针对A企业股息代缴预提税＝100×10%＝10(万元)
B企业当年实现的税后利润＝500×(1－20%)＝400(万元)
B企业支付给A企业的股息所承担的所得税额＝500×20%×100÷400＝25(万元)
B企业支付给A企业的股息还原后的应税所得额＝100＋25＝125(万元)
A企业收到B企业分回股息已在甲国纳税额＝25＋10＝35(万元)

因为抵免限额＝125×25%＝31.25(万元)＜35(万元)
因此，允许抵免税额为31.25万元。

A企业当年应在中国缴纳的企业所得税＝(1 000＋125)×25%－31.25＝250(万元)

企业从境外取得营业利润所得以及符合境外税额间接抵免条件的股息所得，凡就该所得缴纳及间接负担的税额在所得来源国（地区）的法定税率且其实际有效税率明显高于我国的（见财政部、国家税务总局公布的国家名单），可直接以按规定计算的境外应纳税所得额和我国企业所得税法规定的税率计算的抵免限额作为可抵免的已在境外实际缴纳的企业所得税税额。

（6）境内外纳税年度不一致的问题。企业在境外投资设立不具有独立纳税地位的分支机构，其计算生产、经营所得的纳税年度与我国规定的纳税年度不一致的，与我国纳税年度当年相对应的境外纳税年度，应为在我国有关纳税年度中任何一日结束的境外纳税年度。

8.2.5 企业所得税的查账征收

企业所得税的征收有查账征收（核实征收）和核定征收两种方式。对会计核算和管理符合税法要求的企业，采用查账征收方式。在查账征收方式下，凡是具有法人资格的企业都必须单独申报缴纳企业所得税（国务院另有规定者除外），企业之间不得合并缴纳企业所得税。企业在进行所得税纳税申报时，应根据企业所得税法与企业会计准则，确认、计量两者之间的差异，将利润表中的收入、成本和费用项目调整为纳税申报表中的收入和扣除项目，进而计算应纳税所得额、应纳所得税额与应纳税额等。

1. 企业所得税的预缴

企业应当自月份或者季度终了之日起15日内，向主管税务机关报送企业所得税预缴纳税申报表。企业预缴企业所得税时，应当按照月度或者季度的实际利润额预缴，实际利润额是按会计准则规定核算的利润总额减去以前年度待弥补亏损以及不征税收入、免税收入和减免的应税所得额后的余额。按照月度或者季度的实际利润额预缴有困难的，可以按照上一纳税年度应纳税所得额的月度或者季度平均额预缴，或者按照经税务机关认可的其他方法预缴。预缴方法一经确定，该纳税年度内不得随意变更。小型微利企业预缴所得税按20%的优惠税率计算，符合减半征收条件的，还可以按20%的50%计算。

【例8-9】 某公司按季预缴企业所得税。某年第二季度会计利润总额为180万元（包括国债利息收入18万元），上年度未弥补亏损20万元，企业所得税税率为25%。生产经营借款：年初向银行借款100万元，年利率为5%；同期，向甲公司借款40万元，年利率为9%。计提固定资产减值损失6万元，不考虑其他纳税调整事项。计算该公司第二季度预交企业所得税的基数。

季度实际利润额＝180－18－20＝142(万元)

应预交企业所得税＝142×25%＝35.5(万元)

对于其他永久性差异——长期借款利息超支的1.6万元［40×(9%－5%)］和暂时性差异（资产减值损失6万元），季度预缴时不做纳税调整。

2. 企业所得税的汇算清缴

企业所得税汇算清缴是指纳税人在纳税年度终了后5个月内①，依照税收法规的规定，自行计算全年应纳税所得额和应纳所得税额，根据月度或季度预缴所得税的数额，确定该年度应补或者应退税额，并填写年度企业所得税纳税申报表，向主管税务机关办理年度企业所得税纳税申报，提供税务机关要求提供的有关资料，结清全年企业所得税税款的行为。

凡在纳税年度内从事生产经营（包括试生产、试经营），或在纳税年度中间终止经营活动的纳税人，不论是否在减税、免税期间，也无论盈利或亏损，均应按税法有关规定进行企业所得税的汇算清缴。享受免征所得税的企业，其超过税法规定的扣除限额部分和不允许扣除项目的支出，应调增应纳税所得额，并按规定计算缴纳企业所得税，不享受免征优惠。

---

① 企业在年度中间终止经营活动的，应当自实际经营终止之日起60日内，向税务机关办理当期企业所得税汇算清缴。企业应当在办理注销登记前，就其清算所得向税务机关申报并依法缴纳企业所得税。

实行查账征收的企业（A类）适用汇算清缴办法，核定定额征收企业所得税的纳税人（B类）不进行汇算清缴。企业进行汇算清缴应重点关注：

（1）收入：核查企业收入是否全部入账，特别是往来款项是否存在该确认为收入而没有入账。

（2）成本：核查企业成本结转与收入是否匹配，是否真实反映企业成本水平。

（3）费用：核查企业费用支出是否符合税法规定，计提费用项目和税前列支项目是否超过税法规定标准。

（4）税收：核查企业各项税款是否提取并缴纳。

（5）补亏：企业当年实现的利润对以前年度发生亏损的合法弥补（5年内）。

（6）调整：不论是正常纳税的企业，还是依法享受企业所得税减免的企业，汇算清缴时，均应在财务会计账面利润的基础上依法进行企业所得税纳税调整。它是一般纳税调整，调表不调账，不对财务会计记录做调整，只在纳税申报表中进行调整，影响的只是企业应纳所得税，不影响企业的账面利润。企业对以上项目按税法规定进行调增和调减后，依法计算本企业年度应纳税所得额，进而计算本年度实际应纳所得税额和应补（退）所得税额。

3. 货币计量单位

企业依法缴纳的所得税，以人民币为计量单位。

如果企业所得是以人民币以外的货币计算的，预缴企业所得税时，应当按照月度或者季度最后一日的人民币汇率中间价折合成人民币计算应纳税所得额。年度终了汇算清缴时，对已经按照月度或者季度预缴税款的，不再重新折合计算，只就该纳税年度内未缴纳企业所得税的部分，按照纳税年度最后一日的人民币汇率中间价，折合成人民币计算应纳所得税。

经税务机关检查确认，企业少计或者多计应税所得的，应当按照检查确认补税或者退税时的上一个月最后一日的人民币汇率中间价，将少计或者多计的所得折合成人民币计算应纳税所得额，再计算应补缴或者应退的税款。

4. 居民企业跨地区经营的汇总纳税

（1）企业范围。居民企业在中国境内跨地区（指跨省、自治区、直辖市和计划单列市，下同）设立不具有法人资格分支机构的，该居民企业为跨地区经营汇总纳税企业（以下简称汇总纳税企业）。缴纳的企业所得税（包括滞纳金、罚款）为中央收入并全额上缴中央国库的国有邮政企业（包括中国邮政集团公司及其控股公司和直属单位）、中国工商银行股份有限公司、中国农业银行股份有限公司、中国银行股份有限公司、国家开发银行股份有限公司、中国农业发展银行、中国进出口银行、中国投资有限责任公司、中国建设银行股份有限公司、中国建银投资有限责任公司、中国信达资产管理股份有限公司、中国石油天然气股份有限公司、中国石油化工股份有限公司、海洋石油天然气企业（包括中国海洋石油总公司、中海石油（中国）有限公司、中海油田服务股份有限公司、海洋石油工程股份有限公司）、中国长江电力股份有限公司以及铁路运输企业，其企业所得税征收管理不适用汇总纳税方法。

（2）基本要求。汇总纳税企业实行“统一计算，分级管理，就地预缴，汇总清算，财政调库”的企业所得税征收管理办法。

统一计算是指总机构统一计算包括汇总纳税企业所属各个不具有法人资格分支机构在内的全部应纳税所得额、应纳税额。

分级管理是指总机构、分支机构所在地的主管税务机关都有对当地机构进行企业所得税管理的责任，总机构和分支机构应分别接受机构所在地主管税务机关的管理。

就地预缴是指总机构、分支机构应按规定分月或分季分别向所在地主管税务机关申报预缴企业所得税。

汇总清算是指在年度终了后，总机构统一计算汇总纳税企业的年度应纳税所得额、应纳所得税额，抵减总机构、分支机构当年已就地分期预缴的企业所得税款后，多退少补。

财政调库是指财政部定期将缴入中央国库的汇总纳税企业所得税待分配收入，按照核定的系数调整至地方国库。

（3）总分机构分摊税款的计算。

总机构分摊税款＝汇总纳税企业当期应纳所得税额×50%

所有分支机构分摊税款总额＝汇总纳税企业当期应纳所得税额×50%

某分支机构分摊税款＝所有分支机构分摊税款总额×该分支机构分摊比例

总机构应按上年度分支机构的营业收入、职工薪酬和资产总额三个因素计算各分支机构分摊所得税款的比例，三因素的权重依次为 0.35，0.35，0.30；三级及以下分支机构，其营业收入、职工薪酬和资产总额统一计入二级分支机构。

$$\begin{array}{c}\text{某分支机构}\\\text{分摊比例}\end{array}=\frac{\begin{array}{c}\text{该分支机构}\\\text{营业收入}\end{array}}{\begin{array}{c}\text{各分支机构}\\\text{营业收入之和}\end{array}}\times 0.35+\frac{\begin{array}{c}\text{该分支机构}\\\text{职工薪酬}\end{array}}{\begin{array}{c}\text{各分支机构}\\\text{职工薪酬之和}\end{array}}\times 0.35+\frac{\begin{array}{c}\text{该分支机构}\\\text{资产总额}\end{array}}{\begin{array}{c}\text{各分支机构}\\\text{资产总额之和}\end{array}}\times 0.30$$

分支机构分摊比例一经确定，一般当年不做调整。

【例 8-10】 某跨地区经营企业 MM 公司，总机构设在天津，在深圳和济南分别设有 A，B 两个二级分支机构，企业所得税实行按季度预缴。上年度 A 机构全年营业收入、职工薪酬、资产总额分别为 9 000 万元、220 万元和 3 000 万元；B 机构全年营业收入、职工薪酬、资产总额分别为 5 000 万元、130 万元和 2 500 万元。总机构计算的当期应纳税所得额为 9 000 万元。

1）总机构预交所得税的计算。

总机构预交所得税的基数＝9 000×50%＝4 500(万元)

总机构应预交的所得税＝4 500×25%＝1 125(万元)

2）二级分支机构分摊比例的计算。根据上年 A，B 两个二级分支机构的营业收入、职工薪酬、资产总额，计算其所得税分摊比例。

A机构的分摊比例＝0.35×9 000÷(9 000＋5 000)＋0.35×220÷(220＋130)
＋0.3×3 000÷(3 000＋2 500)
＝0.225＋0.22＋0.164＝0.609

B机构的分摊比例＝0.35×5 000÷(9 000＋5 000)＋0.35×130÷(220＋130)
＋0.3×2 500÷(3 000＋2 500)
＝0.125＋0.13＋0.136＝0.391

3）二级分支机构预缴所得税的计算。

A机构预交所得税的基数＝4 500×0.609＝2 741(万元)
A机构应预交的所得税＝2 741×25%＝685.25(万元)
B机构预交所得税的基数＝4 500－2741＝1 759(万元)
B机构应预交的所得税＝1 759×25%＝440(万元)

5. 在我国境内设立机构、场所的非居民企业的汇总纳税

非居民企业在中国境内设立两个或者两个以上机构、场所的，经税务机关审核批准，可以选择由其主要机构、场所汇总缴纳企业所得税。汇总计算并缴纳企业所得税时，应统一核算应纳税所得额，具体办法由国务院财政、税务主管部门另行制定。

主要机构、场所是指具备下列条件的机构、场所：

（1）对其他各机构、场所的生产经营业务负有监督管理责任；

（2）设有完整的账簿、凭证，能够准确反映各机构、场所的收入、成本、费用和盈亏情况。

经税务机关审核批准是指经各机构、场所所在地税务机关的共同上级税务机关审核批准。

非居民企业经批准汇总缴纳企业所得税后，需要增设、合并、迁移、关闭机构、场所或者停止机构、场所业务的，应当事先由负责汇总申报缴纳企业所得税的主要机构、场所向其所在地税务机关报告；需要变更汇总缴纳企业所得税的主要机构、场所的，依照上述规定办理。

8.2.6 企业所得税的核定征收

1. 企业所得税核定征收的范围

居民企业纳税人具有下列情形之一的，核定征收企业所得税：

（1）依照税法规定可以不设账或应设而未设账的；

（2）只能准确核算收入总额或收入总额能够查实，但其成本费用支出不能准确核算；

（3）只能准确核算成本费用支出或成本费用支出能够查实，但其收入总额不能准确核算；

（4）收入总额、成本费用支出均不能正确核算，难以查实；

（5）虽然能够按规定设置账簿并进行核算，但未按规定保存有关凭证、账簿及纳税

资料；

（6）未按规定期限办理纳税申报，经税务机关责令限期申报，逾期仍不申报的。

特殊行业、特殊类型的纳税人和一定规模以上的特定纳税人不适用于核定征收企业所得税。①

税务机关应严格按照规定的范围和标准确定企业所得税的征收方式，不得违规扩大核定征收企业所得税范围，对符合查账征收条件的纳税人，要及时调整征收方式，实行查账征收。

2. 企业所得税征收方式的确定

（1）企业在每年第一季度填列企业所得税征收方式鉴定表（简称“鉴定表”）一式三份，报主管税务机关审核。所填鉴定表的五个项目依次是：1）账簿设置情况；2）收入总额核算情况；3）成本费用核算情况；4）凭证、账簿保存情况；5）纳税义务履行情况。五项均合格的，实行纳税人自行申报、税务机关查账征收方式。有一项不合格，实行核定征收方式，具体分为：若 1）、4）、5）项中有一项不合格或 2）、3）项均不合格，实行定额征收办法；若 2）、3）项中有一项合格、一项不合格，实行核定应税所得率办法。

（2）主管税务机关对鉴定表审核后，报县（市、区）级税务机关确定企业的所得税征收方式。

（3）征收方式确定后，在一个纳税年度内一般不得变更。

（4）对实行核定征收方式的纳税人，主管税务机关应该根据企业和当地的具体情况，按公平、公正、公开原则分类逐户核定其应纳税额或应税所得率。

3. 企业所得税的定额征收

定额征收是指主管税务机关按照一定的标准、程序和方法，直接核定纳税人的年度应纳所得税额，由纳税人按规定进行申报缴纳。实行定额征收办法的企业，参照以前年度经营情况，可先采用发票加定额的方法测算本年度应税收入总额，然后再核定其应纳所得税额。

4. 按核定应税所得率计算征收

按核定征收方式缴纳企业所得税的企业，在其收入总额或成本费用支出额能够正确核算的情况下，可按国家规定的应税所得率计算应纳税所得额，再计算出应纳税额，据以申报纳税。也就是说，按核定应税所得率方法征收企业所得税的企业，其应缴所得税的计算如下：

应税收入额＝收入总额－不征税收入－免税收入

应纳税所得额＝应税收入额×应税所得率

或　　＝成本(费用)支出额÷(1－应税所得率)×应税所得率

① 见国税函〔2009〕377 号《关于企业所得税核定征收若干问题的通知》。

应交所得税＝应纳税所得额×适用税率

企业所得税应税所得率不是税率，它是对核定征收企业所得税的企业计算其应纳税所得额预先规定的比例，是企业应纳税所得额占其经营收入的比例。该比例根据各个行业的实际销售利润率或者经营利润率等情况分别测算得出。企业所得税应税所得率见表8-2。

表8-2　企业所得税应税所得率表

行业	应税所得率（%）
农、林、牧、渔业	3～10
制造业	5～15
批发和零售贸易业	4～15
交通运输业	7～15
建筑业	8～20
饮食业	8～25
娱乐业	15～30
其他行业	10～30

注：跨境电商试验区内“无票免税”出口电商企业，应税所得率为4%。

主管税务机关根据纳税人的行业特点、纳税情况、财务管理、会计核算、利润水平等因素，结合本地实际情况，分类逐户核定其应税所得率；应税所得率一经核定，除发生特殊情况外，一个纳税年度内一般不得调整。核定征收企业发生的亏损不能在税前弥补。

【例8-11】 某核定征收企业年度实现收入150万元，成本费用130万元，主管税务机关核定的应税所得率为10%。

如果以收入为核定基数，其应交所得税为3.75万元（150×10%×25%）。

如果以成本费用为核定基数，其应交所得税为3.61万元［130÷(1－10%)×10%×25%］。

如果采用定额征收方式，假定主管税务机关核定其全年应交企业所得税4万元，则每季应交1万元。

8.2.7　小型微利企业所得税预缴和汇算清缴

符合条件的小型微利企业，预缴和年度汇算清缴企业所得税时，通过填写纳税申报表的相关内容，即可享受减征税政策。

统一实行按季度预缴企业所得税。第一季度预缴企业所得税时，如未完成上一纳税年度汇算清缴，无法判断上一纳税年度是否符合小型微利企业条件的，可暂按上一纳税年度第四季度的预缴申报情况判别。

预缴企业所得税时，按照以下规定享受减征税政策：

（1）查账征收企业。对上一纳税年度符合条件的小型微利企业，可按以下两种情况处理：

1）按实际利润额预缴的，预缴时本年度累计实际利润额不超过规定标准的，可享受减征税政策；

2）按上一纳税年度应纳税所得额平均额预缴的，预缴时可以享受减征税政策。

（2）核定应税所得率征收企业。上一纳税年度符合条件的小型微利企业，预缴时本年度累计应纳税所得额不超过规定标准的，可享受减征税政策。

（3）核定应纳所得税额征收企业。根据减征税政策规定需要调减定额的，由主管税务机关按程序调整，依规定征收。

（4）企业预缴时享受了减征税政策，年度汇算清缴时不符合小型微利企业条件的，应当按规定补缴税款。

8.2.8 企业所得税纳税申报表的填制

企业所得税纳税申报表的填制是所得税会计的核心内容。企业所得税纳税申报表的填制一般是以财务会计信息为基础，但这些信息往往要按税法规定进行纳税调整或重新组织，以符合所得税会计报表的要求——及时、正确地提供税务会计信息。

企业进行所得税纳税申报时，必须正确填制并及时报送企业所得税纳税申报表，还应附送同期财务会计报告等资料。

1. 企业所得税预缴纳税申报表及其填制

企业所得税预缴纳税申报表分A类申报表和B类申报表（2018年版）两种。企业所得税月（季）度预缴纳税申报表（A类），适用于实行查账（核实）征收企业所得税的居民企业纳税人在月（季）度预缴纳税申报时填报；跨地区经营汇总纳税企业的分支机构，在进行月（季）度预缴申报和年度汇算清缴时填报。企业所得税月（季）度预缴和年度纳税申报表（B类）适用于核定征收企业所得税的居民企业在月（季）度预缴申报和年度汇算清缴申报时填报。扣缴义务人还应填报“扣缴报告表”，汇总纳税企业应填报“汇总纳税分支机构分配表”。A类预缴纳税申报表、B类预缴和年度纳税申报表格式分别见表8-3、表8-4。

表8-3 A200000 中华人民共和国企业所得税月（季）度预缴纳税申报表（A类）

税款所属期间：　　年　月　日至　　年　月　日

纳税人识别号（统一社会信用代码）：□□□□□□□□□□□□□□□□□□□□

纳税人名称：　　　　　　　　　　　　　　　　　　金额单位：人民币元（列至角分）

优惠及附报事项有关信息									
项目	一季度		二季度		三季度		四季度		季度平均值
	季初	季末	季初	季末	季初	季末	季初	季末	
从业人数									
资产总额（万元）									
国家限制或禁止行业	□是　□否				小型微利企业				□是　□否
	附报事项名称								金额或选项
事项1	（填写特定事项名称）								
事项2	（填写特定事项名称）								

<table>
<tr><td></td><td colspan="3">预缴税款计算</td><td>本年累计</td></tr>
<tr><td>1</td><td colspan="3">营业收入</td><td></td></tr>
<tr><td>2</td><td colspan="3">营业成本</td><td></td></tr>
<tr><td>3</td><td colspan="3">利润总额</td><td></td></tr>
<tr><td>4</td><td colspan="3">加：特定业务计算的应纳税所得额</td><td></td></tr>
<tr><td>5</td><td colspan="3">减：不征税收入</td><td></td></tr>
<tr><td>6</td><td colspan="3">减：资产加速折旧、摊销（扣除）调减额（填写 A201020）</td><td></td></tr>
<tr><td>7</td><td colspan="3">减：免税收入、减计收入、加计扣除（7.1＋7.2＋…）</td><td></td></tr>
<tr><td>7.1</td><td colspan="3">（填写优惠事项名称）</td><td></td></tr>
<tr><td>7.2</td><td colspan="3">（填写优惠事项名称）</td><td></td></tr>
<tr><td>8</td><td colspan="3">减：所得减免（8.1＋8.2＋…）</td><td></td></tr>
<tr><td>8.1</td><td colspan="3">（填写优惠事项名称）</td><td></td></tr>
<tr><td>8.2</td><td colspan="3">（填写优惠事项名称）</td><td></td></tr>
<tr><td>9</td><td colspan="3">减：弥补以前年度亏损</td><td></td></tr>
<tr><td>10</td><td colspan="3">实际利润额（3＋4－5－6－7－8－9）\ 按照上一纳税年度应纳税所得额平均额确定的应纳税所得额</td><td></td></tr>
<tr><td>11</td><td colspan="3">税率（25%）</td><td></td></tr>
<tr><td>12</td><td colspan="3">应纳所得税额（10×11）</td><td></td></tr>
<tr><td>13</td><td colspan="3">减：减免所得税额（13.1＋13.2＋…）</td><td></td></tr>
<tr><td>13.1</td><td colspan="3">（填写优惠事项名称）</td><td></td></tr>
<tr><td>13.2</td><td colspan="3">（填写优惠事项名称）</td><td></td></tr>
<tr><td>14</td><td colspan="3">减：本年实际已缴纳所得税额</td><td></td></tr>
<tr><td>15</td><td colspan="3">减：特定业务预缴（征）所得税额</td><td></td></tr>
<tr><td>16</td><td colspan="3">本期应补（退）所得税额（12－13－14－15）\ 税务机关确定的本期应纳所得税额</td><td></td></tr>
<tr><td colspan="5">汇总纳税企业总分机构税款计算</td></tr>
<tr><td>17</td><td rowspan="4">总机构</td><td colspan="2">总机构本期分摊应补（退）所得税额（18＋19＋20）</td><td></td></tr>
<tr><td>18</td><td colspan="2">其中：总机构分摊应补（退）所得税额（16×总机构分摊比例__%）</td><td></td></tr>
<tr><td>19</td><td colspan="2">财政集中分配应补（退）所得税额（16×财政集中分配比例__%）</td><td></td></tr>
<tr><td>20</td><td colspan="2">总机构具有主体生产经营职能的部门分摊所得税额（16×全部分支机构分摊比例__%×总机构具有主体生产经营职能部门分摊比例__%）</td><td></td></tr>
<tr><td>21</td><td rowspan="2">分支机构</td><td colspan="2">分支机构本期分摊比例</td><td></td></tr>
<tr><td>22</td><td colspan="2">分支机构本期分摊应补（退）所得税额</td><td></td></tr>
<tr><td colspan="5">实际缴纳企业所得税计算</td></tr>
<tr><td>23</td><td colspan="2">减：民族自治地区企业所得税地方分享部分：□免征　□减征：减征幅度__%</td><td>本年累计应减免金额［（12－13－15）×40%×减征幅度］</td><td></td></tr>
<tr><td>24</td><td colspan="3">实际应补（退）所得税额</td><td></td></tr>
<tr><td colspan="5">谨声明：本纳税申报表是根据国家税收法律法规及相关规定填报的，是真实的、可靠的、完整的。
纳税人（签章）：　　　年　月　日</td></tr>
<tr><td colspan="3">经办人：
经办人身份证号：
代理机构章：
代理机构统一社会信用代码：</td><td colspan="2">受理人：
受理税务机关（章）：
受理日期：　　年　月　日</td></tr>
</table>

表8-4 B100 000 中华人民共和国企业所得税月（季）度预缴和年度纳税申报表

税款所属期间： 年 月 日至 年 月 日

纳税人识别号（统一社会信用代码）：□□□□□□□□□□□□□□□□□□□□

纳税人名称： 金额单位：人民币元（列至角分）

核定征收方式	核定应税所得率（能核算收入总额的） 核定应税所得率（能核算成本费用总额的） 核定应纳所得税额								
按季度填报信息									
项目	一季度		二季度		三季度		四季度		季度平均值
	季初	季末	季初	季末	季初	季末	季初	季末	
从业人数									
资产总额（万元）									
国家限制或禁止行业	□是 □否				小型微利企业		□是 □否		

按年度填报信息			
从业人数（填写平均值）		资产总额（填写平均值，单位：万元）	
国家限制或禁止行业	□是 □否	小型微利企业	□是 □否

行次	项目	本年累计金额
1	收入总额	
2	减：不征税收入	
3	减：免税收入（4＋5＋10＋11）	
4	国债利息收入免征企业所得税	
5	符合条件的居民企业之间的股息、红利等权益性投资收益免征企业所得税（6＋7.1＋7.2＋8＋9）	
6	其中：一般股息红利等权益性投资收益免征企业所得税	
7.1	通过沪港通投资且连续持有H股满12个月取得的股息红利所得免征企业所得税	
7.2	通过深港通投资且连续持有H股满12个月取得的股息红利所得免征企业所得税	
8	居民企业持有创新企业CDR取得的股息红利所得免征企业所得税	
9	符合条件的居民企业之间属于股息、红利性质的永续债利息收入免征企业所得税	
10	投资者从证券投资基金分配中取得的收入免征企业所得税	
11	取得的地方政府债券利息收入免征企业所得税	
12	应税收入额（1－2－3）\成本费用总额	
13	税务机关核定的应税所得率（%）	
14	应纳税所得额（第12×13行）\[第12行÷(1－第13行)×第13行]	
15	税率（25%）	
16	应纳所得税额（14×15）	
17	减：符合条件的小型微利企业减免企业所得税	
18	减：实际已缴纳所得税额	
L19	减：符合条件的小型微利企业延缓缴纳所得税额（是否延缓缴纳所得税 □是 □否）	

19	本期应补（退）所得税额（16－17－18－L19）\税务机关核定本期应纳所得税额	
20	民族自治地方的自治机关对本民族自治地方的企业应缴纳的企业所得税中属于地方分享的部分减征或免征（□免征 □减征：减征幅度__%）	
21	本期实际应补（退）所得税额	
谨声明：本纳税申报表是根据国家税收法律法规及相关规定填报的，是真实的、可靠的、完整的。 纳税人（签章）： 年 月 日		
经办人： 经办人身份证号： 代理机构签章： 代理机构统一社会信用代码：	受理人： 受理税务机关（章）： 受理日期： 年 月 日	

2. 企业所得税年度纳税申报表（A类）及其填制

企业所得税年度纳税申报表（A类，2017年版）适用于查账征收企业，由37张表单组成，其中必填表2张，选填表35张。从表单（见表8-5）结构看，全套申报表分为基础信息表、主表（见表8-6）、一级明细表、二级明细表和三级明细表，表单数据逐级汇总。从填报内容看，全套申报表由反映纳税人整体情况（2张）、会计核算（6张）、纳税调整（13张）、弥补亏损（1张）、税收优惠（9张）、境外税收（4张）、汇总纳税（2张）等明细情况的表单组成。

表8-5 企业所得税年度纳税申报表（A类）填报表单

表单编号	表单名称	是否填报
A000000	企业所得税年度纳税申报基础信息表	√
A100000	中华人民共和国企业所得税年度纳税申报表（A类）	√
A101010	一般企业收入明细表	□
A101020	金融企业收入明细表	□
A102010	一般企业成本支出明细表	□
A102020	金融企业支出明细表	□
A103000	事业单位、民间非营利组织收入、支出明细表	□
A104000	期间费用明细表	□
A105000	纳税调整项目明细表	□
A105010	视同销售和房地产开发企业特定业务纳税调整明细表	□
A105020	未按权责发生制确认收入纳税调整明细表	□
A105030	投资收益纳税调整明细表	□
A105040	专项用途财政性资金纳税调整明细表	□
A105050	职工薪酬支出及纳税调整明细表	□
A105060	广告费和业务宣传费等跨年度纳税调整明细表	□
A105070	捐赠支出及纳税调整明细表	□
A105080	资产折旧、摊销及纳税调整明细表	□
A105090	资产损失税前扣除及纳税调整明细表	□
A105100	企业重组及递延纳税事项纳税调整明细表	□
A105110	政策性搬迁纳税调整明细表	□
A105120	贷款损失准备金及纳税调整明细表	□

续表

表单编号	表单名称	是否填报
A106000	企业所得税弥补亏损明细表	□
A107010	免税、减计收入及加计扣除优惠明细表	□
A107011	符合条件的居民企业之间的股息、红利等权益性投资收益优惠明细表	□
A107012	研发费用加计扣除优惠明细表	□
A107020	所得减免优惠明细表	□
A107030	抵扣应纳税所得额明细表	□
A107040	减免所得税优惠明细表	□
A107041	高新技术企业优惠情况及明细表	□
A107042	软件、集成电路企业优惠情况及明细表	□
A107050	税额抵免优惠明细表	□
A108000	境外所得税收抵免明细表	□
A108010	境外所得纳税调整后所得明细表	□
A108020	境外分支机构弥补亏损明细表	□
A108030	跨年度结转抵免境外所得税明细表	□
A109000	跨地区经营汇总纳税企业年度分摊企业所得税明细表	□
A109010	企业所得税汇总纳税分支机构所得税分配表	□

注：企业应根据实际情况选择需要填报的表单。选择“填报”的，在“□”内打“√”，并完成该表单内容的填报；未选择“填报”的表单，无须向税务机关报送。

从使用频率看，绝大部分纳税人实际填报表单的数量在8～10张，除两张必填表外，《一般企业收入明细表》《一般企业成本支出明细表》《期间费用明细表》《纳税调整项目明细表》《职工薪酬支出及纳税调整明细表》《减免所得税优惠明细表》等为常用表单。其余则应根据纳税人所在行业类型、业务发生情况正确选择填报适合本企业的表单。

表8-6　中华人民共和国企业所得税年度纳税申报表（A类）

所属期间：××年1月1日至××年12月31日

纳税人名称：

纳税人识别号：金额单位：元（列至角分）

行次	类别	项目	金额
1	利润总额计算	一、营业收入（填写A101010\101020\103000）	3 216 553.74
2		减：营业成本（填写A102010\102020\103000）	2 589 241.83
3		减：税金及附加	39 900.96
4		减：销售费用（填写A104000）	0.00
5		减：管理费用（填写A104000）	458 598.68
6		减：财务费用（填写A104000）	594.66
7		减：资产减值损失	0.00
8		加：公允价值变动收益	0.00
9		加：投资收益	0.00
10		二、营业利润（1－2－3－4－5－6－7＋8＋9）	128 217.61
11		加：营业外收入（填写A101010\101020\103000）	0.00
12		减：营业外支出（填写A102010\102020\103000）	0.00
13		三、利润总额（10＋11－12）	128 217.61

续表

行次	类别	项目	金额
14	应纳税所得额计算	减：境外所得（填写 A108010）	0.00
15		加：纳税调整增加额（填写 A105000）	37 287.69
16		减：纳税调整减少额（填写 A105000）	164 940.00
17		减：免税、减计收入及加计扣除（填写 A107010）	0.00
18		加：境外应税所得抵减境内亏损（填写 A108000）	0.00
19		四、纳税调整后所得（13－14＋15－16－17＋18）	565.30
20		减：所得减免（填写 A107020）	0.00
21		减：弥补以前年度亏损（填写 A106000）	0.00
22		减：抵扣应纳税所得额（填写 A107030）	0.00
23		五、应纳税所得额（19－20－21－22）	565.30
24	应纳税额计算	税率（25%）	25%
25		六、应纳所得税额（23×24）	141.33
26		减：减免所得税额（填写 A107040）	0.00
27		减：抵免所得税额（填写 A107050）	0.00
28		七、应纳税额（25－26－27）	141.33
29		加：境外所得应纳所得税额（填写 A108000）	0.00
30		减：境外所得抵免所得税额（填写 A108000）	0.00
31		八、实际应纳所得税额（28＋29－30）	141.33
32		减：本年累计实际已缴纳的所得税额	32 054.40
33		九、本年应补（退）所得税额（31－32）	－31 913.07
34		其中：总机构分摊本年应补（退）所得税额（填写 A109000）	0.00
35		财政集中分配本年应补（退）所得税额（填写 A109000）	0.00
36		总机构主体生产经营部门分摊本年应补（退）所得税额（填写 A109000）	0.00

谨声明：此纳税申报表是根据《中华人民共和国企业所得税法》、《中华人民共和国企业所得税法实施条例》、有关税收政策以及国家统一会计制度的规定填报的，是真实的、可靠的、完整的。 法定代表人（签章）：　　年　月　日		
纳税人公章： 会计主管： 填表日期：　年　月　日	代理申报中介机构公章： 经办人及执业证件号码： 代理申报日期：　年　月　日	主管税务机关受理专用章： 受理人： 受理日期：　年　月　日

企业所得税的年度纳税申报以主表为核心，主表的结构是以企业所得税的间接法原理为基础设计的。填制时，以利润表为起点，将财务会计利润按税法规定调整为应纳税所得额，进而计算应纳所得税额，具体包括利润总额计算、应纳税所得额计算、应纳税额计算三部分。主表数据大部分从附表中生成，个别数据从财务报表中取得。纳税申报表的每张附表既独立体现现行企业所得税政策，又与主表密切关联。

企业在计算应纳税所得额及应纳税额时，对企业财务、会计处理方法与税法规定不一致的，应当按照税法规定计算。税法规定不明确的，在未做出明确规定之前，可以暂按企业财务、会计规定计算。

通过申报表的填报，可以揭示企业税收管理、财务管理中存在的问题，正确处理所得税会计与财务会计的关系。正确填报申报表，不仅为了履行纳税义务，还可以将经营活动中容易忽视的涉税细节问题，以表格的形式展现出来，从而有效规划企业涉税事项，防范企业税务风险。

8.3 企业所得税的会计处理

8.3.1 企业所得税会计账户设置和处理规则

在企业所得税的会计记录中，需要设置的最主要账簿是“应交企业所得税”，它既可以作为“应交税费”总账账户下的一个明细账户，又可以作为总账账户，反映企业所得税的应交、实际上缴和退补等情况。本账户的贷方反映应交和应补交的企业所得税，借方反映实际上缴和补交的企业所得税；贷方余额反映应交未交的企业所得税，借方余额反映多交的企业所得税。对应交的企业所得税，借记“所得税费用——当期所得税费用”，贷记本（明细）账户；实际缴纳时，借记本（明细）账户，贷记“银行存款”账户。

执行《小企业会计准则》的企业，企业所得税会计处理保持与税法的一致性，体现两者合一；执行《企业会计准则》的企业，企业所得税会计处理呈现与税法的差异，体现两者分离。在一套账簿体系下，以借记“所得税费用”总账金额是否与贷记“应交税费——应交企业所得税”金额一致为识别标准。如果在贷记“应交企业所得税”依税法确认计量后，借方账户金额不再按会计准则重新确认计量，说明会计准则服从税法，即借方服从贷方，属于财务会计与税务会计两者合一模式。如果在贷记“应交企业所得税”依税法确认计量后，借方账户金额按会计准则重新确认计量（采用纳税影响会计法），说明财务会计和税务会计两者分离，其差额可以通过“递延税款”或“递延所得税资产”“递延所得税负债”予以反映，以保持会计记录的借贷相等。

本节阐述的是税务会计范畴的所得税会计，即以企业所得税法为导向的所得税会计，它与财务会计范畴的所得税会计处理，即以企业会计准则为导向的会计处理，虽有密切联系，但属两个会计处理系统。

8.3.2 企业所得税抵免的会计处理

【例8-12】 某企业12月总机构损益类账户余额如下（单位：万元）：

主营业务收入	1 760
税金及附加	65

主营业务成本	780
销售费用	55
管理费用	49.2
财务费用	24
其他业务收入	130
其他业务成本	85
营业外收入	36
营业外支出	57

该企业在美国的分支机构当年获利244 897.97美元，已在美国缴纳所得税6万美元。当年12月31日我国外汇牌价为USD1＝CNY7。另外，企业当年度超过业务招待费标准的招待费支出36 000元，赞助支出45 000元。企业所得税税率25%。

企业全部利润＝8 108 000＋244 897.97×7＝9 822 285.8(元)

应纳税所得额＝9 822 285.8＋(36 000＋45 000)＝9 903 285.8(元)

境内外所得按税法计算的应纳税总额＝9 903 285.8×25%

＝2 475 821.45(元)

境外所得税扣除限额＝2 475 821.45×(244 897.97×7÷9 903 285.79)

＝428 571.45(元)

在境外实际缴纳的所得税＝60 000×7＝420 000(元)

在境外实际缴纳的税款低于扣除限额，因此，可以从应纳税额中扣除其在境外实际缴纳的所得税税款，企业实际应交税计算如下：

实际应交所得税＝2 475 821.45－420 000＝2 055 821.45(元)

假设企业上年实际缴纳所得税200万元，税务机关同意当年每季按上年实交额的1/4预缴。会计分录如下：

(1) 每季预缴所得税时。

借：应交税费——应交企业所得税	500 000	
贷：银行存款——人民币户		500 000

(2) 计算当年应交所得税时。

借：所得税费用——当期所得税费用	2 055 821.45	
贷：应交税费——应交企业所得税		2 055 821.45

(3) 下年初补交税款时。

借：应交税费——应交企业所得税	55 821.45	
贷：银行存款		55 821.45

8.3.3 企业所得税减免的会计处理

当纳税人符合减免所得税规定时，应在年度终了后两个月内向主管税务机关提供以下书面资料：减免税申请报告（主要包括减免税依据、范围、年限、金额、企业的基本情况等）；同期财务会计报表；工商营业执照和税务登记证的复印件；根据不同减免税项目，税务机关要求提供的其他材料。

1. 直接减免

企业仍需计算应纳所得税，待税务机关审批之后再确认减免税。企业在计算应纳所得税时，借记“所得税费用”，贷记“应交税费——应交企业所得税”；税务机关确认减免时，借记“应交税费——应交企业所得税”，贷记“其他收益”等。

2. 即征即退与先征后退

企业在计算应纳所得税时，借记“所得税费用”，贷记“应交税费——应交企业所得税”；缴纳时，借记“应交税费——应交企业所得税”，贷记“银行存款”；确认应退税额并收到退税款时，借记“银行存款”，贷记“所得税费用”。

3. 有指定用途的退税

所得税退税款作为国家投资的，形成国家资本。企业收到退税时，借记“银行存款”，贷记“实收资本——国家资本金”。对有指定用途的政策性减免，可将减免的所得税额贷记“资本公积”。

企业按照国务院财政、税务主管部门有关文件规定，实际收到具有专门用途的先征后返所得税税款，按照会计准则规定应计入取得当期的利润总额，但不作为当期的应纳税所得额。

8.3.4 企业所得税预缴和汇算清缴的会计处理

1. 企业所得税预缴的会计处理

企业计提应预缴的企业所得税时，应借记“所得税费用——当期所得税费用”，贷记“应交税费——应交企业所得税”；实际缴纳时，借记“应交税费——应交企业所得税”，贷记“银行存款”。

【例8-13】 天科公司某年第一季度会计利润总额为100万元（含国债利息收入5万元），以前年度未弥补亏损20万元，企业所得税税率为25%。

企业“长期借款”账户记载：年初向工商银行借款50万元，年利率为6%；向B公司借款100万元，年利率为8%，上述款项全部用于生产经营。另外，计提固定资产减值损失4万元。假设无其他纳税调整事项。

（1）第一季度预缴所得税的计算和会计记录。企业预缴的基数为会计利润100万元，扣除上年度亏损20万元以及不征税收入和免税收入5万元后，实际应纳税利润额为75万元。对于其他永久性差异，如长期借款利息超支的2万元［100×(8%−6%)］和暂时性差异（资产减值损失4万元），季度预缴时不做纳税调整。做会计分录如下：

1）反映应交所得税时。

借：所得税费用——当期所得税费用　187 500

　贷：应交税费——应交企业所得税　187 500

2）下月初，实际缴纳企业所得税时。

借：应交税费——应交企业所得税　187 500

　贷：银行存款　187 500

（2）后三个季度预缴所得税的计算和会计记录。假设第二季度企业累计实现利润135万元，第三季度累计实现利润−20万元，第四季度累计实现利润120万元。

1）第二季度末，做会计分录如下：

借：所得税费用——当期所得税费用　150 000

　贷：应交税费——应交企业所得税［(1 350 000−750 000)×25%］　150 000

下月初缴纳企业所得税时：

借：应交税费——应交企业所得税　150 000

　贷：银行存款　150 000

2）第三季度累计利润为亏损，不缴税也不作会计记录。

3）第四季度累计实现利润120万元，税法规定应先预缴税款，再汇算清缴。由于第四季度累计利润小于以前季度（第二季度）累计实现利润总额，暂不缴税也不作会计记录。

2. 企业所得税汇算清缴的会计处理

（1）无须公开披露年度财务报告企业的企业所得税汇算清缴。对这类企业，所得税汇算清缴可以采用简化会计处理方法。在年终结账前，不直接进行所得税纳税调整，也不通过“以前年度损益调整”账户，而是直接冲减“利润分配——未分配利润”，进行简化会计处理。期末补缴的企业所得税也不会对决策产生重大影响，“应交税费——应交企业所得税”也能正确反映所交金额，年终保持账表一致。在税务检查和报表审计中，一般也不将其作为差错处理。

（2）公众公司企业所得税汇算清缴。新三板挂牌企业及上市公司办理企业所得税汇算清缴通常是在年度财务报表披露后至企业所得税汇缴期满前进行，分以下两种情况：

1）在年度财务报告披露后办理汇算清缴。企业所得税汇缴是在审计后的年度财务报告基础上，对税会差异项目进行纳税调整后形成的应纳税所得额，进而计算应纳所得税额，这是实务中比较常见的情况。

这种情形，虽然企业的年度企业所得税是在年度财务报告披露后办理纳税申报，但在年度利润表金额已经审计确定而未经股东大会批准发布之前，审核人员应根据企业所得税年度纳税申报表准确计算“应纳所得税额”，并以此确定最终的财务报告相应项目金额。

由于企业的净利润是按照审计后的会计利润扣除所得税费用后的差额确定的，因此只有先计算出所得税费用，才能得出年度净利润。

审计人员根据审计后的会计利润、所得税费用确定净利润，并形成最终的财务报告，经股东大会批准后对外披露。

2）在年度财务报告披露之前办理汇算清缴。即企业所得税汇缴按规定在5月底之前已经办理，但年度财务报告是在6月份披露的。在这种情况下，汇缴时未经审计的财务报告与披露时审计后的财务报告之间如果存在数据差异，则会影响应纳税所得额和应纳所得税额，需要进行更正申报，并重新报送审计后的年度财务报告及企业所得税年度纳税申报表。在汇缴时进行纳税调整而增加或减少的应纳企业所得税额，应视同报告年度当年发生的会计事项，调整报告年度的所得税费用和应交所得税金额。

在年度财务报告金额已经确认尚未报出之前，填报企业所得税年度纳税申报表，涉及应补缴税款的，借记“所得税费用——当期所得税费用”，贷记“应交税费——应交企业所得税”；涉及应退税款的，作方向相反的会计分录。

企业所得税实行动态管理，企业所得税汇缴后，5年内发现多缴、少缴企业所得税的，均可更正原所属年度的纳税申报表，按规定计算应补、退税款。涉及应退税款的，需出具专项报告，经税务机关审核确认后，办理退税或抵顶当期应纳所得税额。

（3）相关会计处理。在企业所得税汇算清缴时，若全年应交企业所得税大于全年已预缴的企业所得税，其差额为应补缴的企业所得税，按其差额借记“以前年度损益调整”，贷记“应交税费——应交企业所得税”；实际缴纳时，借记“应交税费——应交企业所得税”，贷记“银行存款”。企业还应将“以前年度损益调整”账户余额转入“利润分配”，借记“利润分配——未分配利润”，贷记“以前年度损益调整——所得税费用”；同时调整盈余公积，借记“盈余公积”，贷记“利润分配——未分配利润”。在汇算清缴企业所得税时，若全年应交企业所得税小于全年已预缴的企业所得税，其差额为多缴的企业所得税，按其差额借记“应交税费——应交企业所得税”，贷记“以前年度损益调整”。如果税务机关退还企业多缴的所得税，借记“银行存款”，贷记“应交税费——应交企业所得税”；若多缴的所得税不能办理退税，则可以挂账用以抵缴以后应预缴的企业所得税。企业还应将“以前年度损益调整”账户余额转入“利润分配”，借记“以前年度损益调整——所得税费用”，贷记“利润分配——未分配利润”；同时调整盈余公积，借记“利润分配——未分配利润”，贷记“盈余公积”。

【例8-14】 天洋公司按季预交企业所得税（税率25%）。1月份向工商银行借款40万元，年利率6%，当月还向某公司借款15万元，年利率10%，两笔借款全部用于生产经营；计提资产减值准备3万元；无其他纳税调整事项。第四季度实际利润额累计280万元。假定当年四个季度预缴企业所得税共计68.9万元。天洋公司于次年4月15日进行企业所得税的汇算清缴，相关会计处理如下：

年度应纳税所得额＝2 800 000＋150 000×(10%－6%)＋30 000＝2 836 000(元)

年度实际应交企业所得税＝2 836 000×25%＝709 000(元)

汇算清缴应补缴企业所得税＝709 000－689 000＝20 000(元)

（1）计提应补缴企业所得税时。

借：以前年度损益调整——所得税费用	20 000	
贷：应交税费——应交企业所得税		20 000

（2）应补缴企业所得税时。

借：应交税费——应交企业所得税　　20 000

　贷：银行存款　　20 000

（3）将“以前年度损益调整”余额转入“利润分配”时。

借：利润分配——未分配利润　　20 000

　贷：以前年度损益调整　　20 000

（4）因净利润变动调整盈余公积时。

借：盈余公积（20 000×10%）　　2 000

　贷：利润分配——未分配利润　　2 000

【例 8-15】 某上市公司按季预交企业所得税（税率 25%）。年度利润表中利润总额为 3 000 万元。公司当年发生诉讼，预计赔偿对方 100 万元，并记入“营业外支出”和“预计负债”；次年 3 月 15 日法院判决，该官司需赔偿对方 300 万元，假定该事项可以在所得税前列支，无其他纳税调整事项。当年四个季度预缴企业所得税共计 653.5 万元。公司于次年 4 月 15 日进行企业所得税的汇算清缴，次年 4 月 30 日对外公告财务报告，相关会计处理如下：

年度应纳税所得额＝30 000 000－(3 000 000－1 000 000)＝28 000 000（元）

年度应交企业所得税＝28 000 000×25%＝7 000 000（元）

应补缴企业所得税＝7 000 000 －6 535 000＝465 000（元）

（1）计提应补缴企业所得税时。

借：以前年度损益调整——所得税费用　　465 000

　贷：应交税费——应交企业所得税　　465 000

（2）补缴企业所得税时。

借：应交税费——应交企业所得税　　465 000

　贷：银行存款　　465 000

（3）将“以前年度损益调整”余额转入“利润分配”时。

借：利润分配——未分配利润　　465 000

　贷：以前年度损益调整　　465 000

（4）因净利润变动调整盈余公积时。

借：盈余公积（465 000×10%）　　46 500

　贷：利润分配——未分配利润　　46 500

【例 8-16】 承例 8-15，假设公司于次年 3 月 30 日已经对外公告财务报告，次年 4 月 15 日进行企业所得税的汇算清缴，相关会计处理如下：

年度应纳税所得额＝30 000 000－(3 000 000－1 000 000)＝28 000 000（元）

年度应交企业所得税＝28 000 000×25%＝7 000 000（元）

应补缴企业所得税＝7 000 000 －6 535 000＝465 000（元）

（1）计提应补缴企业所得税时。

借：所得税费用　465 000

　贷：应交税费——应交企业所得税　465 000

（2）补缴企业所得税时。

借：应交税费——应交企业所得税　465 000

　贷：银行存款　465 000

8.3.5 企业所得税纳税调整的会计处理

【例8-17】 某企业某年末“利润分配——未分配利润”账户借方余额100万元，企业申报亏损也是100万元。税务机关进行纳税检查时发现，企业当年不得在税前列支的金额为110万元，扣除账面亏损后，企业还盈利10万元。应做会计记录如下：

应补缴所得税＝100 000×25%＝25 000(元)

税前不得支出的110万元属永久性差异，企业仍在税前扣除，造成虚报亏损，按逃税定性，110万元视同应税所得，假定罚款按逃税额的100%计算，则应罚款275 000元(1 100 000×25%×100%)。

（1）补缴所得税时。

借：所得税费用　25 000

　贷：应交税费——应交企业所得税　25 000

借：应交税费——应交企业所得税　25 000

　贷：银行存款　25 000

（2）缴纳罚款时。

借：营业外支出——税收罚款　275 000

　贷：银行存款　275 000

假定不是上述情况，而是查出企业将10万元收入存入小金库而未入账。这时就应该调减亏损10万元，调整后，仍然亏损90万元。这种情况只罚不补。假定罚款按逃税额的100%计算，应做会计分录如下：

（1）将未入账现金入账时。

借：银行存款　100 000

　贷：以前年度损益调整　100 000

（2）缴纳罚款时。

借：营业外支出——税收罚款　25 000

　贷：银行存款　25 000

【例8-18】 在税务稽查时，某厂被主管税务机关确认上年虚提房屋租金6万元、超过业务招待费扣除标准的金额4万元，要求企业补缴所得税2.5万元，并加收滞纳金、罚款共计2万元。企业有关会计分录如下：

（1）借：其他应付款——应付租金　60 000

　　贷：以前年度损益调整　60 000

(2) 当初业务招待费的会计处理无误，只因超标应调增应税所得额，一并反映应补提所得税。

借：以前年度损益调整 25 000
　贷：应交税费——应交所得税 25 000

(3) 结转以前年度损益调整时。

借：以前年度损益调整 25 000
　贷：利润分配——未分配利润 25 000

(4) 缴纳税金、滞纳金和罚款时。

借：应交税费——应交企业所得税 25 000
　　营业外支出——税收罚款 20 000
　贷：银行存款 45 000

8.3.6 预提所得税代扣代缴的会计处理

外国企业在中国境内未设立机构、场所，但有来源于中国境内的利润（股息）、利息、租金、特许权使用费和其他所得，按规定其所得税应由支付人在每次支付的款项中扣除，并在7日内缴入国库。

非居民企业在计算股权转让所得时，以非居民企业向被转让股权的中国居民企业投资时或向原投资方购买该股权时的币种计算股权转让价和股权转让成本价。扣缴义务人对外支付或到期应支付的款项为人民币以外货币的，在申报扣缴企业所得税时，应按扣缴当日国家公布的人民币汇率中间价折合成人民币计算应纳税所得额。

【例8-19】 天欣通用污水处理有限公司系境外TL公司和市政排水有限公司共同出资成立的合资企业。境外TL公司占51%的股权，以欧元注册资本，股权成本价为2 580 000欧元。今年1月10日，境外TL公司将其注册资本51%的股权转让给市政排水有限公司，51%的股权转让价为6 440 000欧元，并完成相关变更手续。假设股权转让日的汇率中间价为1欧元=7.5元人民币。

股权转让所得=6 440 000−2 580 000=3 860 000(欧元)
股权转让收益(折合人民币)=3 860 000×7.5=28 950 000(元)
应交企业所得税=28 950 000×10%=2 895 000(元)

会计分录如下：

(1) 应交企业所得税时。

借：其他应付款等——境外TL公司 2 895 000
　贷：应交税费——应交预提所得税 2 895 000

(2) 缴纳企业所得税时。

借：应交税费——应交预提所得税 2 895 000
　贷：银行存款 2 895 000

8.4 财务会计中的所得税会计

8.4.1 所得税会计处理规范概述

各国的所得税会计准则大致都经历了从与所得税法保持一致到逐步分离的过程。在财务会计中，所得税会计准则是出于财务报告目标而对企业涉税事项制定的会计规范，称为所得税会计处理（accounting for income taxes）；而体现所得税法要求的所得税会计（income taxes accounting）则属于税务会计范畴。

美国会计师协会（AIA，现已改为 AICPA）的会计程序委员会 1944 年发布的第 23 号公告是第一个建议对实际发生的应付所得税进行期内和跨期分配的权威性会计公告。1954 年美国开始关于所得税分配的持久争论，在这一年中，其颁布的收入法案允许出于纳税目的采用加速折旧方法，而出于财务会计目的计算的折旧一般采用直线法，随之产生了出于财务会计目的和出于纳税目的而记录的折旧之间的重大差异。

1967 年，美国会计原则委员会（APB，美国财务会计准则委员会（FASB）的前身）发布了第 11 号意见书，取消了在所得税会计处理中的“当期计列法”（即应付税款法），并规定采用“全面所得税分摊法”。1986 年，APB 发布了《所得税会计征求意见稿》，建议采用资产债务法对当年和以前年度由企业经营活动所产生的所得税的影响进行核算。1987 年 12 月，FASB 发布了第 96 号公告《所得税会计》，该公告应用于 1988 年 12 月 15 日以后的财务年度的会计报表，但第 96 号公告发布后，由于对所得税会计的处理原则及方法仍然存在不同的意见，FASB 曾两次推迟公告的执行时间。1992 年 2 月公布了 SFAS 109《所得税的会计处理》。

国际会计准则委员会（IASC）于 1979 年 7 月发布第 12 号公告《所得税会计》，对应付税款法、递延法和债务法均做了解释和说明。1989 年 1 月，IASC 发布《所得税会计征求意见稿》（E 33），建议采用利润表债务法进行所得税会计处理；1994 年 10 月，IASC 再次发布《所得税会计征求意见稿》（E 49），该征求意见稿基本上采纳了 SFAS 109 号公告所提出的处理办法，取消了应付税款法，并进行了格式重排。

1996 年 10 月，IASC 发布的 IAS 12《国际会计准则第 12 号——所得税》取代 1979 年发布的《所得税会计》，准则明确规定禁止采用递延法，并且规定采用资产负债表债务法进行所得税会计处理。2000 年 10 月，IASC 对 IAS 12 进行修订，主要规范了计税基础，当期所得税负债和资产的确认，递延所得税负债和资产的确认、计量、列报与披露等内容，并于 2001 年 1 月 1 日生效。之后，又不断对其进行修订。

1994 年的税制改革明确了我国税制走税收国际惯例的方向，2001 年 4 月 28 日第九届全国人民代表大会常务委员会第 21 次会议修订的《中华人民共和国税收征收管理法》第二十条规定，从事生产、经营的纳税人的财务会计制度或者财务会计处理办法与国务院或者国务院财政、税务主管部门有关税收的规定相抵触的，应当依照国务院或者国务院财政、税务部门有关税收的规定计算应纳税款、代扣代缴和代收代缴税款。

1999年修订的《中华人民共和国会计法》明确了财务会计要根据国家统一的会计制度确认、计量、记录会计要素，提供财务会计报告，不再依附税法和财务制度。2001年企业会计制度的改革使会计与税法对有关收入、收益、费用、损失等的确认差异越来越大。

2006年2月15日，财政部颁布的《企业会计准则第18号——所得税》，体现了我国所得税会计准则的国际趋同。

2011年10月18日，财政部颁布的《小企业会计准则》规定小企业所得税的会计处理方法是财务会计与税务会计的协调统一，体现了税法导向原则，可以降低小企业的纳税成本和税务风险。

8.4.2　企业所得税会计的理论基础

1. 所得税会计目标

如前所述，以企业所得税法规定为处理依据的所得税会计是税务会计的重要组成部分，其基本目标当然要体现税务会计目标，具体目标是及时正确地填报企业所得税纳税申报表（主表及其附表），提供符合税法要求、体现企业税收利益诉求的纳税（所得税）会计信息。

按所得税会计准则所进行的所得税会计处理当然属于财务会计范畴，其基本目标要体现财务会计目标，具体目标应是提供有助于投资者、债权人决策的涉及企业（公司）所得税会计信息，如所得税费用、递延所得税资产、递延所得税负债等。但现行各国的所得税会计准则对其目标的阐述比较模糊，甚至有点越界，如美国的FASB 109号《所得税的会计处理》中提出的所得税会计目标（1）是“确认当年的应交所得税或应退所得税金额”。显然不属于会计准则的“职权范围”，因为不论在哪个国家，会计准则也不可能超越税法而规定“当年应交（退）所得税”。

2. 所得税会计处理中所得税的性质

在进行所得税会计处理时，还应明确所得税的性质，即所得税的归属，也就是所得税项目在财务会计报表中的列示：是作为一项收益分配，还是作为一项费用。若是收益分配，则不能递延，应采用当期计列法进行所得税会计处理；若是费用，则能够递延，可采用跨期所得税分摊法进行所得税会计处理。

（1）收益分配论。收益分配论的理论依据是“企业主体理论”。该理论从企业是经营实体的角度出发，认为企业应独立于企业所有者而存在，会计恒等式应表述为“资产＝负债＋所有者权益”，企业的收益是所有者权益的体现，代表企业的经营业绩，企业可以将其用于各种经营活动之需。收益分配论认为，企业所得税是企业收益的分配，与企业收益的其他各种分配项目一样，是对国家支持的一种回报，应归入收益分配项目。所得税与债务利息、股息一样是对所有者权益的分配，企业应以资产或产权的增加、减少为依据，判定现金流入与流出是属于收入还是属于费用。因此，所得税的支付使企业的资产减少、产权减少，属于收益分配的性质。

基于收益分配论的所得税会计处理，不需要单独设置会计账户，直接在“利润分配”账户中进行核算。我国现行事业单位因其筹资的特殊性，其应交所得税会计处理就是作为收益分配处理。

（2）费用论。费用论认为，企业所得税是企业为取得收益而发生的一种支出，与企业生产经营的各种支出一样，应归入费用项目。费用论的理论依据是“业主理论”。该理论认为企业的所有者是企业的主体，会计恒等式应表述为“资产－负债＝所有者权益”，资产是所有者的资产，负债是所有者的负债，权益是所有者的净资产。在企业经营过程中，收入意味着所有者权益的增加，费用意味着所有者权益的减少，收入减费用而形成的企业收益实际上体现了所有者财富的增加。企业应以所有者权益的增加或减少为依据，判定现金流入与流出是属于收入还是属于费用。

IASC在《编报财务报表的框架》（2001年4月被国际会计准则理事会（IASB）采纳）中认为，企业的费用是指会计期间经济利益的减少，其形式表现为资产流出、资产递耗或是发生负债而引起业主产权减少，但不包括与产权所有者分配有关的类似事项，其具体表现形式是现金、现金等价物、存货和固定资产的流出或折耗。所得税是为获得收益而付出的代价，是企业现金的流出，引起经济利益的减少，与其他费用的发生、资产的折耗性质相同，因此，应作为费用确认。

8.4.3 基于资产负债观的所得税会计差异

资产负债观直接从资产和负债的角度确认与计量企业的收益，认为收益是企业期末净资产与期初净资产的差额，强调综合收益，收益由排除资本变动的净资产的期初期末余额之差产生。按照资产负债观理念，真正的利润本质上是净资产的增加，真正的亏损本质上是净资产的减少。要求在计量属性上尽可能采用公允价值，强调财务会计处理的重心应该是对资产和负债要素的确认与计量，收入和费用要素则从属于资产和负债要素；在财务报告中，强调资产负债表在整体报告体系中的核心地位，利润表只是资产负债表的附表，是对资产负债观所确定的综合收益的明细说明。

为了提高财务会计信息质量，从各国所得税会计处理方法的发展趋势看，越来越多的国家开始采用体现资产负债观的资产负债表债务法。在资产负债表债务法下，仅确认暂时性差异的所得税影响，因为永久性差异不会产生资产、负债的账面价值与其计税基础的差异，即不会形成暂时性差异，对企业在未来期间的计税没有影响，不会产生递延所得税，因此，其差异应在发生当期进行所得税纳税调整。

1. 计税基础

在采用资产负债表债务法时，要求企业的资产及负债应根据会计准则与税法的不同要求分别进行计价，因而形成财务会计计价基础与税法计价基础两种计价基础。财务会计计价基础即资产（负债）的账面价值；税法计价基础即计税基础，是企业在资产负债表日，根据税法规定，为计算应交所得税所确认的资产（负债）的价值。

（1）资产的计税基础。资产的计税基础是指企业在收回资产账面价值的过程中，计算应纳税所得额时按照税法规定可以从应税经济利益中抵扣的金额，即该项资产在未来使用或最终处置时，允许作为成本或费用于税前列支的金额。

资产在初始确认时，其计税基础一般为取得成本，即企业为取得某项资产支付的成本在未来期间准予税前扣除的金额。在资产持续持有的过程中，其计税基础是指资产的取得成本减去以前期间按照税法规定已经税前扣除的金额后的余额，该余额代表的是按照税法规定，所涉及的资产在未来期间计税时仍然可以在税前扣除的金额。如固定资产、无形资产等长期资产在某一资产负债表日的计税基础，是指其成本扣除按照税法规定已在以前期间税前扣除的累计折旧额、摊销额。用公式表示如下：

资产的计税基础＝未来可在税前扣除的金额

＝资产的账面价值－资产未来应税金额＋资产未来可抵扣金额

一般情况下，资产在取得时，其入账价值与计税基础是相同的；在后续计量过程中，因企业会计准则与税法规定不同，可能产生资产的账面价值与其计税基础的差异。

在税务处理上，企业的各项资产应以历史成本为计税基础。企业持有期间资产的增值或减值，除国务院财政、税务主管部门规定可以确认损益外，不得调整该资产的计税基础。现以简例说明。

1）一台设备成本为10 000元，已提折旧4 500元（已在当年和以前年度抵扣），剩余成本将在未来期间（折旧或处置）予以抵扣，则该项设备的税基为5 500元。若其重估价为6 000元，则有500元的暂时性差异产生。

2）企业一笔应收账款2 000元，其相应收入已包括在应税利润（可抵扣亏损）中，即该应收账款的相应收入已经通过销售（营业）收入计入应税收入并缴纳流转税、计入应税所得并缴纳所得税，因此，在该应收账款收回时，不必再缴税了，其计税基础就是其账面价值（金额）。

3）企业一笔应收利息1 500元，相应利息收入按现金制缴税，就计税而言，该笔金额流入企业时无抵扣金额，因此该应收利息的计税基础为零。

【例8-20】 AB公司某项设备原价为3 000万元，财务会计的折旧年限为3年，税务会计的折旧年限为5年，两者均采用直线法计提折旧。第2年年末，公司对该项固定资产计提了60万元的固定资产减值准备。

假设财务会计与税务会计预计净残值率均为0，则

财务会计的账面价值＝3 000－1 000－1 000－60＝940(万元)

税务会计确认的计税基础＝3 000－600－600＝1 800(万元)

该例说明，固定资产账面价值与计税基础的差异产生的原因包括：一是折旧年限不同，财务会计折旧年限为3年，税务会计的折旧年限为5年，每年因折旧年限不同产生的暂时性差异400万元，第2年会计期末因折旧年限不同产生的暂时性差异合计800万元。二是计提固定资产减值准备造成的差异，第2年会计期末由于财务会计计提了减值准备60万元，税法规定固定资产减值准备在计提时不允许在税前扣除，实际发生损失时才允许在税前扣除，由此产生差异60万元。两者合计为860万元。

（2）负债的计税基础。负债的计税基础是指负债的账面价值减去该负债在未来期间

计算应纳税所得额时按照税法规定可予抵扣的金额。对于预收款项产生的负债，其计税基础为账面价值减去未来期间不征税的金额。可见，负债的计税基础是在未来期间计税时不可扣除的金额，即

负债的计税基础＝账面价值－未来可税前抵扣的金额
＝负债的账面价值＋负债未来应税金额－负债未来可抵扣金额

一般负债的确认和清偿不影响所得税的计算，差异主要是因从费用中提取的负债。现以简例说明。

1）流动负债中包括账面金额为 1 000 元的应交罚款，计税时，该项罚款不可抵扣，则该项罚款的税基为 1 000 元。此时，不存在可抵扣暂时性差异。

2）企业一笔短期应计费用的账面金额 20 000 元，计税时，相应的费用将在未来以现金抵扣，则该项应计费用的计税基础为零；计税时，如果相关的费用已抵扣，则该应计费用的计税基础就是 20 000 元。

3）一笔应付货款的账面价值为 10 万元。该货款的归还不会产生纳税后果，该货款的计税基础为 10 万元。

2. 暂时性差异对未来应税金额的影响

暂时性差异（temporary differences）是指资产、负债的计税基础与其列示在财务报表上的账面金额之间的差额，该差额在以后年度当财务报表上列示的资产收回或列示的负债偿还时，会产生应纳税金额或可抵扣税金额。未作为资产和负债确认的项目，如果按照税法规定可以确定其计税基础的，该计税基础与其账面价值之间的差额也属于暂时性差异。

时间性差异侧重于从收入或费用角度分析会计利润和应税利润之间的差异，揭示的是某个会计期间内产生的差异。暂时性差异侧重于从资产和负债的角度分析某个时点上存在的账面价值与其计税基础之间的差异，这种差异可能导致相关期间会计利润和应税利润之间发生差异，也可能并不会产生相关期间会计利润和应税利润的差异。

按照暂时性差异对未来期间应税金额的影响方向（性质），可将暂时性差异分为应纳税暂时性差异和可抵扣暂时性差异。

（1）应纳税暂时性差异。应纳税暂时性差异是指在确定未来收回资产或清偿负债期间的应纳税所得额时，将导致产生应税金额的暂时性差异。当资产的账面价值大于其计税基础或者负债的账面价值小于其计税基础时，产生应纳税暂时性差异。即对于资产而言，当会计口径的价值高于税收口径的价值时，纳税时可以在本期抵扣不缴税，等到以后再缴税；对于负债而言，当会计口径的价值小于税收口径的价值时，纳税时可以在本期抵扣不缴税，等到以后再缴税。

各种应纳税暂时性差异均应确认为递延所得税负债，除非递延所得税负债是由以下情况所产生的：1）计税时，其摊销金额是不能抵扣的商誉。2）具有以下特征的交易中的资产或负债的初始确认：不是企业合并；交易时既不影响合计利润也不影响应税利润（可抵扣亏损）。但对于公司、分支机构和联营企业的投资以及在合营企业中的权益相关

的应纳税暂时性差异，应根据准则有关规定确认递延所得税负债。

资产的确认意味着该资产的账面金额在未来期间将以流入企业的经济利益的形式收回。当该资产的账面金额超过其计税基础时，应税经济利益的金额也将超过计税时允许抵扣的金额。该差额就是应纳税暂时性差异，它构成一项递延所得税负债。当企业收回该资产账面金额时，应纳税暂时性差异将转回，企业将获得应税利润，这使得经济利益很可能以税款支付的方式流出企业。因此，企业应确认所有递延所得税负债。

应纳税暂时性差异示例：

1）某项固定资产成本为 300 万元，账面价值为 200 万元，计税累计折旧为 180 万元，该项固定资产的计税基础为 120 万元。为收回账面金额，企业必须赚得应税收益 200 万元，但只能抵扣计税折旧 120 万元。如果税率为 25%，当企业收回该资产账面金额时，应支付所得税 20 万元（80×25%）。因此，账面金额 200 万元与计税基础 120 万元之间的差额 80 万元为应纳税暂时性差异。

2）某企业拥有一项交易性金融资产，成本为 500 万元，期末公允价值为 750 万元。按照企业会计准则，交易性金融资产期末按公允价值计价，但按照税法，交易性金融资产持有期间，其公允价值的变动不计入应纳税所得额，即其计税基础不变。该项交易性金融资产账面价值大于计税基础的金额 250 万元为应纳税暂时性差异。

（2）可抵扣暂时性差异。可抵扣暂时性差异是指在确定未来收回资产或清偿负债期间的应纳税所得额时，将导致产生可抵扣应税金额的暂时性差异。“可抵扣”一般意味着税款已经交了，但按照税法规定不该在本期交，只有等到以后抵扣处理。当资产的账面价值小于其计税基础或者负债的账面价值大于其计税基础时，产生可抵扣暂时性差异。允许抵减以后年度利润的应抵扣亏损，视同可抵扣暂时性差异。

示例：企业将产品保修费用 100 000 元确认为负债，计入当期损益。产品保修费用于实际支付时才能抵扣应纳税所得额。该项预计负债的计税基础是零。在以账面金额清偿该负债时，企业的未来应纳税所得额减少 100 000 元，如果税率为 25%，相应减少未来所得税支出 25 000 元。账面金额与计税基础之间的差额 100 000 元是一项可抵扣暂时性差异。

应纳税暂时性差异与可抵扣暂时性差异的识别见表 8－7。

表 8－7　应纳税暂时性差异与可抵扣暂时性差异的识别

账面价值与计税基础	资产	负债
账面价值＞计税基础	应纳税暂时性差异 （递延所得税负债）	可抵扣暂时性差异 （递延所得税资产）
账面价值＜计税基础	可抵扣暂时性差异 （递延所得税资产）	应纳税暂时性差异 （递延所得税负债）

3. 暂时性差异的产生与类型

按照暂时性差异的产生情况，可将暂时性差异分为以下三种类型：

（1）资产、负债的账面价值与计税基础不同而产生的差异。比较常见的有资产减值准备，具有融资性质的分期收款销售，固定资产折旧，无形资产的摊销，使用寿命不确定、公允价值计量的投资性房地产，以公允价值计量且其变动计入当期损益的金融资产，权益法投资收益的确认和补缴所得税，售后服务等预计负债，某些预收账款，债务重组和应付薪酬延期支付等。

（2）企业合并中取得有关资产、负债产生的暂时性差异。企业合并准则指出，非同一控制下的吸收合并，购买方在购买日应当按照合并中取得的被购买方各项可辨认资产、负债的公允价值确定其入账价值。国家税务总局《关于企业合并分立业务有关所得税问题的通知》规定，合并企业支付给被合并企业或其股东的收购价款中，除合并企业股权以外的现金、有价证券和其他资产，不高于所支付的股权票面价值（或支付股本的账面价值）20%的，经税务机关审核确认，当事各方可按有关规定进行所得税处理，计算缴纳所得税。合并企业接受被合并企业全部资产的成本，须以被合并企业原账面净值为基础确定。由此可见，如果符合上述条件，合并方资产、负债的账面价值与其计税基础之间会产生暂时性差异。

（3）不属于资产、负债的特殊项目产生的暂时性差异。

1）某些交易或事项发生以后，因为不符合资产、负债的确认条件，账面价值为零，但按照税法规定能够确定其计税基础的，零与计税基础之间的差异也构成暂时性差异。例如，会计准则规定修理费作为当期费用，税法规定特定条件下修理费作为长期待摊费用等。

2）按照税法规定可以结转以后年度的未弥补亏损及税款递减，虽不是因资产、负债的账面价值与计税基础不同产生的，但与可抵扣暂时性差异具有同样的作用，均能减少未来期间的应纳税所得额，进而减少未来期间的应缴所得税，在会计处理上，与可抵扣暂时性差异的处理相同。如按照税法规定允许用以后5年税前所得弥补的亏损；企业购置用于环境保护、节能节水、安全生产等专用设备的投资额，可以按一定比例实行税额抵免；广告费和业务宣传费支出作为当期损益，税法规定年度广告费和业务宣传费支出不得超过销售收入的15%（另有规定除外），超过部分准许在以后纳税年度结转扣除。

【例8-21】 某股份有限公司的所得税采用资产负债表债务法核算，所得税税率为25%。该公司某年资产负债表的有关项目见表8-8。

表8-8 某公司资产负债表的有关项目　　单位：万元

项目	年初数	年末数
存货	1 400	500
长期股权投资	0	400
固定资产	2 400	2 900
预计负债	0	480
递延所得税资产	75	—
递延所得税负债	50	—

（1）“存货跌价准备”账户年初贷方余额300万元，年末贷方余额120万元。

（2）长期股权投资系当年3月1日对甲公司的投资，初始投资成本500万元，采用权益法核算。由于甲公司本年发生亏损，该公司年末按应负担的亏损份额确认投资损失100万元，同时调整长期股权投资的账面价值。年末，未对长期股权投资计提减值准备。

(3) 固定资产中包含一台B设备，系上年12月25日购入，原价1 000万元，预计净残值为零。计税时按年数总和法计提折旧，折旧年限为4年；财务会计采用直线法计提折旧，折旧年限为5年。

(4) 预计负债为当年年末计提的产品保修费用480万元。

假设除上述事项外，没有发生其他纳税调整事项。该公司当年利润表中“利润总额”项目金额为2 000万元。请计算该公司年末暂时性差异及因此而形成的应纳税暂时性差异、可抵扣暂时性差异。

存货产生的暂时性差异＝账面价值－计税基础
＝500－(500＋120)＝－120(万元)

长期股权投资产生的暂时性差异＝账面价值－计税基础
＝400－500＝－100(万元)

固定资产产生的暂时性差异＝账面价值－计税基础
＝800－600＝200(万元)

预计负债产生的暂时性差异＝(－1)×(账面价值－计税基础)
＝(－1)×(480－0)＝－480(万元)

存货、长期股权投资和预计负债三个项目产生的暂时性差异，计算结果均为负数，属于可抵扣暂时性差异；固定资产产生的暂时性差异，计算结果为正数，属于应纳税暂时性差异。

应纳税暂时性差异＝(正的)资产类差异＋(正的)负债类差异＝200(万元)

可抵扣暂时性差异＝(负的)资产类差异＋(负的)负债类差异
＝(－120)＋(－100)＋(－480)＝－700(万元)

8.4.4 会计账户设置

由于企业采用的所得税会计处理方法不同，企业所得税会计账户的设置也有所区别，一般设置以下账户。

1. “所得税费用”账户

(1) 采用应付税款法的企业，期末按税法规定计算的本期应缴所得税，记入其借方。

(2) 采用纳税影响会计法的企业，“所得税费用”核算企业根据所得税准则确认的应从当期利润总额中扣除的所得税费用。

在资产负债表债务法下，本账户应按“当期所得税费用”“递延所得税费用”进行明细核算。

资产负债表日，企业按照税法规定计算确定的当期应缴所得税金额，借记本账户(当期所得税费用)，贷记“应交税费——应交所得税”账户。

在确认相关资产、负债时，对应予确认的递延所得税资产，借记“递延所得税资产”账户，贷记本账户(递延所得税费用)、“资本公积——其他资本公积”等账户；对应予确认的递延所得税负债，借记本账户（递延所得税费用）、“资本公积——其他资本公积”等账户，贷记“递延所得税负债”账户。

资产负债表日，根据所得税准则应予确认的递延所得税资产大于“递延所得税资产”账户余额的差额，借记“递延所得税资产”账户，贷记本账户（递延所得税费用）、“资本公积——其他资本公积”等账户；应予确认的递延所得税资产小于“递延所得税资产”账户余额的差额，做相反的会计分录。

企业应予确认的递延所得税负债的变动应当比照上述原则调整“递延所得税负债”账户及有关账户。

期末，应将本账户的余额转入“本年利润”账户，结转后本账户应无余额。

2. “递延所得税资产”（采用资产负债表债务法）

本账户核算企业根据所得税准则确认的可抵扣暂时性差异产生的所得税资产。根据税法规定可用以后年度税前利润弥补的亏损产生的所得税资产，也在本账户核算；企业应当按照可抵扣暂时性差异等项目进行明细核算。

企业在确认相关资产、负债时，对应予确认的递延所得税资产，借记本账户，贷记“所得税费用——递延所得税费用”“资本公积——其他资本公积”等账户。

资产负债表日，应予确认的递延所得税资产大于本账户余额的，借记本账户，贷记“所得税费用——递延所得税费用”“资本公积——其他资本公积”等账户；应予确认的递延所得税资产小于本账户余额的，做相反的会计分录。

资产负债表日，预计未来期间很可能无法获得足够的应纳税所得额用以抵扣可抵扣暂时性差异的，按应减记的金额，借记“所得税费用——当期所得税费用”“资本公积——其他资本公积”账户，贷记本账户。

本账户期末借方余额反映企业已确认的递延所得税资产的余额。

3. “递延所得税负债”账户（采用资产负债表债务法）

本账户核算企业根据所得税准则确认的应纳税暂时性差异产生的所得税负债。企业应当按照应纳税暂时性差异项目进行明细核算。

企业在确认相关资产、负债时，对应予确认的递延所得税负债，借记“所得税费用——递延所得税费用”“资本公积——其他资本公积”等账户，贷记本账户。

资产负债表日，应予确认的递延所得税负债大于本账户余额的，借记“所得税费用——递延所得税费用”“资本公积——其他资本公积”等账户，贷记本账户；应予确认的递延所得税负债小于本账户余额的，做相反的会计分录。

本账户期末贷方余额反映企业已确认的递延所得税负债的余额。

4. “递延税款”账户（采用递延法、利润表债务法）

本账户核算企业由于时间性差异导致的税前会计利润与应税所得之间的差额所产生的影响纳税的金额，以及以后各期转销的金额。其贷方发生额反映企业本期税前会计利润大于应税所得产生的时间性差异影响纳税的金额，及本期转销已确认的时间性差异对纳税影响的借方金额；其借方发生额反映企业本期税前会计利润小于应税所得产生的时间性差异影响纳税的金额，以及本期转销已确认的时间性差异对纳税影响的贷方金额。采用利润表债务法时，“递延税款”账户的贷方或借方发生额还反映因税率变动调整的递延税款金额。“递延税款”的期末贷方（或借方）余额反映尚未转销的时间性差异影响所得税的金额。

企业接受捐赠的非现金资产，应在弥补亏损后，按其余额计算缴纳所得税，一般不再递延纳税。企业还应当设置递延税款备查簿，详细记录发生时间性差异的原因、金额、预计转销期限、已转销金额等。

5. “应交税费——应交企业所得税”账户

税务会计中的“应交企业所得税”明细账户已在本章 8.3.1 述及。虽然财务会计与税务会计都需要设置该账户，但其借贷发生额是税务会计根据税法进行的确认计量，财务会计仅是接受了税务会计的计算结果而已。在资产负债表中，包括“应交企业所得税”在内的所有税金仅反映其期末余额，而且是税与费的合计余额，可以说，没有多少信息含量。

在资产负债表债务法下，所得税会计处理的核心是确认计量“递延所得税资产”“递延所得税负债”，而“递延所得税费用”不过是借贷（或贷借）“递延所得税资产”“递延所得税负债”的差额。

8.4.5　应付税款法的会计处理

应付税款法（taxes payable method）是企业将本期税前会计利润与应税所得额之间的差额所造成的影响纳税的金额直接计入当期损益，而不递延到以后各期的一种所得税会计处理方法。应付税款法是税法导向的会计处理方法，执行《小企业会计准则》的企业采用该方法。

在应付税款法下，本期发生的时间性差异不单独核算，而是与本期发生的永久性差异一并处理，即应税所得额＝利润总额±永久性差异金额±时间性差异金额。将税前会计利润调整为应税所得，再按应税所得计算应缴所得税，并作为本期所得税费用，即本期所得税费用等于本期应缴所得税。时间性差异产生的影响所得税的金额，在财务会计报表中不反映为一项负债或一项资产，仅在财务会计报表附注中说明其影响。

【例 8－22】 某企业全年发生超标业务招待费 35 000 元。固定资产折旧采用直线法，本年折旧额为 50 000 元；计税采用双倍余额递减法，本年折旧额为 65 000 元。年度利润表上反映的税前会计利润为 100 万元，所得税税率为 25%。该企业本期应缴所得税和所得税费用计算如下：

税前会计利润	1 000 000
加：永久性差异	35 000
减：时间性差异	15 000
应税所得额	1 020 000
所得税税率	25%

本期应交所得税　　255 000

本期所得税费用　　255 000

会计分录如下：

借：所得税费用　　255 000

　贷：应交税费——应交企业所得税　　255 000

实际上缴所得税时，会计处理如下：

借：应交税费——应交企业所得税　　255 000

　贷：银行存款　　255 000

8.4.6 纳税影响会计法的会计处理

纳税影响会计法（tax effect accounting）是将本期税前会计利润与应税所得额之间产生的暂时性差异造成的影响纳税的金额，递延和分配到以后各期（即将本期产生的暂时性差异对所得税的影响采取跨期分摊）的一种所得税会计处理方法。采用纳税影响会计法，所得税被视为企业在获得收益时发生的一种费用，并应随同有关收入和费用计入同一纳税期内，以达到收入和费用的配比。时间性（暂时性）差异影响的所得税额包括在利润表中的所得税费用项目以及资产负债表中的递延税款余额内。

采用纳税影响会计法时，在有时间性（暂时性）差异所产生的递延税款借方金额的情况下，为慎重起见，只有在以后转回暂时性差异的影响期内（一般为3年），有足够的应纳税所得额予以转回的，才能确认时间性（暂时性）差异的所得税影响金额，并作为递延税款的借方反映；否则，应于发生当期视同永久性差异处理。我国的所得税会计在采用纳税影响会计法时，采用的是部分摊配方式，即对递延税款贷项不做限制，而对递延税款借项做了限制，以体现会计处理的谨慎性原则。

纳税影响会计法包括递延法与债务法两种方法，而债务法又分为利润表债务法（损益表债务法）和资产负债表债务法。目前FASB颁布的SFAS109《所得税的会计处理》、IASC颁布的IAS12《所得税》及我国的《企业会计准则第18号——所得税》等均已取消递延法[①]（deferred method），而主张采用债务法中的资产负债表债务法，但英国等国家目前则采用利润表债务法。

1. 利润表债务法

利润表债务法又称利润表法。它以利润表为基础，注重时间性差异，将时间性差额对未来所得税的影响看作对本期所得税费用的调整，其特点是当预期税率发生变动或税

① 递延法是按时间性差异产生年度的税率确认递延所得税费用，作为递延所得税贷项或递延所得税借项，并随时间的推移将其逐渐转销的一种所得税费用跨期摊配方法。在递延法下，一个时期的所得税费用，除包括本期应缴所得税额，还包括本期发生而应在以后时期或从前期转来应在本期转销的时间性差异对纳税的影响额。递延法主要有三个特点：一是以利润表为导向，强调收入与费用的配比。二是本期发生的时间性差异影响所得税的金额，用现行税率计算；以前发生而在本期转回的各项时间性差异影响所得税的金额，用当初的税率计算转回。三是在资产负债表上反映的递延税款余额，并不完全代表收款的权利或付款的义务。

基变动时，必须对已发生的递延税款按现行税率进行调整。这种方法下的所得税费用计算过程为：首先计算当期应交所得税，然后再计算当期所得税费用，最后倒挤出本期发生的递延税款。因此，本期所得税费用等于本期应交所得税加（或减）本期发生的递延税款，加（或减）由于税率或税基变动，以前各期确认的递延税款账面余额的调整数。其基本程序和计算公式如下：

（1）应交企业所得税，即应纳税额的计算，见本章8.2节。

（2）
$$\text{本期因税率或税基变动调增或调减递延税款}=\text{累计时间性差异}\times\left(\text{现行所得税税率}-\text{前期确认时间性差异时适用的所得税税率}\right)$$

或
$$=\text{递延税款账面余额}-\text{已经确认递延税款金额的累计时间性差异}\times\text{现行所得税税率}$$

（3）
$$\text{所得税费用}=\text{财务会计利润}\times\text{现行所得税税率}+\text{因税率或税基变动对前期递延税款的调整数}$$

（4）递延税款＝应交所得税－所得税费用

利润表债务法下，本期所得税费用（或利益）通常应在同一期间的利润表净利润（或亏损）前列示。在资产负债表中，递延所得税贷项或递延所得税借项应按其流动性与长期性分别列示。

企业应在“递延税款”账户下，按照时间性差异的性质和发生时间分类进行明细核算。此外，企业还应设置递延税款备查登记簿，详细记录发生的时间性差异的原因、金额、预计转销期限、已转销数额等。

【例8-23】 天华公司固定资产原值400万元，税法规定使用年限10年，公司按5年计提折旧。假设前5年每年会计利润为1 000万元（无其他纳税调整事项）。第6年起该项设备不再提取折旧，假定其他因素不变，后5年每年会计利润为1 200万元。前4年公司适用所得税税率25%，从第5年起，所得税税率变动为20%。会计处理如下：

（1）前4年产生的递延税款。假设不考虑设备残值等因素，按5年计提折旧，每年折旧额为80万元；按10年计提折旧，每年折旧额为40万元。由于折旧年限不同，每年影响利润40万元，时间性差异计算如下：

时间性差异额＝80－40＝40(万元)

按照税前会计利润计算的所得税费用为250万元（1 000×25%），按照应税所得计算的应缴所得税为260万元［(1 000＋40)×25%］，时间性差异对纳税的影响金额即递延税款，计算如下：

时间性差异影响纳税的金额＝260－250＝10(万元)

或　　＝40×25%＝10(万元)

借：所得税费用　　2 500 000

　　递延税款　　100 000

　贷：应交税费——应交企业所得税　　2 600 000

（2）第5年税率变动。按照税前会计利润计算的所得税费用为200万元（1 000×20%），按应税所得计算的应缴所得税为208万元［(1 000+40)×20%］，两者差额为：

时间性差异影响纳税的金额＝208－200＝8(万元)

调整前4年按25%的税率计算的对纳税的影响额：

递延税款余额调整数＝40×4×(25%－20%)＝8(万元)

借：所得税费用　　2 000 000
　　递延税款　　80 000
　贷：应交税费——应交企业所得税　　2 080 000

同时，

借：所得税费用　　80 000
　贷：递延税款　　80 000

（3）后5年的会计处理。按照税前会计利润计算的所得税费用为240万元（1 200×20%），按应税所得计算的应缴所得税为232万元［(1 200－40)×20%］，两者的差额为：

时间性差异影响纳税的金额＝240－232＝8(万元)

借：所得税费用　　2 400 000
　贷：递延税款　　80 000
　　应交税费——应交企业所得税　　2 320 000

按上述计算结果逐年记入“所得税费用”“应交税费”“递延税款”账户后：1）“递延税款”账户反映了时间性差异的逐年确认与累积、因税率变动递延税款余额的调整以及调整后的时间性差异依次转回的会计处理过程；2）所得税费用和应缴所得税各年虽有所不同，但从税法规定的该固定资产10年使用期限来看，所得税费用合计数与应缴所得税合计数是相同的，均为2 408万元。

【例8-24】 假定例8—23中天华公司财务会计按10年计提折旧，税务会计按5年计提折旧，其他资料不变。

第1年会计处理如下：

应税所得额＝1 000－40＝960(万元)
应交所得税额＝960×25%＝240(万元)
所得税费用＝1 000×25%＝250(万元)
递延税款贷项＝250－240＝10(万元)

借：所得税费用　　2 500 000
　贷：应交税费——应交企业所得税　　2 400 000
　　递延税款　　100 000

其余年度的计算和会计分录略。

在会计实务中，当企业有多种（项）时间性差异时，这些时间性差异发生的时间和转销时跨越的时间往往不一致，如果综合反映在递延税款账户上，就难以清晰地显示特定时间性差异的确认和转回过程。因此，必须分类、分项记录和反映时间性差异的确认和转回。企业应在“递延税款”总账下，按时间性差异的性质和时间分类进行明细核算。在资产负债表中，递延所得税贷项和递延所得税借项按其流动性（转销时间的长短）分别作为流动（或长期）资产（或负债）项目。

在利润表债务法下，当所得税税率或税法变动时，“递延税款”账户的余额要及时进行相应调整，因而在资产负债表上列示的递延税款借项或贷项符合资产或负债的含义。其缺点是，当税率变动时，必须重新计算调整“递延税款”借项或贷项的余额，较为复杂。

2. 资产负债表债务法

资产负债表债务法又称资产负债表法，它是以估计转销年度的所得税税率为依据，计算递延税款的一种所得税会计处理方法。

资产负债表债务法从暂时性差异产生的本质出发，分析暂时性差异产生的原因及其对企业期末资产和负债的影响，体现“资产负债观”。资产负债表债务法以资产负债表为基础，注重暂时性差异。暂时性差异侧重于从资产和负债的角度分析某个时点上存在的账面价值与其计税基础之间的差异，这种差异可能导致相关期间会计利润和应税利润之间发生差异，也可能不会产生相关期间会计利润和应税利润的差异。

在资产负债表债务法下，仅确认暂时性差异的所得税影响，因为永久性差异不会产生资产、负债的账面价值与其计税基础的差异，即不会形成暂时性差异，对企业在未来期间的计税没有影响，不会产生递延所得税，因此，其差异应在发生当期进行所得税纳税调整。

资产负债表债务法采用“递延所得税资产”和“递延所得税负债”的概念，将递延税款的外延大大扩展，并且更具实际意义。在资产负债表中，递延所得税资产和递延所得税负债应与当期所得税资产和负债分别列报。

在资产负债表债务法下，应根据现行税法确认、计量企业的本期应纳税所得额，并按应纳税所得额和现行适用税率计算本期应缴所得税；再根据《企业会计准则》确认、计量企业同期期末暂时性差异及结转以后年度的本期弥补亏损与所得税抵减，计算递延所得税负债（或资产）的期末余额，并将递延所得税负债（或资产）的期末余额与期初余额的差额，作为递延税款费用（或收益）；最后将应缴所得税加、减递延税款费用（或收益），即为所得税费用（或收益）。

按照上述程序，在资产负债表债务法下，有关计算公式列示如下：

（1）应交企业所得税，即应纳税额的计算公式，见本书8.2节。

（2）期末递延所得税资产＝可抵扣暂时性差异期末余额×预计税率

（3）期末递延所得税负债＝应纳税暂时性差异期末余额×预计税率

（4）$$\begin{matrix}\text{当期递延所得税}\\\text{负债或资产}\end{matrix}=\begin{matrix}\text{期末递延所得税}\\\text{负债（资产）}\end{matrix}-\begin{matrix}\text{期初递延所得税}\\\text{负债（资产）}\end{matrix}$$

（5）$$\begin{matrix}\text{所得税}\\\text{费用}\end{matrix}=\begin{matrix}\text{应交}\\\text{所得税}\end{matrix}+\left(\begin{matrix}\text{期末递延}\\\text{所得税负债}\end{matrix}-\begin{matrix}\text{期初递延}\\\text{所得税负债}\end{matrix}\right)-\left(\begin{matrix}\text{期末递延}\\\text{所得税资产}\end{matrix}-\begin{matrix}\text{期初递延}\\\text{所得税资产}\end{matrix}\right)$$

或　　　=应交所得税+期初递延所得税净资产−期末递延所得税净资产

或　　　=应交所得税+净递延所得税资产

或　　　=当期所得税费用±递延所得税费用（收益）

资产负债表债务法适用于对所有暂时性差异的处理，处理时应遵循以下步骤：

(1) 确定一项资产或负债的税基（计税基础）；

(2) 分析、计算暂时性差异；

(3) 确认由于暂时性差异造成的递延所得税负债（或资产）；

(4) 将递延所得税负债（或资产）及相应的所得税费用或收益在财务会计报表中予以列示。

【例 8-25】 甲公司第 1 年 12 月 20 日购置了一台设备，价值为 52 万元，公司预计该设备使用寿命为 5 年，预计净残值为 2 万元，采用年限平均法计提折旧。该公司第 2～6 年每年扣除折旧和所得税前利润为 110 万元，该项政策与税法要求相符。第 4 年 12 月 31 日，公司在进行检查时发现该设备发生减值，可收回金额为 10 万元。假设整个过程不考虑其他相关税费，该设备在第 4 年 12 月 31 日以前没有计提固定资产减值准备，重新预计净残值仍为 2 万元，预计使用寿命没有发生变化。假定按年度计提固定资产折旧，企业所得税税率为 25%。有关会计处理如下：

第一步：确定一项资产或负债的税基及其暂时性差异（见表 8-9）。

表 8-9　暂时性差异计算表　　　　单位：万元

年份	原值	净残值	本期计提折旧	累计折旧	本期计提减值准备	累计计提准备	账面价值①	税基②	暂时性差异
第 2 年	52	2	10	10	0	0	42	42	0
第 3 年	52	2	10	20	0	0	32	32	0
第 4 年	52	2	10	30	12	12	10	22	12
第 5 年	52	2	4	34	0	12	6	12	6
第 6 年	52	2	4	38	0	12	2	2	0

说明：①账面价值=资产原值−累计折旧−累计减值准备，如第 4 年账面价值为 10 万元（52−10×3−12）。本例中，残值不存在暂时性差异。

②税基为当企业收回该资产的账面金额时，为纳税目的可抵扣的未来流入企业的任何应税经济利益的金额，如第 4 年税基为 22 万元（52−10×3）。

本例中，第 2 年 1 月 1 日至第 3 年 12 月 31 日，甲公司每年计提折旧金额为 10 万元［(52−2)÷5］，2 年累计折旧金额为 20 万元。每年会计分录为：

借：制造费用等　　　　100 000

　　贷：累计折旧　　　　100 000

假设无其他纳税调整事项，在这两年内，无论会计还是税法，均以折旧额 10 万元作为利润扣除，会计的账面价值与税基并不存在任何差异，均为 32 万元（52−20）。计提所得税的会计分录为：

借：所得税费用［(110−10)×25%］　　　　250 000

　　贷：应交税费——应交企业所得税［(110−10)×25%］　　　　250 000

第二步，确认递延所得税资产或递延所得税负债。

本例中，第 4 年 12 月 31 日，在不考虑计提减值准备因素的情况下，计算确定的固定资产账面净值为 22 万元（52－30），可收回金额为 10 万元。因此，该公司应计提固定资产减值准备金额为 12 万元，会计分录为：

借：资产减值损失　120 000
　贷：固定资产减值准备　120 000

第 4 年 12 月 31 日固定资产发生减值时，应先对固定资产计提折旧，然后才能进行计提固定资产减值准备的会计处理。

这时，资产的账面价值与其税基产生了差异。会计的账面价值为 10 万元（52－30－12），税基为 22 万元，资产账面价值比资产的计税基础低，产生可抵扣暂时性差异 12 万元。应确认递延所得税资产 3 万元（12×25%），即递延所得税资产应记入借方。

第三步，以所得税费用为轧平账，编制会计分录为：

借：所得税费用（25－3）　220 000
　　递延所得税资产　30 000
　贷：应交税费——应交企业所得税［(110－10)×25%］　250 000

在资产负债表债务法中，当资产的账面价值低于资产的计税基础时，应确认递延所得税资产，递延所得税资产记借方，所得税费用为应缴所得税与递延所得税资产之差；反之，如果确认的资产账面价值比资产的计税基础高，则应确认为递延所得税负债，递延所得税负债记贷方，所得税费用则应为递延所得税负债与应缴所得税之和。

第 5～6 年每年计提折旧时，应按该设备第 4 年 12 月 31 日计提减值准备后的固定资产账面价值 10 万元和尚可使用寿命 2 年，预计净残值 2 万元，重新计算确定折旧率和折旧额，即每年计提折旧金额为 4 万元［(10－2)÷2］。每年的会计分录为：

借：制造费用等　40 000
　贷：累计折旧　40 000

第 5 年账面价值为 6 万元，税基为 12 万元，暂时性差异为 6 万元，且账面价值低于税基，应确认为递延所得税资产 1.5 万元（6×25%）①。

借：所得税费用　265 000
　贷：递延所得税资产　15 000
　　　应交税费——应交所得税［(1 100 000－100 000)×25%］　250 000

第 6 年设备报废前计提折旧 4 万元，其账面价值为 2 万元，税基 2 万元，暂时性差异为零，转回递延所得税资产余额。报废时，残值 2 万元，应交所得税为 25.5 万元［(110－10＋2)×25%］，会计分录为：

借：制造费用等　40 000
　贷：累计折旧　40 000
借：所得税费用　270 000
　贷：递延所得税资产　15 000
　　　应交税费——应交所得税　255 000

---

① 即期末应保留的账面余额，因期初递延所得税资产余额为 30 000 元，本期应予转回 15 000 元。

【例8-26】 第1年12月26日，AB公司购入一台价值80 000元不需要安装的设备。该设备预计使用期限为4年，财务会计采用直线法计提折旧（不考虑残值），税务会计采用年数总和法计提折旧（不考虑残值）。假定AB公司每年的利润总额均为100 000元，无其他纳税调整项目，设每年所得税税率为25%。会计处理如下：

第2年，财务会计计提折旧20 000元（80 000÷4），设备的账面价值为60 000元（80 000－20 000）；税务会计计提折旧32 000元［80 000×4÷(1＋2＋3＋4)］，设备的计税基础为48 000元（80 000－32 000）。设备的账面价值与计税基础之间的差额为12 000元（60 000－48 000）。确认的账面价值比资产的计税基础高，应确认为递延所得税负债3 000元（12 000×25%）。第2年，应缴企业所得税为22 000元｛［100 000－(32 000－20 000)］×25%｝。

借：所得税费用　　25 000
　贷：应交税费——应交企业所得税　　22 000
　　　递延所得税负债　　3 000

第3年，财务会计计提折旧20 000元，设备的账面价值为40 000元；税务会计计提折旧24 000元［80 000×3÷(1＋2＋3＋4)］，设备的计税基础为24 000元（48 000－24 000）。设备的账面价值与计税基础之间的差额16 000元（40 000－24 000）为累计应确认的应纳税暂时性差异。确认的账面价值比资产的计税基础高，应确认为递延所得税负债。第3年年底，应保留的递延所得税负债余额为4 000元（16 000×25%），年初余额为3 000元，应再确认递延所得税负债1 000元（4 000－3 000）。第3年，应缴企业所得税24 000元｛［100 000－(24 000－20 000)］×25%｝。

借：所得税费用　　25 000
　贷：应交税费——应交企业所得税　　24 000
　　　递延所得税负债　　1 000

第4年，财务会计计提折旧20 000元，设备的账面价值为20 000元；税务会计计提折旧16 000元［80 000×2÷(1＋2＋3＋4)］，设备的计税基础为8 000元（24 000－16 000）。设备的账面价值与计税基础之间的差额12 000元（20 000－8 000）为累计应确认的应纳税暂时性差异，第4年年底，应保留的递延所得税负债余额为3 000元（12 000×25%），年初余额为4 000元，应转回递延所得税负债1 000元（4 000－3 000）。第4年，应缴企业所得税26 000元｛［100 000＋(20 000－16 000)］×25%｝。

借：所得税费用　　25 000
　　递延所得税负债　　1 000
　贷：应交税费——应交企业所得税　　26 000

第5年，财务会计计提折旧20 000元，设备的账面价值为0；税务会计计提折旧8 000元［80 000×1÷(1＋2＋3＋4)］，设备的计税基础为0元（8 000－8 000）。设备的账面价值与计税基础之间的差额为0，第5年年底，应保留的递延所得税负债余额也为0，年初余额为3 000元，应转回递延所得税负债3 000元。第5年，应缴企业所得税28 000元｛［100 000＋(20 000－8 000)］×25%｝。

借：所得税费用　　　　25 000
　　递延所得税负债　　　　3 000
　贷：应交税费——应交企业所得税　　　　28 000

【例 8-27】　年末，天科公司可抵扣暂时性差异 2 240 万元，应纳税暂时性差异 3 000 万元，假定所有暂时性差异与直接计入所有者权益的交易事项无关，也没有可抵扣亏损和税款抵减，预计未来期间有足够的应纳税所得额用以抵扣可抵扣暂时性差异。在以下不同假定情况下，天科公司企业所得税会计处理如下：

(1) 假定递延所得税资产和递延所得税负债均无期初余额。

递延所得税资产＝2 240×25%＝560(万元)
递延所得税负债＝3 000×25%＝750(万元)
递延所得税费用＝750－560＝190(万元)

借：所得税费用——递延所得税费用　　　　1 900 000
　　递延所得税资产　　　　5 600 000
　贷：递延所得税负债　　　　7 500 000

(2) 假定递延所得税资产期初账面余额为 460 万元，递延所得税负债期初账面余额为 670 万元。

递延所得税资产＝560－460＝100(万元)
递延所得税负债＝750－670＝80(万元)
递延所得税费用＝80－100＝－20(万元)

借：递延所得税资产　　　　1 000 000
　贷：递延所得税负债　　　　800 000
　　　所得税费用——递延所得税费用　　　　200 000

(3) 假定递延所得税资产期初账面余额为 690 万元，递延所得税负债期初账面余额为 800 万元。

递延所得税资产＝560－690＝－130(万元)
递延所得税负债＝750－800＝－50(万元)
递延所得税费用＝－50－(－130)＝80 (万元)

借：所得税费用——递延所得税费用　　　　800 000
　　递延所得税负债　　　　500 000
　贷：递延所得税资产　　　　1 300 000

(4) 假定递延所得税资产期初账面余额为 500 万元，递延所得税负债期初账面余额为 800 万元。

递延所得税资产＝560－500＝60(万元)
递延所得税负债＝750－800＝－50(万元)
递延所得税费用＝－50－60＝－110 (万元)

借：递延所得税资产　　600 000
　　递延所得税负债　　500 000
　贷：所得税费用——递延所得税费用　　1 100 000

(5) 假定递延所得税资产期初账面余额为 670 万元，递延所得税负债期初账面余额为 690 万元。

递延所得税资产=560−670=−110(万元)
递延所得税负债=750−690=60(万元)
递延所得税费用=60−(−110)=170(万元)

借：所得税费用——递延所得税费用　　1 700 000
　贷：递延所得税资产　　1 100 000
　　　递延所得税负债　　600 000

复习思考题

1. 简述企业所得税纳税人的界定。
2. 如何确认企业所得税的收入总额、应税收入与不征税收入?
3. 简述企业所得税的税前扣除原则、扣除项目及其扣除标准。
4. 企业已经计提而未实际发放的工薪是否允许在税前扣除?
5. 企业购买预付卡有如下使用去向：(1) 赠送给客户；(2) 作为促销方式赠送；(3) 节日发给职工；(4) 单位自己消费。上述使用去向是否允许在税前扣除? 如果允许，应分别作为哪项费用在税前扣除?
6. 试比较企业所得税的视同销售与增值税的视同销售之异同。
7. 试分析应付税款法与资产负债表债务法所体现税务会计与财务会计处理的基本关系、两种会计处理方法各自的适用范围。
8. 当企业固定资产符合加速折旧条件时，在资产负债表债务法下，会计记录如何反映税务会计与财务会计的差异? 如果企业按会计准则规定同时计提了资产减值准备，又应如何处理两者的差异?

技能题

一、单项选择题

1. 下列各项中，不属于企业所得税纳税人的企业是（　　）。
A. 在外国成立但实际管理机构在中国境内的企业
B. 在中国境内成立的外商独资企业
C. 在中国境内成立的个人独资企业
D. 在中国境内未设立机构、场所，但有来源于中国境内所得的企业
2. 某工业企业本年度全年销售收入为 1 000 万元，房屋出租收入 100 万元，提供加

工劳务收入50万元，变卖固定资产收入30万元，视同销售收入100万元，当年发生业务招待费10万元，则该企业当年所得税前可以扣除的业务招待费用为（　　）万元。

A. 6　　B. 6.25　　C. 4.75　　D. 3.75

3. 按照《企业所得税法》的有关规定，在计算企业所得税应纳税所得额时，下列项目准予从收入总额中扣除的是（　　）。

A. 固定资产减值准备　　B. 被没收财物的损失

C. 遭到龙卷风袭击的存货毁损　　D. 非广告性质的赞助支出

4. 某居民企业当年发生财务费用40万元，其中含向非金融企业借款250万元所支付的年利息20万元（当年金融企业贷款的年利率为5.8%），则财务费用的纳税调整额为（　　）。

A. 5.5万元　　B. 14.5万元　　C. 34.5万元　　D. 20万元

二、多项选择题

1. 根据《企业所得税法》的规定，下列收入确认正确的有（　　）。

A. 权益性投资收益，按照投资方取得投资收益的日期确认收入实现

B. 利息收入，按照合同约定的债务人应付利息的日期确认收入实现

C. 租金收入，按照实际收取租金的日期确认收入实现

D. 按合同约定的特许权使用人应付特许权使用费日期确认特许权使用费收入

2. 下列关于企业所得税扣除项目的说法中正确的有（　　）。

A. 企业按规定为自有小汽车缴纳保险费，准予扣除

B. 企业扩大经营，以经营租赁方式租入机器设备的租赁费，按照租赁期限均匀扣除

C. 企业公益捐赠支出，不超过销售收入总额12%的部分，准予扣除

D. 企业转让固定资产发生的费用，允许扣除

3. 下列关于固定资产计税基础的说法中正确的有（　　）。

A. 盘盈的固定资产，以同类固定资产的重置完全价值为计税基础

B. 通过债务重组方式取得的固定资产，以该资产的账面价值为计税基础

C. 外购的固定资产，以购买价款和支付的相关税费以及直接归属于使该资产达到预定用途发生的其他支出为计税基础

D. 融资租入的固定资产，以租赁合同约定的付款总额和相关费用为计税基础

4. 下列属于永久性差异的有（　　）。

A. 各项税收的滞纳金、罚金和罚款

B. 非救济性、非公益性捐赠和赞助支出

C. 企业购买国债的利息收入

D. 贿赂等违法支出

三、判断题

1. 非居民企业在中国境内未设立机构、场所的，应当就其来源于中国境内外的所得缴纳企业所得税。　　（　　）

2. 企业将资产用于生产、制造、加工另一产品的，可作为内部处置资产，不视同销售确认收入。　　（　　）

3. 企业根据生产经营的需要租入固定资产所支付的租赁费，在计算应纳税所得额时允许税前扣除。（　　）

4. 非居民企业取得转让财产所得，以收入全额为应纳税所得额。（　　）

四、计算题

1. 某居民企业当年主营业务收入5 000万元、营业外收入80万元，与收入配比的成本4 100万元，全年发生管理费用、销售费用和财务费用共计700万元，营业外支出60万元（其中符合规定的公益性捐赠支出50万元），上年度经核定结转的亏损额30万元。

要求：计算该企业年度应交企业所得税。

2. 某居民企业，当年发生经营业务如下：全年取得产品销售收入5 800万元，发生产品销售成本4 200万元；其他业务收入900万元，其他业务成本680万元；取得购买国债的利息收入40万元；缴纳非增值税销售税金及附加300万元；发生管理费用780万元，其中新技术的研究开发费用60万元、业务招待费用70万元；发生财务费用200万元；取得直接投资其他居民企业的权益性收益30万元（已在投资方所在地按15%的税率缴纳了所得税）；取得营业外收入110万元，发生营业外支出260万元（其中含公益性捐赠38万元）。

要求：计算该企业当年应交企业所得税。

3. 某饮食服务公司雇用职工15人，资产总额190万元，税务机关对其上年经营业务进行检查时发现食品销售收入为50万元、转让国债收入4万元、国债利息收入1万元，但无法查实成本费用，税务机关采用核定办法对其征收所得税，应税所得率为15%。

要求：计算该饮食服务公司上年应交企业所得税。

五、会计核算题

1. 根据计算题2，做出相应的会计分录。

2. **资料：**甲企业于第1年12月31日购入某机器设备，会计上采用直线法计提折旧，税法允许采用加速折旧法，其取得成本为100万元，使用年限为10年，净残值为零，计税时按双倍余额递减法计提折旧。不考虑中期报告的影响。该企业适用的所得税税率为25%。

要求：确认第2年递延所得税负债并做会计处理。

3. **资料：**A公司某年度利润表中利润总额为1 200万元，该公司适用的所得税税率为25%。当年发生的有关交易和事项中，会计处理与税收处理存在的差别有：

（1）1月份开始计提折旧的一项固定资产，成本为600万元，使用年限为10年，净残值为零，会计按双倍余额递减法计提折旧，税收按直线法计提折旧。假定税法规定的使用年限及净残值与会计规定相同。

（2）向关联企业捐赠现金200万元。

（3）当年发生研究开发支出500万元，较上年度增长20%，其中300万元资本化计入无形资产成本。税法规定，按该企业的情况，可按实际发生研究开发支出的150%加计扣除。其中，符合资本化条件的支出为300万元，假定所开发无形资产于期末达到预定可使用状态。

(4) 应付违反环保法规定的罚款 100 万元。

(5) 期末对持有的存货计提了 30 万元的存货跌价准备。

要求： 根据以上业务进行会计处理。

第9章

个人所得税会计

学习目标

1. 掌握对居民个人预扣预缴个人所得税的计算和相应的会计处理，扣缴申报表的填报；
2. 掌握居民企业个人所得税的确认、计量、记录与纳税申报；
3. 理解个人所得税的税制要素；
4. 了解非居民纳税人个人所得税的计算。

引　言

对企业所得税，不能望文生义，认为只有企业才缴企业所得税，所有企业都缴企业所得税。对个人所得税，同样也不能望文生义，认为只有个人才缴个人所得税，所有个人都缴个人所得税。符合税法规定条件的居民个人和非居民个人是个人所得税的纳税人，但其税务会计主体则是预扣预缴/代扣代缴义务人；而缴纳个人所得税的居民企业既是个人所得税的纳税人，又是税务会计主体。

9.1　个人所得税税制要素

改革开放后，为了维护国家的税收权益，第五届全国人民代表大会根据国际惯例，于1980年9月通过了《中华人民共和国个人所得税法》，开征个人所得税。之后，又在1993年、1999年、2005年、2007年、2011年对个人所得税法进行了多次修正。2018年

8月31日，全国人民代表大会常务委员会表决通过关于修改《中华人民共和国个人所得税法》的决定，标志着我国在建立综合与分类相结合的个人所得税制上迈出关键的一步。自然人纳税人将由被动扣缴向主动申报转变，有利于增强纳税人的税收意识和税收认同感。

9.1.1　个人所得税的纳税人和纳税范围

个人所得税是对自然人取得的应税所得征收的一种直接税。根据属人与属地原则，我国个人所得税的纳税人分为居民纳税人和非居民纳税人。纳税人有中国居民身份证号码的，以居民身份证号码为纳税人识别号；没有中国居民身份证号码的个人，应在首次发生纳税义务时，由税务机关赋予其纳税人识别号。个人应当凭纳税人识别号实名办税。

(1) 居民纳税人及其纳税范围。居民纳税人亦称居民个人，是指在中国境内①有住所或者无住所而在一个纳税年度内在中国境内居住累计满183天的个人。居民纳税人应就其来源于中国境内、境外的所得申报缴纳个人所得税，即承担无限纳税义务。

中国境内有住所是指因户籍、家庭、经济利益关系而在中国境内的习惯性居住，纳税年度自公历1月1日起至12月31日止。

(2) 非居民纳税人及其纳税范围。非居民纳税人亦称非居民个人，是指在中国境内无住所又不居住，或者无住所而在一个纳税年度内在中国境内居住累计不满183天的个人。非居民纳税人应就其来源于中国境内的所得申报缴纳个人所得税，即负有限纳税义务。

(3) 扣缴义务人。个人所得税以所得人为纳税人，以支付所得的单位或个人为扣缴义务人②。扣缴义务人应依法履行预扣预缴/代扣代缴义务，纳税人不得拒绝；若拒绝的，扣缴义务人应及时报告税务机关。扣缴义务人应依法对纳税人报送的专项附加扣除等相关涉税信息和资料保密。

9.1.2　个人所得税应税项目

我国现行个人所得税实行分类（项）课征与综合课征相结合的征收制度。以下各项个人所得应当缴纳个人所得税：

(1) 工资薪金所得。个人因任职或受雇取得的工资、薪金、奖金、年终加薪、劳动分红、津贴、补贴以及与任职或者受雇有关的其他所得。

个人提前退休取得的一次性补贴收入，内部退养取得的一次性收入，不属于免税的离退休工资，应按“工资、薪金所得”计税。

(2) 劳务报酬所得。个人从事劳务取得的所得，包括从事设计、装潢、安装、制图、化验、测试、医疗、法律、会计、咨询、讲学、翻译、审稿、书画、雕刻、影视、录音、

① 目前不包括中国香港、澳门和台湾地区。
② 即掌握纳税人所得信息并且对所得取得过程有控制权的单位，包括第三方交易平台、第三方支付平台等。

录像、演出、表演、广告、展览、技术服务、介绍服务、经纪服务、代办服务以及其他劳务取得的所得。

（3）稿酬所得。个人因其作品以图书、报刊等形式出版、发表而取得的所得。

（4）特许权使用费所得。个人提供专利权、商标权、著作权①、非专利技术以及其他特许权的使用权取得的所得。

居民个人取得的第 1 项至第 4 项所得称为“综合所得”，按纳税年度合并计算个人所得税；非居民个人取得的第 1 项至第 4 项所得，按月或者按次分项计算个人所得税。

（5）经营所得。具体包括：

1）个体工商户从事生产、经营活动取得的所得，个人独资企业投资人、合伙企业的个人合伙人来源于境内注册的个人独资企业、合伙企业生产、经营的所得；

2）个人依法从事办学、医疗、咨询以及其他有偿服务活动取得的所得；

3）个人对企业、事业单位承包经营、承租经营以及转包、转租取得的所得；

4）个人从事其他生产、经营活动取得的所得。

（6）利息、股息、红利所得。个人拥有债权、股权等而取得的利息、股息、红利所得。

（7）财产租赁所得。个人出租不动产、机器设备、车船以及其他财产而取得的所得。

（8）财产转让所得。个人转让有价证券、股权、合伙企业中的财产份额、不动产、机器设备、车船以及其他财产取得的所得。

（9）偶然所得。

1）个人为单位或他人提供担保获得收入；

2）房屋产权所有人将房屋产权无偿赠与他人，受赠人因无偿受赠房屋取得的受赠收入②；

3）企业在业务宣传、广告等活动中随机向本单位以外的个人赠送礼品（包括网络红包，下同），企业在年会、座谈会、庆典以及其他活动中向本单位以外的个人赠送礼品，个人取得的礼品收入（具有价格折扣或折让性质的消费券、代金券、抵用券、优惠券等礼品除外）；

4）个人得奖、中奖、中彩以及其他偶然性质的所得。

9.1.3 个人所得税的税率

1. 居民个人综合所得个人所得税税率

（1）居民个人预扣预缴个人所得税税率。

1）工资、薪金所得，按月预扣预缴个人所得税，适用 3%～45%的七级超额累进税率（见表 9－1）。

---

① 即提供其使用权所取得的所得，不包括稿酬所得。

② 如下三种情况，当事双方不缴个人所得税：房屋产权所有人将房屋产权无偿赠与配偶、父母、子女、祖父母、外祖父母、孙子女、外孙子女、兄弟姐妹；房屋产权所有人将房屋产权无偿赠与对其承担直接抚养或者赡养义务的抚养人或赡养人；房屋产权所有人死亡，依法取得房屋产权的法定继承人、遗嘱继承人或受遗赠人。

表 9-1　居民个人工资、薪金所得个人所得税预扣率表

级数	累计预扣预缴应纳税所得额	预扣率（%）	速算扣除数
1	不超过 36 000 元的	3	0
2	超过 36 000 元至 144 000 元的部分	10	2 520
3	超过 144 000 元至 300 000 元的部分	20	16 920
4	超过 300 000 元至 420 000 元的部分	25	31 920
5	超过 420 000 元至 660 000 元的部分	30	52 920
6	超过 660 000 元至 960 000 元的部分	35	85 920
7	超过 960 000 元的部分	45	181 920

2）劳务报酬所得，按次预扣预缴个人所得税税率（见表 9-2）。

表 9-2　居民个人劳务报酬所得个人所得税预扣率表

级数	预扣预缴应纳税所得额	预扣率（%）	速算扣除数
1	不超过 20 000 元的	20	0
2	超过 20 000 元至 50 000 元的部分	30	2 000
3	超过 50 000 元的部分	40	7 000

3）稿酬所得、特许权使用费所得，按次预扣预缴个人所得税，适用 20%的比例预扣率，其中稿酬所得“收入额”减按 70%计算。

（2）居民个人非预扣预缴综合所得个人所得税税率。居民个人取得的一次性收入以及综合所得的年终汇算清缴，即非预扣预缴个人所得税，按年计算，适用 3%～45%的七级超额累进税率（见表 9-3）。

表 9-3　居民个人综合所得个人所得税年度税率表

级数	全年应纳税所得额	预扣率（%）	速算扣除数
1	不超过 36 000 元的	3	0
2	超过 36 000 元至 144 000 元的部分	10	2 520
3	超过 144 000 元至 300 000 元的部分	20	16 920
4	超过 300 000 元至 420 000 元的部分	25	31 920
5	超过 420 000 元至 660 000 元的部分	30	52 920
6	超过 660 000 元至 960 000 元的部分	35	85 920
7	超过 960 000 元的部分	45	181 920

2. 非居民个人综合所得个人所得税税率

扣缴义务人向非居民个人支付工资、薪金所得，劳务报酬所得，稿酬所得和特许权使用费所得时，适用 3%～45%的七级超额累进税率，月度税率表见表 9-4。

表 9-4　非居民个人综合所得个人所得税月度税率表

级数	应纳税所得额	税率（%）	速算扣除数
1	不超过 3 000 元的	3	0
2	超过 3 000 元至 12 000 元的部分	10	210

续表

级数	应纳税所得额	税率（%）	速算扣除数
3	超过12 000元至25 000元的部分	20	1 410
4	超过25 000元至35 000元的部分	25	2 660
5	超过35 000元至55 000元的部分	30	4 410
6	超过55 000元至80 000元的部分	35	7 160
7	超过80 000元的部分	45	15 160

3. 居民企业经营所得个人所得税率，见表9-5

表9-5 居民企业经营所得个人所得税税率表

级数	全年应纳税所得额	税率（%）	速算扣除数
1	不超过30 000元的	5	0
2	超过30 000元至90 000元的部分	10	1 500
3	超过90 000元至300 000元的部分	20	10 500
4	超过300 000元至500 000元的部分	30	40 500
5	超过500 000元的部分	35	65 500

4. 个人所得税扣缴方法和预扣/代扣税率，见表9-6

表9-6 个人所得税扣缴方法及税率表

<table>
<tr><th colspan="2">所得项目</th><th colspan="2">扣缴方法</th><th>预扣/代扣税率</th></tr>
<tr><td rowspan="4">居民个人综合所得</td><td>工资薪金所得</td><td rowspan="4">预扣预缴</td><td>累计预扣法</td><td>3%～45%</td></tr>
<tr><td>劳务报酬所得</td><td rowspan="3">按月/按次预扣预缴</td><td>20%～40%</td></tr>
<tr><td>稿酬所得</td><td>20%</td></tr>
<tr><td>特许权使用费所得</td><td>20%</td></tr>
<tr><td colspan="2">非居民个人综合所得</td><td colspan="2">按月/按次代扣代缴</td><td>3%～45%</td></tr>
<tr><td colspan="2">利息、股息、红利所得</td><td rowspan="4">代扣代缴</td><td rowspan="4">按次扣缴</td><td rowspan="4">20%</td></tr>
<tr><td colspan="2">财产租赁所得</td></tr>
<tr><td colspan="2">财产转让所得</td></tr>
<tr><td colspan="2">偶然所得</td></tr>
<tr><td colspan="2">居民企业经营所得</td><td colspan="3">自行预缴（税率3%～35%）</td></tr>
</table>

9.1.4 个人所得税的减免

下列各项个人所得免征个人所得税：

（1）省级人民政府、国务院部委和中国人民解放军军以上单位，以及外国组织、国际组织颁发的科学、教育、技术、文化、卫生、体育、环境保护等方面的奖金。

（2）个人持有财政部发行的债券而取得的利息，个人持有经国务院批准发行的金融债券而取得的利息。

（3）按国务院规定发给的政府特殊津贴、院士津贴，以及国务院规定免予缴纳个人所得税的其他补贴、津贴。

（4）根据国家有关规定，从企业、事业单位、国家机关、社会组织提留的福利费或工会经费中支付给个人的生活补助费；各级人民政府民政部门支付给个人的生活困难补助费。

（5）保险赔款。

（6）军人的转业费、复员费、退役金。

（7）按照国家统一规定发给干部、职工的安家费、退职费、基本养老金或退休费、离休费、离休生活补助费。

（8）个人转让上市公司股票取得的所得。

（9）依照有关法律规定应予免税的各国驻华使馆、领事馆的外交代表、领事官员和其他人员的所得。

（10）中国政府参加的国际公约、签订的协议中规定免税的所得。

（11）国务院规定的其他免税所得。

有下列情形之一的，可减征个人所得税，具体幅度和期限由省、自治区、直辖市人民政府规定，并报同级人民代表大会常务委员会备案：

（1）残疾、孤老人员和烈属的所得。

（2）因自然灾害遭受重大损失的。

（3）国务院规定的其他减税情形。

9.2 个人所得税的确认计量

9.2.1 个人所得税的计税依据

个人所得税的计税依据——应纳税所得额，是指个人取得的各项所得减去按规定项目、标准扣除费用之后的余额。

个人所得的形式包括现金、实物、有价证券和其他形式的经济利益。所得为实物的，应按取得的凭证上所注明的价格计算应纳税所得额；无凭证的实物或凭证上所注明的价格明显偏低的，参照市场价格核定应纳税所得额。所得为有价证券的，根据票面价格和市场价格核定应纳税所得额。所得为其他形式的经济利益，参照市场价格核定应纳税所得额。

所得为人民币以外货币的，按照办理纳税申报或扣缴申报的上一月最后一日人民币汇率中间价，折合成人民币计算应纳税所得额。年度终了后办理汇算清缴的，对已按月、季或按次预缴税款的人民币以外货币所得，不再重新折算；对应当补缴税款的所得部分，按上一纳税年度最后一日人民币汇率中间价，折合成人民币计算应纳税所得额。

1. 居民个人的综合所得

以每一纳税年度收入额减去费用60 000元（免征额）以及专项扣除、专项附加扣除和依法确定的其他扣除后的余额，为年度应纳税所得额。

（1）专项扣除。包括居民个人按照国家规定的范围和标准缴纳的基本养老保险、基本医疗保险、失业保险等社会保险费和住房公积金（简称“三险一金”）。

（2）专项附加扣除。在纳税人本年度综合所得应纳税所得额中扣除，本年度扣除不完的，不得结转以后年度扣除。具体包括：

1）子女教育。纳税人的子女接受学前教育、各层次的学历教育的相关支出，按照每个子女每年12 000元（每月1 000元）的标准定额扣除。受教育子女的父母分别按扣除标准的50%扣除；经父母约定，也可以选择由其中一方按扣除标准的100%扣除。扣除方式在一个纳税年度内不得变更。

2）继续教育。纳税人接受学历继续教育的支出，在学历教育期间按每年4 800元（每月400元）定额扣除；接受技能人员职业资格继续教育、专业技术人员职业资格继续教育支出，在取得相关证书的年度，按每年3 600元定额扣除。个人接受同一学历教育事项，符合规定扣除条件的，该项教育支出可由其父母按照子女教育支出扣除，也可以由本人按照继续教育支出扣除，但不得同时扣除。

3）大病医疗。一个纳税年度内，在社会医疗保险管理信息系统记录的（包括医保目录范围内的自付部分和范围外的自费部分）由个人负担超过15 000元的医药费用支出部分，为大病医疗支出，可按每年60 000元标准限额，在办理汇算清缴时，凭医疗服务收费相关票据原件或复印件，由纳税人本人据实扣除。

4）住房贷款利息。纳税人本人或配偶使用商业银行或住房公积金个人住房贷款为本人或其配偶购买住房，发生的首套①住房贷款利息支出，在偿还贷款期间，可以按照每年12 000元（每月1 000元）标准定额扣除。经夫妻双方约定，可选择由其中一方扣除，且在一个纳税年度内不得变更。纳税人应当留存住房贷款合同、贷款还款支出凭证。

5）住房租金。纳税人本人及配偶在纳税人的主要工作城市没有住房，而在主要工作城市租赁住房发生的租金支出，可以按规定标准定额扣除。住房租金支出由签订租赁住房合同的承租人扣除；纳税人及其配偶不得同时分别享受住房贷款利息专项附加扣除和住房租金专项附加扣除；纳税人应当留存住房租赁合同。

6）赡养老人。纳税人赡养60岁（含）以上父母和其他法定赡养人的赡养支出，分以下两种标准定额扣除：纳税人为独生子女的，按照每年24 000元（每月2 000元）的标准定额扣除；纳税人为非独生子女的，应当与其兄弟姐妹分摊每年24 000元（每月2 000元）的扣除额度，分摊方式包括平均分摊、被赡养人指定分摊或者赡养人约定分摊，具体分摊方式在一个纳税年度内不得变更。

其他法定赡养人是指祖父母、外祖父母的子女已经去世，实际承担对祖父母、外祖父母赡养义务的孙子女、外孙子女。

（3）其他扣除。包括个人缴付符合国家规定的企业年金、职业年金，个人购买符合国家规定的商业健康保险、税收递延型商业养老保险以及国务院规定可以扣除的其他项目。

专项扣除、专项附加扣除和依法确定的其他扣除，以居民个人一个纳税年度的应纳税所得额为限额。本纳税年度扣除不完的，不得结转以后年度扣除。

---

① 仅限一套且为首套。

2. 居民企业经营所得

以个体工商户、个人独资企业、合伙企业以及个人从事其他生产、经营活动每一纳税年度的收入总额减去成本、费用和损失后的余额，为应纳税所得额。

成本、费用是生产、经营活动中发生的各项直接支出和分配计入成本的间接费用以及销售费用、管理费用、财务费用；损失是生产、经营活动中发生的固定资产和存货的盘亏、毁损、报废损失，转让财产损失，坏账损失，自然灾害等不可抗力因素造成的损失以及其他损失。

取得经营所得的个人，若没有综合所得的，计算其每一纳税年度应纳税所得额时，可扣除免征额6万元及专项扣除、专项附加扣除和依法确定的其他扣除，专项附加扣除在办理汇算清缴时减除。

从事生产经营活动，未提供完整、准确的纳税资料，不能正确计算应纳税所得额的，由主管税务机关核定应纳税所得额或应纳税额。

3. 财产租赁所得

每次收入不超过4 000元的，减去费用800元；4 000元以上的，减去20%的费用，其余额为应纳税所得额。

4. 财产转让所得

以转让财产的收入额减去财产原值和合理费用（卖出财产时按规定支付的有关税费）后的余额，为应纳税所得额。按下列方法计算财产原值：

（1）有价证券，为买入价和买入时按规定交纳的有关费用；

（2）不动产，为建造费或购进价格和其他有关费用；

（3）土地使用权，为取得土地使用权所支付的金额、开发土地的费用和其他有关费用；

（4）机器设备、车船，为购进价格、运输费、安装费和其他有关费用。

纳税人未提供完整、准确的财产原值凭证，不能正确计算财产原值的，由主管税务机关核定其财产原值。

5. 利息、股息、红利所得和偶然所得

以每次收入额为应纳税所得额。

6. 公益捐赠的扣除

（1）公益捐赠金额的确定。捐赠货币性资产的，按照实际捐赠金额确定；捐赠股权、房产的，按照个人持有股权、房产的财产原值确定；捐赠除股权、房产以外的其他非货币性资产的，按照非货币性资产的市场价格确定。

（2）居民个人公益捐赠的扣除。

1）在财产租赁所得、财产转让所得、利息股息红利所得、偶然所得（即“分类所

得”）、综合所得、经营所得中扣除。在当期一个所得项目扣除不完的公益捐赠支出，可在其他所得项目中继续扣除。

2）在综合所得、经营所得中扣除的，扣除限额分别为当年综合所得、当年经营所得应纳税所得额的30%；在分类所得中扣除的，扣除限额为当月分类所得应纳税所得额的30%。

3）纳税人自行决定在综合所得、分类所得、经营所得中的扣除顺序。

4）在综合所得中扣除的，按如下规定处理：a. 取得工资薪金所得的，可选择在预扣预缴时扣除，也可选择在年度汇算清缴时扣除。b. 选择在预扣预缴时扣除的，按累计预扣法计算扣除限额，捐赠当月的扣除限额为截至当月累计应纳税所得额的30%；全额扣除的，从其规定。c. 取得其余三项所得的，公益捐赠支出统一在汇算清缴时扣除。d. 取得全年一次性奖金、股权激励等所得，采用单独计税方式处理（不并入综合所得），其扣除比照分类所得处理。

（3）在经营所得中扣除的公益捐赠。

1）个体工商户发生的公益捐赠支出，在经营所得中扣除。

2）个人独资企业、合伙企业发生的公益捐赠支出，个人投资者应按捐赠年度合伙企业的分配比例（个人独资企业为100%），计算归属于每一个人投资者的公益捐赠支出，在经营所得中扣除。

3）可以选择在预缴税款时扣除，也可选择在汇算清缴时扣除。

4）采取核定征收方式的，不得扣除公益捐赠支出。

（4）非居民个人发生的公益捐赠支出，未超过发生当月应纳税所得额30%的部分，可从其应纳税所得额中扣除。扣除不完的，可在经营所得中继续扣除。

7. 居民个人从中国境内和境外取得的综合所得、经营所得

应当分别合并计算应纳税额；从中国境内和境外取得的其他所得，应当分别单独计算应纳税额。

已在境外缴纳的个人所得税税额是居民个人来源于中国境外的所得依照该所得来源国家（地区，下同）的法律应当缴纳并且实际已经缴纳的所得税税额。

纳税人境外所得依照税法规定计算的应纳税额，是居民个人抵免已在境外缴纳的综合所得、经营所得和其他所得的所得税税额的限额（以下简称抵免限额）。除另有规定外，来源于中国境外一个国家的综合所得抵免限额、经营所得抵免限额和其他所得抵免限额之和，为来源于该国家所得的抵免限额。抵免限额计算公式如下：

$$\begin{aligned}\text{来源于一国(地区)综合/经营所得的抵免限额} &= \text{中国境内、境外综合/经营所得依照个人所得税法和实施条例规定计算的综合/经营所得应纳税总额} \\ &\times \text{来源于该国(地区)的综合/经营所得收入额} \\ &\div \text{中国境内、境外综合/经营所得收入总额}\end{aligned}$$

居民个人在中国境外某国实际已经缴纳的个人所得税税额，低于按规定计算的来源

于该国所得抵免限额的，应在中国缴纳差额部分的税款；超过来源于该国所得抵免限额的，其超过部分不得在本纳税年度应纳税额中抵免，但可在以后纳税年度来源于该国所得抵免限额的余额中补扣，补扣期限最长不得超过5年。

9.2.2 居民个人所得税应纳税额的计算

1. 工资、薪金所得应纳税额的计算

$$\text{应纳税所得额}=\text{工资薪金应税收入额}-\text{专项扣除额}^{①}-\text{免征额}-\text{专项附加扣除额}-\text{依法确定的其他扣除额}$$

应交个人所得税＝应纳税所得额×适用税率－速算扣除数

(1) 工资薪金所得的预扣预缴。扣缴义务人向居民个人支付工资薪金所得时，应按累计预扣法预扣预缴税款，并按月办理全员全额扣缴申报（另有规定的除外）。

累计预扣法是扣缴义务人在一个纳税年度内预扣预缴税款时，以纳税人截至当前月份累计工资薪金所得收入额减去纳税人申报的累计减除费用（即免征额）、专项扣除、专项附加扣除和依法确定的其他扣除后的余额为累计预缴应纳税所得额，根据工资薪金所得预扣率表（见表9-1）计算累计应预扣预缴税额，再减去已预扣预缴税额，以确定本期应预扣预缴税额的一种计算方法。当余额为负值时，暂不退税，纳税年度终了后余额仍为负值时，可通过年度汇算清缴、多退少补。计算公式如下：

$$\text{本期应预扣预缴个人所得税}=\left(\text{累计预扣预缴应纳税所得额}\times\text{预扣率}-\text{速算扣除数}\right)-\text{累计减免税额}-\text{累计已预扣预缴税额}$$

$$\text{累计预扣预缴应纳税所得额}=\text{累计收入}-\text{累计免税收入}-\text{累计减除费用}-\text{累计专项扣除}-\text{累计专项附加扣除}-\text{累计依法确定的其他扣除}$$

累计减除费用＝5 000元/月×当期月份数

【例9-1】 天力公司职工张强1月份工资收入额18 000元，当月专项扣除额（“三险一金”）相当于职工工薪收入的22%，子女教育、继续教育、住房贷款利息和赡养老人等专项附加扣除额共计4 400元，无其他扣除额。计算应预扣预缴张强当月应交个人所得税。

当月应纳税所得额＝18 000－5 000－18 000×22%－4 400＝4 640(元)

当月预扣预缴个人所得税＝4 640×3%－0＝139.2(元)

2月份工资收入额17 500元，专项扣除额、专项附加扣除额和免征额与1月份相同。当月应预扣预缴张强应交个人所得税计算如下：

---

① 即“三险一金”。根据实发金额，各项保险提取比例分别为：养老保险8%，医疗保险2%，失业保险0.4%，住房公积金12%，三者之和是职工工薪收入的22.4%。

累计应纳税所得额＝(18 000＋17 500)－5 000×2－(18 000＋17 500)×22%－4 400×2
＝8 890(元)

当月预扣预缴个人所得税＝8 890×3%－139.2＝127.5(元)

(2) 工资薪金所得的汇算清缴。年度终了后，纳税人应在次年 3—6 月到主管税务机关进行个人所得税的汇算清缴。

【例 9-2】 仍以例 9-1 的资料为例，假设张强当年全年工资收入总额 220 000 元，全年专项附加扣除额共计 52 800 元，无其他扣除额；当年预扣预缴个税合计 1 680 元。下年初，张强到主管税务机关办理汇算清缴时，应退（补）个人所得税计算如下：

全年应纳税所得额＝220 000－220 000×22%－52 800－60 000＝58 800(元)

全年应交个人所得税＝58 800×10%－2 520＝3 360(元)

应补交个人所得税＝3 360－1 680＝1 680(元)

(3) 全年一次性奖金收入的计税。在 2021 年 12 月 31 日前，不并入当年综合所得，以全年一次性奖金收入除以 12 个月得到的数额，以按月换算后的综合所得确定适用税率和速算扣除数，单独计算纳税。计算公式为：

应纳税额＝全年一次性奖金收入×适用税率－速算扣除数

居民个人取得全年一次性奖金，也可以选择并入当年综合所得计算纳税。

自 2022 年 1 月 1 日起，居民个人取得全年一次性奖金，统一并入综合所得计税。

(4) 一次性补贴收入的计税。应按办理提前退休、内部退养手续至法定退休年龄之间实际年度数平均分摊（相当于一次取得多年的工资），确定适用税率和速算扣除数，按表 9-3 计算纳税。计算公式如下：

$$\text{应交个人所得税}=\left\{\left[\left(\text{一次性补贴收入}\div\text{办理提前退休、内部退养手续至法定退休年龄的实际年度数}\right)-\text{减除费用}\right]\times\text{适用税率}\right\}\times\text{办理提前退休、内部退养手续至法定退休年龄的实际年度数}$$

2. 劳务报酬所得、稿酬所得、特许权使用费所得应纳税额的计算

扣缴义务人向居民个人支付劳务报酬所得、稿酬所得、特许权使用费所得，每次收入不超过 4 000（含）元的，扣除费用按 800 元计算；每次收入 4 000 元以上的，扣除费用按 20%计算；稿酬所得的收入额减按 70%计算，以每次收入额为应纳税所得额。

属于一次性收入的，以取得该项收入为一次；属于同一项目连续性收入的，以一个月内取得的收入为一次。

以每次收入额为预扣预缴应纳税所得额。劳务报酬所得适用 20%～40%的超额累进预扣率（见表 9-2），稿酬所得、特许权使用费所得适用 20%的比例预扣率。

劳务报酬所得应预扣预缴税额＝预扣预缴应纳税所得额×预扣率－速算扣除数

稿酬所得、特许权使用费所得应预扣预缴税额＝预扣预缴应纳税所得额×20%

居民个人取得劳务报酬所得、稿酬所得、特许权使用费所得，在预扣预缴税款后，应当在年度终了后与工资薪金所得合并计税，进行汇算清缴，多退少补。

（1）劳务报酬应纳税额的计算。

【例9-3】 某演员系居民个人，8月份在A地演出2天，共获演出收入60 000元，应扣缴个人所得税计算如下：

应纳税所得额＝60 000×(1－20%)＝48 000(元)

应交个人所得税＝48 000×30%－2 000＝12 400(元)

如果该演员将这笔收入税后全部捐赠给贫困地区（通过民政部门），应交个人所得税计算如下：

可在税前扣除的捐赠额＝48 000×30%＝14 400(元)

实际应纳税所得额＝48 000－14400＝33 600(元)

应交个人所得税＝33 600×30%－2 000＝8 080(元)

实际捐款金额＝60 000－8 080＝51 920(元)

（2）稿酬所得应纳税额的计算。

【例9-4】 某作家系居民个人，当月取得一笔稿酬收入20 000元，应扣缴个人所得税计算如下：

应纳税所得额＝20 000×(1－20%)×70%＝11 200(元)

应交个人所得税＝11 200×20%＝2 240(元)

3. 财产租赁所得应纳税额的计算

按照每次租赁收入的大小，区别下列情况计算：

（1）每次收入不超过4 000元的：

应交个人所得税＝(每次收入额－费用800元)×20%

（2）每次收入4 000元以上的：

应交个人所得税＝每次收入额×(1－20%)×20%

4. 财产转让所得应纳税额的计算

应交个人所得税＝(财产转让收入额－财产原值－合理费用)×20%

5. 利息、股息、红利所得应纳税额的计算

应交个人所得税＝每次收入额×20%

6. 偶然所得应纳税额的计算

应交个人所得税＝每次收入额×20%

9.2.3 非居民个人所得税应纳税额的计算

（1）非居民个人的工资、薪金所得。以每月收入额扣除免征额 5 000 元后的余额为应纳税所得额，适用按月换算后的月度综合所得税率表（见表 9－4）计算应纳税额。

非居民个人综合所得应纳税额＝应纳税所得额×税率－速算扣除数

（2）非居民个人取得来源于境内的劳务报酬所得、稿酬所得、特许权使用费所得，以税法规定的每次收入额为应纳税所得额，适用表 9－3 计算应纳税额。

（3）扣缴义务人向非居民个人支付上述所得时，应当按月或按次扣缴个人所得税。

【例 9－5】 以例 9－3 的资料为例，假如该演员系非居民个人，根据表 9－4，应扣缴个人所得税计算如下：

应纳税所得额＝60 000×(1－20％)＝48 000(元)

应交个人所得税＝48 000×30％－4 410＝9 990(元)

以例 9－4 的资料为例，假如该作家系非居民个人，应扣缴个人所得税计算如下：

应交个人所得税＝11 200×10％－210＝910(元)

9.2.4 居民个人所得税的纳税调整

居民个人从中国境外取得的所得，可以从其应纳税额中抵免已在境外缴纳的个人所得税税额，但抵免额不得超过该纳税人境外所得依照税法规定计算的应纳税额。有下列情形之一的，税务机关有权按照合理方法进行纳税调整：

（1）个人与其关联方之间的业务往来不符合独立交易原则而减少本人或其关联方应纳税额，且无正当理由。

关联方是指夫妻、直系血亲、兄弟姐妹及其他抚养、赡养、扶养关系的个人，在资金、经营、购销等方面有直接、间接控制关系，其他经济利益关系。独立交易原则是指没有关联关系的交易各方按公平成交价格和营业常规进行业务往来应遵循的原则。

（2）居民个人控制的或者居民个人和居民企业共同控制的设立在实际税负明显偏低的国家（地区）的企业，无合理经营需要，对应当归属于居民个人的利润不做分配或减少分配。

纳税人能够提供资料证明其控制的企业满足国务院财政、税务主管部门规定条件的，可免予纳税调整。

（3）个人实施其他不具有合理商业目的（以减少、免除或推迟缴纳税款为主要目的）的安排而获取不当税收利益。

税务机关按规定做出的纳税调整，需要补征税款并依法加收利息的，纳税人应当补缴税款和利息①。有关部门依法将纳税人、扣缴义务人遵守税法的情况纳入信用信息系统，并实施联合激励或惩戒。

9.2.5 居民企业个人所得税的计算

1. 应交个人所得税的计算

个体工商户、个人独资企业、合伙企业及个人从事生产、经营所得，以每一纳税年度的收入总额，减去成本、费用、税金、损失、其他支出以及允许弥补的以前年度亏损后的余额，为应纳税所得额。从事生产经营以及与生产经营有关的活动取得的货币形式和非货币形式的各项收入为收入总额，具体包括销售货物收入、提供劳务收入、转让财产收入、利息收入、租金收入、接受捐赠收入、其他收入。个人所得税的计算公式如下：

$$\text{应纳税所得额}=\text{收入总额}-\left(\text{成本}+\text{费用}+\text{税金}+\text{损失}+\begin{matrix}\text{其他}\\ \text{支出}\end{matrix}+\begin{matrix}\text{允许弥补的}\\ \text{以前年度亏损}\end{matrix}\right)$$

$$\text{应交个人所得税}=\text{应纳税所得额}\times\text{税率}-\text{速算扣除数}$$

未提供完整、准确的纳税资料，不能正确计算应纳税所得额的，由主管税务机关核定其应纳税所得额。

企业应当分别核算生产经营活动中的生产经营费用和个人、家庭费用。对于生产经营与个人、家庭生活混用难以分清的费用，其40%视为与生产经营有关费用，准予扣除。

纳税年度发生的亏损，准予向以后年度结转，结转年限最长不得超过5年。

2. 税前扣除项目和标准

（1）企业向其从业人员实际支付的合理的工资薪金支出，允许在税前据实扣除。业主的工资薪金支出不得税前扣除，业主的费用扣除标准依照相关法律法规和政策规定执行。

（2）按国务院有关主管部门或省级人民政府规定的范围和标准为其业主和从业人员缴纳的基本养老保险费、基本医疗保险费、失业保险费、生育保险费、工伤保险费和住房公积金，准予扣除。为从业人员缴纳的补充养老保险费、补充医疗保险费，分别在不超过从业人员工资总额5%标准内的部分据实扣除，超过部分不得扣除。

业主本人缴纳的补充养老保险费、补充医疗保险费，以当地（地级市）上年度社会平均工资的3倍为计算基数，分别在不超过该计算基数5%标准内的部分据实扣除，超过

---

① 按照税款所属纳税申报期最后一日中国人民银行公布的与补税期间同期的人民币贷款基准利率计算利息，自税款纳税申报期满次日起至补缴税款期限届满之日止按日加收。纳税人在补缴税款期限届满前补缴税款的，利息加收至补缴税款之日。

部分不得扣除。

（3）在生产经营活动中发生的下列利息支出准予扣除：向金融企业借款的利息支出；向非金融企业和个人借款的利息支出，不超过按照金融企业同期同类贷款利率计算的数额的部分。

（4）向当地工会组织拨缴的工会经费、实际发生的职工福利费支出、职工教育经费支出分别在工资薪金总额①的2%，14%，8%的标准内据实扣除②。

（5）发生的与生产经营活动有关的业务招待费，按照实际发生额的60%扣除，但最高不得超过当年销售收入的5‰。

（6）每一纳税年度发生的与其生产经营活动直接相关的广告费和业务宣传费不超过当年销售收入15%的部分，可以据实扣除；超过部分，准予在以后纳税年度结转扣除。

（7）研究开发新产品、新技术、新工艺所发生的开发费用，以及研究开发新产品、新技术而购置单台价值在10万元以下的测试仪器和试验性装置的购置费准予直接扣除；单台价值在10万元以上（含10万元）的测试仪器和试验性装置，按固定资产管理，不得在当期直接扣除。

9.3 个人所得税的缴纳与申报

9.3.1 个人所得税的缴纳

个人所得税实行源泉分项/综合扣缴和纳税人自行申报两种缴纳办法，以支付所得的单位或个人为扣缴义务人。在两处以上取得应税所得和没有扣缴义务人的，纳税人应当自行申报纳税；自行申报纳税人应在取得所得的所在地税务机关申报纳税。纳税人从中国境外取得所得的，应在户籍所在地税务机关或指定税务机关申报纳税。在两处以上取得的所得，需要合并计算纳税的，由纳税人申请、税务机关批准，可在其中一处税务机关申报纳税。纳税人要求变更纳税申报地点的，应经原主管税务机关批准。

（1）综合所得的缴纳。综合所得按年计算个人所得税。有扣缴义务人的，扣缴义务人在向个人支付③应税款项时，应按税法规定预扣或代扣税款，并专项记载备查。

居民个人取得工资薪金所得时，可向扣缴义务人提供专项附加扣除有关信息。扣缴义务人应按纳税人提供的信息计算税款、办理扣缴申报，不得擅自更改纳税人提供的信息。

纳税人、扣缴义务人应按规定保存与专项附加扣除相关的资料。税务机关可对纳税

① 允许在当期税前扣除的工资薪金支出数额。

② 业主本人向当地工会组织缴纳的工会经费、实际发生的职工福利费支出、职工教育经费支出（比例同上），以当地（地级市）上年度社会平均工资的3倍为计算基数。

③ 包括现金支付、汇拨支付、转账支付和以有价证券、实物以及其他形式的支付。

人提供的专项附加扣除信息进行抽查。税务机关发现纳税人提供虚假信息的，应当责令改正并通知扣缴义务人；情节严重的，有关部门应当依法予以处理，纳入信用信息系统并实施联合惩戒。

纳税人同时从两处以上取得工资薪金所得，并由扣缴义务人减除专项附加扣除的，对同一专项附加扣除项目，在一个纳税年度内只能选择从一处取得的所得中减除。

对上一完整纳税年度内每月均在同一单位预扣预缴工资、薪金所得个税且全年工薪收入不超过 6 万元的居民个人，扣缴义务人在预扣预缴本年度工薪所得个人所得税时，累计减除费用自 1 月份起直接按照全年 6 万元计算扣除，即在纳税人累计收入不超过 6 万元的月份，暂不预扣预缴个人所得税；在其累计收入超过 6 万元的当月及年内后续月份，再预扣预缴个人所得税，并在《个人所得税扣缴申报表》相应纳税人的备注栏注明“上年各月均有申报且全年收入不超过 6 万元”。按累计预扣法预扣预缴劳务报酬所得个税的居民个人，比照执行。

居民个人取得劳务报酬所得、稿酬所得、特许权使用费所得，应当在汇算清缴时向税务机关提供有关信息，减除专项附加扣除。

年度预扣预缴税额与年度应纳税额不一致时，纳税人应于次年 3 月 1 日至 6 月 30 日向主管税务机关办理综合所得年度汇算清缴，税款多退少补。纳税人可以委托扣缴义务人或者其他单位和个人办理汇算清缴。

【例 9-6】 某集团公司营销高管李远兼任集团公司下属 A，B 两家公司的营销总监。A，B 公司每月各向其发放工资 1.2 万元，其社会保险和住房公积金选择在 A 公司缴纳，个人承担部分为每月 1 500 元，每月专项附加扣除合计 3 500 元。纳税人选择从 A 公司取得的所得中减除专项附加扣除金额，其个人所得税计算如下：

1）A 公司预扣预缴。

$$\begin{aligned}\text{全年累计应纳税所得额}&=12\,000\times12-5\,000\times12-1\,500\times12-3\,500\times12\\&=24\,000(\text{元})\end{aligned}$$

$$\text{全年累计预扣预缴个人所得税}=24\,000\times3\%=720(\text{元})$$

2）B 公司预扣预缴。

$$\text{全年累计应纳税所得额}=12\,000\times12-5\,000\times12=84\,000(\text{元})$$

$$\text{全年累计预扣预缴个人所得税}=84\,000\times10\%-2\,520=5\,880(\text{元})$$

3）年度汇算清缴。

$$\begin{aligned}\text{全年应纳税所得额}&=(12\,000+12\,000)\times12-5\,000\times12-1\,500\times12-3\,500\times12\\&=168\,000(\text{元})\end{aligned}$$

$$\text{全年累计预扣预缴个人所得税}=720+5\,880=6\,600(\text{元})$$

$$\text{全年应交个人所得税}=168\,000\times20\%-16\,920=16\,680(\text{元})$$

A，B 公司全年预扣预缴李远个人所得税 6 600 元，低于其应交税款 16 680 元，且综合所得年收入额减除专项扣除的余额超过 6 万元。因此，李远应在次年规定期限内办理汇算清缴并补交个人所得税 10 080 元（16 680－6 600）。

非居民个人取得工资薪金所得、劳务报酬所得、稿酬所得和特许权使用费所得，有扣缴义务人的，由扣缴义务人按月或按次代扣代缴税款，不办理汇算清缴。

（2）经营所得的缴纳。纳税人取得经营所得，按年计算个人所得税，由纳税人在月度或季度终了后 15 日内向税务机关报送纳税申报表，并预缴税款；在取得所得的次年 3 月 31 日前办理汇算清缴。

（3）其余所得的缴纳。纳税人取得利息、股息、红利所得，财产租赁所得，财产转让所得和偶然所得，按月或按次计算个人所得税，有扣缴义务人的，由扣缴义务人按月或按次代扣代缴税款。

（4）扣缴义务人每月或每次预扣/代扣的税款，应在次月 15 日内缴入国库，并向税务机关报送个人所得税扣缴申报表。

9.3.2 个人所得税的纳税申报

纳税年度自公历 1 月 1 日起至 12 月 31 日止。有下列情形之一的，纳税人应当依法办理纳税申报：

（1）取得综合所得。需要办理汇算清缴的情形包括：

1）从两处以上取得综合所得，且综合所得年收入额减去专项扣除的余额超过 6 万元；

2）取得劳务报酬所得、稿酬所得、特许权使用费所得中一项或者多项所得，且综合所得年收入额减去专项扣除的余额超过 6 万元；

3）纳税年度内预缴税额低于应纳税额；

4）纳税人申请退税。纳税人申请退税，应提供其在中国境内开设的银行账户，并在汇算清缴地就地办理税款退库。

（2）取得应税所得，扣缴义务人未扣缴税款。应当区别以下情形办理纳税申报：

1）居民个人取得综合所得的，按“（1）取得综合所得”办理。

2）非居民个人取得工资薪金所得、劳务报酬所得、稿酬所得、特许权使用费所得的，应在取得所得的次年 6 月 30 日前，向扣缴义务人所在地主管税务机关办理纳税申报，并报送《个人所得税自行纳税申报表（A 表）》。有两个以上扣缴义务人均未扣缴税款的，选择向其中一处扣缴义务人所在地主管税务机关办理纳税申报。

（3）取得经营所得的纳税申报。个体工商户业主、个人独资企业投资者、合伙企业个人合伙人、承包承租经营者个人以及其他从事生产、经营活动的个人取得经营所得，按年计算个人所得税，由纳税人在月度或季度终了后 15 日内，向经营管理所在地主管税务机关办理预缴纳税申报，并报送《个人所得税经营所得纳税申报表（A 表）》。在取得所得的次年 3 月 31 日前，向经营管理所在地主管税务机关办理汇算清缴，并报送《个人所得税经营所得纳税申报表（B 表）》；从两处以上取得经营所得的，选择向其中一处经营管理所在地主管税务机关办理年度汇总申报，并报送《个人所得税经营所得纳税申报表（C 表）》。

（4）取得境外所得的纳税申报。居民个人从中国境外取得所得的，应当在取得所得的次年3月1日至6月30日内，向中国境内任职、受雇单位所在地主管税务机关办理纳税申报；在中国境内没有任职、受雇单位的，向户籍所在地或中国境内经常居住地主管税务机关办理纳税申报。

（5）因移居境外注销中国户籍，应向税务机关申报下列事项：

1）注销户籍当年的综合所得、经营所得汇算清缴的情况；

2）注销户籍当年的其他所得的完税情况；

3）以前年度欠税的情况。

（6）非居民个人在中国境内从两处以上取得工资薪金所得。

9.3.3　个人所得税纳税申报表

个人所得税纳税申报表有个人所得税基础信息表（A表、B表）、个人所得税扣缴申报表、个人所得税自行纳税申报表（A表）、个人所得税年度自行纳税申报表、个人所得税经营所得纳税申报表（A表、B表、C表）、合伙制创业投资企业单一投资基金核算方式备案表、单一投资基金核算的合伙制创业投资企业个人所得税扣缴申报表。

1. 个人所得税基础信息表

个人所得税基础信息表（A表），适用于扣缴义务人办理全员全额扣缴申报时，填报其支付所得的纳税人的基础信息。扣缴义务人首次向纳税人支付所得，或者纳税人相关基础信息发生变化的，应填写本表，并于次月扣缴申报时向税务机关报送。表中带“*”项目分为必填和条件必填，其余项目为选填。

个人所得税基础信息表（B表），适用于自然人纳税人基础信息的填报。自然人纳税人初次向税务机关办理相关涉税事宜时填报本表；初次申报以后仅需在信息发生变化时填报。表中带“*”的项目为必填或者条件必填，其余项目为选填。

2. 个人所得税扣缴申报表

个人所得税扣缴申报表（见表9-7），适用于扣缴义务人向居民个人支付工资薪金所得、劳务报酬所得、稿酬所得和特许权使用费所得的个人所得税全员全额预扣预缴申报，向非居民个人支付工资薪金所得、劳务报酬所得、稿酬所得和特许权使用费所得的个人所得税全员全额扣缴申报，以及向居民个人和非居民个人支付利息、股息、红利所得，财产租赁所得，财产转让所得和偶然所得的个人所得税全员全额扣缴申报。

扣缴义务人应专门设立预扣预缴税收账簿，正确反映个人所得税的扣缴情况，如实填写本表及其他相关资料，在每月或每次预扣、代扣税款的次月15日内，将已扣税款缴入国库，并向税务机关报送本表。

表 9-7　个人所得税扣缴申报表

税款所属期：　　年　月　日至　　年　月　日

扣缴义务人名称：

扣缴义务人纳税人识别号（统一社会信用代码）：□□□□□□□□□□□□□□□□□□□□　　金额单位：人民币元（列至角分）

序号	姓名	身份证件类型	身份证件号码	纳税人识别号	是否为非居民个人	所得项目	本月（次）情况														累计情况（工资、薪金）									减按计税比例	准予扣除的捐赠额	税款计算							备注
							收入额计算			减除费用	专项扣除				其他扣除						累计收入额	累计减除费用	累计专项扣除	累计专项附加扣除					累计其他扣除			应纳税所得额	税率/预扣率	速算扣除数	应纳税额	减免税额	已缴税额	应补/退税额	
							收入	费用	免税收入		基本养老保险费	基本医疗保险费	失业保险费	住房公积金	年金	商业健康保险	税延养老保险	财产原值	允许扣除的税费	其他				子女教育	赡养老人	住房贷款利息	住房租金	继续教育											
1	2	3	4	5	6	7	8	9	10	11	12	13	14	15	16	17	18	19	20	21	22	23	24	25	26	27	28	29	30	31	32	33	34	35	36	37	38	39	40
会计合计																																							

谨声明：本表是根据国家税收法律法规及相关规定填报的，是真实的、可靠的、完整的。

扣缴义务人（签章）：　　　　年　月　日

经办人签字： 经办人身份证件号码： 代理机构签章： 代理机构统一社会信用代码：	受理人： 受理税务机关（章）： 受理日期：　　年　月　日

3. 个人所得税自行纳税申报表和个人所得税年度自行纳税申报表

（1）个人所得税自行纳税申报表（A 表），适用于纳税人向税务机关按月或按次办理自行纳税申报，包括居民个人取得综合所得以外的所得扣缴义务人未扣缴税款，非居民个人取得应税所得扣缴义务人未扣缴税款，非居民个人在中国境内从两处以上取得工资薪金所得等。

1）居民个人取得应税所得但扣缴义务人未扣缴税款，应在取得所得的次年 6 月 30 日前办理纳税申报。

2）非居民个人取得应税所得但扣缴义务人未扣缴税款的，应在取得所得的次年 6 月 30 日前办理纳税申报。非居民个人在次年 6 月 30 日前离境（临时离境除外）的，应当在离境前办理纳税申报。

3）非居民个人在中国境内从两处以上取得工资薪金所得的，应在取得所得的次月 15 日内办理纳税申报。

4）其他需要纳税人办理自行申报的情形，按规定的申报期限办理。

（2）个人所得税年度自行纳税申报表，适用于居民个人取得境内综合所得，按税法规定需要向主管税务机关办理汇算清缴时，应在取得所得的次年 3 月 1 日至 6 月 30 日内报送本表。

4. 个人所得税经营所得纳税申报表

个人所得税经营所得纳税申报分为 A 表、B 表和 C 表三种。

（1）个人所得税经营所得纳税申报表（A 表）（见表 9－8），适用于查账征收和核定征收的个体工商户业主、个人独资企业投资人、合伙企业个人合伙人、承包承租经营者个人以及其他从事生产、经营活动的个人在中国境内取得经营所得，办理个人所得税预缴纳税申报时，向税务机关报送。合伙企业有两个或者两个以上个人合伙人的，应分别填报本表。

纳税人取得经营所得，应当在月度或者季度终了后 15 日内，向税务机关办理预缴纳税申报。

表 9－8　个人所得税经营所得纳税申报表（A 表）

税款所属期：　　年　月　日至　　年　月　日

金额单位：人民币元（列至角分）

被投资单位信息	
名称	
纳税人识别号（统一社会信用代码）	□□□□□□□□□□□□□□□□□□
征收方式（单选）	
□查账征收（据实预缴）　□查账征收（按上年应纳税所得额预缴）　□核定应税所得率征收 □核定应纳税所得额征收　□税务机关认可的其他方式	
个人所得税计算	

项目	行次	金额/比例
一、收入总额	1	
二、成本费用	2	
三、利润总额（第 3 行＝第 1 行－第 2 行）	3	
四、弥补以前年度亏损	4	
五、应税所得率（%）	5	
六、合伙企业个人合伙人分配比例（%）	6	
七、允许扣除的个人费用及其他扣除（第 7 行＝第 8 行＋第 9 行＋第 14 行）	7	
（一）投资者减除费用	8	
（二）专项扣除（第 9 行＝第 10 行＋第 11 行＋第 12 行＋第 13 行）	9	
1. 基本养老保险费	10	
2. 基本医疗保险费	11	
3. 失业保险费	12	
4. 住房公积金	13	
（三）依法确定的其他扣除（第 14 行＝第 15 行＋第 16 行＋第 17 行）	14	
1.	15	
2.	16	
3.	17	
八、准予扣除的捐赠额（附报《个人所得税公益慈善事业捐赠扣除明细表》）	18	
九、应纳税所得额	19	
十、税率（%）	20	
十一、速算扣除数	21	
十二、应纳税额（第 22 行＝第 19 行×第 20 行－第 21 行）	22	
十三、减免税额（附报《个人所得税减免税事项报告表》）	23	
十四、已缴税额	24	
十五、应补/退税额（第 25 行＝第 22 行－第 23 行－第 24 行）	25	
谨声明：本表是根据国家税收法律法规及相关规定填报的，本人对填报内容（附带资料）的真实性、可靠性、完整性负责。 纳税人签字：　　　年　月　日		
经办人签字： 经办人身份证件类型： 经办人身份证件号码： 代理机构签章： 代理机构统一社会信用代码：	受理人： 受理税务机关（章）： 受理日期：　　年　　月　　日	

（2）个人所得税经营所得纳税申报表（B 表），适用于个体工商户业主、个人独资企业投资人、合伙企业个人合伙人、承包承租经营者个人以及其他从事生产、经营活动的个人在中国境内取得经营所得，且实行查账征收的，在办理个人所得税汇算清缴纳税申报时，向税务机关报送。合伙企业有两个或者两个以上个人合伙人的，应分别填报本表。

纳税人在取得经营所得的次年 3 月 31 日前，向税务机关办理汇算清缴。

(3) 个人所得税经营所得纳税申报表（C 表），适用于个体工商户业主、个人独资企业投资人、合伙企业个人合伙人、承包承租经营者个人以及其他从事生产、经营活动的个人在中国境内两处以上取得经营所得，办理合并计算个人所得税的年度汇总纳税申报时，向税务机关报送。

9.4 个人所得税的会计处理

9.4.1 企业预扣预缴个人所得税的会计处理

1. 支付工资薪金和劳务报酬预扣预缴所得税

企业作为个人所得税的扣缴义务人，应按规定扣缴职工应缴纳的个人所得税。预扣个人所得税时，借记“应付职工薪酬”账户，贷记“应交税费——应交预扣个人所得税”等账户。

【例 9-7】 天泰公司工程师彭诚 1 月份工资收入额 25 000 元，当月专项扣除额（“三险一金”）5 500 元，专项附加扣除额 1 900 元，无其他扣除额。公司预扣预缴彭诚当月应交个人所得税和相关会计分录如下：

当月应纳税所得额＝25 000－5 500－1 900－5 000＝12 600(元)

当月预扣预缴个人所得税＝12 600×20％－1 410＝1 110(元)

实际发放工资（实务中，会计分录是按总额反映，每人的信息在明细表中）时：

借：应付职工薪酬——工资薪金（彭诚）	25 000	
贷：库存现金/银行存款		18 390
其他应付款		5 500
应交税费——应交预扣个人所得税		1 110

财务会计反映当月应付职工薪酬时：

借：生产成本、管理费用等	25 000	
贷：应付职工薪酬——工资薪金（彭诚）		25 000

2. 承包、承租经营所得应交所得税的会计处理

承包、承租经营有如下两种情况，个人所得税也相应涉及两个应税项目。

(1) 承包、承租人对企业经营成果不拥有所有权，仅是按合同（协议）规定取得一定所得的，其所得按工资薪金所得项目征税，适用 3％～45％的超额累进税率。

(2) 承包、承租人按合同（协议）的规定只向发包、出租方缴纳一定费用后，企业经营成果归其所有的，承包、承租人取得的所得，按对企事业单位的承包经营、承租经营所得项目，适用 5％～35％的超额累进税率。

第一种情况的会计处理方法同工资薪金所得扣缴所得税的会计处理；第二种情况，

应由承包、承租人自行申报缴纳个人所得税，发包、出租方不做扣缴所得税的会计处理。

【例 9-8】 4 月 1 日，李某与原所在事业单位签订承包合同经营招待所，合同规定承包期为一年，李某全年上交费用 100 000 元，年终招待所实现利润 400 000 元。李某应交个人所得税如下：

应纳税所得额＝承包经营利润－上交承包费－费用扣减额
＝400 000－100 000－5 000×12＝240 000(元)

应交个人所得税＝应纳税所得额×适用税率－速算扣除数
＝240 000×20%－10 500＝37 500(元)

发包、出租方在收到李某缴来承包（租）费时，做会计分录如下：

借：银行存款　　100 000
　贷：其他业务收入　　100 000

3. 向股东支付股利代扣代缴所得税的会计处理

股份公司向法人股东支付股票股利、现金股利时，因法人股东不缴个人所得税，无代扣代缴问题；若以资本公积转增股本，不属股息、红利的分配，也不涉及个人所得税问题。

公司向个人支付现金股利时，应代扣代缴的个人所得税可从应付现金中直接扣除。公司按应支付给个人的现金股利金额，借记“利润分配——未分配利润”，贷记“应付股利”；当实际支付现金并代扣个人所得税时，借记“应付股利”，贷记“库存现金”“应交税费——应交代扣个人所得税”。

企业派发股票股利或以盈余公积对个人股东转增资本，也应代扣代缴个人所得税，其方法有：

（1）内扣法。在派发股票股利或以盈余公积对个人股东转增资本的同时，从中扣除应代扣代缴的个人所得税，借记“利润分配——未分配利润”等，贷记“股本”“应交税费——应交预扣个人所得税”等，这样处理会改变股东权益结构或使公司法人股与个人股权比例频繁变动。

（2）外扣法。可由企业按增股金额，向个人收取现金以备代缴，或委托证券代理机构从个人股东账户代扣。

外扣法下，向个人收取现金或委托证券代理机构从个人股东账户代扣税款都有其麻烦和困难；如果可能，公司在决定股利分配方案时，可将股票股利与现金股利结合，使现金股利相当或大于个人股东应缴的所得税，这样即可消除上述不便。

9.4.2 居民企业个人所得税的会计处理

1. 账户设置

居民企业是指按税法规定缴纳个人所得税的企业，应设置“本年应税所得”账户，本账户下设“本年经营所得”和“应弥补的亏损”两个明细账户。

“本年经营所得”明细账户核算企业本年生产经营活动取得的收入扣除成本费用后的余额。如果收入大于应扣除的成本费用总额，即为本年经营所得，在不存在税前弥补亏损的情况下，即为本年经营所得，应由“本年应税所得——本年经营所得”账户转入“留存利润”账户。如果计算出的结果为经营亏损，则应将本年发生的经营亏损由“本年经营所得”明细账户转入“应弥补的亏损”明细账户。

“应弥补的亏损”明细账户核算企业发生的、可由生产经营活动所得税前弥补的亏损。发生亏损时，由“本年经营所得”明细账户转入本明细账户。生产经营过程中发生的亏损，可以由以后年度的生产经营所得在税前弥补，但延续弥补期不得超过 5 年。超过弥补期的亏损不能再以生产经营所得税前弥补，应从“本年应税所得——应弥补的亏损”账户转入“留存利润”账户，减少企业的留存利润。

2. 本年应税所得的会计处理

年末，企业计算本年经营所得，应将“主营业务收入”和“其他业务收入”账户的余额转入“本年应税所得——本年经营所得”账户的贷方；将“主营业务成本”“其他业务成本”“销售费用”“税金及附加”账户余额转入“本年应税所得——本年经营所得”账户的借方。“营业外收入”和“营业外支出”账户如为借方余额，转入“本年应税所得——本年经营所得”账户的借方；如为贷方余额，转入“本年应税所得——本年经营所得”账户的贷方。

3. 应弥补亏损的会计处理

企业生产经营活动中发生的经营亏损，应由“本年经营所得”明细账户转入“应弥补亏损”明细账户。弥补亏损时，由“应弥补亏损”明细账户转入“本年经营所得”明细账户；超过弥补期的亏损，由“应弥补亏损”明细账户转入“留存利润”账户。

【例 9-9】 某个人独资企业某年营业收入 518 000 元，营业成本 380 000 元，销售费用 70 000 元，税金及附加 30 000 元，没有其他项目。

结转本年的收入和成本费用时作会计分录如下：

借：主营业务收入	518 000	
贷：本年应税所得——本年经营所得		518 000
借：本年应税所得——本年经营所得	480 000	
贷：主营业务成本		380 000
销售费用		70 000
税金及附加		30 000

$$\begin{aligned}\text{该企业本年应纳税所得额} &= 518\,000-380\,000-70\,000-30\,000-5\,000\times 12\\ &= -22\,000(\text{元})\end{aligned}$$

转入“应弥补的亏损”明细账户，做会计分录如下：

借：本年应税所得——应弥补的亏损	22 000	
贷：本年应税所得——本年经营所得		22 000

4. 留存利润的会计处理

企业应设置“留存利润”账户核算非法人企业的留存利润。年度终了，计算结果如为本年经营所得，应将本年经营所得扣除可在税前弥补的以前年度亏损后的余额转入该账户的贷方；同时计算确定本年应缴纳的个人所得税，计入该账户的借方，然后将税后列支费用及超过弥补期的经营亏损转入该账户的借方。该账户贷方金额减去借方金额后的余额，为留存利润额。

【例9-10】 某合伙企业年度收入总额550 000元，可在税前扣除的成本费用345 000元，税后列支费用为30 000元，超过弥补期而转入本账户的以前年度亏损为20 000元。以前年度留存利润为零。

（1）转入经营所得时。

借：本年应税所得——本年经营所得　　205 000
　贷：留存利润（55 000－345 000）　　205 000

（2）计算应交个人所得税时。

应交个人所得税＝205 000×20%－10 500＝30 500(元)

借：留存利润　　30 500
　贷：应交税费——应交个人所得税　　30 500

（3）转入税后列支费用时。

借：留存利润　　30 000
　贷：税后列支费用　　30 000

（4）转入超过弥补期的亏损时。

借：留存利润　　20 000
　贷：本年应税所得——应弥补亏损　　20 000

留存利润＝205 000－30 500－30 000－20 000＝124 500(元)

5. 缴纳个人所得税的会计处理

（1）居民企业缴纳个人所得税。企业生产经营所得应缴纳的个人所得税，应按年计算、分月预交、年度终了后汇算清缴。企业应在“应交税费”账户下设置“应交个人所得税”明细账户，核算企业预交和应交的个人所得税，以及年终汇算清缴个人所得税的补交和退回情况。企业按月预交个人所得税时，借记“应交税费——应交个人所得税”账户，贷记“库存现金”等账户；年度终了，计算出全年实际应交的个人所得税，借记“留存利润”账户，贷记“应交税费——应交个人所得税”账户。“应交个人所得税”明细账户的贷方金额大于借方金额的差额，为预交数小于应交数的差额。

补交个人所得税时，记入“应交个人所得税”明细账户的借方；收到退回的多交的个人所得税时，记入“应交个人所得税”明细账户的贷方，如果多交的所得税不退回，而是用来抵顶以后期间的个人所得税，多交的个人所得税金额就作为下一年度的预交个人所得税金额。

【例 9-11】 某个体企业经过主管税务机关核定，按照上年度实际应交个人所得税额，确定本年各月应预交税额。假设上年实际应交个人所得税为 60 000 元。

本年各月应预交个人所得税＝60 000÷12＝5 000(元)

1）每月预交个人所得税时。

借：应交税费——应交个人所得税　　5 000

　贷：库存现金　　5 000

2）年终汇算清缴全年个人所得税，确定本年度生产经营活动应交个人所得税为 80 000 元。

借：留存利润　　80 000

　贷：应交税费——应交个人所得税　　80 000

全年 1—12 月已经预交个人所得税 60 000 元（5 000×12），记入“应交个人所得税”明细账户的借方，贷方与借方差额 20 000 元（80 000－60 000）为应补交的个人所得税。

3）补交个人所得税时。

借：应交税费——应交个人所得税　　20 000

　贷：库存现金　　20 000

4）如果汇算清缴确定的全年应交个人所得税为 50 000 元，则会计分录如下：

借：留存利润　　50 000

　贷：应交税费——应交个人所得税　　50 000

5）已预交个人所得税金额为 60 000 元，应交数为 50 000 元，应交数小于已预交 10 000 元，由主管税务机关按规定退回。企业收到退税时，会计分录如下：

借：现金库存　　10 000

　贷：应交税费——应交个人所得税　　10 000

如果将企业多交的 10 000 元抵顶下年的个人所得税，只需将该余额转入下一年度即可。

（2）企业预扣预缴个人所得税。企业预扣预缴从业人员的个人所得税，应在“应交税费”账户下单独设置“应交预扣个人所得税”明细账户进行核算。根据应代扣额，记入该账户的贷方；实际上缴时，按上缴金额记入该账户的借方。

复习思考题

1. 试述个人所得税的纳税人与扣缴义务人。
2. 简述个人所得税预扣预缴与代扣代缴的适用范围。
3. 居民个人与非居民个人工资薪金所得应纳税所得额计算有何不同？
4. 企业如何进行预扣预缴工资薪金所得个人所得税的会计处理？
5. 如何计算居民企业个人所得税的应纳税所得额？它与法人企业所得税应纳税所得额的计算有何不同？
6. 居民企业个人所得税如何进行相关会计处理？

技能题

一、单项选择题

1. 纳税人的子女接受学前教育、各层次学历教育的相关支出，按照每个子女每月（　　）的标准定额扣除。

A. 800 元　　B. 1 000 元　　C. 1 200 元　　D. 1 500 元

2. 中国公民李某为某高校的一名教授，2020 年取得工资收入 60 000 元，同时兼职于某独立院校客座教授，当年取得兼职讲课费收入 52 000 元，当即拿出 10 000 元通过国家机关捐赠给遭受自然灾害的灾区，则李某 2020 年应缴纳的个人所得税为（　　）元。

A. 948　　B. 824　　C. 736　　D. 630

3. 根据个人所得税法的规定，下列各项中免征个人所得税的是（　　）。

A. 工资薪金所得　　B. 年终奖金

C. 稿酬所得　　D. 军人的转业费、复员费、退役金

二、多项选择题

1. 下列选项中，属于来源于中国境内所得的是（　　）。

A. 因任职、受雇、履约等在中国境内提供劳务取得的所得

B. 将财产出租给承租人在中国境内使用而取得的所得

C. 许可各种特许权在中国境内使用而取得的所得

D. 转让中国境内的不动产等财产或者在中国境内转让其他财产取得的所得

2. 下列各项中，不符合专项附加扣除标准的是（　　）。

A. 个人接受本科及以下学历（学位）继续教育，符合规定扣除条件的，既可以选择由其父母扣除，也可以选择由本人扣除

B. 大病医疗专项附加扣除由纳税人在办理年度汇算清缴时扣除

C. 住房贷款利息专项附加扣除，只能由夫妻双方其中一方扣除

D. 赡养老人专项附加扣除由纳税人按照每月 2 000 元的标准定额扣除

3. 以下各项所得中适用 20%个人所得税税率的有（　　）。

A. 偶然所得

B. 对企事业单位的承包经营、承租经营所得

C. 利息、股息、红利所得

D. 财产转让所得

三、判断题

1. 在一个纳税年度内，在境内累计居住不超过 90 天的非居民个人，仅就归属于境内工作期间并由境内雇主支付或者负担的工资、薪金所得计算缴纳个人所得税。（　　）

2. 已在境外缴纳的个人所得税税额是居民个人来源于中国境外的所得依照该所得来源国家（地区）的法律应当缴纳的所得税税额。（　　）

3. 纳税人在中国境内接受学历（学位）继续教育的支出，在学历（学位）教育期间按照每月 500 元定额扣除。（　　）

4. 自然人合伙人缴纳的个人所得税不属于合伙企业的税款，不能计入合伙企业的费用。（　）

四、计算题

1. 某大学教授王辉1月份各项收入如下：

(1) 当月扣除“三险一金”后的工资收入20 000元，专项附加扣除合计4 300元。

(2) 将其拥有的两处住房中的一套住房出售，该住房已使用5年。获得转让收入800万元，支付相关税费1.5万元，该房产当初买价450万元。

(3) 取得股息收入10 000元。

(4) 为某单位做专题讲座2次，每次收入5 000元。

要求： 分别计算上述各项收入应交个人所得税。

2. 某个体工商户8月份产品销售收入18万元，为生产应税产品耗用原材料、物料、电力等共计4.5万元，支付工人工资3.8万元，销售费用0.6万元，销售税金0.5万元，办公费用0.2万元。

要求： 计算该个体户当月应交个人所得税。

五、会计核算题

1. 根据例9-1的计算结果，做1—2月份工资、薪金所得预扣预缴个人所得税的会计分录。

2. 根据计算题“1.(1)”的计算结果，做预扣预缴个人所得税的相关会计分录。

3. **资料：** 某大型娱乐城因业务需要，聘请某设计师对该娱乐城进行装饰设计，一次性支付劳务费用120 000元。

要求： 计算应预扣预缴设计师个人所得税，并做相关会计分录。

第10章

其他税会计

学习目标

1. 掌握其他税种税务会计的确认、计量、记录与申报；
2. 理解其他税种会计处理的特点；
3. 了解财产税、行为税的特点。

引　言

"其他税会计"是前述之外税种的会计，本章仅阐述比较常见的九个税种，其共同点是都比较"小"，但不一定"简"，它们在税务会计中也是不可或缺的内容。小税种可以发挥大效应，小税种也可能存在大风险。

10.1　土地增值税会计

10.1.1　土地增值税概述

土地增值税是对有偿转让国有土地使用权及地上建筑物、其他附着物产权的单位和个人，按其取得的增值性收入所征收的一种收益税。

1. 土地增值税的纳税人与纳税范围

凡是有偿转让我国国有土地使用权、地上建筑物及其附着物（以下简称转让房地产）产权，并且取得收入的单位和个人，为土地增值税的纳税义务人。具体包括：国有企业、集体企业、私营企业、外商投资企业和外国企业；机关、团体、部队、事业单位、个体工商户及其他单位和个人；外国机构、华侨、港澳台同胞及外国公民。

土地增值税的纳税范围是：转让国有土地使用权；地上的建筑物及其附着物连同国有土地使用权一并转让。

转让是指以出售或其他方式的有偿转让，不包括以继承、赠与方式的无偿转让。出租房地产行为，受托代建工程，由于产权没有转移，不属纳税范围。

2. 土地增值税的税率

土地增值税实行的是四级超率累进税率，即以纳税对象的增值率为累进依据，按超累方式计算应纳税额的税率。采用超率累进税率，需要确定以下三项因素：一是纳税对象数额的相对率（土地增值税的增值额与扣除项目金额的比）；二是把纳税对象的相对率从低到高划分为若干个级次；三是按各级次分别规定不同的税率。三项因素均体现在土地增值税税率表中（见表 10－1）。

表 10－1　土地增值税税率表

级次	增值额占扣除项目金额的比例	税率（%）	速算扣除率（%）
1	50%（含）以下	30	0
2	50%以上～100%（含）	40	5
3	100%以上～200%（含）	50	15
4	200%以上	60	35

3. 土地增值税的纳税期限与纳税地点

土地增值税的纳税人应于转让房地产合同签订之日起 7 日内到房地产所在地（坐落地）的税务机关办理纳税申报，并向税务机关提交房屋及建筑物产权、土地使用权证书、土地转让和房产买卖合同、房地产评估报告以及其他与转让房地产有关的资料。

纳税人因经常发生房地产转让而难以在每次转让后申报的，经税务机关审核同意后，可以定期进行纳税申报，具体期限由税务机关根据情况确定。

房地产所在地是指房地产的坐落地。纳税人转让房地产坐落在两个或两个以上地区的，应按房地产所在地分别纳税。

纳税人应按照税务机关核定的税额及规定的期限缴纳土地增值税。纳税人没有依法缴纳土地增值税的，土地管理和房产管理部门可拒办权属变更手续。

4. 土地增值税的减免

（1）纳税人建造普通标准住宅出售，增值额未超过扣除项目金额 20%的，免交土地增值税。

（2）因国家建设需要依法征用、收回的房地产，暂免交土地增值税。

（3）居民个人拥有的普通住宅在转让时，暂免交土地增值税。

（4）以房地产进行投资、联营的，投资、联营一方以土地（房地产）作价入股进行投资作为联营条件，将房地产转让到所投资、联营的企业时，可免交土地增值税；一方出地，一方出资金，双方合作建房，建成后按比例分房自用的，免交土地增值税。

10.1.2　土地增值税的确认与计量

土地增值税是以纳税人转让房地产所取得的增值额为计税依据，它是纳税人转让房地产所取得的收入减去规定扣除项目金额后的余额。因此，转让收入及法定扣除项目金额的确定是计算土地增值税的基础和前提。

1. 转让收入的确认

纳税人转让房地产取得的应税收入是扣除增值税后的收入，即不含增值税收入，包括全部价款和有关经济利益。其收入形式包括：

（1）货币收入。纳税人转让国有土地使用权、地上建筑物及其附着物产权而取得的现金、银行存款、支票、银行本票、汇票等各种信用票据和国库券、金融债券、企业债券、股票等有价证券。

（2）实物收入。纳税人转让国有土地使用权、地上建筑物及其附着物产权而取得的各种实物形态的收入，如钢材、水泥等建材，房屋、土地等不动产。

（3）其他收入。纳税人转让国有土地使用权、地上建筑物及其附着物而取得的无形资产收入或具有财产价值的权利，如专利权、商标权等。

$$销售额=\left(\begin{matrix}全部价款和\\价外费用\end{matrix}-\begin{matrix}当期允许扣除的\\土地价款\end{matrix}\right)\div(1+税率或征收率^{①})$$

增值税销项税额＝销售额×税率或征收率

土地增值税应税收入＝全部价款和价外费用－增值税销项税额

2. 扣除项目金额的确认

（1）新建房扣除项目金额的确认。

1）取得土地使用权所支付的金额。纳税人为取得土地使用权所支付的地价款或出让金及按国家统一规定缴纳的有关费用和税金。

2）开发土地和新建房及配套设施的成本。纳税人房地产开发项目实际发生的成本（房地产开发成本），包括土地征用及拆迁补偿费、前期工程费、建筑安装工程费、基础设施费、公共配套设施费、开发间接费。其中，土地征用及拆迁补偿费包括：土地征用费、耕地占用税、劳动力安置费及有关地上地下附着物拆迁补偿的净支出、安置动迁用房支出等；开发间接费是指直接组织、管理开发项目发生的费用，如工资、福利费、折旧费、办公费、周转房摊销等。

3）开发土地和新建房及配套设施的费用。此项费用亦称房地产开发费用，是指与房地产开发项目有关的销售费用、管理费用、财务费用。其中，财务费用中的利息支出，

---

① 一般计税方法下，增值税税率为 9%；简易计税方法下，征收率为 5%。

在最高不超过按商业银行同类同期贷款利率计算的金额前提下，可以据实扣除；管理费用、销售费用则按上述1）、2）项计算的金额之和，在5%（含）以内计算扣除（具体比例由省级政府规定）。凡不能按转让房地产项目计算分摊利息支出以及不能提供金融机构证明的房地产开发费用，按上述1）、2）项计算的金额之和，在10%（含）以内计算扣除（具体比例由省级政府规定）。

4）与转让房地产有关的税金。在转让房地产时缴纳的税金及附加，即城市维护建设费、印花税和教育费附加等。在转让房地产时涉及的增值税进项税额，若允许在销项税额中计算抵扣，不计入扣除项目；若不允许在销项税额中计算抵扣，可以计入扣除项目。免征增值税的，确定计税依据时，不得从成交价格、租金收入、转让房地产取得的收入中扣减增值税额。

5）财政部规定的其他扣除项目。根据现行规定，对专门从事房地产开发的企业，可按上述第1）、2）项金额之和，加计20%的扣除，主要是考虑投资的合理回报和通货膨胀等因素。

（2）旧房及建筑物扣除项目金额的确认。其扣除项目包括转让房地产的评估价格和转让中支付的相关税金。评估价格即在转让已使用的房屋及建筑物时，由政府批准设立的房地产评估机构评定的重置成本乘以成新度折扣率的价格。评估价格须经税务机关确认。

3. 应交土地增值税的计算

土地增值税实行超率累进税率，若土地增值额超过扣除项目金额50%以上，同时适用两档或两档以上税率，就需要分档计算。因此，只有先计算出增值率，即增值额占扣除项目金额的比例后，才能确定适用税率、计算应交土地增值税，计算公式如下：

$$\text{增值率}=\frac{\text{房地产转让收入}-\text{扣除项目金额}}{\text{扣除项目金额}}\times 100\%=\frac{\text{增值额}}{\text{扣除项目金额}}\times 100\%$$

$$\text{应交土地增值税}=\sum(\text{每级距的土地增值额}\times\text{适用税率})$$

上述方法要分段计算、汇总合计，比较烦琐。因此，在实际工作中，一般采用速算扣除法。根据表10-1中的速算扣除率，计算公式如下：

$$\text{应交土地增值税}=\text{土地增值额}\times\text{适用税率}-\text{扣除项目金额}\times\text{速算扣除率}$$

【例10-1】 天润房地产公司为增值税一般纳税人，开发并销售了一幢商业办公楼。公司对该项目采用一般计税方法，取得含税销售收入9 300万元。此外，土地价款为3 850万元，其他土地增值税开发成本为1 850万元，开发费用按10%的比例扣除，其他扣除项目按土地价款和开发成本之和，加计20%扣除。应交土地增值税计算如下：

销售额=(9 300－3 850)÷(1+9%)=5 000(万元)

增值税销项税额=5 000×9%=450(万元)

土地增值税应税收入=9 300－450=8 850(万元)

扣除项目金额＝(3 850＋1 850)×(1＋30％)＝7 410(万元)
增值额＝8 850－7 410＝1 440(万元)
增值率＝1 440÷7 410＝19.43％

适用30％税率，速算扣除系数为0。

应交土地增值税＝1 440×30％＝432(万元)

4. 预缴土地增值税的计算

房地产开发企业预售房产时，不论企业增值税采用一般计税还是简易计税，预交增值税的计算公式均为：

应预交增值税＝[预收款÷(1＋税率或征收率)]×3％
预交土地增值税计征依据＝预收款－应预交增值税

现房销售时，在土地增值税清算前，仍应预交土地增值税。适用增值税一般计税方法的纳税人，其转让房地产的土地增值税应税收入不含增值税销项税额；适用简易计税方法的纳税人，其转让房地产的土地增值税应税收入不含增值税应交税额。

（1）适用增值税简易计税的土地增值税预交计征依据。

预交土地增值税计征依据＝价税合计－应交增值税
应交增值税＝[价税合计÷(1＋5％)]×5％

（2）适用增值税一般计税的土地增值税预交计征依据。

预交土地增值税计征依据＝价税合计－销项税额
销项税额＝[(价税合计－允许扣除的土地价款)÷(1＋适用税率)]×适用税率

房地产开发企业实际缴纳的城市维护建设税、教育费附加，能够按清算项目准确计算的，允许据实扣除；不能按清算项目准确计算的，则按该清算项目预交增值税时实际缴纳的税费附加扣除。

5. 土地增值税的清算

土地增值税清算是纳税人在符合清算条件后，按规定计算房地产开发项目应缴纳的土地增值税，并填写土地增值税清算申报表，向主管税务机关提供有关资料，办理土地增值税清算手续，结清该房地产项目应缴纳土地增值税税款的行为。

土地增值税清算应该以有关部门审批的房地产开发项目为单位进行清算；对分期开发的项目，以分期项目为清算单位。如果开发项目中同时包含普通住宅和非普通住宅，应分别计算增值额。纳税人符合下列条件之一的，应进行土地增值税清算：

（1）房地产开发项目全部竣工、完成销售的；
（2）整体转让未竣工决算房地产开发项目的；
（3）直接转让土地使用权的。

对符合以下条件之一的，主管税务机关可要求纳税人进行土地增值税清算：

（1）已竣工验收的房地产开发项目，已转让的房地产建筑面积占整个项目可售建筑面积的比例在85%以上，或该比例虽未超过85%，但剩余的可售建筑面积已经出租或自用的；

（2）取得销售（预售）许可证满3年仍未销售完毕的；

（3）纳税人申请注销税务登记但未办理土地增值税清算手续的，应在办理注销登记前进行土地增值税清算；

（4）省级税务机关规定的其他情况。

10.1.3　土地增值税的会计处理

1. 主营房地产业务的土地增值税会计处理

主营房地产业务的企业，既有房地产开发企业，也有对外经济合作企业、股份制试点企业和外商投资房地产企业等。由于土地增值税是在转让房地产的流转环节纳税，并且是为了取得当期销售收入而支付的费用，计算应交土地增值税时，借记“税金及附加”等，贷记“应交税费——应交土地增值税”。实际缴纳土地增值税时，借记“应交税费——应交土地增值税”，贷记“银行存款”等。

（1）预缴土地增值税的会计处理。纳税人在项目全部竣工前转让房地产取得的收入，由于涉及成本计算及其他原因，而无法据以计算土地增值税的，可以预缴土地增值税。待项目全部竣工、办理结算手续后，再进行清算，多退少补。

企业预缴土地增值税的会计处理与上缴土地增值税相同，均是借记“应交税费——应交土地增值税”，贷记“银行存款”。待房地产销售收入实现时，再按应缴的土地增值税，借记“税金及附加”，贷记“应交税费——应交土地增值税”。

这种会计处理方法，在企业未实现销售收入（未进行结算）前，会使“应交税费——应交土地增值税”账户先出现借方余额，本是预缴的土地增值税，但可能会令财务会计报表的阅读者误认为企业“多缴了税款”。为此，企业也可以增设“递延所得税资产”账户反映预提和结转的土地增值税。

【例10-2】 天湖房地产公司7月份销售A项目，取得普通住宅预收款8 880万元，开工许可证在营改增后取得，适用增值税一般计税方法，本省规定的土地增值税预征率为2%。

预交增值税＝8 880÷(1＋9%)×3%＝244.40(万元)

预交土地增值税＝(8 880－244.40)×2%＝172.71(万元)

做会计分录如下：

1）收到预收款时。

借：银行存款　　88 800 000

　贷：预收账款　　88 800 000

2）次月预交增值税时。

借：应交税费——预交增值税　　2 444 000

　贷：银行存款　　2 444 000

3）预交土地增值税时。

借：应交税费——土地增值税　　1 727 100

　贷：银行存款　　1 727 100

可见，预交增值税与预交土地增值税的计税依据不同。

(2) 现货房地产销售的涉税会计处理。在现货房地产销售情况下，采用一次性收款、房地产移交使用、发票账单提交买主、钱货两清的，应于房地产移交和发票结算账单提交买主时确认销售实现，借记“银行存款”等，贷记“主营业务收入”等。同时，计算应由实现的销售收入负担的土地增值税，借记“税金及附加”，贷记“应交税费——应交土地增值税”。

采用分期收款方式销售房地产的，应以合同规定的收款时间确认销售实现，分次结转收入，并计算应交土地增值税，借记“税金及附加”，贷记“应交税费——应交土地增值税”。

(3) 商品房预售的涉税会计处理。商品房预售应符合以下条件：已交付全部土地使用权出让金，取得土地使用权证书；持有建设工程规划许可证；按提供预售的商品房计算，投入开发建设的资金达到总投资的25%以上，并已经确定工程进度和竣工交付日期；向县级以上人民政府房产管理部门办理预售登记，取得商品房预售许可证明。

在商品房预售的情况下，商品房交付使用前采取一次性收款或分次收款的，收到购房款时，借记“银行存款”，贷记“预收账款”；按规定预交土地增值税时，借记“应交税费——应交土地增值税”，贷记“银行存款”等；待该商品房交付使用后，开出发票结算账单交给买主时，确认收入实现，借记“应收账款”，贷记“主营业务收入”；同时，将“预收账款”转入“应收账款”，并计算由实现的销售收入负担的土地增值税，借记“税金及附加”，贷记“应交税费——应交土地增值税”。按照税法规定，该项目全部竣工、办理决算后进行清算，企业收到退回多缴的土地增值税，借记“银行存款”等，贷记“应交税费——应交土地增值税”。补交土地增值税时，做相反的会计分录。

2. 转让房地产的土地增值税会计处理

企业转让国有土地使用权连同地上建筑物及其附着物，应通过“固定资产清理”等账户核算，取得的转让收入记入“固定资产清理”等账户的贷方；应交的土地增值税，借记“固定资产清理”等，贷记“应交税费——应交土地增值税”等。转让以行政划拨方式取得的国有土地使用权，转让时也应缴纳土地增值税。企业先按缴纳的土地出让金作为“无形资产”入账，按转让无形资产进行会计处理。

【例10-3】 AB公司（增值税一般纳税人）因企业现金流量不足，长期拖欠CD公司商品价款3 000万元，CD公司已计提坏账准备450万元。经双方协商，于5月10日签订债务重组协议，AB公司将其一栋商品房抵顶商品价款。商品房于营改增前购置，买价1 923.08万元，原价2 000万元，已提折旧500万元，市场公允价值2 500万元（含税），AB公司另支付银行存款250万元，经税务机关认定的重置成本价为3 000万元，成新度折扣率 65%。CD 公司将该商品房重新装修后销售，取得销售收入 3 270 万元（含税），发生装修费支出 327 万元（含税）。不考虑附加税费。不考虑其他相关税费。

（1）AB 公司相关会计处理。

1）应交相关税金的计算。

增值税一般纳税人销售营改增前取得的不动产，可以选择按简易计税方法适用征收率 5%缴纳增值税，开具增值税专用发票。

应交增值税＝(2 500－1 923.08)÷1.05×5%＝27.47(万元)

增值税专用发票上反映的税额为 27.47 万元，金额为 2 472.53 万元（2 500－27.47）。

应交土地增值税的计算：

评估价格＝3 000×65%＝1 950(万元)

增值额＝2 500÷1.05－1 950＝430.95(万元)

增值率＝(430.95÷1 950)×100%≈22.1%

应交土地增值税＝430.95×30%－1 950×0%＝129.29(万元)

2）将抵债房产转入清理。

借：固定资产清理	15 000 000	
累计折旧	5 000 000	
贷：固定资产		20 000 000

3）计提应交税费。

借：固定资产清理	1 567 600	
贷：应交税费——应交增值税（销项税额）		274 700
——应交土地增值税		1 292 900

4）抵偿债务。

借：应付账款——CD 公司	30 000 000	
贷：固定资产清理		25 000 000
银行存款		2 500 000
营业外收入——债务重组利得		2 500 000
借：固定资产清理	8 432 400	
贷：资产处置损益		8 432 400

（2）CD 公司相关会计处理。

1）收到抵债资产，冲销债权。

借：库存商品——待售房产	24 725 300	
应交税费——应交增值税（进项税额）	274 700	
库存现金	2 500 000	
坏账准备	4 500 000	
贷：应收账款——AB 公司		30 000 000
资产减值损失		2 000 000

2）将待售房产转入在建工程。

借：在建工程　　24 725 300

　贷：库存商品——待售房产　　24 725 300

3）发生工程支出。

借：在建工程　　3 000 000

　　应交税费——应交增值税（进项税额）　　270 000

　贷：库存现金等　　3 270 000

4）工程完工转入库存商品，待售房产转入在建工程。

借：库存商品——待售房产　　27 725 300

　贷：在建工程　　27 725 300

5）开具增值税专用发票进行销售。

借：应收账款（或银行存款）　　32 700 000

　贷：其他业务收入　　30 000 000

　　　应交税费——应交增值税（销项税额）　　2 700 000

6）计算应缴纳土地增值税。

扣除项目金额＝2 772.53(万元)

增值额＝3 270÷1.09－2 772.53＝227.47(万元)

增值率＝(227.47÷2772.53)×100％≈8.2％

应交土地增值税＝227.47×30％－2 772.53×0％＝68.241(万元)

借：税金及附加　　682 410

　贷：应交税费——应交土地增值税　　682 410

7）结转出售抵债资产成本。

借：其他业务成本　　27 725 300

　贷：库存商品——待售房产　　27 725 300

【例 10－4】 某企业于营改增后转让以行政划拨方式取得的土地使用权，转让土地使用权应补交土地出让金 5 万元，取得土地使用权转让收入 21.8 万元（含税），增值税税率 9％。有关税务会计处理如下：

(1) 补交出让金时。

借：无形资产　　50 000

　贷：银行存款　　50 000

(2) 计算应交土地增值税时。

销售额＝218 000÷(1＋9％)＝200 000(元)

应交增值税＝200 000×9％＝18 000(元)

增值额＝218 000÷1.09－50 000＝150 000(元)

增值率＝(150 000÷50 000)×100％＝300％

应交土地增值税＝150 000×60％－50 000×35％＝72 500(元)

借：银行存款	218 000	
贷：应交税费——应交增值税（销项税额）		18 000
——应交土地增值税		72 500
无形资产		50 000
资产处置损益		77 500

（3）上缴土地增值税时。

借：应交税费——应交土地增值税	72 500	
贷：银行存款		72 500

10.2　耕地占用税会计

10.2.1　耕地占用税的特点及其征收意义

为了合理利用土地资源，加强土地管理，保护耕地，2018 年 12 月 29 日第十三届全国人民代表大会常务委员会第七次会议通过了《中华人民共和国耕地占用税法》。

耕地占用税的主要特点是：

（1）税收负担的一次性。耕地占用税是以单位和个人实际占用的耕地面积计税，按照规定的税额标准一次性征收。

（2）征收对象的特定性。耕地占用税是对特定的行为征税，即只对占用耕地建房或从事其他非农业生产建设的单位和个人征税。

（3）税收用途的补偿性。国家将征收的耕地占用税设立土地开发基金，全部用于开发农用耕地资源，而不得用于其他方面。

（4）征收标准的弹性。国家只规定每平方米的最高和最低限额，各地可根据本地人均占地面积和经济发展水平，确定当地的具体适用税额标准。

10.2.2　耕地占用税的纳税人和纳税范围

耕地是指用于种植农作物的土地，耕地占用税属于资源类税。凡在我国境内占用耕地建设建筑物、构筑物或者从事非农业建设的单位和个人，为耕地占用税的纳税人。未经批准占用耕地的，纳税人为实际用地人。

占用耕地建设农田水利设施的，不缴纳耕地占用税。

纳税人因建设项目施工或地质勘查临时占用耕地，应按税法规定缴纳耕地占用税；纳税人在批准临时占用耕地期满之日起一年内依法复垦，恢复种植条件的，全额退还已经缴纳的耕地占用税。

占用园地、林地、草地、农田水利用地、养殖水面、渔业水域滩涂以及其他农用地建设建筑物、构筑物或者从事非农业建设的，按税法规定缴纳耕地占用税；若占用这些农用地建设直接为农业生产服务的生产设施的，不缴纳耕地占用税。

10.2.3 耕地占用税的计税依据和税率

耕地占用税以纳税人实际占用的耕地面积（包括经批准占用的耕地面积和未经批准占用的耕地面积）为计税依据，按照规定的适用税额一次性征收，应纳税额为纳税人实际占用的耕地面积（平方米）乘以适用税额。

耕地占用税的税额如下：

（1）人均耕地不超过一亩的地区（以县、自治县、不设区的市、市辖区为单位，下同），每平方米为10元至50元；

（2）人均耕地超过一亩但不超过二亩的地区，每平方米为8元至40元；

（3）人均耕地超过二亩但不超过三亩的地区，每平方米为6元至30元；

（4）人均耕地超过三亩的地区，每平方米为5元至25元。

各地区耕地占用税的适用税额由省、自治区、直辖市人民政府根据人均耕地面积和经济发展等情况，在国家统一规定的税额幅度内提出，报同级人民代表大会常务委员会决定，并报全国人民代表大会常务委员会和国务院备案。其适用税额的平均水平不得低于上述平均税额。

在人均耕地低于0.5亩的地区，省、自治区、直辖市可以根据当地经济发展情况，适当提高耕地占用税的适用税额，提高部分不得超过国家统一规定税额幅度的50%。

占用基本农田的，应按国家统一规定的税额幅度确定当地适用税额，加按150%征收。

10.2.4 耕地占用税的减免

军事设施、学校、幼儿园、社会福利机构、医疗机构占用耕地，免征耕地占用税。

农村居民在规定用地标准以内占用耕地新建自用住宅，按照当地适用税额减半征收耕地占用税；其中农村居民经批准搬迁，新建自用住宅占用耕地不超过原宅基地面积的部分，免征耕地占用税。

农村烈士遗属、因公牺牲军人遗属、残疾军人以及符合农村最低生活保障条件的农村居民，在规定用地标准以内新建自用住宅，免征耕地占用税。

铁路线路、公路线路、飞机场跑道、停机坪、港口、航道、水利工程占用耕地，减按每平方米2元的税额征收耕地占用税。享受免征或减征耕地占用税的，应当留存相关证明资料备查。纳税人改变原占地用途，不再属于免征或减征耕地占用税情形的，应自改变用途之日起30日内申报补缴税款，补缴税款按改变用途的实际占用耕地面积和改变用途时当地适用税额计算。

10.2.5 耕地占用税纳税义务确认和纳税期限

耕地占用税的纳税义务发生时间为纳税人收到自然资源主管部门办理占用耕地手续

的书面通知的当日。纳税人应当自纳税义务发生之日起 30 日内申报缴纳耕地占用税。

自然资源主管部门凭耕地占用税完税凭证或免税凭证和其他有关文件发放建设用地批准书。

10.2.6　耕地占用税的计算

耕地占用税以纳税人实际占用的耕地面积为计税依据，按照规定的适用税额一次性缴纳。

耕地占用税实行的是定额税制，采取差别税率，即按各地区人均耕地面积的数量，确定每平方米的适用税额。

应交耕地占用税＝实际占用耕地面积(平方米)×适用单位税额

加按 150％征收耕地占用税的计算公式为：

应交耕地占用税＝实际占用耕地面积(平方米)×适用单位税额×150％

【例 10－5】 某食品厂征用一块面积为 15 000 平方米的菜地进行食品加工生产，耕地占用税的单位税额为 30 元/平方米。计算应交耕地占用税如下：

应交耕地占用税＝15 000×30＝450 000(元)

【例 10－6】 某民用机场征用耕地 2 000 万平方米。其中修建飞机跑道、停机坪、候机楼、指挥塔、雷达设施占用耕地 1 958 万平方米，修建飞行员及职工地勤人员宿舍楼用地 2 万平方米，修建俱乐部用地 10 万平方米，修建饮食服务部用地 15 万平方米，修建影剧院用地 5 万平方米。因该机场所在地区是人均耕地 1 亩以下的地区，政府规定缴纳耕地占用税应使用幅度税额的上限，即 35 元/平方米。计算该机场应纳耕田占用税。

民用机场占用耕地中，飞机跑道、停机坪、候机楼、指挥塔、雷达设施等占用部分免税，其余占用耕地应交耕地占用税计算如下：

应交耕地占用税＝(20 000＋100 000＋150 000＋50 000)×35＝11 200 000(元)

【例 10－7】 某企业在郊区设立一家子公司，经批准占用耕地 15 000 平方米，其中 1 800 平方米用于修建学校（其中教职工宿舍占地 450 平方米）、750 平方米修建幼儿园。两年后，经履行批准手续，该公司将幼儿园迁走，其用地改为工业建设用地。当地耕地占用税税额为 20 元/平方米，两年后耕地占用税税额调整为 30 元/平方米。耕地占用税计算如下：

（1）批准占用耕地时。

应交耕地占用税＝[15 000－(1 800－450)－750]×20＝258 000(元)

（2）两年后，幼儿园占地用途改变后。

应补交耕地占用税＝750 ×30＝22 500(元)

【例 10－8】 某村民原有宅基地 200 平方米，因村里参加宅基地制度改革试点搬迁，经批准新建自用住宅 265 平方米，实际占用 275 平方米。所在地区耕地占用税税额为 10 元/平方米。按税法规定，农村居民在规定用地标准以内占用耕地新建自用住宅，按当地适用税额减半缴税，且不超过原宅基地面积的部分免缴耕地占用税。该村民应交耕地占用税计算如下：

应交耕地占用税＝(265－200)×10×50%＋(275－265)×10＝425（元）

10.2.7 耕地占用税的会计处理

由于耕地占用税于占用耕地时一次性缴纳，建设单位可将其记入“长期待摊费用”账户，计算出应交耕地占用税后，借记“长期待摊费用”账户，贷记“应交税费——应交耕地占用税”账户。持续经营的企业因占用耕地而应交耕地占用税时，借记“在建工程”账户，贷记“应交税费——应交耕地占用税”账户或直接贷记“银行存款”账户。

【例 10－9】 某新建服装厂征用一块面积为 1 万平方米的耕地建厂，当地核定的单位税额是 20 元/平方米。

计算该厂应交耕地占用税并做会计分录如下：

应交耕地占用税＝10 000×20＝200 000(元)

(1) 在筹建期间计提税金时。

借：长期待摊费用——开办费　　200 000

　贷：应交税费——应交耕地占用税　　200 000

(2) 开始生产经营当月。

借：税金及附加　　200 000

　贷：长期待摊费用——开办费　　200 000

(3) 若该厂不作为建设单位而作为生产企业时。

借：在建工程　　200 000

　贷：应交税费——应交耕地占用税　　200 000

10.3 城镇土地使用税会计

10.3.1 城镇土地使用税税制要素

城镇土地使用税是对城市、县城、建制镇和工矿区范围内使用土地的单位和个人，按实际占用土地面积征收的一种资源类税。单位包括国有企业、集体企业、私营企业、股份制企业、外商投资企业、外国企业、其他企业和事业单位、社会团体、国家机关、军队以及其他单位；个人包括个体工商户以及其他个人。

开征土地使用税有利于合理使用城镇土地，用经济手段加强对土地的控制和管理，变土地的无偿使用为有偿使用；调节不同地区、不同地段之间的土地级差收入，使各纳税人的收入水平大体均衡；促进节约使用土地，提高土地的使用效益；有利于企业加强经济核算；有利于理顺国家与土地使用者之间的分配关系，增加财政收入，促进税制改革及地方税收体系的建立。

1. 城镇土地使用税的纳税人

城镇土地使用税的纳税人是在我国境内使用土地的单位和个人。

拥有土地使用权的纳税人不在土地所在地的，该土地的代管人或实际使用人承担纳税义务；土地使用权未确定或权属纠纷未解决的，由实际使用人纳税；土地使用权为多方共有的，由共有各方分别纳税。

2. 城镇土地使用税的计税依据及其确认

城镇土地使用税的计税依据是纳税人实际占用的土地面积。

购置新建商品房，自房屋交付使用之次月起计交房产税、城镇土地使用税；购置存量房，自办理房屋权属转移、变更登记手续，房地产权属登记机关签发房屋权属证书之次月起计交房产税和城镇土地使用税。

纳税人因房产、土地的实物或权利状态发生变化（房屋交付使用或已经办理产权转移手续）而依法终止房产税、城镇土地使用税纳税义务的，其应纳税款的计算应截至房产、土地的实物或权利状态发生变化的当月末；房地产开发企业将开发的商品房销售交付给购房人的当月月末，其城镇土地使用税纳税义务终止。

在商品房出售之前，应按规定计交城镇土地使用税；终止缴纳的时间应以商品房出售双方签订销售合同生效的次月起。

3. 城镇土地使用税的税率

土地使用税采用定额税率。土地使用税定额是根据我国经济发展状况，参考城市主要经济指标，结合不同地区收取土地占用费的金额标准测算确定的。

大、中、小城市以公安部门登记在册的非农业正式户口人数为依据，按照国务院颁布的《城市规划条例》中规定的标准划分。人数在 50 万以上者为大城市，人数介于 20 万～50 万之间者为中等城市，人数在 20 万以下者为小城市。

土地使用税每平方米年税额如下：大城市 1.5～30 元；中等城市 1.2～24 元；小城市 0.9～18 元；县城、建制镇、工矿区 0.6～12 元。

4. 城镇土地使用税的免税

免征城镇土地使用税的土地包括：

国家机关、人民团体、军队自用的土地（仅指这些单位的办公用地和公务用地）、由国家财政部门拨付事业经费的单位自用的土地；宗教寺庙、公园、名胜古迹自用的土地（公园、名胜古迹中附设的营业单位、影剧院、饮食部、茶社、照相馆、索道公司经营用地等均应按规定缴纳土地使用税）。

市政街道、广场、绿化地带等公用土地；直接用于农、林、牧、渔业的生产用地。

经批准开山填海整治的土地和改造的废弃土地，从使用月份起免缴土地使用税5～10年。

农民自用住宅地。

5. 城镇土地使用税的纳税期限

城镇土地使用税按年计算，分期缴纳。缴纳期限由省（区、市）人民政府确定。

新征用的土地，如属于耕地，自批准征用之日起满一年时开始缴纳土地使用税；如属于非耕地，则自批准征用次月起缴纳土地使用税。

10.3.2 城镇土地使用税的计算

城镇土地使用税以纳税人实际使用的土地面积为依据，依照规定的税额，按年计算，分期缴纳。应交城镇土地使用税的计算公式如下：

应交城镇土地使用税＝应税土地的实际使用面积×单位税额

【例10-10】 某厂实际占用土地40 000平方米，其中企业自办托儿所用地200平方米，企业自办医院占地2 000平方米。该厂位于中等城市，当地人民政府核定该企业的土地使用税单位税额为9元/平方米。计算该厂年度应交土地使用税税额。

按照规定，企业自办托儿所、医院占用的土地，可以免交土地使用税，因而该厂年度应交土地使用税计算如下：

应交城镇土地使用税＝(40 000－200－2 000)×9＝340200(元)

【例10-11】 某服装厂和光明招待所共同使用一块面积为130 000平方米的土地。其中，服装厂使用78 000平方米，光明招待所用地面积为52 000平方米，服装厂和光明招待所位于30万人的城市，当地政府核定的单位税额为该级幅度税额的最高额。计算服装厂和光明招待所各自缴纳多少土地使用税税额。

土地使用权共有的，应按土地使用权共有的各方实际使用的土地面积分别计算土地使用税。服装厂占用的土地面积是总土地面积的60%，光明招待所占用的土地面积是总面积的40%。因而，服装厂、光明招待所应分别承担土地使用税的60%和40%。该企业所在市的城镇土地使用税单位税额为8元/平方米，则两单位承担的土地使用税税额如下：

服装厂应交城镇土地使用税＝130 000×8×60%＝624 000(元)

光明招待所应交城镇土地使用税＝130 000×8×40%＝416 000(元)

10.3.3 城镇土地使用税的会计处理

缴纳城镇土地使用税的单位应于会计年度终了时预计应交税额，记入当期“长期待摊费用”或“税金及附加”等账户，月终再与税务机关结算。

【例10-12】 天鸿公司从事房地产开发经营业务，其开发的位于某市南区6号地块第一期住宅楼占地面积 8 万平方米。第二季度每月销售房屋对应的土地占用面积分别为 1.5 万平方米、1.2 万平方米、1 万平方米。截至 6 月末，公司已向房地产管理部门集中办理了个人土地使用证。该地块城镇土地使用税每平方米 5.4 元/年。

计算城镇土地使用税，首先要明确终止纳税义务的时间，公司在 4—6 月份销售该地块楼房，其土地权属已经发生变化，不能以 6 月份实际办理土地使用证时间来确认土地权属的变化；其次，在计算土地使用税时，当月减少的面积，当月仍应计交土地使用税，即应以各月月初实际占用土地面积为计税依据。因此，公司第二季度各月应纳税额计算如下：

4 月应交土地使用税＝8×5.4÷12＝3.6(万元)

5 月应交土地使用税＝(8－1.5)×5.4÷12＝2.925(万元)

6 月应交土地使用税＝(8－1.5－1.2)×5.4÷12＝2.385(万元)

第二季度应交城镇土地使用税＝3.6＋2.925＋2.385＝8.91(万元)

该季度每月应交土地使用税的会计分录如下：

借：管理费用　　36 000（29 250，23 850）

　贷：应交税费——应交城镇土地使用税　　36 000（29 250，23 850）

【例 10－13】 某商业企业占用土地 10 000 平方米，其中企业自办学校用地为 3 000 平方米，当地政府核定的土地使用税税额为 2 元/平方米。计算该企业应交土地使用税，并做会计分录如下：

应交城镇土地使用税＝(10 000－3 000)×2＝14 000(元)

借：税金及附加　　14 000

　贷：应交税费——应交城镇土地使用税　　14 000

借：应交税费——应交城镇土地使用税　　14 000

　贷：银行存款　　14 000

10.4　房产税会计

10.4.1　房产税税制要素

房产税是以房屋为征税对象，按照房屋的计税余值或租金收入，对产权所有人征收的一种财产税。国务院于 1986 年 9 月 15 日发布了《中华人民共和国房产税暂行条例》，并从当年 10 月 1 日起执行，当时规定房产税只对内资企业和中国公民征收，对涉外企业和外籍人员仍实行原城市房地产税。由于内外两种房产税并存，企业税负不均的矛盾日益突出，迫切需要对房产税进行改革，统一房产税。自 2009 年 1 月 1 日起，外商投资企业、外国企业和组织以及外籍个人，依照《中华人民共和国房产税暂行条例》缴纳房产税。

1. 房产税的纳税人

凡在我国境内拥有房屋产权的单位和个人均为房产税的纳税人。产权属于国有的，其经营管理的单位和个人为纳税人；产权出典的，承典人为纳税人；产权所有人、承典人不在房产所在地，或者产权未确定或租典纠纷未解决的，房产代管人或者使用人为纳税人。

2. 房产税的纳税范围和计税依据

房产税的纳税对象是我国境内的房屋（房产）。房产税的纳税范围为城市、县城、工矿区、建制镇，不涉及农村，而且仅限于经营性房屋。

房产税以房产评估值（现按原值）为计税依据。房产评估值是指房产在评估时的市场价值。房产评估值由省级人民政府认定的资产评估机构进行评估，每3～5年评估一次，具体时间由省级人民政府确定。

对按照房产原值计税的房产，无论财务会计如何核算，房产原值均应包含地价，包括为取得土地使用权支付的价款、开发土地发生的成本费用等。容积率低于0.5的，按房产建筑面积的2倍计算土地面积并据此确定计入房产原值的地价。

凡在房产税征收范围内的具备房屋功能的地下建筑，包括与地上房屋相连的地下建筑以及完全建在地面以下的建筑、地下人防设施等，均应当依照有关规定缴纳房产税。

与地上房屋相连的地下建筑，如房屋的地下室、地下停车场、商场的地下部分等，应与地上房屋视为一个整体，按照地上房屋建筑的有关规定计算缴纳房产税。

3. 房产税的税率

房产税以房产的计税余值或租金收入为计税依据，采用比例税率。按房产余值计征的，税率为1.2%；按租金收入计征的，税率为12%。

对个人出租住房，不区分用途，按4%的税率征收房产税；对企事业单位、社会团体以及其他组织按市场价格向个人出租用于居住的住房，减按4%的税率征收房产税。

4. 房产税的减免

免交房产税的房产是：国家机关、人民团体、军队的房产；由国家财政部门拨付事业经费的单位的房产；高校学生公寓（为高校学生提供住宿服务，按照国家规定收费标准收取住宿费的学生公寓）；宗教寺庙、公园、名胜古迹的房产；个人的房产。上述单位和个人用于生产经营的房产除外。房地产开发企业建造的商品房在售出前免交房产税，但在售出前本企业已使用或出租、出借的商品房，应按规定缴纳房产税。

10.4.2 房产税的计算

购置新建商品房、存量房，出租、出借房产，房地产开发企业自用、出租、出借自建商品房，自交付使用或办理权属转移之次月起，计交房产税和城镇土地使用税。纳税人因房产、土地的实物或权利状态发生变化而依法终止房产税、城镇土地使用税纳税义务的，其应纳税款的计算应截止到房产、土地的实物或权利状态发生变化的当月末。房产税的基本计算公式如下：

应交房产税＝房产评估值×适用税率

在实务中，一般房产的计税方法如下：

（1）按房产原值一次减除10%～30%后的余值计算。

应交房产税＝房产账面原值×(1－一次性减除率)×1.2%

（2）按租金收入（不含增值税）计算。

应交房产税＝年租金收入÷(1＋9%)×适用税率(即12%)

对自用地下建筑，按以下方法计税：

（1）工业用途房产，以房屋原价的50%～60%作为应税房产原值。

应交房产税＝应税房产原值×[1－(10%～30%)]×1.2%

（2）商业和其他用途房产，以房屋原价的70%～80%作为应税房产原值。

应交房产税＝应税房产原值×[1－(10%～30%)]×1.2%

房屋原价折算为应税房产原值的具体比例，由各省、自治区、直辖市和计划单列市财政和地方税务部门在上述幅度内自行确定。

房产税按年计算，分期（月、季、半年）缴纳。

【例10-14】 天科公司为扩大生产规模，上年9月份取得一块面积5万平方米的土地建厂房，支付的9 000万元地价款计入无形资产。厂房建筑面积11万平方米，建筑成本5 200万元，今年11月交付使用。

新建厂房宗地容积率为2.2（即11÷5），大于0.5，应将全部地价款一并计入房产原值。

当年应交房产税＝(9 000＋5 200)×(1－30%)×1.2%＝119.28(万元)

10.4.3 房产税的会计处理

企业按规定计算或预提的房产税，应借记“税金及附加”等，贷记“应交税费——应交房产税”。

【例10-15】 某企业某年1月1日“固定资产”分类账中，房产原值为240万元，当年2月，企业将50万元的房产租给其他单位使用，每年收租金6万元。3月房产无变化。当地政府规定，企业自用房屋，按房产原值一次减除20%后作为房产余值纳税。按年计算，分季缴纳。

（1）房产税的计算。

1）1月份按房产余值计算应交房产税。

年应交房产税＝2 400 000×(1－20%)×1.2%＝23 040(元)

月应交房产税＝23 040÷12＝1 920(元)

2）2月份应交房产税的计算。

按房产余值计算：

年应交房产税＝(2 400 000－500 000)×(1－20%)×1.2%＝18 240(元)

月应交房产税＝18 240÷12＝1 520(元)

按租金收入计算：

月应交房产税＝60 000÷(1＋9%)×12%÷12＝550(元)

2月份应交房产税合计＝1 520＋550＝2 070(元)

3）3月份应交房产税与2月份相同。

(2）相关会计分录。

1）1月份预提税金时。

借：税金及附加	1 920	
贷：应交税费——应交房产税		1 920

2）2月份预提税金时。

借：税金及附加	2 070	
贷：应交税费——应交房产税		2 070

3月份与2月份相同（分录略）。

3）缴纳第一季度房产税时。

借：应交税费——应交房产税	6 060	
贷：银行存款		6 060

【例10-16】 某企业系增值税一般纳税人，5月份购进房产用作仓储，取得增值税专用发票注明金额1 000万元，税额90万元。假设房产折旧年限20年，残值为0。每月应交房产税计算如下：

应交房产税＝1 000×(1－30%)×1.2%÷12＝0.7(万元)

借：税金及附加	7 000	
贷：应交税费——应交房产税		7 000

一年后，企业将该房产改作职工食堂。改变用途后，每月应交房产税计算如下：

房产累计折旧＝1 090÷20×1＝54.5(万元)

房产净值＝1 090－54.5＝1 035.5(万元)

房产净值率＝1 035.5÷1 090＝95%

不得抵扣进项税额＝90×95%＝85.5(万元)

改变用途后房产账面价值＝1 090－85.5＝1 004.5(万元)

改变用途后每月应交房产税＝1 004.5×(1－30%)×1.2%÷12＝0.703 2(万元)

借：税金及附加	7 032	
贷：应交税费——应交房产税		7 032

10.5　车船税会计

10.5.1　车船税税制要素

2006 年 12 月 29 日，国务院第 162 次常务会议通过了《中华人民共和国车船税暂行条例》① （中华人民共和国国务院第 482 号令），自 2007 年 1 月 1 日起施行。2011 年 2 月 25 日第十一届全国人民代表大会常务委员会第十九次会议通过了《中华人民共和国车船税法》，自 2012 年 1 月 1 日起施行。

1. 车船税的纳税人和扣缴义务人

车船税是对在我国境内所规定车辆和船舶的所有人或管理人征收的一种财产税。“车辆、船舶”是指依法应当在车船登记管理部门登记的机动车辆和船舶、依法不需要在车船登记管理部门登记的在单位内部场所行驶或者作业的机动车辆和船舶。已缴纳车船税的车船在同一纳税年度内办理转让过户的，不另纳税，也不退税。

从事机动车第三者责任强制保险业务的保险机构为机动车车船税的扣缴义务人，应当在收取保险费时依法代收车船税，并出具代收税款凭证。扣缴义务人在代收车船税时，应当在机动车交通事故责任强制保险的保险单以及保费发票上注明已收税款的信息，作为代收税款凭证。扣缴义务人已代收代缴车船税的，纳税人不再向车辆登记地的主管税务机关申报缴纳车船税。没有扣缴义务人的，纳税人应当向主管税务机关自行申报缴纳车船税。

已完税或依法减免税的车辆，纳税人应当向扣缴义务人提供登记地的主管税务机关出具的完税凭证或者减免税证明。纳税人没有按照规定期限缴纳车船税的，扣缴义务人在代收代缴税款时，可以一并代收代缴欠缴税款的滞纳金。

2. 车船税的计税依据和单位税额

车船税属于财产税类，本应按其价值采用比例税率计税，但鉴于车船种类繁多、变动频繁，如果每次计税都要按其价格或评估价值，难度太大，不易操作。因此，采用从量定额计税，计税依据是车船的排气量、整备质量、核定载客人数、净吨位、千瓦、艇身长度，以车船登记管理部门核发的车船登记证书或者行驶证所载数据为准；依法不需要办理登记的车船和应依法登记而未办理登记或者不能提供车船登记证书、行驶证的车船，以车船出厂合格证明或者进口凭证标注的技术参数、数据为准；不能提供车船出厂合格证明或者进口凭证的，由主管税务机关参照国家相关标准核定，没有国家相关标准的参照同类车船核定。

---

① 此前是“车船使用税”和“车船使用牌照税”。前者对内资企业和中国公民征收，后者则属涉外税种，对外资企业和外籍人员征收。由于两者并存，我国对车船的征税既烦琐又复杂，不利于实现公平税负。

乘用车依排气量从小到大递增税额，其中，客车按照核定载客人数 20 人以下和 20 人（含）以上两档划分递增税额；机动船舶按其净吨位递增税额；拖船按照发动机功率每 1 千瓦折合净吨位 0.67 吨计算征收车船税。

车船税税目税额表见表 10-2。国务院财政、税务主管部门可以根据实际情况，在车船税税目税额表规定的税目范围和税额幅度内，划分子税目，并明确车辆的子税目税额幅度和船舶的具体适用税额。车船的具体适用税额由省、自治区、直辖市人民政府在规定的子税目税额幅度内确定。

表 10-2　车船税税目税额表

税目		计税单位	年基准税额（元）	备注
乘用车按发动机气缸容量（排气量分档）	1.0 升（含）以下的	每辆	60～360	核定载客人数 9 人（含）以下。
	1.0 升以上至 1.6 升（含）		360～660	
	1.6 升以上至 2.0 升（含）		660～960	
	2.0 升以上至 2.5 升（含）		960～1 620	
	2.5 升以上至 3.0 升（含）		1 620～2 460	
	3.0 升以上至 4.0 升（含）		2 460～3 600	
	4.0 升以上的		3 600～5 400	
商用车	客车	每辆	480～1 440	核定载客人数 9 人（包括电车）。
	货车	整备质量每吨	16～120	1. 包括半挂牵引车、挂车、客货两用汽车、三轮汽车和低速载货汽车。 2. 挂车按照货车税额的 50%计算。
其他车辆	专用作业车	整备质量每吨	16～120	不包括拖拉机。
	轮式专用机械车	整备质量每吨	16～120	
摩托车		每辆	36～180	
船舶	机动船舶	净吨位每吨	3～6	拖船、非机动驳船分别按机动船舶税额的 50%计算；游艇的税额另行规定。
	游艇	艇身长度每米	600～2 000	

3. 车船税的减免

捕捞、养殖渔船，军队、武警专用的车船，警用车船，依照法律规定应当予以免税的外国驻华使领馆、国际组织驻华代表机构及其有关人员的车船免征车船税。

对符合条件的新能源车船免征车船税；对符合条件的节约能源车船，减半征收车船税。

省、自治区、直辖市人民政府根据当地实际情况，可以对公共交通车船，农村居民拥有并主要在农村地区使用的摩托车、三轮汽车和低速载货汽车定期减征或者免征车船税。

临时入境的外国车船和香港、澳门、台湾地区的车船，不征收车船税。按照规定缴纳船舶吨税的机动船舶，自车船税法实施之日起 5 年内免征车船税。依法不需要在车船登记管理部门登记的机场、港口、铁路站场内部行驶或者作业的车船，自车船税法实施之日起 5 年内免征车船税。

4. 车船税纳税期限、纳税地点

车船税按年申报，分月计算，一次性缴纳。纳税年度为公历 1 月 1 日至 12 月 31 日。

车船税的纳税地点为车船的登记地或者车船税扣缴义务人所在地。依法不需要办理登记的车船，车船税的纳税地点为车船的所有人或者管理人所在地。

10.5.2　车船税纳税义务的确认和计算

1. 纳税义务的确认

车船税纳税义务发生时间为取得车船所有权或者管理权的当月（以购买车船的发票或者其他证明文件所载日期的当月为准）。纳税人在购车缴纳交强险时，由保险机构代收代缴车船税。

2. 应交车船税的计算

（1）乘用车、商用车客车、摩托车。

应交车船税＝应税车辆数×单位税额

（2）商用车货车、挂车、其他车辆。

应交车船税＝整备质量吨数×单位税额

（3）船舶机动船舶。

应交车船税＝净吨位数×单位税额

（4）购置的新车船，购置当年的应交车船税自纳税义务发生的当月起按月计算。应交车船税为年应交税额除以 12 再乘以应纳税月份数。

【例 10－17】 某运输公司拥有商用货车 10 辆（整备质量 20 吨），商用客车 30 辆，乘用车 5 辆。

假设商用货车每吨车船税 60 元，商用客车每辆车船税 1 000 元，乘用车每辆车船税 500 元。公司年应交车船税计算如下：

商用货车应交车船税＝10×20×60＝12 000(元)

商用客车应交车船税＝30×1 000＝30 000(元)

乘用车应交车船税＝5×500＝2 500(元)

应交车船税合计＝44 500(元)

【例 10－18】 某船务公司 3 月份购入一艘净吨位为 10 050 的船舶，一艘 2 000 千瓦拖船，发票日期为当月。拖船按照发动机功率每 1 千瓦折合净吨位 0.67 吨计缴车船税。

计算新增船舶、拖船当年应交车船税。

拖船的功率数折合为净吨位数＝0.67×20 000＝13 400(吨)

船舶、拖船相应税目的具体适用税额为每吨6元，则

船舶当年应交车船税＝10 050×6×10/12＝50 250(元)

拖船当年应交车船税＝13 400×6×10/12×50%＝33 500(元)

应交车船税合计＝50 250＋33 500＝83 750(元)

10.5.3 车船税的会计处理

企业按规定缴纳的车船税一般可在“税金及附加”账户中列支。

【例10－19】 接例10－17的计算结果，该运输公司做会计分录如下：

（1）反映应交车船税时。

借：税金及附加	44 500	
贷：应交税费——应交车船税		44 500

（2）实际缴纳车船税时。

借：应交税费——应交车船税	44 500	
贷：银行存款		44 500

10.6 城市维护建设税会计

10.6.1 城市维护建设税概述

1985年2月8日，国务院颁布了《中华人民共和国城市维护建设税暂行条例》，并于当年1月1日起施行。2020年8月11日，第十三届全国人民代表大会常务委员会第二十一次会议通过《中华人民共和国城市维护建设税法》，自2021年9月1日起施行。

在我国境内缴纳增值税、消费税的单位和个人，为城市维护建设税（以下简称“城建税”）的纳税人。城建税的扣缴义务人为负有增值税、消费税扣缴义务的单位和个人，在扣缴增值税、消费税的同时扣缴城建税。

城建税是一种附加税，它以纳税人依法实际缴纳的增值税、消费税税额为计税依据（不包括对纳税人加收的滞纳金和罚款等非税款项），计税依据应按规定扣除期末留抵退税退还的增值税税额。

城建税的征收以跨境为界。跨境出口征收城建税，出口退税不退城建税。进口货物或者境外单位、个人向境内销售服务、无形资产缴纳的增值税、消费税税额，不征收城建税。

纳税人所在地在市区的，税率为7%；纳税人所在地在县城、镇的，税率为5%；纳税人所在地不在市区、县城或镇的，税率为1%。

城建税的纳税义务发生时间与增值税、消费税的纳税义务发生时间一致，分别与增值税、消费税同时缴纳。

企业预缴增值税时，也应同时按预缴增值税所在地的适用税率、征收率就地计算缴纳城建税和教育费附加。以预缴增值税为依据计算缴纳的城建税和教育费附加不属预缴，不存在抵税的问题。在机构所在地应缴纳的城建税和教育费附加是以实缴增值税为基数，再依照机构所在地的适用税率、征收率就地计算缴纳城建税和教育费附加。如果建筑服务发生地与机构所在地城建税税率存在差异，不再补缴或退税。对于享受增值税优惠政策（如即征即退、先征后返）的退税，不能同时退还城建税；查补增值税和滞纳金，则应补缴城建税。

国务院对重大公共基础设施建设、特殊产业和群体以及重大突发事件应对等情形可以规定减征或者免征城市维护建设税，报全国人大常委会备案。

10.6.2　城市维护建设税的会计处理

企业进行城市维护建设税的会计处理时，应设置“应交税费——应交城市维护建设税”账户。

【例 10-20】 某汽车厂所在地为省会城市，当月实际已纳增值税为 300 万元，消费税为 400 万元，则

应交城市维护建设税＝(300＋400)×7％＝49(万元)

借：税金及附加　　490 000
　　贷：应交税费——应交城市维护建设税　　490 000
借：应交税费——应交城市维护建设税　　490 000
　　贷：银行存款　　490 000

教育费附加的计算方法与城市维护建设税基本相同。

仍以上例，设教育费附加计征率为 3％，计算应交教育费附加，并做会计分录如下：

应交教育费附加＝(300＋400)×3％＝21(万元)

借：税金及附加　　210 000
　　贷：应交税费——应交教育费附加　　210 000

10.7　印花税会计

10.7.1　印花税概述

1. 印花税的性质和意义

印花税是一种行为税，因其采用在应税凭证上粘贴印花税票的方法作为完税标记，

故称印花税。

1624 年，荷兰首创印花税。新中国成立后，1950 年 1 月政务院颁布了《全国税政实施要则》，规定印花税为全国统一开征的税种。国务院于 1988 年 8 月正式颁布了《中华人民共和国印花税暂行条例》，决定自同年 10 月起恢复征收印花税。2021 年 6 月 10 日，第十三届全国人民代表大会常务委员会第二十九次会议通过《中华人民共和国印花税法》，自 2022 年 7 月 1 日起施行。

印花税由纳税人自行贴花完税，并实行轻税重罚，有助于提高纳税人的纳税意识。

征收印花税，可以调节和规范市场经济行为，使之在保护财产权利、促进市场的资源配置中发挥重要作用，有利于在对外经济活动中维护我国的经济权益。

征收印花税，可以加强对应税凭证的监督管理，及时了解和掌握纳税人的经济活动情况和税源变化情况，有助于对其他税种的征管；促使各种经济活动合法化、规范化，促进经济往来各方信守合同，提高合同兑现率。

2. 印花税的纳税人和计税依据

（1）纳税人和纳税义务的确认。在我国境内书立应税凭证、进行证券交易的单位和个人，为印花税的纳税人，应依法缴纳印花税；在我国境外书立、在境内使用的应税凭证的单位和个人，应依法缴纳印花税。

应税凭证是指税法所附《印花税税目税率表》列明的合同、产权转移书据和营业账簿；证券交易是指转让在依法设立的证券交易所、国务院批准的其他全国性证券交易场所交易的股票和以股票为基础的存托凭证；证券交易印花税对证券交易的出让方征收，不对受让方征收。

印花税纳税义务发生时间为纳税人书立应税凭证或者完成证券交易的当日；证券交易印花税扣缴义务发生时间为证券交易完成的当日。

（2）计税依据。

1）应税合同的计税依据为合同所列的金额，不含增值税税款。

2）应税产权转移书据的计税依据为产权转移书据所列的金额，不含增值税税款。

3）应税营业账簿的计税依据为账簿记载的实收资本（股本）、资本公积合计金额。

4）证券交易的计税依据为成交金额。

5）应税合同、产权转移书据未列明金额的，印花税的计税依据按实际结算的金额确定；不能按实际结算的金额确定的，应按书立合同、产权转移书据时的市场价格确定。依法应当执行政府定价或政府指导价的，按国家有关规定确定。

6）证券交易无转让价格的，按照办理过户登记手续时该证券前一个交易日的收盘价计算确定计税依据；无收盘价的，按证券面值计算确定计税依据。

3. 印花税的税目税率

（1）比例税率。印花税的比例税率分为合同（书面合同）、产权转移书据、营业账簿和证券交易四个税目，税率有 1‰，0.5‰，0.3‰，0.25‰，0.05‰五个档次，其税目税率表如表 10-3 所示。

表 10-3 印花税税目税率表

<table>
<tr><th colspan="2">税目</th><th>税率</th><th>备注</th></tr>
<tr><td rowspan="11">书面合同</td><td>借款合同</td><td>借款金额的 0.05‰</td><td>指银行业金融机构、经银行业监管机构批准设立的其他金融机构与借款人（不包括同业拆借）的借款合同</td></tr>
<tr><td>融资租赁合同</td><td>租金的 0.05‰</td><td></td></tr>
<tr><td>买卖合同</td><td>价款的 0.3‰</td><td></td></tr>
<tr><td>承揽合同</td><td>报酬的 0.3‰</td><td></td></tr>
<tr><td>建筑工程合同</td><td>价款的 0.3‰</td><td></td></tr>
<tr><td>运输合同</td><td>运输费用的 0.3‰</td><td>指货运合同和多式联运合同（不包括管道运输合同）</td></tr>
<tr><td>技术合同</td><td>价款、报酬或使用费的 0.3‰</td><td>不包括专利权、专有技术使用权转让书据</td></tr>
<tr><td>租赁合同</td><td>租金的 1‰</td><td></td></tr>
<tr><td>保管合同</td><td>保管费的 1‰</td><td></td></tr>
<tr><td>仓储合同</td><td>仓储费的 1‰</td><td></td></tr>
<tr><td>财产保险合同</td><td>保险费的 1‰</td><td>不包括再保险合同</td></tr>
<tr><td rowspan="4">产权转移书据</td><td>土地使用权出让书据</td><td>价款的 0.5‰</td><td rowspan="4">转让包括买卖（出售）、继承、赠与、互换、分割</td></tr>
<tr><td>土地使用权、房屋等建筑物和构筑物所有权转让书据（不包括土地承包经营权和土地经营权转移）</td><td>价款的 0.5‰</td></tr>
<tr><td>股权转让书据（不包括应缴纳证券交易印花税的）</td><td>价款的 0.5‰</td></tr>
<tr><td>商标专用权、著作权、专利权、专有技术使用权转让书据</td><td>价款的 0.3‰</td></tr>
<tr><td colspan="2">营业账簿</td><td>实收资本（股本）、资本公积合计金额的 0.25‰</td><td></td></tr>
<tr><td colspan="2">证券交易</td><td>成交金额的 1‰</td><td></td></tr>
</table>

（2）定额税率。印花税的定额税率按件定额贴花，适用于应税权利、许可证照。这些凭证不属于资金账或没有金额记载，按件定额征税可以方便纳税和简化征管。

4. 印花税的免税

下列凭证免征印花税：

（1）应税凭证的副本或者抄本。

（2）依照法律规定应当予以免税的外国驻华使馆、领事馆和国际组织驻华代表机构为获得馆舍而书立的应税凭证。

（3）中国人民解放军、中国人民武装警察部队书立的应税凭证。

（4）农民、家庭农场、农民专业合作社、农村集体经济组织、村民委员会购买农业生产资料或者销售农产品书立的买卖合同和农业保险合同。

（5）无息或者贴息借款合同、国际金融组织向中国提供优惠贷款而书立的借款合同。

（6）财产所有权人将财产赠与政府、学校、社会福利机构、慈善组织书立的产权转移书据。

（7）非营利性医疗卫生机构采购药品或卫生材料书立的买卖合同。

（8）个人与电子商务经营者订立的电子订单。

根据国民经济和社会发展的需要，国务院对居民住房需求保障、企业改制重组、破产、支持小型微型企业发展等情形可以规定减征或者免征印花税，报全国人民代表大会常务委员会备案。

5. 印花税票的贴花

（1）印花税票粘贴在应税凭证上的，由纳税人在每枚税票的骑缝处盖戳注销或者画销。

（2）纳税人在应纳税凭证订立或领受时即行贴花完税，不得延至凭证生效日期贴花。

（3）已贴花的凭证，实际所载金额增加的部分，应补贴印花。

（4）不论合同是否兑现或是否按期兑现，已贴印花不得撕下重用，已缴纳的印花税款不予退税。

（5）多贴印花税票的，不得申请退税或者抵用。

10.7.2 印花税的计算和缴纳

1. 印花税的计算

印花税的应纳税额按照计税依据乘以适用税率计算，计算公式如下：

应交印花税＝计税依据×适用税率

（1）应税合同的应纳税额为价款、报酬、租金等乘以适用税率。

（2）应税产权转移书据的应纳税额为支付价款乘以适用税率。

（3）应税营业账簿的应纳税额为实收资本（股本）、资本公积合计金额乘以适用税率。

（4）证券交易的应纳税额为成交金额或者按规定计算确定的计税依据乘以适用税率。

（5）应税权利、许可证照的应纳税额为适用税额。

（6）同一应税凭证载有两个或两个以上经济事项并分别列明价款或报酬的，按各自适用税目税率计算应纳税额；未分别列明价款或报酬的，按税率高的计算应纳税额。

（7）同一应税凭证由两方或者两方以上当事人订立的，应按各自涉及的价款或报酬分别计算应纳税额。

【例10-21】 某企业在与客户签订的房租租赁合同中，约定年租金12万元（不含税），增值税税额1.08万元。以12万元作为印花税的计税依据，财产租赁合同按租赁金额 1‰贴花。

应交印花税＝120 000×1‰＝120(元)

如果在合同中约定年租金 13.08 万元（含税），未单独记载增值税税额，则

应交印花税＝130 800×1‰＝130.8(元)

【例 10－22】 某企业于某年 1 月 1 日新启用“实收资本”和“资本公积”账簿，期初余额分别为 240 万元和 80 万元。

年初该企业的“实收资本”和“资本公积”账簿应交印花税计算如下：

应交印花税＝(2 400 000＋800 000)×0.25‰＝800(元)

当年年末，“实收资本”和“资本公积”账簿的余额分别是 280 万元和 120 万元，应按增加金额计税（如果年末该账簿的金额减少，不退印花税）：

年末应交印花税＝(2 800 000－2 400 000＋1 200 000－800 000)×0.25‰
＝200(元)

2. 印花税的缴纳

(1) 印花税可以采用粘贴印花税票或者由税务机关依法开具其他完税凭证的方式缴纳。

(2) 纳税人为单位的，应当向其机构所在地的主管税务机关申报缴纳印花税；纳税人为个人的，应当向应税凭证书立地或者纳税人居住地的主管税务机关申报缴纳印花税。

(3) 不动产产权发生转移的，纳税人应当向不动产所在地的主管税务机关申报缴纳印花税。

(4) 纳税人为境外单位，在境内有代理人的，以其境内代理人为扣缴义务人；在境内没有代理人的，由纳税人自行申报缴纳印花税。

(5) 证券登记结算机构为证券交易印花税的扣缴义务人，应当向其机构所在地的主管税务机关申报解缴税款以及银行结算的利息。

(6) 印花税按季、按年或者按次计征。实行按季、按年计征的，纳税人应当于季度、年度终了之日起 15 日内申报并缴纳税款。实行按次计征的，纳税人应当于纳税义务发生之日起 15 日内申报并缴纳税款。

证券交易印花税按周解缴，扣缴义务人应于每周终了之日起 5 日内申报解缴税款及银行结算的利息。

10.7.3 印花税的会计处理

企业在发生纳税义务时，凡是不需要预计应缴税款的，或者与税务机关不存在结算、清算关系的（不会形成税款债务），则直接计算缴纳的税金，在进行会计处理时，可以不通过“应交税费”账户核算，如印花税、车辆购置税、耕地占用税、契税等。这样进行会计处理，固然可以简化工作量，但“应交税费”及其二级账户不能反映企业缴纳的全

部税种及其金额，不能通过一个账户了解企业纳税的全貌，从而不便于分析企业的整体税负。因此，本书对包括印花税在内的所有税种，不论大小（税种、金额），也不论是否会形成税金负债，均通过“应交税费”账户核算。

由于印花税的适用范围较广，记入的账户应视业务的具体情况予以确定：若是固定资产、无形资产的转让或租赁，作为购买方或承受方、承租方，其支付的印花税应借记“固定资产”“无形资产”“税金及附加”等；作为销售方或转让方、出租方，其支付的印花税应借记“固定资产清理”“其他业务支出”等。在其他情况下，企业支付的印花税应借记“税金及附加”（如果一次购买印花税和缴纳税额较大，需分期摊入费用，可采用“待摊费用”账户）。企业在债务重组时，债务人应缴的印花税应借记“税金及附加”，贷记“银行存款”；债权人应借记“长期股权投资”，贷记“银行存款”。

【例10-23】 某建筑安装公司8月承包某工厂建筑工程一项，工程造价为6 000万元，按照经济合同法，双方签订建筑承包工程合同。订立建筑安装承包合同，应按合同金额0.3‰贴花。计算应交印花税并做会计分录如下：

应交印花税＝60 000 000×0.3‰＝18 000(元)

借：税金及附加　18 000

　贷：应交税费——应交印花税　18 000

同时，

借：应交税费——应交印花税　18 000

　贷：银行存款　18 000

各种合同应于合同正式签订时贴花。建筑公司应在自己的合同正本上贴花18 000元，由于该份合同应纳税额超过500元，该公司应向税务机关申请填写缴款书或完税证，将其中一联粘贴在合同上或由税务机关在合同上加注完税标记。

【例10-24】 某厂经营情况良好，但某年初只就5份委托加工合同（合同总标的150万元）按每份5元粘贴了印花税票。经税务机关稽查，委托加工合同不能按件贴印花税票。该企业在此期间还与其他企业签订购销合同20份，合同总标的800万元。税务机关做出补交印花税并对逃税行为做出应补交印花税票款4倍罚款的决定。

买卖合同应补缴印花税额＝8 000 000×0.3‰＝2 400(元)

委托加工合同应补缴印花税额＝1 500 000×0.3‰－25＝425(元)

（1）应补缴印花税。

借：税金及附加　2 825

　贷：应交税费——应交印花税（425＋2 400）　2 825

（2）实际缴纳印花税时。

借：应交税费——应交印花税　2 825

　贷：银行存款　2 825

（3）上交罚款时。

借：营业外支出——税务罚款（2 825×4）　11 300

　贷：银行存款　11 300

【例 10－25】 M 公司向 N 公司转让专利权一项，转让价格 45 万元，已提减值准备 8 000 元，账面余额 38 万元，M 公司增值税税率为 6%。双方各自会计处理如下：

应交印花税＝450 000×0.3‰＝135(元)

应交增值税＝450 000÷(1＋6%)×6%＝25 472(元)

（1）M 公司做会计分录如下：

借：银行存款	450 000	
无形资产减值准备	8 000	
贷：应交税费——应交增值税		25 472
无形资产		380 000
资产处置损益——转让专利权		52 528
借：税金及附加	135	
贷：应交税费——应交印花税		135

（2）N 公司做会计分录（价款及税款）如下：

借：无形资产——××专利权	450 135	
贷：银行存款		450 135

10.8 契税会计

10.8.1 契税税制要素

契税是以境内土地、房屋权属发生转移的不动产为征税对象，以当事人双方签订的合同契约为依据，向产权承受人一次性征收的一种财产税。

1997 年 7 月 7 日，国务院发布了《中华人民共和国契税暂行条例》，并从当年 10 月 1 日起实施；2020 年 8 月 11 日，第十三届全国人民代表大会常务委员会第二十一次会议通过《中华人民共和国契税法》，自 2021 年 9 月 1 日起施行。

1. 契税的纳税人和征收范围

在我国境内转移土地、房屋权属，承受的单位和个人为契税的纳税人。

转移土地、房屋权属是指：（1）土地使用权出让（不包括土地承包经营权和土地经营权的转移）；（2）土地使用权转让，包括出售、赠与、互换；（3）房屋买卖、赠与、互换。

以作价投资（入股）、偿还债务、划转、奖励等方式转移土地、房屋权属的，应按税法规定计算缴纳契税。

2. 契税的计税依据

（1）土地使用权出让、出售，房屋买卖，为土地、房屋权属转移合同确定的成交价格，包括应交付的货币以及实物、其他经济利益对应的价款；

（2）土地使用权互换、房屋互换，为所互换的土地使用权、房屋价格的差额；

（3）土地使用权赠与、房屋赠与以及其他没有价格的转移土地、房屋权属行为，为税务机关参照土地使用权出售、房屋买卖的市场价格依法核定的价格。

纳税人申报的成交价格、互换价格差额明显偏低且无正当理由的，由税务机关依照《中华人民共和国税收征收管理法》的规定核定。

计税依据（成交价格、互换价格）不含增值税；若是免征增值税，其计税依据不得扣减增值税。

3. 契税的税率

契税实行幅度比例税率，税率为3%～5%。

具体适用税率由省、自治区、直辖市人民政府在规定的税率幅度内提出，报同级人大常委会决定，并报全国人大常委会和国务院备案；省级政府可按规定程序对不同主体、不同地区、不同类型住房的权属转移确定差别税率。

4. 契税的减免

（1）免征契税。

1）国家机关、事业单位、社会团体、军事单位承受土地、房屋权属用于办公、教学、医疗、科研、军事设施；

2）非营利性的学校、医疗机构、社会福利机构承受土地、房屋权属用于办公、教学、医疗、科研、养老、救助；

3）承受荒山、荒地、荒滩土地使用权用于农、林、牧、渔业生产；

4）婚姻关系存续期间夫妻之间变更土地、房屋权属；

5）法定继承人通过继承承受土地、房屋权属；

6）依照法律规定应当予以免税的外国驻华使馆、领事馆和国际组织驻华代表机构承受土地、房屋权属。

（2）国务院对居民住房需求保障、企业改制重组、灾后重建等情形可以规定免征或减征契税，报全国人大常委会备案；省级政府可以决定对下列情形免征或减征契税：

1）因土地、房屋被县级以上人民政府征收、征用，重新承受土地、房屋权属；

2）因不可抗力灭失住房，重新承受住房权属。

免征、减征契税的具体办法由省级政府提出，报同级人大常委会决定，并报全国人大会常委会和国务院备案。

（3）纳税人改变有关土地、房屋的用途，或者有其他不再属于本法第六条规定的免征、减征契税情形的，应当缴纳已经免征、减征的税款。

5. 契税的缴纳

契税的纳税义务发生时间为纳税人签订土地、房屋权属转移合同的当天，或者纳税人取得其他具有土地、房屋权属转移合同性质凭证的当天。

纳税人应当自纳税义务发生之日起10日内，向土地、房屋所在地的契税征收机关办理纳税申报，并在契税征收机关核定的期限内缴纳税款。

纳税人办理纳税事宜后，契税征收机关应当向纳税人开具契税完税凭证。

纳税人应当持契税完税凭证和其他规定的文件材料，依法向土地管理部门、房产管理部门办理有关土地、房屋的权属变更登记手续。

10.8.2 契税的计算

应交契税＝计税依据×税率

转移土地、房屋权属以外汇结算的，按照纳税义务发生之日中国人民银行公布的人民币市场汇率中间价折成人民币结算。

10.8.3 契税的会计处理

企业按规定计算的应交契税，应借记“固定资产”“无形资产”等，贷记“应交税费——应交契税”。企业也可以不通过“应交税费——应交契税”账户，当实际缴纳契税时，借记“固定资产”“无形资产”账户，贷记“银行存款”账户。

【例 10－26】 某企业以 1 000 万元购得一块土地的使用权，当地规定契税税率为 3%，应做会计分录如下：

应交契税＝1 000×3%＝30(万元)

借：无形资产——土地使用权	300 000	
贷：银行存款		300 000

【例 10－27】 M 公司接受张某赠与房屋一栋，赠与契约未标明价格。主管税务机关核定房屋现值为 460 万元（假定评估价值与此相同），假定契税税率为 4%，企业所得税税率为 25%。M 公司会计处理如下：

应交契税＝460×4%＝18.4(万元)

借：固定资产	4 784 000	
贷：营业外收入		3 450 000
递延所得税负债		1 150 000
应交税费——应交契税		184 000

上交契税时，做会计分录如下：

借：应交税费——应交契税	184 000	
贷：银行存款		184 000

【例 10－28】 A 企业以一栋房屋换取 B 公司一栋房屋，房屋契约写明：A 企业房屋价值 5 000 万元，B 公司房屋价值 3 800 万元。经税务机关核定，A，B 双方房屋价值与契约写明的价值基本相符。此项房屋交换，B 公司应是房屋产权的承受人，是多得的一方，应为契税的纳税人；假设 B 公司所在地契税税率为 5%。B 公司会计处理如下：

应交契税=(5 000−3 800)×5%=60(万元)

借：固定资产　　12 600 000

　贷：应付账款——A企业　　12 000 000

　　　应交税费——应交契税　　600 000

10.9 车辆购置税会计

10.9.1 车辆购置税的纳税人

为进一步规范政府行为，深化财税体制改革，正确处理税费关系，以税收为主体筹集交通基础设施维护和建设资金，促进汽车工业及道路、水路等相关事业的健康发展，2018年12月29日第十三届全国人民代表大会常务委员会第七次会议通过了《中华人民共和国车辆购置税法》。

在我国境内购置汽车、有轨电车、汽车挂车、排气量超过150毫升的摩托车（以下统称“应税车辆”）的单位和个人，为车辆购置税的纳税人。购置包括购买、进口、自产、受赠、获奖或以其他方式取得并自用应税车辆的行为。

10.9.2 车辆购置税的计税价格

车辆购置税的计税价格为实际成交价格，纳税人应如实申报应税车辆的计税价格。如果纳税人申报的应税车辆计税价格明显偏低，又无正当理由的，由税务机关依法核定其计税价格。应税车辆计税价格具体确认如下：

（1）纳税人购买自用应税车辆的计税价格，为纳税人实际支付给销售者的全部价款和价外费用（不含增值税）；

（2）纳税人进口自用应税车辆的计税价格，为关税完税价格加上关税和消费税；

（3）纳税人以受赠、获奖或者其他方式取得自用应税车辆的计税价格，按照购置应税车辆时相关凭证载明的价格确定（不含增值税）。

10.9.3 车辆购置税的减免

纳税人在办理车辆购置税免税、减税时，应提供车辆合格证明和车辆相关价格凭证，并根据不同的免减税情况，分别提供相关资料的原件、复印件。

（1）外国驻华使馆、领事馆和国际组织驻华机构及其有关人员自用车辆，提供机构证明和外交部门出具的身份证明。

（2）中国人民解放军和中国人民武装警察部队列入装备订货计划的车辆。

（3）悬挂应急救援专用号牌的国家综合性消防救援车辆，提供中华人民共和国应急管理部批准的相关文件。

（4）城市公交企业购置的公共汽电车辆，提供所在地县级（含）以上交通运输主管部门出具的公共汽电车辆认定表。

（5）设有固定装置的非运输专用作业车辆。

（6）自 2018 年 1 月 1 日至 2022 年 12 月 31 日，购置新能源汽车（纯电动汽车、插电式混合动力汽车、燃料电池汽车）免征车辆购置税。

10.9.4 车辆购置税的税率和应纳税额的计算

（1）车辆购置税税率为 10%。应交车辆购置税计算如下：

应交车辆购置税＝计税价格×税率

若发票中的销售价格含增值税，在计算应交车辆购置税时，应将含税销售价换算为不含税销售额，再乘以车辆购置税税率，计算公式如下：

应交车辆购置税＝含税价格÷(1＋增值税税率或征收率)×车辆购置税税率

【例 10－29】 某企业 9 月份购买一辆进口轿车，关税完税价格 50 万元，消费税税率 12%，关税税率 15%。应交车辆购置税计算如下：

应交关税＝50×15%＝7.5(万元)

应交消费税＝(50＋7.5)÷(1－12%)×12%＝7.840 9(万元)

应交车辆购置税＝(50＋7.5＋7.840 9)×10%＝6.534 1(万元)

（2）免减税车辆因转让、改变用途等原因不再属于免减税范围的，应缴纳车辆购置税，并如实填报《车辆购置税纳税申报表》。

$$\text{应交车辆购置税}=\frac{\text{初次办理纳税}}{\text{申报时的计税价格}}\times(1-\text{使用年限}^{①}\times10\%)\times10\%-\text{已交车辆购置税}$$

（3）已经缴纳车辆购置税的，纳税人按规定向原征收机关申请退税时，应如实填报《车辆购置税退税申请表》，提供纳税人身份证明和相关资料。应退税额计算如下：

应退车辆购置税＝已交车辆购置税×(1－使用年限[②]×10%)

10.9.5 车辆购置税的申报缴纳

1. 申报纳税地点

需要办理车辆登记的，向车辆登记地的主管税务机关申报纳税；不需要办理车辆登记的，单位纳税人向其机构所在地的主管税务机关申报纳税，个人纳税人向其户籍所在

---

① 初次办理纳税申报之日起，至不再属于免、减税范围的情形发生之日止。使用年限取整计算，不满一年的不计算在内。

② 自纳税人缴纳税款之日起，至申请退税之日止。

地或者经常居住地的主管税务机关申报纳税。

2. 纳税义务发生时间

（1）购买自用应税车辆的为购买之日，即车辆相关价格凭证的开具日期。相关凭证是指原车辆所有人购置或者以其他方式取得应税车辆时载明价格的凭证；无法提供相关凭证的，参照同类应税车辆市场平均交易价格确定其计税价格。

（2）进口自用应税车辆的为进口之日，即《海关进口增值税专用缴款书》或者其他有效凭证的开具日期。

（3）自产、受赠、获奖或者以其他方式取得并自用应税车辆的为取得之日，即合同、法律文书或者其他有效凭证的生效或者开具日期。

3. 申报缴纳

车辆购置税实行“一车一申报”制度，纳税人办理纳税申报时应当如实填报《车辆购置税纳税申报表》，同时提供车辆合格证明和车辆相关价格凭证。

纳税人购买自用应税车辆的，应自购买之日起60日内申报纳税；进口自用应税车辆的，应自进口之日起60日内申报纳税；自产、受赠、获奖或者以其他方式取得并自用应税车辆的，应自取得之日起60日内申报纳税。

车辆购置税为一次征收制，纳税人应一次缴清。纳税人应在向公安机关车辆管理机构办理车辆登记注册前，缴纳车辆购置税。缴税后，主管税务机关应给纳税人开具“车辆购置税完税证明”，纳税人需持“车辆购置税完税证明”到公安机关办理车辆登记注册手续；“完税证明”每车一证，随车携带，以备检查。

10.9.6 车辆购置税的会计处理

企业购买、进口、自产、受赠、获奖以及以其他方式取得并自用的应税车辆应缴的车辆购置税，或者当初购置的属于减免税的车辆在转让或改变用途后，按规定应补缴的车辆购置税，借记“固定资产”等，贷记“银行存款”“应交税费”等。作为固定资产成本构成的车辆购置税，在车辆使用期间采用计提折旧方式的，可以在税前扣除。

【例10-30】 某公司8月份购进一辆小汽车，增值税专用发票所列价款22万元，增值税额2.86万元，9月份到主管税务机关缴纳车辆购置税。

应交车辆购置税＝220 000×10%＝22 000(元)

（1）购置时。

借：固定资产——小汽车	242 000	
应交税费——应交增值税（进项税额）	28 600	
贷：银行存款或应付账款等		248 600
应交税费——应交车辆购置税		22 000

（2）下个月公司缴纳车购税时。

借：应交税费——应交车辆购置税　　22 000

　贷：银行存款　　22 000

10.10　财产和行为税合并纳税申报

10.10.1　合并申报的意义

为了进一步优化税收营商环境，提高办税效率，提升办税体验，在 2019 年成功推行城镇土地使用税和房产税合并申报的基础上，扩大合并申报范围，实行财产行为税各税种合并申报，并开展增值税、消费税分别与附加税费申报表整合试点。

1. 优化办税流程

财产和行为税 10 个税种（资源税、土地增值税、城镇土地使用税、耕地占用税、房产税、车船税、印花税、契税、环境保护税、烟叶税）原有分税种纳税申报存在“入口多、表单多、数据重复采集”等问题。合并申报按照“一表申报、税源信息采集前置”的思路，对申报流程进行优化改造，“简并申报表，一表报多税”，将 10 税种申报统一到一个入口，将税源信息从申报环节分离至税源基础数据采集环节，便于数据的统筹运用，提高数据使用效率。

2. 减轻办税负担

简并税费申报对原有表单和数据项进行全面梳理整合，减少了表单数量和数据项。新申报表充分利用部门共享数据和其他征管环节数据，可实现已有数据自动预填，大幅减轻纳税人填报负担，降低纳税人申报错误几率。

3. 提高办税质效

简并税费申报利用信息化手段实现税额自动计算、数据关联比对、申报异常提示等功能，可有效避免漏报、错报，确保申报质量，还有利于优惠政策及时落实到位。通过整合各税种申报表，实现多税种“一张报表、一次申报、一次缴款、一张凭证”，提高了办税效率。对纳税人而言，可简化报送资料，减少申报次数，缩短办税时间。

10.10.2　财产和行为税纳税申报表

《财产行为税纳税申报表》（见表 10－4）由一张主表和一张减免税附表组成，主表为纳税情况，附表为申报享受的各类减免税情况。

纳税申报前，需要先维护税源信息。税源信息没有变化的，确认无变化后直接进行纳税申报；税源信息有变化的，通过填报《税源明细表》进行数据更新维护后再进行纳税申报。

表 10-4　财产和行为税纳税申报表

纳税人识别号（统一社会信用代码）：□□□□□□□□□□□□□□□□□□
纳税人名称：

金额单位：人民币元（列至角分）

序号	税种	税目	税款所属期起	税款所属期止	计税依据	税率	应纳税额	减免税额	已缴税额	应补（退）税额
1										
2										
3										
4										
5										
6										
7										
8										
9										
10										
11	合计	—	—	—	—	—				

声明：此表是根据国家税收法律法规及相关规定填写的，本人（单位）对填报内容（及附带资料）的真实性、可靠性、完整性负责。

纳税人（签章）：　　　　年　　月　　日

经办人： 经办人身份证号： 代理机构签章： 代理机构统一社会信用代码：	受理人： 受理税务机关（章）： 受理日期：　　年　　月　　日

填表说明：

1. 本表根据各税种税源明细表自动生成，申报前需填写税源明细表。
2. 本表包含一张附表《财产和行为税减免税明细申报附表》。
3. 税款所属期起：纳税人申报相应税种所属期的起始时间，填写具体的年、月、日。
4. 税款所属期止：纳税人申报相应税种所属期的终止时间，填写具体的年、月、日。
5. 减免税额：纳税人本期享受的减免税金额，等于减免税附表中该税种的减免税额小计。
6. 已缴税额：纳税人本期应纳税额中已经缴纳的部分。
7. 应补（退）税额：纳税人本期实际需要缴纳的税额。应补（退）税额＝应纳税额－减免税额－已缴税额。

纳税人可以自由选择维护税源信息的时间，既可以在申报期之前，也可以在申报期内。为确保税源信息和纳税申报表逻辑一致，减轻纳税人填报负担，征管系统将根据各税种税源信息自动生成新申报表，纳税人审核确认后即可完成申报。无论选择何种填报方式，纳税人申报时，系统都会根据已经登记的税源明细表自动生成申报表。

不同纳税期限的财产和行为税各税种可以合并申报。合并申报不强制要求一次性申报全部税种，纳税人可以自由选择一次性或分别申报当期税种。例如，纳税人7月应申报城镇土地使用税、房产税、印花税和资源税等4个税种，7月5日申报时只申报了城镇土地使用税、房产税、印花税等3个税种，遗漏了资源税，则可在申报期结束前单独申报资源税，不用更正此前的申报。

复习思考题

1. 试述土地增值税的计算程序。
2. 土地增值税的计税依据与增值税有何不同？简述其会计处理程序。
3. 简述城镇土地使用税、房产税的计税依据及其会计处理。
4. 试述印花税的特点及其会计处理。
5. 试述契税的特点及其会计处理。
6. 简述城市维护建设税的计税依据及其会计处理。
7. 试述车船税、车辆购置税的特点及其会计处理。

技能题

一、单项选择题

1. 下列房地产转让行为中，需缴纳土地增值税的是（　　）。

A. 转让集体所有的土地使用权

B. 出租房产使用权

C. 企业间互换房产

D. 某国有企业与一外国企业合作建房后出售

2. 某单位转让一幢2013年建造的公寓楼，当时的造价为600万元。经房地产评估机构评定，该楼的重置成本价为1 800万元，假定该房有7成新。在计算土地增值税时，其评估价格为（　　）万元。

A. 600　　B. 1 260　　C. 1 800　　D. 1 200

3. 下列各项中，可以按照当地适用税额减半征收耕地占用税的是（　　）。

A. 供电部门占用耕地新建变电站　　B. 农村居民占用耕地新建住宅

C. 市政部门占用耕地新建自来水厂　　D. 国家机关占用耕地新建办公楼

4. 某交通运输企业拥有商用货车20辆（装备质量20吨）；挂车10辆（装备质量10吨）；商用客车6辆（该企业商用货车年税额40元/吨，商用客车年税额1 000元/辆）。该企业当年应缴车船税（　　）元。

A. 3 310　　B. 5 840　　C. 6 200　　D. 26 000

5. 甲企业与乙企业签订一份技术开发合同，记载金额共计500万元，其中研究开发费用为100万元。该合同甲、乙企业各持一份，甲、乙企业分别应缴纳的印花税为（　）元。

A. 1 200　　B. 2 400　　C. 3 000　　D. 3 600

6. 甲乙双方交换房屋权属，甲的房屋价值12.5万元，乙的房屋价值20.5万元，已知契税的税率为3%，下列答案正确的是（　）。

A. 甲是纳税人，应纳契税0.615万元　　B. 甲是纳税人，应纳契税0.24万元

C. 乙是纳税人，应纳契税0.375万元　　D. 乙是纳税人，应纳契税0.99万元

二、多项选择题

1. 我国《土地增值税暂行条例》规定的属于计算增值额的法定扣除项目有（　）。

A. 取得土地使用权所支付的金额

B. 开发土地的成本、费用

C. 新建房及配套设施的成本、费用，或者旧房及建筑物的评估价

D. 与转让房地产有关的税金

2. 下列情形中，纳税人应当进行土地增值税清算的有（　）。

A. 直接转让土地使用权的

B. 整体转让未竣工决算房地产开发项目的

C. 房地产开发项目全部竣工并完成销售的

D. 取得销售（预售）许可证2年仍未销售完的

3. 下列各项中，不属于《城镇土地使用税暂行条例》规定的免税项目有（　）。

A. 个人所有的居住房屋及院落用地

B. 宗教寺庙自用的土地

C. 民政部门举办的安置残疾人占一定比例的福利工厂用地

D. 公园中附设的影剧院

4. 房产税的计税依据有（　）。

A. 房产净值　　B. 房产余值　　C. 租金收入　　D. 房产市价

5. 下列车船属于法定免税的有（　）。

A. 专项作业车　　B. 警用车船　　C. 非机动驳船　　D. 捕捞、养殖渔船

6. 下列各项中属于车辆购置税应税行为的有（　）。

A. 受赠使用应税车辆　　B. 进口使用应税车辆

C. 经销商经销应税车辆　　D. 债务人以应税车辆抵债

三、判断题

1. 纳税人转让房地产坐落在两个或两个以上地区的，应按房地产所在地分别缴纳土地增值税。（　）

2. 企业按规定缴纳的房产税，应记入“管理费用”账户的借方。（　）

3. 城市维护建设税的计税依据是纳税人实际缴纳的增值税、消费税税额，不包括税务机关对纳税人加收的滞纳金和罚款等非税款项。（　）

4. 财产所有人将财产赠给社会福利单位所立书据应按规定粘贴印花税票。（　　）

四、计算题

1. 某事业单位从甲汽车贸易中心（一般纳税人）购买某型号轿车一辆。该单位按甲汽车贸易中心开具的增值税发票全额支付价款 371 000 元，支付控购部门控购费 44 520 元，并取得收款收据。甲汽车贸易中心开展“一条龙”销售服务，代该事业单位办理车辆上牌等事宜，并向该单位开票收取新车登记费、上牌办证费、代办手续费、仓储保管费、送车费等共计 36 000 元。

要求：计算应交车辆购置税税额。

2. 甲房地产开发公司出售一栋写字楼，收入总额为 10 000 万元。开发该写字楼有关支出为：支付地价款及各种费用 1 000 万元；房地产开发成本 3 000 万元；财务费用中的利息支出为 500 万元（可按转让项目计算分摊并提供金融机构的证明），但其中有 50 万元属加罚的利息；转让环节缴纳的有关税费共计 555 万元（不含印花税）；该房地产开发公司所在地政府规定的其他房地产开发费用计算扣除比例为 5%。

要求：计算该房地产开发公司应交的土地增值税。

3. 某企业拥有的建筑物年初原值 5 800 万元（含相关土地使用权金额），总占地面积 71 000 平方米。其中包括：

项目	年初原值（万元）	占地面积（平方米）
厂房	3 000	30 000
仓库	1 000	15 000
露天游泳池	300	2 000
厂办托儿所	500	1 000
车库	1 000	8 000
厂区内绿地	—	10 000
厂区外公共绿地	—	5 000
合计	5 800	71 000

该企业 3 月给厂房装了中央空调，空调原价 200 万元；7 月末将仓库出租给其他单位，8 月起收取租金，月租金 10 万元。

该企业当地房产税损耗减除比例 20%，城镇土地使用税税率每平方米年税额 4 元。

要求：计算该企业应交的房产税和城镇土地使用税。

4. 年初某运输公司拥有整备质量 10 吨的大货车 20 辆，5 吨的货车 8 辆，小轿车 6 辆，6 月新购置小轿车 2 辆自用，9 月 1 辆 5 吨货车被盗丢失，取得了有关管理机关的证明。假定当地载货汽车整备质量每吨年税额 60 元，小轿车每辆年税额 360 元。

要求：计算该运输公司当年应纳的车船税。

五、会计核算题

1. 根据计算题 2，做计提土地增值税的会计分录。

2. 根据计算题 3，做计提房产税、城镇土地使用税的会计分录。

第11章

税务筹划理论

学习目标

1. 掌握税务筹划的概念、原则和目标；
2. 理解税务筹划中节税、避税的特点与方法；
3. 了解税务筹划的特点、基本技术。

引　言

“在美国的会计、管理等专业的学习中，一门必学的知识就是怎样才能减少缴纳的税款：纳税规划。”① 但什么是纳税规划？如何进行纳税规划？仅有愿望是不行的，还必须充分掌握税务筹划的基本含义、基本原理和基本技术以最大限度地降低风险，争取税后利润（收益）最大化。

不论是对法人还是对自然人，税收都是不可回避的现实。平心而论，“谁也不喜欢纳税，然而如果谁也不纳税，政府就无法运转”②。可见，从情感上，谁也不愿意纳税，但在理智上谁都知道应该纳税。

如何做到既依法纳税，实现税法遵从，同时又能够降低自己的税收负担呢？那就要事先对自己的经济行为进行合理安排，精心策划，即本书将要阐述的税务筹划。

① 孙凯. 美国联邦税收制度. 北京：中国税务出版社，1997.

② 罗纳德·杜斯卡，等. 会计伦理学. 北京：北京大学出版社，2005.

11.1　税务筹划的概念、意义与风险

11.1.1　税务筹划的概念

美国南加州大学 W. B. 梅格斯、R. F. 梅格斯在合著的《会计学》中，援引了知名法官勒尼德·汉德的一段名言："法院一再声称，人们安排自己的活动以达到低税负的目的，是无可指责的。每个人都可以这样做，不论他是富翁还是穷光蛋。而且这样做是完全正当的，因为他无须超过法律的规定来承担国家赋税；税收是强制课征的，而不是靠自愿捐款。以道德的名义来要求税收，不过是奢谈空论而已。"之后，他们做了如下阐述："人们合理而又合法地安排自己的经营活动，使之缴纳尽可能少的税款。他们使用的方法可称之为税务筹划。……少缴税和递延缴纳税款是税务筹划的目标所在。"作者接着说："美国联邦所得税已变得如此之复杂，这使为企业提供详尽的税务筹划，成为一种谋生的职业。现在几乎所有的公司都聘用专业的税务专家，研究企业主要经营决策上的税收影响，为合法地少纳税制定计划。"另外还说："在纳税发生之前，有系统地对企业经营或投资行为做出事先安排，以达到尽量减少缴纳所得税，这个过程就是筹划。主要如选择企业的组织形式和资本结构，投资采取租用还是购入的方式，以及交易的时间。"在美国的海文营诉格雷戈里一案中，勒尼德·汉德法官在陈述时有一句名言："任何人都可以安排他的事务以使其税负尽可能的低；在选择缴税的最佳方式时，他不受约束，甚至也没有一种爱国的义务要求增加他的税负。"①

当代著名经济学家萨缪尔森在其著作《经济学》中分析美国联邦税制时指出："比逃税更加重要的是合法地规避税负，原因在于议会制定的法规中有许多'漏洞'，听任大量的收入不交税或以较低的税率交税。"

如果把时间追溯到更早一点，1935 年英国上议院议员汤姆林爵士针对税务局长诉温斯特大公一案做了有关税务筹划的声明："任何一个人都有权安排自己的事业，依据法律这样做可以少缴税。为了保证从这些安排中得到利益……不能强迫他多缴税。"汤姆林爵士的观点赢得了法律界的认同，英国、澳大利亚、美国等国在以后的税收判例中经常援引这一原则精神。

本书认为，税务筹划是纳税人依据所涉税收环境，在遵守税法、尊重税法的前提下，规避涉税风险，控制或减轻税负，以实现税后收益最大化的谋划、对策与安排。

税务筹划有狭义与广义之分。狭义的税务筹划仅指节税，广义的税务筹划既包括节税，又包括避税和税负转嫁。在税务筹划实务中，节税与避税往往难以严格划分，因此，本书所述税务筹划是广义的税务筹划。税务筹划的行为主体是纳税人（法人、自然人），其本身可以是税务筹划的行为人，也可以是委托人（即聘请税务顾问代理税务筹划）。

---

① 墨菲，马克·希金斯．美国联邦税制．大连：东北财经大学出版社，2001：34.

11.1.2 税务筹划的意义

税务筹划不仅对纳税人有积极意义，对政府，也不能只看到其消极作用，它同样有一定的积极意义。

1. 税务筹划有助于增强纳税人的法制观念，提高纳税人的纳税意识

企业要想进行税务筹划，只有深刻理解、掌握税法，才能领会并顺应税收政策导向，做出理性抉择。企业税收意识增强的基本前提是学习税法、认识税法，实现税法遵从，税务筹划以经济利益为目标，能引导企业自行完成这一过程。一般情况下，税务筹划搞得好的企业往往也是纳税意识比较强的企业。

税务筹划与纳税意识的一致性体现在：

(1) 税务筹划是企业纳税意识提高的表现，是与深化改革相适应的。只有税制改革与税收征管改革取得明显成效，税法的权威才能体现，企业的纳税意识才能提高。

(2) 企业纳税意识强与企业进行的税务筹划具有共同点，即企业税务筹划所规划的经济行为不能违反税法，而依法纳税更是企业纳税意识强的应有之义。

(3) 设立完整、规范的会计账表和正确进行相关会计处理是企业进行税务筹划的基础，会计账表健全规范，其税务筹划的弹性应该会更大，它也为以后提高税务筹划效率奠定基础；同时，依法建账、相关资料留存备查也是企业依法纳税的基本要求。

2. 有利于实现纳税人财务利益的最大化

企业作为市场经济主体，在产权界定清晰的前提下，追求自身利益最大化符合经济人特征。在总收入一定的情况下，要实现经济利益的最大化，就必须使总成本最小化。在税收契约执行过程中，理性的企业会充分利用其与征税方信息的不对称性以及契约的不完备性，对涉税会计事项进行管理控制，以谋求自身税收利益最大化。从这个意义上说，税务筹划的最大功效是满足了企业降低纳税成本的需要，也是国家会计政策和税收法规完善的市场动力。

税务筹划可以降低纳税人的税收费用，还可以防止纳税人落入税法陷阱（tax trap），税法陷阱是税法漏洞的对称。税法漏洞的存在，给纳税人提供了避税的机会；而税法陷阱的存在，又让纳税人不得不非常小心，否则会落入税务当局设置的看似漏洞或优惠、实为陷阱的圈套。纳税人一旦落进税法陷阱，就要缴纳更多的税款，影响纳税人财务利益。税务筹划可防止纳税人落入税法陷阱，不缴不该缴付的税款，有利于纳税人财务利益最大化。

3. 有助于提高企业的财务与会计管理水平

资金、成本、利润是企业经营管理和会计管理的三大要素，税务筹划有利于规范企业的行为，做出正确的财务决策，使企业的财务活动健康有序运行，即实现资金、成本和利润的最优效果，从而提高企业的经营管理水平。企业进行税务筹划离不开会计，会

计人员不仅要熟知会计准则、制度，正确编报财务报表；更要熟知现行税法，按照税法要求设账、计税和填报纳税申报表及其附表，从而也有利于提高企业的财务与会计管理水平。

4. 有利于提高企业的竞争力

企业进行税务筹划，减轻了企业的税收负担，增强了企业活力，有利于提高企业的竞争力。从长远和整体上看，企业发展了，收入和利润增加了，税源丰盈，国家的收入自然也会随之增加。从长远看，税务筹划不仅不会减少国家的税收总量，甚至可能会增加国家的税收总量。

5. 有利于塑造企业的良好形象

随着我国法制建设的不断健全和完善，社会成员法律意识、平等竞争意识日益增强，逃税等违法行为不仅会受到法律的惩处，还会因其破坏了平等竞争环境而受到社会的谴责，使其名誉受损。在社会主义市场经济条件下，失去信誉的企业将无法在竞争中生存。因此，企业既要试图保持其在社会上的良好纳税形象，又要最大限度地增大自身税收利益，税务筹划是必然的选择。

6. 有助于优化产业结构和资源的合理配置

税务筹划有利于贯彻国家的宏观调控政策。纳税人根据税法中税基与税率的差别，根据税收的各项优惠政策，进行投资决策、产品结构调整等，尽管在主观上是为了减轻税负，但在客观上却是在国家税收的经济杠杆作用下，逐步走向优化产业结构和生产力合理布局的道路，体现了国家的产业政策，有利于促进资本的流动和资源的合理配置。

7. 有助于不断健全和完善税制

税务筹划有的可能是利用现行税制的疏漏和缺陷，这样，可以促使立法机构及时修订税法，不断健全和完善税制，提高税收征管水平。

11.1.3　税务筹划的风险与成本

1. 税务筹划的风险

在市场经济条件下，企业的任何经济活动都存在一定的风险，都需要一定的成本费用支出，企业纳税以及税务筹划也不例外，它可能给企业带来相应的风险。

（1）投资扭曲风险。建立现代税制的一项主要原则应是税收的中立性，即中性原则。纳税人不应因国家征税而改变其既定的投资方向。但事实上却不是这样，纳税人会因税收因素而放弃最优的甲投资方案而改为次优的乙投资方案，这种因课税而使纳税人被迫改变投资行为从而给企业带来机会损失的可能性，即为投资扭曲风险，这种风险源于税收的非中立性。可以说，税收非中立性越强，投资扭曲风险程度越大，相应的扭曲成本也就越高。

（2）经营损益风险。政府课税（尤指企业所得税）体现为对企业既得利益的分享，但并未承诺相应比例经营损失风险的责任。尽管税法规定企业在一定期限内可以用以后实现的利润（税前利润）补偿前期发生的经营亏损，政府在某种意义上成为企业不署名的“合伙者”，企业盈利，政府通过征税获取一部分，企业亏损，政府因允许企业延期弥补亏损而相应承担了部分风险，但这种风险是以企业在以后限定期间内拥有充分获利能力为假定前提的，否则，一切风险损失将完全由企业自己承担（以税后利润弥补亏损）。即使是前一种情况，由于抵补损失的来源并非来自企业以前年度盈利时已缴税款的返还（我国税法不允许亏损前溯），而是企业以后年度实现的利润，这说明国家税收的立法意识在总体上是倾斜于政府的。因为已纳税款不能返还，意味着税款是预缴，也就是企业税负的相对加重，弥补前期亏损的结果，企业承担了大部分损失（若按现行 25%的企业所得税税率，企业承担的则是 75%）。

（3）税款支付风险。纳税作为企业对政府“负债”的偿还，具有单向、强制、完全现金（会计上广义的现金）支付的刚性约束。它不同于企业其他一般性债务的偿还，其他债务的偿还具有非完全现金支付的特点，有时不动用现金即可结清所欠债务，如双方互为债权债务、新旧债务调换、债务重组等。而企业所负的税收债务不可能采取与政府间债权债务互抵的途径予以结清，企业必须无条件履行纳税义务，按期申报缴纳税款，非经特别批准，不得展期缴纳，即使对已获纳税申报延期的企业，也必须按照税务机关核定的额度预交税款。企业一旦现金不足而又无法融通时，不但要接受税务机关的经济惩罚（滞纳金、罚款，实行纳税抵押或提供纳税担保限制条件的纳税成本增加），而且要承受因企业信誉的降低而可能导致其市场价值潜在的有形、无形损失。

2. 税务筹划的成本

税务筹划的成本是企业因进行税务筹划而增加的成本。税务筹划的成本可分为显性成本和隐性成本。显性成本是在税务筹划中实际发生的相关费用；隐性成本是纳税人因采用某一税务筹划方案而放弃的潜在利益，是一种机会成本。

企业要在有关法律的约束下，通过内在经营机制的优化而谋取最大限度的利益增值，这是企业经营理财（含税务筹划）的行为准则和根本出发点。税务筹划作为企业维护自身利益的必要手段，不能仅考虑税负的减轻，还应将减轻税负置于企业的整体理财目标中，为此，要充分考虑（分析）：

（1）企业采取怎样的行为方式才能达到最佳的税务筹划效果，即有利于企业财务目标的最大化；

（2）税务筹划的实施对企业当前和未来发展是否会产生现实的或潜在的损失；

（3）企业取得的税务筹划效应与机会成本配比的结果是否真正有利于企业内在经营机制的优化和良性循环；

（4）企业税务筹划行为的总体实施是否具有顺应动态市场的应变能力，即具有怎样的结构弹性、可能的结构调整成本及风险程度；

（5）企业进行的税务筹划是否存在受法律惩处的可能性，将给企业带来什么后果等。

如果单纯为筹划而筹划，就可能降低筹划的效果，甚至可能出现以下负效应：

（1）筹划的显性收益抵补不了筹划的显性成本（筹划费用过大，收不抵支）；

（2）筹划的显性收益虽然大于相应的显性成本，但其净收益却低于机会成本；

（3）筹划的净收益虽然超过了机会成本（损失），但因片面筹划动机导致的筹资、投资或经营行为短期化，使企业资金运动的内在秩序受到干扰，影响企业资金未来的获利能力，形成潜在损失；

（4）存在触犯法律的可能性，形成有形或无形的机会损失（隐性成本）。

11.2　税务筹划的动因与目标

11.2.1　税务筹划是纳税人应有的权益

在市场经济条件下，国家承认企业的独立法人地位，企业行为自主化，企业利益独立化。企业作为独立法人所追求的目标是如何最大限度、合理合法地满足自身的经济利益。企业权益不是凭空产生的，不是国家或政府想给就给、不想给就不给，企业想要就要、不想要就不要的，而应是社会发展的必然产物，是社会发展的客观需要。企业权益的满足是以社会需要的满足为条件的，企业的创建、企业的发展应该是社会的需要，企业生产的产品只有为社会所接受，才能补偿其生产经营耗费并实现利润；否则，企业就无法生存和发展，自然也就谈不上企业应有的权益。

在法制社会中，企业权利包括企业设立权、发展权、人权、财权、物权、借贷权、经营决策权、产品开发权以及税务筹划权等。企业权利作为社会经济发展到一定时期的产物，其内在质与量的规定性要由这种内容的形式表现并明确下来，这种形式就是法律。企业权益尽管有其客观的内在标准，但任何一个企业都不能以这种内在标准行使自己的权利，也不能凭借这种内在标准去维护自己的利益。所能依据的只能是法律形式和法律所规定的企业权益。法律对权利的规定是实施权利的前提，但还需要企业在遵守法律的同时主动地实现其需求。税务筹划就是这种具有法律意识的主动行为。

纳税人有权选择最佳税收策略。纳税人在法律允许或不违反税法的前提下，有从事经济活动、获取收益的权利，有选择生存与发展、兼并与破产的权利；税务筹划所取得的收益应属合法收益；承认纳税人的税务筹划权是法制文明的体现。

税务筹划是企业对其资产、收益的正当维护，属于企业应有的经济权利。税务筹划应是在企业权利的边界内或边界线上，超越企业权利的范围和边界，必然构成对企业义务的违背、践踏，而超越企业义务的范围和边界，又必然构成对企业权利的破坏和侵犯。对纳税人来说，遵守权利的界限是其应承担的义务，坚守义务的界限又是其应有的权利。

企业税务筹划的权利与企业的其他权利一样，都有特定界限，超越（不论主动还是被动）这个界限就不再是企业的权利，就不再合法，而是违法。企业的权利与义务不仅互为条件，而且可以相互转换。在纳税上，其转换的条件是：

当税法中存在的缺陷被纠正或税法中不明确的地方被明确后，企业相应的筹划权利就会转换成纳税义务。如某种税由超额累进税率改为固定比例税率后，纳税人利用累进级距的不同税率而进行的筹划就不存在了。

当国家对税法或条例中的某项（些）条款或内容重新解释并明确其适用范围后，纳税人原有的权利就可能转变成义务。由于税法或条例中的某项（些）条款或内容规定不明确或不适当，纳税人就有了税务筹划的权利，如果政府发现后予以重新解释或明确其适用范围，那么，有些纳税人就可能不再享有筹划的权利了，而且再发生这种经济行为就可能变为纳税义务。

当税法或条例中的某项（些）特定内容被取消后，税务筹划的条件随之消失，企业的筹划权利就转换为纳税义务。如某项税收优惠政策（对某一地区或某一行业）取消后，纳税人就不能再利用这项优惠政策进行筹划，而只能履行正常的纳税义务。

当企业因实施税务筹划而对其他纳税人（法人、自然人）的正常权利构成侵害时，企业的筹划权利就要受到制约，就要转变为尊重他人权利的义务。这就是说，企业税务筹划权利的行使是以不损害、不妨碍他人权利为前提的。

纳税人在进行税务筹划时，一定要严格遵守程序性规定，才能合法地主张自己的权益。如果忽视了有关的程序细节，自己的权益就可能得不到保障。

11.2.2 税务筹划的动因

在市场经济条件下，企业作为商品生产经营的主体，有自己独立的经济利益，而纳税无论在理论上对维护企业的共同社会利益定义得多么重要或多么必要，也无论税制本身制定得如何公正、公平与合理，对每个企业而言，纳税毕竟是其既得利益的一种直接减少或是政府对其财务成果的一种无偿占有。企业作为主要纳税人，必然要考虑在其纳税后是否确实有助于产生一种良好的社会效应，这种预期的社会效应何时、在何种程度上显现出来，即使产生了预期的社会效应（社会秩序、公共设施和服务、市场环境等），本企业是否因此得益，得益多少，这些都带有不确定性、隐秘性及非对等性。更大的问题还在于纳税的实际结果与税务理论的偏差，一旦纳税的预期效应未能实现，甚至在某种程度上扰乱了企业内在的运行机制，或因为时滞性而使企业久久感受不到社会秩序、市场环境的优化，纳税人就会质疑纳税的必要性。

实际上，企业主观上减轻税负的意识在很大程度上取决于政府对税收杠杆的利用效果，征收税款能在多长时间、多大程度上给企业带来直接或间接的利益增值。如果这种积极作用能使纳税人在预期的时间内切实感受到，有助于经济和社会效益好、纳税多的企业因此而强化市场竞争能力，真正确立一种优胜劣汰的市场竞争机制，则必然有助于企业在强化纳税意识的同时淡化对履行纳税义务的抵触情绪。

11.2.3 税务筹划的客观条件

税务筹划的动因并不意味着企业目的能够实现，要想使税务筹划变为现实，还必须具备某些客观条件。这里所说的客观条件是指税法、税制的完善程度及税收政策导向的合理性、有效性。税收法制作为贯彻国家权力意志的杠杆，不可避免地会在其立法中体现国家推动整个社会经济运行的导向意图，会在公平税负、税收中性的一般原则下渗透税收优惠政策，如不同类型企业的税负差异，不同产品税基的宽窄、税率的高低，不同行业、不同项目进项税额的抵扣办法，减税、免税、退税等。因税收的优惠政策，使同种税在实际执行中的差异造成了非完全统一的税收法制，无疑为企业选择自身利益最大化的经营理财行为，即进行税务筹划提供了客观条件。企业利用税收法制的差异或缺陷进行旨在减轻税负的税务筹划，如果仅从单纯的、静态的税收意义上说，的确有可能影响国家收入的相对增长，但这是短期的，因为税制的这些差异或缺陷是国家对社会经济结构规模进行能动的、有意识的优化调整，即力图通过倾斜的税收政策诱导企业在追求自身利益最大化的同时，转换经营机制，实现国家和政府的产业调整意图。因此，企业利用税制的非完全同一性所实现的税负减轻，与其说是利用了税制的差异和缺陷，不如说是对税法意图的有效贯彻执行。

在税收实践中，除上述税收政策导向性的差异和缺陷外，税收法律制度也会存在自身难以克服的各种纰漏，即真正的缺陷或不合理，如税法、条例、公告、函等不配套，政策模糊、笼统，内容不完整等，这也为企业进行税务筹划提供了有利条件。对此，不论国家基于维护其声誉、利益的目的而做出怎样的结论，从理论上说，不能认为企业进行税务筹划是不合法的，尽管它可能与国家税收立法的意图相背离，国家只能从不断完善税收法律、制度方面去努力。企业也应认识到，税务筹划应该尽可能地从长远考虑，过分看重眼前利益可能招致更大的潜在损失。

11.2.4 税务筹划的目标

税务筹划可以在两个层面上进行：一是在企业既定的组织结构和经营条件下，在日常经营活动中，通过对收入、收益、资产、费用等的会计确认、计量和记录方法的选择以及通过对企业投资、融资活动的筹划，实现减轻税负、提高盈利水平的目标；二是利用税法及相关法律法规，通过企业兼并重组等方式，达到减轻税负、增加企业营运资金和实现资本扩张的目的。

税务筹划的基本目标就是减轻税收负担、争取税后利润（财富）最大化，其外在表现是纳税最少、纳税最晚，即实现“经济纳税”。为实现税务筹划的基本目标，可以将税务筹划目标细化，具体是：

1. 恰当履行纳税义务

恰当履行纳税义务是税务筹划的基础目标或最低目标，旨在规避纳税风险、规避任何法定纳税义务之外的纳税成本的发生。为此，纳税人应做到纳税遵从，即依法纳税，最大限度降低涉税风险。税收具有强制性，如果偏离了纳税遵从，企业将面临涉税风险。税制又具有复杂性、频变性，这就意味着纳税义务不能自动履行，纳税人必须不断学习，及时、正确掌握现行税法，并随之进行相应的筹划，才能恰当履行纳税义务。

2. 降低纳税成本

纳税人为履行纳税义务，必然会发生相应的纳税成本。纳税成本包括直接纳税成本和间接纳税成本。前者是纳税人为履行纳税义务而付出的人力、物力和财力，后者是纳税人在履行纳税义务过程中所承受的精神负担、心理压力等。直接纳税成本容易确认和计量，间接纳税成本则需要估算或测算。税制越公平，纳税人的心理就越平衡；税收负担若在纳税人的承受能力之内，其心理压力就小；税收征管越透明、越公正，纳税人对税收的恐惧感就越小。纳税成本的降低，除纳税人应不断提高纳税能力、增强纳税成本意识等主观因素外，还与税制是否合理、征管人员素质、征管手段、征管方式等有直接关系。应该看到，纳税人纳税成本的降低会使企业利润增加，从而增加了应税所得额；对税务机关来说，增加了税收收入，降低了征管成本。可以说，没有纳税人纳税成本的降低，也就没有税收征管成本的降低。

3. 控制企业税务风险

企业税务风险是企业因涉税行为而引发的风险。企业的涉税行为要具有合规性，即涉税事宜均须符合税收法律法规的规定，诸如企业经济行为要符合税法规定的合理商业目的，符合独立交易原则；对企业涉税事项的会计处理要符合相关法律法规和制度；纳税申报和税款缴纳要符合税法规定；税务登记（变更、注销）、凭证账簿管理、税务档案管理以及税务资料的准备和报备等要符合税法规定等。

4. 综合考虑各种影响因素

税务筹划不能只考虑个别税种缴纳的多少，不能单纯以眼前税负的高低作为判断标准，而是以企业整体和长远利益作为判断标准。因此，有时可能会选择税负较高的方案。在考虑货币的时间价值时，还要考虑边际税率因素，因为边际税率的改变可能会抵消货币时间价值的作用。

税负最低化目标更多的是从经济观点而非税收角度来谋划和安排，税务筹划的焦点是现金流量、资源的利用收益、纳税人所得最大化等。

税务筹划的具体目标不是截然分开的，不同企业可以有不同的具体目标，不同时期的具体目标也可能有所不同，有所侧重。

11.3 税务筹划的原则与特点

11.3.1 税务筹划的原理

1. 根据收益效应分类

当存在多种纳税方案可供选择时，纳税人以减轻税负为目的，选择税负最低的方案，无论是节税还是避税，都是为了取得最大的税后收益。根据收益效应分类，可以将税务筹划原理基本归纳为两大类：绝对收益筹划原理和相对收益筹划原理。

绝对收益筹划原理是指使纳税人的纳税总额绝对减少，从而取得绝对收益的原理，它又分为直接收益筹划原理和间接收益筹划原理。直接收益是指直接减少了某个纳税人的纳税绝对额而取得的收益；间接收益是指某个纳税人的纳税绝对额并没有减少，但减少了同一税收客体的纳税绝对总额而取得的收益。

相对收益筹划原理是指纳税人一定时期内的纳税总额并没有减少，但某些纳税期的纳税义务递延到以后的纳税期实现。因此，取得了递延纳税额的时间价值，从而取得了相对收益。该原理主要考虑了货币的时间价值。

2. 根据着力点分类

对影响纳税额的因素进行分析，从而决定如何进行税务筹划。根据筹划的着力点的不同，可以把税务筹划原理分为税基筹划原理、税率筹划原理和税额筹划原理。

税基筹划原理是指纳税人通过缩小税基减轻税收负担甚至免除纳税义务的原理。这里将税基看作应税所得，即扣除额已经包括在税基之内。税基是计税的基数，在适用税率一定的条件下，税额的大小与税基大小成正比。税基越小，纳税人负有的纳税义务越轻。

税率筹划原理是指纳税人通过降低适用税率的方式来减轻税收负担的原理。

税额筹划原理是指纳税人通过直接减少应纳税额的方式来减轻税收负担或者解除纳税义务的原理，通常与税收优惠中的全部免征或减征、部分免征相联系。

11.3.2 税务筹划的原则

1. 守法原则

税务筹划的最基本原则是符合税法或者不违反税法，即一定要守法，而不能公然挑战税法，这是税务筹划区别于逃、欠、抗、骗税的本质区别。进行税务筹划，应该以现行税收法规及相关法律、国际惯例等为法律依据，要在熟知税法规定的前提下，利用税制构成要素中的税负弹性，选择合理的纳税方案。

2. 保护性原则

保护性原则即要体现自我保护。因此，企业的会计凭证要真实、完整，税务会计处理要符合税法要求。如我国大部分税种的税率、征收率不是单一税率，有的税种还有不同的扣除率、出口退税率，纳税人要避免多缴税款，在兼营不同税种、不同税率的货物、劳务时，在出口货物时，在同时经营应税与免税货物时，要按不同税率（退税率）分别设账、分别核算（与财务会计的设账原则不同）；在有混合销售行为时，要掌握计税原则。另外，由于增值税实行发票抵扣制，依法取得并认真审核、妥善保管发票是至关重要的，对纳税人来说，这都是保护性举措，否则，不但不能减轻负担，还可能加重税负。

3. 时效性原则

时效性原则体现在充分利用资金的时间价值上，如销售收入的确认、准予扣除项目的确认、增值税进项税额的确认与抵扣时间、销售与销项税额的确认时间、出口退税申报时间、税收优惠政策等，都有时效性问题。

4. 整体性原则

在进行一种税的税务筹划时，还要考虑与之有关的其他税种的税负效应，进行整体筹划，综合衡量，以求整体税负最轻、长期税负最轻，防止顾此失彼、前轻后重。从小的方面说，综合衡量就是眼睛不能只盯在个别税种的税负高低上，一种税少交了，另一种税是否可能多交？因而要着眼于整体税负的轻重。还要从另一个角度看，税收支付的减少不等于资本总体收益的增加。某些设在我国经济特区的外资企业，用转让定价的方法将利润逆向转移到境外高税区，目的是逃避外汇管制，实现外方投资人收益最大而非企业税负最轻。最理想的结果当然是节税增收，如果有多种税收政策选择，总体收益最多但纳税并非最少的方案，可能被视为最优方案。也就是说，税务筹划应算大账，弃劣选优，避害趋利，着眼整体利益。

11.3.3 税务筹划的特点

税务筹划的范围较广，与企业的经营活动、财务规划密切相关，具有诸多特点。

1. 事前性

税务筹划一般都是在应税行为发生之前进行规划、设计和安排的，它可以事先测算出税务筹划的效果，因而具有一定的前瞻性。在经济活动中，纳税义务通常具有滞后性。企业交易行为发生后，才缴纳有关流转税；收益实现或分配后，才缴纳所得税；财产取得或行为发生之后，才缴纳财产、行为税。这在客观上提供了纳税前事先做出筹划的可能性。另外，企业经营、投资和筹资活动是多方面的，税法规定也是有针对性的。纳税人和征税对象的性质不同，税收待遇也往往不同，这在另一方面向纳税人显示出可选择较低税负决策的机会。如果涉税行为已经发生，纳税义务已经确定，再去谋求少缴税款，则不是税务筹划，而是涉嫌违法。

2. 目的性

目的性表示纳税人要取得税务筹划的税收利益。这有两层意思：一是选择低税负。低税负意味着低税收成本，低税收成本意味着高资本回报率。二是延迟纳税时间（非指不按税法规定期限缴纳税款的欠税行为）。纳税期的推后，也许可以减轻税收负担（如避免高边际税率），也许可以降低资本成本（如减少利息支出）。不管是哪一种，其结果都是税款支付的节省。

3. 普遍性

各个税种规定的纳税人、纳税对象、纳税地点、税目、税率、减免税及纳税期限等，一般都有差别。这就给所有纳税人提供了税务筹划的机会，也决定了税务筹划的普遍性。

4. 多变性

各国的税收政策，尤其是各税种的实施细则等，随着政治、经济形势的变化会经常发生变化，因此，税务筹划也具有多变性。纳税人应随时关注国家税收法规的变动，进行税务筹划的应变调整。

5. 专业性

不是指纳税人的税务筹划需要会计专业人员进行，而是指面临全球经济一体化和国际经贸业务的日益频繁、规模越来越大，而各国税制也越来越复杂，仅靠纳税人自身进行税务筹划已经显得力从不心，作为社会中介的税务代理、税务咨询便应运而生。当今世界各国，尤其是发达国家的会计师事务所、律师事务所、税务事务所和税务咨询公司等纷纷开辟和发展有关税务筹划的咨询业务，这说明税务筹划呈越来越专业化的趋势。

11.4 税务筹划的基本手段与方法

本书将税务筹划界定为广义的税务筹划，包括节税、避税与税负转嫁，而其基本手段就是节税、避税与税负转嫁。在每类税务筹划手段下，又有各自的具体筹划方法。在税务筹划实务中，这些手段与方法可能交叉运用或综合运用，因此，在下一章中不再刻意划分是哪类税务筹划手段。

11.4.1 节税手段

1. 节税的含义

节税（tax saving）是在税法规定的范围内，当存在多种税收政策、计税方法可供选择时，纳税人以税负最低为目的，对企业经营、投资、筹资等经济活动进行的涉税选择行为。

2. 节税的特点

（1）合法性。节税是在符合税法规定的前提下，在税法允许甚至鼓励的范围内进行的纳税优化选择。

（2）符合政府政策导向。税收作为有力的宏观调控手段（杠杆），各国政府都会根据纳税人谋求利润最大化的心态，有意识地通过税收优惠、鼓励政策，引导投资、引导消费，纳税人在实现节税目的的同时，也实现了政府的政策导向。

（3）普遍性。各国的税收制度都强调中性原则，但其在不同纳税人、征收对象（范围）、征收期限、地点、环节等方面，总是存在差别，体现了节税的普遍性。

（4）多样性。各国的税收法规不同，会计准则、制度也不尽一致；在每个国家的不同时期，其税收与会计法规也多有变动；而且不同地区、不同行业之间也存在差异。差异越大，变动越多，纳税人节税的余地就越大，形式越多。

3. 节税方法

（1）利用税收照顾性政策、鼓励性政策进行的节税，这是最基本的节税方法。

（2）根据税法的规定，在企业组建、经营、投资与筹资过程中进行的旨在节税的选择。

（3）在税法规定的范围内，选择不同的会计政策、会计方法以求节税。

11.4.2 避税手段

1. 避税的概念

我国唐代诗人杜荀鹤的诗中曾有“任是深山更深处，也应无计避征徭”，说明当时避税与反避税已是很普遍的行为，当然那时的情况是不能与现代避税同日而语的，因为在现代税制产生之前，法律是不可能认可纳税人权利的。关于避税（tax avoidance）的概念，有代表性的定义如下：

（1）避税是指在法律上利用税制来追求自身利益，运用法律内的手段减轻应当缴纳的税额。避税具有两面性，一方面避税不道德地逃避了自己对社会的责任；另一方面，尽可能地寻求所有法律途径来减轻自己的税收负担，又是每个公民的权利。①

（2）避税是指纳税人通过个人或企业事务的人为安排，利用税法漏洞、特例和缺陷，规避或延迟纳税义务的行为。②

（3）“避税是使用税法允许的合法方法使纳税义务最小化。避税通常是筹划计划中的交易以便得到一种特殊的纳税待遇。进一步说，避税是建立在与一项交易的纳税处理有关的、公开的相关事实的基础上”③。

（4）“避税是对法律企图包括但由于这种或那种理由而未能包括进去的范围加以利用。”“避税可以定义为规避、降低或延迟纳税义务的一种方法”④。

由上可见，尽管避税定义各有不同，但大多强调了避税的合法性。英国经济学家西蒙·詹姆斯在他的《税收经济学》中指出：“会计师们把避税称为税务筹划，以强调这种行为的合法性。”⑤

---

① 全国人大常委会预算工作委员会．增值税法律制度比较研究．北京：中国民主法制出版社，2010.

② 中国注册会计师协会．税法．北京：中国财政经济出版社，2020.

③ 墨菲，等．美国联邦税制．大连：东北财经大学出版社，2001.

④ 国家税务局税收科研所．偷税与避税．北京：中国财政经济出版社，1992.

⑤ Simon James. The Economics of Taxation，Pearson Education Limited，2000：100.

本书认为，避税是纳税人在熟知相关税境的税收法规的基础上，在不直接触犯税法的前提下，利用税法等有关法律法规的疏漏、模糊之处，通过对企业筹资活动、投资活动、经营活动等涉税事项的精心安排，达到规避或减轻税负的行为。

研究避税最初产生的缘起，不难发现，当初纳税人是为抵制政府过重的税政，维护自身的利益而进行各种逃税、骗税、抗税行为等受到政府的严厉制裁后，为寻求更为有效的规避办法的结果。纳税人常会发现：有些逃避纳税义务的纳税人受到了政府的严厉制裁，损失惨重，而有些纳税人坦然、轻松地面对政府的各项税收检查，顺利过关，不受任何损失或惩罚。究其原因，不外乎这些聪明的纳税人（包括法律顾问）常常能够卓有成效地利用税法本身的纰漏和缺陷，顺利轻松地实现了规避纳税或少纳税而又未触犯法律。这就使越来越多的纳税人采取避税措施，政府也不得不将注意力集中到完善健全税制上。这种对税法的避与堵大大加快了税收法制建设，使税制不断健全、不断完善，有助于社会经济的进步与发展。因此，避税是一种有益的社会经济现象和经济行为。

避税是市场经济的必然产物，是历史发展的趋势，是早已存在、实际存在而且将继续存在的经济行为。

2. 避税的法律依据

虽然从法律的角度分析，避税行为可以分为顺法意识和逆法意识两种类型，但在实务中，很难找到真正“顺法意识”的避税，因为各种避税方法都是在千方百计地规避税法，而不是在“顺应税法”。既然是规避税法，就不可能是“顺法意识”。真正属于“顺法意识”的税务筹划手段只有节税，除非将节税也视为避税。

避税实质上就是纳税人在履行应尽法律义务的前提下，运用税法赋予的权利，保护其既得利益的手段。避税并没有，也不会，更不能不履行法律规定的义务，它不应是对法定义务的抵制和对抗。

应该指出，避税是纳税人应该享有的权利，即纳税人有权依据法律的“非不允许”进行选择和决策。国家针对避税活动暴露出的税法的不完备、不合理，采取修正、调整举措，也是国家拥有的基本权力。如果用非法律的形式去矫正法律上的缺陷，只会带来诸多不良后果。因此，国家不能借助行政命令、道德甚至舆论来反对、谴责纳税人避税。退一步说，即使不承认避税是合法的、受法律保护的经济行为，它也是不违法、不能受法律制裁的经济行为。对纳税人来说，“法无明文不为过（罪）”，这是法治的一项基本原则。

3. 避税的分类

可以从不同角度对避税进行分类，一般常见的分类有：

（1）按避税涉及的税境分类。

1）国内避税。国内避税是纳税人利用国内税法所提供的条件、存在的可能进行的避税。

2）国际避税。国际避税比国内避税更普遍、更复杂。纳税人的避税活动一旦具备了某种涉外因素，从而与两个或两个以上国家的税收管辖权产生联系，就构成了国际避税，即国际避税是在不同税境（国境）下的避税。国际避税产生的原因很多，从纳税人的角度，当然是为了追求企业（公司）利润。从客观条件看，主要是因为各国税制存在的差异（税收管辖权、税率、获利机会等），税收的国际协调不够，国家之间的政治、经济以及税收方面的合作、协定不同，有的国家为了吸引外资，推动本国经济发展，在税收上制定了一些特定的优惠政策，加之各国税收征管的力度不等，这些都为国际避税提供了机会。发达国家往往认为国际避税产生的原因是发展中国家为吸引外资、技术、管理经验等而制定的税收优惠政策，这种看法有失偏颇。因为企业的获利除税收因素外，还有资金及资源供给、管理基础、公共基础设施、公共服务等诸多因素，据联合国与世界银行资料，实际上，发达国家企业的获利能力和机会是发展中国家的 40%～83%。

（2）按避税针对的税收法规制度分类。

1）利用选择性条款避税。它是针对税法中某一项目、某一条款并列规定的内容，纳税人从中选择有利于自己的内容和方法，如纳税期限、折旧方法、存货计价方法等。

2）利用伸缩性条款避税。它是针对税法中有的条款在执行中有弹性，纳税人按有利于自己的理解去执行。

3）利用不明确条款避税。它是针对税法中过于抽象、过于简化的条款，纳税人根据自己的理解，从有利于自身利益的角度去进行筹划。

4）利用矛盾性条款避税。它是针对税法相互矛盾、相互冲突的内容，纳税人进行有利于自己的决策。

上述几种避税行为，有的可以使纳税人实现永久性避税（只要税法不变），给企业带来长远利益；有的则仅使纳税人利用时间差，暂时递延了纳税义务（在财务会计中先发生递延税款贷项），使纳税人获得资金营运上的好处（尽管是暂时的），因为这等于企业从政府获得了一笔无息贷款。而且，暂时性的避税利益也可能转化为永久性利益，如国家在该期间修改了税法，并对已实现的暂时性避税利益不再追溯。因此，企业要根据各种条件，随时注意变化的各种情况，运用可能运用的一切避税形式寻求企业利益。

4. 避税的基本方法

（1）税境移动法。凡主权独立国家都有其税收管辖权，即对本国居民、非本国居民，仅就其发生或来源于该国境内的收入征税，或者行使收入来源地管辖权与居民收入管辖权，即除对非本国居民仅就其来源或发生于该国境内的收入征税外，对本国居民来源于境内、境外的收入均要征税。前者的法律依据是涉税事项的发生地，后者则是纳税人的“身份”。因此，跨国经营企业可以通过对生产经营活动和居留时限的安排，回避税收管辖权。

（2）价格转让法。亦称转让价格法、转移定价法，是最常见的避税方法。它是指两个或两个以上有经济利益联系的经济实体（关联企业）为共同获取更多利润和更多地满足经济利益的需要，以内部价格进行的销售（转让）活动，这是避税实践中最基本的技术。内部价格即转让定价，是关联各方之间在交易往来中人为确定的价格。

企业之间的经济往来有两种情况：一是没有经济利益联系的企业之间的经济往来；二是有经济利益联系的企业之间的经济往来。前者在购销活动中不易在价格方面做文章

（一般由市场供求关系决定其价格），对后者经常发生的大量交易往来，为保证集团（公司）的整体利润最大化，其价格会有扭曲现象，可能高于或低于正常成本，甚至根本不考虑成本，这种价格一般称为“非正常交易价格”“非竞争价格”或“非独立企业价格”，而局外人很难获得这种定价的全部真实资料。价格转让法一般都是在后者之间的业务往来中采用。经济合作与发展组织（OECD）的《转让定价指南》明确指出：“转让定价对纳税人和税务部门均具有重要意义，因为它们在很大程度上决定了在不同税制国家中各关联企业的收入、支出以及应纳税利润。”

关联企业之间转让定价的动机有税务动机和非税务动机。前者如为减轻公司所得税、预提税、关税和增加外国税收抵免额等动机，后者如为打入和控制市场、调节利润、转移资金、避免外汇奉献、加速成本回收和利润汇回、侵占合资方利益等动机。

（3）利用国际税收协定。鉴于国际税收协定一般都规定缔约国只能对常设机构的经常所得征税，在某些协定条款中，其原则的确定及其运用存在差异，税收协定会有一些税收庇护等。因此，跨国公司通过设置直接的传输公司、踏脚石式的传输公司、外国低股权的控股公司进行避税。

（4）成本（费用）调整法。成本（费用）调整是通过对成本（费用）的合理调整或分配（摊销），抵消收益、减少利润，以达到规避纳税义务的避税方法。应该指出，合理的成本（费用）调整和分摊，应是根据现行税收法规制度、会计准则、会计制度等，在允许的范围内所做的一些技术处理，它不是违反有关法规制度，不是乱摊成本、乱计费用。企业会计人员、管理人员业务素质的高低决定其财务管理水平的高低，其水平高低的一个重要标志就是如何最大限度地维护企业的利益，这是作为独立经济实体的必然要求。

成本（费用）调整法适用于各类企业、各种经济实体，在具体运用时，有发出或销售存货成本计算方法、库存存货成本计算方法、固定资产折旧计算方法、无形资产价值摊销方法、费用分配（摊）方法、资产减值准备计提方法以及技术改造运用方法等。

（5）融资（筹资）法。融资法即利用融资技术使企业达到最大获利水平和使税负最轻的方法。融资是关系企业生存和发展的一项重要理财活动。企业的融资渠道很多，但从避税的角度分析，企业内部集资（内部发行债券、吸收入股等）、企业之间资金拆借方式最好，向银行或其他金融机构贷款次之，而靠企业自我积累效果最差（自我积累资金的形成需时较长、归投资人所有的资金在企业内部使用也不会产生税前抵扣）。①

（6）租赁法。租赁可以获得双重好处，对承租方来说，它可以避免因长期拥有机器设备而增加负担和承担风险；同时，又可以在经营活动中以支付租金的方式冲减企业利润，减少应纳税额。对出租方来说，不必为如何使用这些设备及提高利用效果而费心，获得的租金收入通常比经营利润享受更优惠的税收待遇，因此，也是一种减轻税负的行为。

（7）低税区避税法。低税区避税法是比较常见的避税方法。低税区包括税率较低、税收优惠政策多、税负较轻的国家和地区。我国的新技术产业园区等就属于国内低税区。

① 其中通过增加债权性投资比例、减少权益性投资比例以达到增加税前扣除的方法称为资本弱化。

此外，世界上有些国家或地区，如巴哈马、瑙鲁、开曼群岛、维尔京群岛等都属于国际避税港或低税区，但各国税务当局对这些避税地也会给予特别关注（列入“黑名单”“灰名单”）。

5. 避税可能面临特别纳税调整

《企业所得税法》实施后，企业的避税可能面临特别纳税调整。《企业所得税法》第四十一条规定：“企业与其关联方之间的业务往来，不符合独立交易原则而减少企业或者其关联方应纳税收入或者所得额的，税务机关有权按照合理方法调整。”

特别纳税调整①是针对一般纳税调整而言的，是税务机关出于实施反避税目的而对纳税人特定纳税事项所做的税收调整，包括针对纳税人转让定价、资本弱化②、受控外国公司及其他避税情形而进行的税收调整。特别纳税调整的“特别”之处体现在对象、内容、方法等很多方面。原来我国的所得税法律法规更多的是关注调整的合理性与合法性，以及税务机关执法的准确性。而现行税法的特别纳税调整没有局限于此，更多的是针对资本的国际流动，更多地强调企业经济行为在市场经济运行中的公平性、合理性问题，拓展和提升了反避税的理念和领域。凡因不合理的安排而减少企业的应税收入或应税所得额的行为，都将属于调整和规范的内容。

《企业所得税法》第四十七条规定：“企业实施其他不具有合理商业目的的安排而减少其应纳税收入或者所得额的，税务机关有权按照合理的方法调整。”这种调整属于“一般反避税条款”。③

11.4.3 政府反避税对纳税人的启示

1. 纳税人避税导致政府反避税

近年来，国际避税现象愈演愈烈。“把GDP留给当地，把利润全部带走”（徒有GDP，不见税收增），已经成为一些跨国公司的惯用手法。它们利用各国税法（实际税率）差异，通过高进低出关联交易等方式转移利润，扰乱了国际市场秩序，严重损害了发展中国家税收主权，使贫富差距进一步拉大，已经引起发展中国家的高度警觉。

在全球反避税浪潮一浪高过一浪的背景下，中国全面加入全球反避税行动，必将对推进反避税产生积极影响。英国《转让定价周刊》发布的世界前十名转让定价制度较严的国家，中国已从2007年的第八位上升到2010年的第三位，仅次于日本和印度。

2014年11月16日，G20领导人第九次峰会在澳大利亚举行，国家主席习近平表示，加强全球税收合作，打击国际逃避税，帮助发展中国家和低收入国家提高税收征管能力。

---

① 即个别反避税条款。

② 对于债务人与债权人同属于一个利益集团的跨国公司，有动机通过操纵融资方式，降低集团整体的税收负担，即所谓“资本弱化”。其结果是增加利息的税前扣除，从而减少对股息的征税。

③ 见2014年12月2日国家税务总局令第32号《一般反避税管理办法（试行）》。

这是我国最高领导人首次在国际重大政治场合就税收问题发表重要意见。目前，跨国税源的竞争已经从征纳双方的关系上升到政府间、国家间的关系。

2. 税务机关的反避税案例

（1）对 A 集团的反避税。2014 年 2 月，江苏省国税局组建反避税专业团队。反避税专业团队组建伊始，从事 IT 行业的跨国公司 A 集团就进入了他们的视野。该公司江苏工厂产量占集团的 60%左右，年销售额近 400 亿元，关联销售比例为 100%，但净利率仅为 1%左右，在集团利润占比仅为 8%，在中国税收贡献极低，其获利水平与价值贡献明显不匹配。谈判前专业团队项目组做了充分准备，收集相关的各国税收法规，分析行业报告上百份，查询了 1 200 多家上市公司的多年年报。经过多次交锋，公司最终接受了国税局的方案——A 集团江苏公司补税 14 亿元。这是迄今中国反避税补税额度最大的案件，成为中国反避税的一个标志。

2015 年 3 月 11 日，江苏省国税局与跨国企业 A 集团正式签署预约定价安排。根据协议，A 集团江苏公司未来 4 年预计每年将增加利润约 4.5 亿元，年增加企业所得税约 1 亿元。A 集团 CEO 表示，签署税收协议，降低了企业风险，增加了企业未来发展的确定性，集团将追加投资。

（2）对韩资企业的反避税。韩国某企业在江苏有两家工厂，反避税专业团队对企业纳税申报表分析时发现，该公司有避税嫌疑，专业团队项目组对公司进行反避税调查。调查分析，国内同行业企业普遍亏损，缺乏可比性。反避税项目组从国际范围收集了 2 000 多家公司资料，查阅了 120 家上市公司的多年年报，设计了 120 个方案，最后确定 15 家同类企业进行类比，确定利润率为 5%，对方坚持认为是 3%。项目组收集了该公司在印度设立的公司曾向当地法院提供的公司 5%利润的证据。韩资企业的“防线”终被击破，终于认可 5%的利润率，重新调整了企业的利润构成，把江苏公司在集团同类产品中的利润占比由 30%上调到近 60%，最终补税 3 亿元。

3. 纳税人如何认识反避税

企业利用转移利润方式避税是把双刃剑，虽然降低了企业税负，但掩盖了企业的核心竞争力，影响了企业决策及行业的正常发展。政府反避税对纳税人避税固然不利，但通过反避税可以还原企业的真实经营状况，让企业遵循市场规律进行利润分配，有利于企业的持续发展。

凡经过反避税调查的企业，大多对子公司重新进行了定位，中国公司在集团的地位一般都得到了提升。一位企业负责人说，因为利润低，贡献小，以前在集团开会都坐后排挨训，现在坐前排受表扬。反避税实现了税企合作，化解了企业税务风险，实现了多方合作共赢。

纳税人不会因为政府的反避税而不再进行包括避税在内的税务筹划，但企业应该充分了解政府反避税的规则，并且根据自己的具体情况（如企业性质、组织形式、行业类型、市场占有率等），制定适合自己的税收规划和税收战略，要对企业税务规划（安排）的商业合理性和税务合规性有充分的依据、充足的理由。

11.4.4 税负转嫁手段

税负转嫁（tax translation）可以视为避税的一种特殊类型，即税负转移避税。在一般情况下，流转税具有税负转嫁性，纳税人可能不是或不完全是该税的负税人。因此，税负转嫁主要是针对流转税。税负转嫁不是对缴税的回避，也不是对税法不完善及其缺陷的利用，而是纳税人设法将税负转移给他人，最终由他人负担。能否成功进行转移税负，关键在于其产品或服务在市场上的竞争能力与供求弹性。

1. 税负转嫁概念

(1) 税负转嫁。指纳税人在缴纳税款之后，通过种种途径将自己的税收负担转移给他人的过程。也就是说，最初缴纳税款的法定纳税人不一定就是该项税收的最终负担者，他可以把所纳税款部分或全部转移给其他人。只要某种税收的纳税人和负税人非为同一人，便有可能发生税负转嫁。

(2) 税负归宿。指税收负担的最终归着点或税负转嫁的最后结果。税收经过转嫁过程，最终总要把负担落在某个（或几个）负税人身上。一旦税负转嫁过程结束，税负也就有了归宿，即有了最终承担者。

税负的转嫁过程，从纳税人到负税人，可以只经一次税负转移，也可能要经过数次税负转移。如果一笔税款从纳税人到负税人，其转嫁过程发生一次，可称作一次转嫁。如果同一税额从纳税人到最后负税人，其转嫁过程发生两次或两次以上，可称作辗转转嫁。

税收经过转嫁，可以把税负全部转移出去，也可能只把部分税负转移出去（甚至转嫁不出去）。如果纳税人通过转嫁将全部税负转移给负税人负担，可称为完全转嫁。如果纳税人通过转嫁仅把部分税负转移给负税人，则称为部分转嫁。

2. 税负转嫁特点

税负转嫁是在纳税人之间进行的，因此，它不会减少国家的税收总收入；税负转嫁一般仅适用于流转税（间接税）。

3. 税负转嫁方法

按照税负转嫁的不同途径，一般可以将税负转嫁分为以下四种方式：

(1) 前转（forward shifting），亦称“顺转”“下转”。即纳税人将其所纳税款，通过提高商品或生产要素价格的方法，向前转移给商品或生产要素的购买者或最终消费者负担的一种形式。一般来说，前转是税负转嫁的最典型和最普遍的形式，多发生在商品和服务的应税上。

(2) 后转（backward shifting），亦称“逆转”“上转”。即纳税人将其所纳税款，以压低生产要素进价或降低工资、延长工时等方法，向后转移给生产要素的提供者负担的一种形式。后转一般是在市场供求条件不允许纳税人以提高商品销售价格的办法向前转移税收负担时发生的，而且大多发生在生产要素的应税上。

(3) 消转（diffused shifting），亦称“税收转化”。即纳税人对其所纳税款，既不向前转嫁，也不向后转嫁，而是通过改善经营管理、改进生产技术、控制工薪支付额等方法，自己消化税收负担。因为消转并没有把税负转移给他人，也没有特定的负税人，因而严格地说，消转是一种特殊的税负转嫁形式。

(4) 税收资本化（capitalization of taxation），亦称“资本还原”。即生产要素购买者将所购生产要素未来应纳税款，通过从购入价格中预先扣除的方法，向后转嫁给生产要素的出售者的一种形式。税收资本化主要发生在某些资产的交易中。最突出的例子就是对土地交易的应税。政府征收土地税，土地购买者便会将预期应纳的土地税折入资本，将税负转嫁给土地出售者，从而表现为地价下降。此后，名义上虽由土地购买者按期纳税，但实际上税款是由土地出售者负担的。因此，土地税和土地价格的关系经常表现为：土地税增加，地价必将下降；土地税减少，地价必将上升。

节税、避税、税负转嫁与逃、抗、欠、骗税的区别可以用图 11－1 表示。

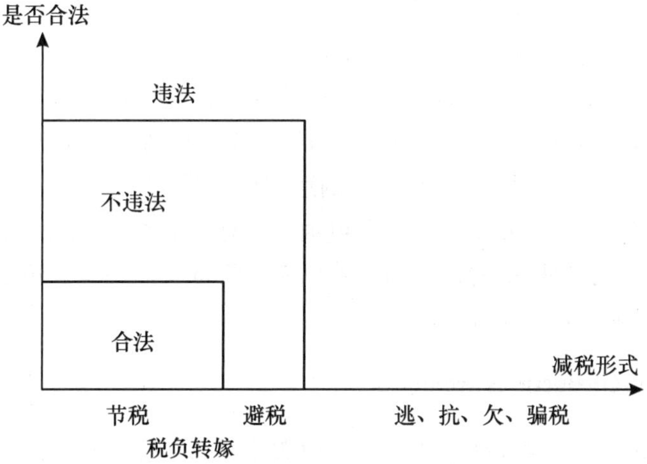

图 11－1　减税形式与税务筹划合法性

11.5　税务筹划的基本技术

税务筹划的基本技术主要适用于节税的筹划。它是根据现行税收政策，尤其是优惠政策，从税制构成要素角度进行的节税筹划，其基本技术主要有：

1. 免税技术（tax exemption technique）

尽量争取免税期最大化。比如，国家对特定类型企业、在特定地区注册登记的企业规定有一定的免税期。如果其他条件相似或利弊基本相抵，公司可以办特定类型企业或到特定地区办企业，从而在合法的前提下节省税款。

2. 减税技术（tax reduction technique）

尽量争取减税待遇和使减税最大化、减税期最长化。比如 A，B，C 三个国家，公司所得税的普通税率基本相同，其他条件基本相似或利弊基本相抵。某企业生产的商品 90%以上出口到世界各国，A 国对该企业所得按普通税率征税；B 国为鼓励外向型企业发展，对此类企业减征 30%的所得税，减税期为 5 年；C 国对此类企业减征 40%所得税，而且没有减税期限的规定。打算长期经营此项业务的企业完全可以考虑把公司或子公司办到 C 国去，从而在合法的情况下使节减的税款最大化。

3. 税率差异技术（tax rates difference technique）

尽量利用税率的差异使减税最大化。在开放经济下，一个企业完全可以利用税率的差异使节减的税款最大化。比如 A 国的公司所得税税率是 30%，B 国为 40%，C 国为 38%，那么在其他条件基本相似或利弊基本相抵的条件下，投资者到 A 国开办公司可使减税最大化。

4. 分割技术（splitting technique）

使所得、财产在两个或更多个纳税人之间进行分割而使节减的税款最大化。所得税和财产税的适用税率一般是累进税率，计税基础越大，适用的边际税率也越高。所得、财产在两个或更多个纳税人之间进行分割，可以减小计税基础，降低最高边际适用税率，节减税款。比如一国应税所得 20 万元以下的适用税率是 10%，20 万～40 万元部分的适用税率是 20%，该国允许夫妇分别或合并申报，一对某年各有应税所得 18 万元的夫妇就可以分别申报纳税。一些国家的税务局向纳税人免费寄发的纳税宣传小册子也指导纳税人如何分割所得和财产，以便节税。

5. 扣除技术（deductions technique）

使税收扣除额、宽免额和冲抵额等尽量最大化。在同样多收入的情况下，各项扣除额、宽免额和亏损等冲抵额越大，计税基础就越小，应纳税额也越少，所节减的税款就越大。比如，国家允许公司按两种方法扣除国内业务招待费：一是按公司销售收入的一定百分比计算扣除；二是按限额规定的实际发生额扣除。公司就完全可以选择可扣除招待费较多的方法计税。

6. 抵免税技术（tax credit technique）

使税收抵免额尽量最大化。各个国家往往规定了多种税收抵免。如国外所得已纳税款抵免、研发费用等鼓励性抵免。税收抵免额越大，应纳税额越小，所节减的税款就越大。对一个必须不断进行研究开发才能求得生存和发展的企业来说，在其他条件基本相似或利弊基本相抵的条件下，可以选择缴纳税款更少的方案。

7. 延期纳税技术（tax deferral technique）

尽量采用延期缴纳税款的节税技术。递延纳税是纳税人根据税法的规定可将应纳税款推迟一定期限缴纳。虽然递延纳税不能减少应纳税额，但纳税期的推迟可以使纳税人无偿使用这笔款项而不需支付利息，对纳税人来说等于是降低了税收负担。纳税期的递延有利于资金的周转，节省了利息支出，还可使纳税人享受通货膨胀带来的好处，因为延期后缴纳的税款由于通货膨胀币值下降，降低了实负税额。纳税人在某一年内收到特别高的所得，有可能被允许将这些所得平均分散到数年之后去计税和纳税，或是对取得高所得年度应纳税款采用分期缴纳的方式，以避免纳税人的税负过重。若允许纳税人对其营业财产采用初期折旧或自由折旧法可以减少高折旧年度的应税所得，则可实现延期纳税，鼓励投资。如国家规定公司国外投资所得只要留在国外不汇回，就可以暂不纳税，那么把国外投资所得留在国外，就会有更多的资金可供利用，将来可取得更多的收益。税收递延的途径很多，纳税人可充分利用税法给予的优惠，积极创造条件，在遵守法律规范的前提下进行税务筹划，享受应得的税收实惠。

8. 退税技术（tax repayment technique）

尽量争取退税待遇和使退税额最大化的节税技术。一些国家对某些投资、某些已纳预提税等有退税规定，在已缴纳税款的情况下，退税无疑节减了税款。比如，A 国规定企业用税后所得进行再投资可以退还已纳公司所得税税额的 40%，公司在其他条件基本相似或利弊基本相抵的条件下，用税后所得而不是借入资金进行再投资，无疑可以节减税款。

复习思考题

1. 何谓税务筹划？税务筹划有何积极意义？
2. 试述税务筹划的目标、原则和特点。
3. 何谓节税、避税、税负转嫁？比较三者的异同。
4. 简述税务筹划的基本方法和基本技术。
5. 既然避税并不违法，为什么还会面临特别纳税调整？
6. “避税与逃税的区别就是监狱围墙的厚度。”你如何理解丹尼斯·黑利的这句话？

技能题

一、单项选择题

1. 税务筹划最基本的原则是（　　）。

A. 保护性原则　　B. 守法原则　　C. 时效性原则　　D. 整体性原则

2. 关于税务筹划的目标，以下说法正确的是（　　）。

A. 实现利润最大化　　B. 控制企业各种风险

C. 降低企业税收负担　　D. 降低生产成本

3. 以下说法不正确的是（　　）。

A. 避税是一种逆法意识，节税是一种顺法意识

B. 节税是一种逆法意识，避税是一种顺法意识

C. 节税是在税法规定的范围内尽可能地减轻税负以实现财务目标的合理行为

D. 避税是利用“不违反税法规定”的手段来规避纳税义务

二、多项选择题

1. 税务筹划的特点包括（　　）。

A. 事前性　　B. 目的性　　C. 普遍性　　D. 专业性

2. 以下属于节税的特点的是（　　）。

A. 合法性　　B. 普遍性　　C. 多样性　　D. 目的性

3. 税务筹划的风险主要包括（　　）。

A. 投资扭曲风险　　B. 经营损益风险

C. 税款支付风险　　D. 政策变更风险

三、判断题

1. 税务筹划的显性成本是在税务筹划中实际发生的相关费用。（　　）

2. 价格转让法是指两个或两个以上有经济利益联系的经济实体为共同获取更多利润和更多地满足经济利益的需要，以内部价格进行的销售活动。（　　）

3. 税务筹划是企业对其资产、收益的正当维护，属于企业应有的经济权利。（　　）

四、案例题

甲某在一段时期内为某单位提供相同的劳务服务，该单位或一季，或半年，或一年一次付给甲某劳务报酬。这样取得的劳务报酬，虽然是一次取得，但不能按一次申报缴纳个人所得税。

方案1：该单位年底一次付给甲某一年的咨询服务费6万元。如果甲某按一次申报纳税的话，其应纳税所得额如下：

应纳税所得额＝60 000(1－20%)×40%－7 000＝12 200(元)

属于劳务报酬一次收入畸高，应按应纳税额加成征收。

方案2：如果甲某以每个月的平均收入5 000元分别申报纳税，其每月应纳税额和全年应纳税额如下：

每月应纳税额＝(5 000－5 000×20%)×20%＝800(元)

全年应纳税额＝800×12＝9 600(元)

方案1比方案2多缴税额＝12 200－9 600＝2 600(元)

可见，按月纳税可避税2 600元。

分析要求：你认为这种筹划方案是否可行？如果可行，运用的是何种税务筹划技术？

第12章

税务筹划实务

学习目标

1. 掌握增值税、所得税等主要税种的税务筹划方法与企业主要经营环节的税务筹划方法；
2. 理解企业重组的税务筹划；
3. 了解国际税务筹划的基本操作方法。

引　言

你可能知道世界媒体大王鲁伯特·默多克在20世纪末娶了一位比自己儿子年龄还小的华裔妻子，你也可能知道该人精于经营。但你知道他的更“精明”之处吗？——他设在英国的新闻投资公司在1988—1998年的11年间，缴纳的公司所得税和退税额相抵后竟然为零！也就是说，11年间，他一分钱的所得税也没缴，却并没有违反税法。为什么？因为是通过税务筹划实现的。

12.1　主要税种的税务筹划

12.1.1　分税种税务筹划概述

分税种的税务筹划是对影响各税种应纳税额的因素进行分析，从而决定如何进行税务筹划。税基与扣除项目的筹划是指纳税人通过缩小税基或加大扣除项目来减轻税收负担甚至免除纳税义务，既可以实现应纳税所得额的最小化，也可以通过对应纳税所得额实现时间的安排，在递延纳税、适用税率、减免税等方面获取税收收益。税率的筹划是指纳税人通过降低适用税率的方式来减轻税收负担。税额的筹划是指纳税人通过直接减少应纳税额的方式来减轻税收负担或者解除纳税义务，常常与税收优惠中的全部免征或减征、部分免征相联系。税基和扣除项目、税率和税额的筹划之间可能会互相配合，比如缩小税基后可以适用较低的税率，也可能会互相制约，因此要通盘考虑。

税收负担（TB）与税基（b）、扣除（d）、税率（t）以及税收优惠（I）之间的关系，可表示为 $TB=f(b; t; 1/d; 1/I)$。即税基越宽，税率越高，税负就越重；或者说税收扣除越大，税收优惠越多，税负就越轻。各税种内在各要素弹性的大小决定该税种的税负弹性。企业所得税等某些税种的税负弹性较大，但车船使用税、契税等，因其税基、税率、扣除、优惠等要素构成比较简单，税负弹性很小。税负弹性越大，税务筹划的空间也越大。

12.1.2 增值税的税务筹划

1. 增值税两类纳税人身份的税务筹划

增值税纳税人有一般纳税人和小规模纳税人。两类纳税人的增值税税率和计税方法不同，一般纳税人采用税款抵扣制。为了降低增值税税负，企业可以事先利用增值率判断法计算税负平衡点，而对纳税人身份进行选择。

$$增值率=\frac{销售收入(不含税)-购进项目价款}{销售收入(不含税)}\times 100\%$$

$$增值率=\frac{销项税额-进项税额}{销项税额}\times 100\%$$

$$\begin{aligned}一般纳税人应纳增值税额&=当期销项税额-当期进项税额\\&=销售收入\times 13\%-销售收入\times 13\%\times(1-增值率)\\&=销售收入\times 13\%\times 增值率\end{aligned}$$

$$小规模纳税人应纳增值税额=销售收入\times 3\%$$

当两类纳税人应纳增值税额相等时，则有

$$销售收入\times 13\%\times 增值率=销售收入\times 3\%$$

即可求得两类纳税人税负平衡点的增值率，计算结果见表12-1。

表12-1 两类纳税人税负平衡点的增值率

一般纳税人	小规模纳税人	不含税纳税平衡点	含税纳税平衡点
13%	3%	23.08%	25.32%
9%	3%	33.33%	35.28%
6%	3%	50.00%	51.46%

当实际增值率等于税负平衡点的增值率时，小规模纳税人与一般纳税人的税负相同；当实际增值率小于税负平衡点的增值率时，小规模纳税人税负重于一般纳税人；当实际增值率大于税负平衡点的增值率时，一般纳税人税负重于小规模纳税人。因此，在增值率较低的情况下，一般纳税人比小规模纳税人较有优势，主要原因是前者可以抵扣进项税额，而后者不能。但随着增值率的上升，一般纳税人的优势越来越小，小规模纳税人就更具有降低税负的优势。除按增值率计算两类纳税人的税负平衡点外，还可用抵扣率、成本利润率等方法计算两类纳税人的税负平衡点。

尽管纳税人在选择一般纳税人或小规模纳税人身份时会受到有关规定限制，但可以采取合并分立等方式进行税务筹划。

【例 12－1】 某科研机构为非企业性单位，所研制的产品科技含量较高，某年度预计不含税销售额 1 800 万元，购进不含增值税的原材料价款为 1 000 万元，该科研机构如何进行增值税纳税人身份的税务筹划？

税法规定，年应税销售额超过小规模纳税人标准的个人、非企业性单位、不经常发生应税行为的企业，视同小规模纳税人，即该科研机构作为非企业性单位，只能被认定为小规模纳税人（适用税率 3%）。但该科研机构可以将产品制造环节独立出去，注册成立一个企业，即可申请为一般纳税人（适用税率 13%）。

$$\text{该科研机构预计增值率}=\frac{1\,800-1\,000}{1\,800}\times 100\%=44.44\%$$

由计算可知，预计增值率为 44.44%，大于两类纳税人平衡点的增值率 18.75%，注册企业并申请为一般纳税人后的增值税税负将重于小规模纳税人，因此，该科研机构将注册的企业选择为小规模纳税人身份更有利。

$$\text{若为一般纳税人的应纳增值税额}=1\,800\times 13\%-1\,000\times 13\%=104(\text{万元})$$
$$\text{若为小规模纳税人的应纳增值税额}=1\,800\times 3\%=54(\text{万元})$$
$$\text{选择小规模纳税人的增值税税负降低额}=104-54=50(\text{万元})$$

税法还规定，一般纳税人生产某些特定货物，如用微生物、微生物代谢产物、动物毒素、人或动物的血液或组织制成的生物制品，可按简易办法依照 3%的征收率计算缴纳增值税，也可不按简易办法而按有关对一般纳税人的规定计算缴纳增值税，所选择的计算缴纳增值税的办法至少 3 年内不得变更。若上述科研机构是用微生物生产生物制品，也可以不必分立出一个企业，而直接采取简易办法，依照 3%的征收率计算缴纳增值税。

2. 购进价格的税务筹划

企业从不同的纳税人购进商品和服务，将直接影响增值税税负和企业收益。假设在价格和质量相同的情况下，从一般纳税人购进可以索取 13%或 9%增值税税率的专用发票，抵扣的进项税额最大，则应纳税额最小，这是最佳选择；从小规模纳税人购进，通过其从主管税务机关代开的增值税专用发票，可索取 3%增值税征收率的专用发票进行税款抵扣；从个体工商户购进，则不能抵扣。但是这种假设不现实，因为价格相同，小规模纳税人和个体工商户将无法生存，若要在市场中生存，必然要降低销售价格，才能与一般纳税人竞争。这样，无论是一般纳税人购进，还是小规模纳税人销售，均要计算比较各自的税负和收益，从而确定各自的购进价格与销售价格，使本企业的利益最大化。

假设一般纳税人的含税销售额为 S，从一般纳税人购货的含税购进额为 P，适用的增值税税率为 T_1，从小规模纳税人购进货物的含税额与从一般纳税人购进货物的含税额的比率为 R_c，小规模纳税人适用的征收率为 T_2。因生产加工费用与原材料的来源关系不大，所以收益为销售收入扣除购进成本、应纳增值税额之差，则

从一般纳税人索取专用发票后的收益为：

$$S-P-\left(\frac{S}{1+T_1}\times T_1-\frac{P}{1+T_1}\times T_1\right)=\frac{S-P}{1+T_1}$$

从小规模纳税人索取专用发票后的收益为：

$$S-P\times R_c-\left(\frac{S}{1+T_1}\times T_1-\frac{P\times R_c}{1+T_2}\times T_2\right)=\frac{S}{1+T_1}-\frac{P\times R}{1+T_2}$$

当两者的收益相等时，则有

$$\frac{S-P}{1+T_1}=\frac{S}{1+T_1}-\frac{P\times R_c}{1+T_2}$$

$$R_c=\frac{1+T_2}{1+T_1}\times 100\%$$

因此，当一般纳税人选择是从小规模纳税人购进货物，还是从一般纳税人购进货物时，若实际的含税价格比小于 R_c，就应当选择小规模纳税人的货物；若实际的含税价格比大于 R_c，就应当选择一般纳税人的货物；若实际的含税价格比等于 R_c，两者的经济流入相同，就应当从其他角度考虑选择不同纳税人的货物。从销售定价而言，小规模纳税人在确定货物的价格时，应当依据一般纳税人货物的含税价格，使其货物含税价格略低于或等于一般纳税人货物含税价格的 R_c 倍。

依据上述公式，假设小规模纳税人在销售货物时，不愿或不能委托主管税务机关代开增值税专用发票而出具一般普通发票，则一般纳税人在购进货物时，小规模纳税人销售货物的含税价格与一般纳税人销售货物的含税价格比为：

$$R_c=\frac{1}{1+T_1}\times 100\%$$

在增值税一般纳税人适用税率为 13%，9%，6%，小规模纳税人征收率为 3%，以及不能出具增值税专用发票的情况下，R_c 比率的计算如表 12-2 所示。

表 12-2　不同纳税人含税价格比率

一般纳税人适用的增值税税率	小规模纳税人适用的增值税征收率	小规模纳税人向税务机关申请代开发票后的含税价格比率	小规模纳税人未向税务机关申请代开发票的含税价格比率
13%	3%	91.15%	88.50%
9%	3%	94.50%	91.74%
6%	3%	97.17%	94.34%

【例 12-2】 某生产企业为增值税一般纳税人，适用增值税税率 13%，预计实现含税销售收入 232 000 元，需要外购原材料 10 吨。现有 A，B，C 三个供货商提供货源，其中 A 为一般纳税人，能够开具增值税专用发票，适用税率 13%；B 为生产该原材料的小规模纳税人，能够委托主管税务机关代开增值税征收率为 3%的专用发票；C 为个体工商户，仅能提供普通发票。A，B，C 所提供的原材料质量相同，含税价格不同，分别为每吨 11 600 元、11 000 元、10 500 元。企业应当如何进行购货价格的税务筹划，选择什么样的供应企业？

$$\text{B 与 A 的实际含税价格比率 } R = 11\,000 \div 11\,600 = 94.83\% > 91.15\%$$

$$\text{C 与 A 的实际含税价格比率 } R = 10\,500 \div 11\,600 = 90.52\% > 88.50\%$$

可以看出，选择从 B，C 购进原材料显然不合算，应当选择 A。其应纳增值税额和税后现金流量计算如下：

方案 1：从 A 企业购进。

$$\text{应纳增值税额} = \frac{232\,000}{1+13\%} \times 13\% - \frac{11\,600 \times 10}{1+13\%} \times 13\% = 13\,345.13(\text{元})$$

$$\text{税后现金净流量} = 232\,000 - 116\,000 - 13\,345.13 = 102\,654.87(\text{元})$$

方案 2：从 B 购进。

$$\text{应纳增值税额} = \frac{232\,000}{1+13\%} \times 13\% - \frac{11\,000 \times 10}{1+3\%} \times 3\% = 23\,486.38(\text{元})$$

$$\text{税后现金净流量} = 232\,000 - 110\,000 - 23\,486.38 = 98\,513.62(\text{元})$$

方案 3：从 C 购进。

$$\text{应纳增值税额} = \frac{232\,000}{1+13\%} \times 13\% = 26\,690.27(\text{元})$$

$$\text{税后现金净流量} = 232\,000 - 10\,500 \times 10 - 26\,690.27 = 100\,309.73(\text{元})$$

一般纳税人采购货物时除考虑获得的收益外，还应考虑由于增值税税负不同而导致的城市维护建设税、教育费附加和企业所得税的变化。采购货物涉及的增值税，在销项税额一定的情况下，能索取增值税税率 13%的专用发票时，应纳税额最低；能索取征收率 3%的专用发票时，应纳税额次之；不能索取专用发票时，应纳税额最大。同理，与增值税紧密相关的城市维护建设税、教育费附加随增值税的增减而增减。至于企业所得税则与企业税前利润的大小相关，不能索取 13%基本税率的专用发票时，因多缴纳了增值税、城市维护建设税、教育费附加，企业税前可扣除的税费增加，企业所得税会相应减少。

3. 销售方式的税务筹划

企业在销售过程中，为了达到增加销售额而获得利润同步增长的目的，可以采取多种促销方式，如返还现金、礼券、红利卡、积分卡、抽奖、赠物等形式①。然而在不同促销方式下，企业取得的销售额是不同的，与之相关的税负也有差异。企业应根据自身

---

① 与根据财政部、国家税务总局《关于企业促销展业赠送礼品有关个人所得税问题的通知》中的“赠送礼品”不同，“赠送礼品”是企业在商品展销、推介活动中发生的，它与日后商品销售没有直接关系，属于“偶然所得”。因此，应按规定代征代缴个人所得税。

的实际情况，选择适当的促销方式，以降低税负，获取税收利益。

【例12-3】 某百货商场是一家服装专业零售企业，是增值税一般纳税人。公司以世界名牌服装零售为主，上年实现销售收入45 000万元，在当地拥有一定的知名度。公司销售部决定在当年春节期间展开促销活动，以提升该公司的盈利能力。公司决策层提出以下三种促销思路：

(1) 采用让利方式，即折扣销售方式，可以减少税收负担。

(2) 采用赠送商品或优惠券方式，可以刺激消费，促进销售。

(3) 鉴于消费者越来越讲实惠，采用返还现金的方式进行促销。

假定所有促销方式消费者都接受，消费者都在当月完成所有的购买行为，以10 000元销售额、平均成本为6 000元为基数，提出以下三个具体操作方案：

方案1：购物就在商品原价的基础上打七折；

方案2：购物满100元赠送价值30元的商品（赠品成本18元，均为含税价）；

方案3：购物满100元返还30元现金。

仅考虑增值税、企业所得税和个人所得税，不考虑其他税费。

筹划方案分析：

方案1：此方案为折扣销售（商业折扣），是指销货方在销售货物或提供应税劳务时，因购货方购货数量较大等原因，而给予购货方的价格优惠。

如果销售额和折扣额在同一张发票上分别注明，按折扣后的销售额计征增值税；如果折扣额另开发票，不论其财务会计如何处理，均不得从销售额中扣除折扣额，需全额计征增值税。

假定1：该商场未将销售额和折扣额开在一张发票上，则

$$\begin{aligned}应交增值税&=10\ 000\div(1+13\%)\times13\%-6\ 000\div(1+13\%)\times13\%\\&=460.18(元)\end{aligned}$$

$$\begin{aligned}应交企业所得税&=[7\ 000\div(1+13\%)-6\ 000\div(1+13\%)]\times25\%\\&=221.24(元)\end{aligned}$$

$$税后利润=7\ 000\div(1+13\%)-6\ 000\div(1+13\%)-221.24=663.72(元)$$

$$缴税合计数=460.18+221.24=681.42(元)$$

假定2：该商场将销售额与折扣额开在同一张发票上，则

$$\begin{aligned}应交增值税&=7\ 000\div(1+13\%)\times13\%-6\ 000\div(1+13\%)\times13\%\\&=115.04(元)\end{aligned}$$

$$\begin{aligned}应交企业所得税&=[7\ 000\div(1+13\%)-6\ 000\div(1+13\%)]\times25\%\\&=221.24(元)\end{aligned}$$

$$税后利润=7\ 000\div(1+13\%)-6\ 000\div(1+13\%)-221.24=663.72(元)$$

$$缴税合计数=115.04+221.24=336.28(元)$$

在税后利润相同的情况下，该商场会选择缴税合计数最小的假定2的做法。

方案2：企业在商品促销中，以“买一赠一”、购物返券（代金券）、购物积分等方式组合销售货物的，应就其实际收到的货款计算增值税。

应交增值税＝10 000÷(1＋13％)×13％－6 000÷(1＋13％)×13％
　　　　　－1 800÷(1＋13％)×13％
　　　　＝253.10(元)

应交企业所得税＝[10 000÷(1＋13％)－6 000÷(1＋13％)
　　　　　　　－1 800÷(1＋13％)]×25％
　　　　　　＝486.73(元)

税后利润＝10 000÷(1＋13％)－6 000÷(1＋13％)－1 800÷(1＋13％)－486.73
　　　　＝1 460.17(元)

缴税合计数＝253.10＋486.73＝739.83(元)

方案 3：当企业采取这种促销方式时，表明企业并没有对其所出售商品进行降价，所以消费者有权要求企业按照购买商品的实际价格开具发票，最终企业必须就发票上开具的 100 元销售额计税，同时还要就另行赠送的 30 元代顾客缴纳个人所得税。显然，这种做法将大大增加企业的实际成本，降低税后利润。实践中，有些企业采用最后抵扣的办法最终完成赠送，即消费者在累积满 100 元后凭购物小票在购买下一件商品时直接抵扣 30 元，而且该件商品的发票按照扣除 30 元后的金额开具。实际上这种做法在消费者对开具发票金额没有异议的情况下是可以实行的，就相当于进行了 30 元的折扣销售。但是，如果消费者要求必须全额开具该商品的发票，企业也是无权拒绝的，因为企业并没有事先说明后一件商品属于折扣销售。所以，如果企业采用这种方式，必须在活动规则中明确说明 30 元的赠送方式以及开具发票的方式，否则会带来不必要的麻烦。下面的计算仅考虑直接返还现金的方式。

应交增值税＝10 000÷(1＋13％)×13％－6 000÷(1＋13％)×13％＝460.18(元)

应替顾客缴纳的个人所得税＝3 000÷(1－20％)×20％＝750(元)

应纳税所得额＝10 000÷(1＋13％)－6 000÷(1＋13％)－750－3 000
　　　　　　＝－210.18(元)

因为－210.18＜0，所以应缴纳的企业所得税为 0。

税后净利润＝10 000÷(1＋13％)－6 000÷(1＋13％)－3 000－750
　　　　　＝－210.18(元)

缴税合计数＝460.18＋750＝1 210.18 (元)

将以上三个方案的计算结果编制比较表，如表 12－3 所示。

表 12－3　纳税情况与获利情况比较表

单位：元

方案		增值税	企业所得税	个人所得税	缴税合计	税后利润
折扣销售	折扣金额未开在一张发票上	460.18	221.24	—	681.42	663.72
	折扣金额开在一张发票上	115.04	221.24	—	336.28	663.72
赠商品		253.10	486.73	—	739.83	1 460.17
返现金		460.18	0	750	1 210.18	－210.18

从表中的数据可以看出，第一，从税后利润角度看，在所有方案中，购物返现金是最不可取的，最优方案应是购物赠商品；第二，从缴税合计数来看，缴税数会直接影响企业的现金流出量，折扣销售（尤其是折扣额与销售额开在一张发票上）和购物赠商品比较可取，现金流比较小，对企业的生产经营不会造成太大的影响。

企业进行促销的税务筹划思路是：

（1）购销差价是税务筹划需要考虑的重点问题。如果商品的购进成本较高，采用打折销售比较好；反之，如果商品的购进成本较低，则采用赠送商品或赠送购物券的方式比较好。赠送商品的价值越低，企业的成本利润率越高，企业获利面越大，同时现金流也比较小；赠送购物券，在一般情况下可以扩大销售量，扩大企业的影响，提高市场占有率。而且，商场成本越低，折扣优惠越大时，赠送购物券促销方式的优势就更加明显；同时，企业也不用担心税后是否会亏损。

（2）进行促销活动的税务筹划需要关注促销活动的最终目的。商品零售企业在选择让利促销方式时，切不可只考虑节税效益，而要从企业整体的盈利能力加以考虑。对于不同的促销方式，纳税越少并不意味着税后获利越大，进行让利促销方式的选择，务必从企业的实际情况出发，事先做好筹划，选择较优的促销方式，这样才能确保企业利益最大化。

4. 收购废旧物资与农产品的税务筹划

以废旧物资为原材料的生产企业，可以投资设立一个废旧物资回收公司，不仅回收公司可以享受免征增值税的优惠，企业也可根据回收公司开具的普通发票计算抵扣进项税额，达到降低税负的目的。

若纳税人有自属的农业生产基地，可以将该农业生产基地独立出来成立一个企业，不仅该农业基地可以享受“农业生产者销售的自产农业产品免征增值税”的优惠，企业也可根据农业基地开具的普通发票计算抵扣进项税额，达到降低税负的目的。

【例 12-4】 某钢铁厂为一般纳税人，主要利用收购的废旧钢材为原材料。一年收购废旧钢材共计 500 万元，再重新回炉冶炼后出售，销售收入 800 万元。在生产过程中有电费、水费及少量修理用配件的进项税额可抵扣，增值税专用发票注明的价款为 100 万元，税款为 13 万元。

如果企业直接收购废旧钢材，由于不可能取得增值税专用发票，进项税额不能抵扣。

$$应交增值税=800\times13\%-13=91(万元)$$

如果企业专门成立一个废旧物资回收公司，该回收公司具有独立法人资格，独立核算，并执有废旧物资经营的许可证，该钢铁企业则可将废旧钢材收购业务转由成立的回收公司完成。为避免出现异常申报或者是转让定价骗取税款嫌疑，废旧物资回收公司将收购的废旧钢材加价 10%转售给钢铁企业。回收公司免缴增值税。

$$回收公司销售收入=500\times(1+10\%)=550(万元)$$

钢铁厂从废旧物资回收公司购进废旧钢材，回收公司开具的普通发票上注明的金额为 550 万元。

钢铁厂应交增值税＝800×13%－550×9%－13＝41.5(万元)

由计算可知，专门成立废旧物资回收公司较分立出废旧物资回收公司以前节减税额 49.5 万元（91－41.5）。

【例 12－5】 某果汁企业有一自属的柑橘种植园，采摘的柑橘再送到本企业的果汁加工厂进行果汁生产。果汁的增值税税率是 13%，而只有企业的水费、电费和购入包装物等按规定可以抵扣进项税额。全年允许抵扣的进项税额为 10 万元。全年果汁销售收入 500 万元。

应交增值税＝500×13%－10＝55(万元)

若该企业将柑橘种植园和果汁加工厂分立为两个独立核算的企业，分立后，柑橘种植园为农业生产者，销售其自产的柑橘免征增值税；而果汁加工厂从柑橘种植园购入的柑橘可以抵扣 10%的进项税额。若柑橘园销售给果汁加工厂的柑橘售价为 300 万元，则

应交增值税＝500×13%－10－300×10%＝25(万元)

由计算可知，分立后比分立前节减税额 30 万元（55－25）。

12.1.3　消费税的税务筹划

1. 转让定价的税务筹划

消费税的纳税行为发生在生产领域而非流通领域或终极的消费环节，关联企业中生产（委托加工、进口）应税消费品的企业，如果以较低的价格将应税消费品销售给其独立核算的销售部门，则可以降低销售额，从而减少应纳税销售额。而独立核算的销售部门由于处在销售环节上，只缴纳增值税，不缴纳消费税，这样做可以使集团的整体消费税负下降，但增值税税负不变。

【例 12－6】 某汽车集团，其汽车制造公司正常小汽车的出厂价为 150 000 元/辆，气缸容量为 2.2 升，适用税率为 9%。而向集团的汽车销售公司供货时价格定为 120 000 元/辆，当月制造小汽车 500 辆。

若由汽车制造公司直接对外销售，应交消费税为：

150 000×500×9%＝6 750 000(元)

若销售给集团的汽车销售公司再由汽车销售公司对外销售，应交消费税为：

120 000×500×9%＝5 400 000(元)

由此，集团少交消费税为：

6 750 000－5 400 000＝1 350 000(元)

需要指出的是，汽车制造公司向汽车销售公司出售应税消费品时，只能适度压低价格。由于独立核算的汽车制造公司与汽车销售公司之间存在关联关系，按照《税收征管法》规定，“企业或者外国企业在中国境内设立的从事生产经营的机构、场所与其关联企

业之间的业务往来，应当按照独立企业之间的业务往来收取或者支付价款、费用；不按照独立企业之间的业务往来收取或者支付价款、费用，而减少其应纳税收入或者所得额的，税务机关有权进行合理调整”。因此，汽车制造公司销售给汽车销售公司的汽车价格应当参照独立销售给其他商家当期的平均价格确定。如果压低幅度过大，就属于税法所称“价格明显偏低”，此时，税务机关可以行使对价格的调整权。

2. 兼营不同税率的应税消费品的税务筹划

纳税人兼营多种不同税率的应税消费品，应当分别核算不同税率应税消费品的销售额、销售数量；未分别核算销售额、销售数量，或者将不同税率的应税消费品组成成套消费品销售的，应从高适用税率。因此，企业在会计核算的过程中应该对不同税率消费品分别核算，以免蒙受不必要的损失。

【例12-7】 某化妆品厂将生产的高档化妆品组成成套消费品销售。每套消费品由下列产品组成：高档化妆品包括一瓶香水300元（20ml），护肤护发品包括一瓶摩丝10元，上述价格均不含税。当月销售1万套。化妆品消费税税率为15%，护肤护发品税率为0%。

方案1：将产品包装后再销售给商家，厂家应交消费税为：

(300＋10)×15%×10 000÷10 000＝46.5(万元)

(300＋10)×15%×1＝46.5(万元)

方案2：将产品先分别销售给商家，再由商家包装后对外销售，厂家应交消费税为：

(300×15%＋10×0%)×10 000÷10 000＝45(万元)

(300×15%＋10×0%)×1＝45(万元)

方案2比方案1节减税额1.5万元。

方案2在实际操作中，只要换个包装地点，并将产品分别开具发票，账务上分别核算销售收入即可。

企业兼营不同税率应税消费品时，能单独核算，最好单独核算，没有必要成套销售的，最好单独销售，可以采取“先销售后包装”的形式，尽量降低企业的税收负担。

3. 改变加工方式的税务筹划

应税消费品委托加工与自行加工税负有差异。委托加工的应税消费品收回后，又分为在本企业继续加工成另一种应税消费品和直接对外销售两种情况。

(1) 委托加工方式的税负。

【例12-8】 甲公司委托乙公司将一批价值200万元的原料加工成A半成品，协议规定加工费150万元；加工的A半成品运回甲公司后，继续加工成B产成品，加工成本、分摊费用共计200万元，该批产成品售价1 500万元。假设A半成品消费税税率30%，产成品消费税税率50%。

方案1：委托加工的应税消费品收回后，在本企业继续加工成另一种应税消费品销售。

在计算消费税的同时，还应计算增值税（作为价外税，它与加工方式无关，这里不予涉及）。

甲公司向乙公司支付加工费的同时，向受托方支付其代收代缴的消费税为：

消费税组成计税价格＝(200＋150)÷(1－30％)＝500(万元)

应交消费税＝500×30％＝150(万元)

甲公司销售产品后，应交消费税为：

1 500×50％－150＝600(万元)

甲公司的税后利润为（设所得税税率 25％）：

(1 500－200－150－200－150－600)×(1－25％)＝150(万元)

方案 2：委托加工的消费品收回后，直接对外销售。

如果委托加工收回的应税消费品运回后委托方不再继续加工，而是直接对外销售。仍以上例，如果甲公司委托乙公司将原料加工成 B 产成品，原料成本不变，加工费用为 350 万元；加工完毕，运回甲公司后，甲公司对外售价仍为 1500 万元。

甲公司向乙公司支付加工费的同时，向其支付代收代缴的消费税为：

(200＋350)÷(1－50％)×50％＝550(万元)

由于委托加工应税消费品直接对外销售，甲公司在销售时不必再交消费税。其税后利润计算如下：

(1 500－200－350－550)×(1－25％)＝300(万元)

两种方案相比较，在被加工原料成本相同、最终售价相同的情况下，后者显然比前者对企业有利得多，税后利润多 150 万元。即使后一种情况甲公司向乙公司支付的加工费等于前者之和 350 万元（150＋200），后者也比前者税后利润多。而在一般情况下，后一种情况支付的加工费比前一种情况支付的加工费（向受托方支付加上自己发生的加工费之和）要少。对受托方来说，不论哪种情况，代收代缴的消费税都与其盈利无关，只有收取的加工费与其盈利有关。

(2) 自行加工的税负。仍依上例，甲公司将购入的价值 200 万元的原料自行加工成 B 产成品，加工成本、分摊费用共计 450 万元，售价 1 500 万元。有关计算如下：

应交消费税＝1 500×50％＝750(万元)

税后利润＝(1 500－200－450－750)×(1－25％)＝75(万元)

由上述分析可以看出，在各相关因素相同的情况下，自行加工方式的税后利润最少，其税负最重；而收回后不再加工直接销售的方式又比委托加工收回后再继续加工的销售方式的税负要低。

(3) 委托加工与自行加工的税负分析。委托加工的应税消费品与自行加工的应税消费品的税基不同。委托加工时，受托方（个体工商户除外）代收代缴税款，税基为组成计税价格或同类产品销售价格；自行加工时，计税的税基为产品销售价格。在通常情况下，委托方收回委托加工的应税消费品后，要以高于成本的价格售出以求盈利。不论委托加工费是大于还是小于自行加工成本，只要收回的应税消费品的计税价格低于收回后的直接出售价格，委托加工应税消费品的税负就会低于自行加工的税负。对委托方来说，其产品对外售价高于收回委托加工应税消费品的计税价格部分，实际上并未纳税。

企业在计算应税所得时，作为价内税的消费税可以作为扣除项目。因此，消费税的多少会进一步影响所得税，进而影响企业的税后利润和所有者权益。而作为价外税的增值税，则不会因增值税税负差异造成企业税后利润差异。

由于应税消费品加工方式不同而使纳税人税负不同，因此，纳税人进行消费税税务筹划时，可以利用关联方关系，压低委托加工成本，达到节税目的。即使不是关联方关系，纳税人也可以在估算委托加工成本上下限的基础上，事先测算企业税负，确定委托加工费的上限，以使税负最低、利润最多。

4. 非货币性交易的税务筹划

税法规定，纳税人自产的应税消费品用于换取生产资料和消费资料、投资入股或抵偿债务等方面，应当按照纳税人同类应税消费品的最高销售价格作为计税依据。在实际操作中，当纳税人用应税消费品换取货物或者投资入股时，一般是按照双方的协议价或评估价确定的，而协议价往往是市场的平均价。如果按照同类应税消费品的最高销售价作为计税依据，显然会加重纳税人的负担。由此不难看出，如果采取先销售后入股（换货、抵债）的方式，会达到减轻税负的目的。

【例 12－9】 某小汽车生产企业A，当月对外销售的同型号的小汽车（气缸容量2.5升）共有三种价格，以20万元的单价销售150辆，以22万元的单价销售200辆，以24万元的单价销售50辆。当月以5辆同型号的小汽车与B企业换取其生产的汽车玻璃。双方按当月的加权平均销售价格确定小汽车的价格。小汽车的消费税税率为9%。

按税法规定，应交消费税为：

$$240\ 000\times5\times9\%=108\ 000(\text{元})$$

纳税人经过筹划，将这5辆小汽车按照当月的加权平均价销售后，再购买原材料，则应交消费税为：

$$(200\ 000\times150+220\ 000\times200+240\ 000\times50)\div(150+200+50)\times5\times9\%$$
$$=96\ 750(\text{元})$$

这样，企业可减轻税负11 250元（108 000－96 750）。

12.1.4 个人所得税的税务筹划

1. 个人所得税法下的税务筹划思路

2018年8月31日，全国人民代表大会常务委员会表决通过关于修改《中华人民共和国个人所得税法》的决定，标志着我国将逐步建立综合与分类相结合的个人所得税制度。原来工资薪金是按月计算缴纳个人所得税，实施新个税法后，工资薪金所得按月预扣预缴个人所得税，纳税人于次年 3 月 1 日至 6 月 30 日向主管税务机关办理汇算清缴，税款多退少补。因此，工资薪金个税的筹划应由发放方式、每次发放金额转向获取递延纳税的时间价值，其筹划空间大为缩减。

此次修法引入了专项扣除、专项附加扣除和其他扣除，这为个人所得税筹划提供了新的思路。要降低个人所得税税负，就要努力降低应纳税所得额，而居民个人综合所得的每月、每年免征额是固定金额，没有筹划空间。因此，作为个税预扣预缴义务人的企业就应在税收法规允许的限度内，尽可能增加对企业员工的“三险一金”的提取比例，实现专项附加扣除和其他扣除项目的充分足额扣除。

居民个人取得全年一次性奖金，符合规定的，在 2021 年 12 月 31 日前，可不并入当年综合所得，以全年一次性奖金收入除以 12 个月得到的数额，根据按月换算后的综合所得税率表，确定适用税率和速算扣除数，单独计算纳税。居民个人取得全年一次性奖金，也可以选择并入当年综合所得计算纳税。自 2022 年 1 月 1 日起，居民个人取得全年一次性奖金，统一并入综合所得计税。

在 3 年过渡期间，在全年收入的规划上，可在年终奖发放数额与个人所得税税负问题上进行税务筹划。当全年应纳税所得额小于 0 时，选择将年终奖收入合并到综合所得计算缴纳个税比较合算；当全年应纳税所得额大于 0 小于 36 000 元（含）时，选择并入工薪所得与单独计算年终奖与综合所得的个税金额相同；当全年应纳税所得额大于 36 000 元时，选择年终奖单独计税，不并入工薪所得比较划算。在 3 年过渡期满后，就应改变筹划思路，主要从获取递延纳税的时间价值上考虑。

此次修法还增加了反避税条款。针对个人不按独立交易原则转让财产、在境外避税地避税、实施不合理商业安排获取不当税收利益等避税行为，税务机关有权按合理方法进行纳税调整。需要补征税款的，要补征税款，并加收利息。因此，对个人所得税进行筹划时，既要做到不违反税法，又要避免被认定为不合理避税，最大限度地降低税务筹划风险。

2. 工资薪金所得的税务筹划

在一般情况下，对低收入者（每月工薪所得不交个税者）来说，选择将全年一次性奖金并入当年工资薪金所得计算的应纳税额，比选择年终奖单独计税计算的应纳税额少；对中高收入者来说，则可能相反。

【例 12－10】 居民个人张一峰系某公司员工，每月工资 7 000 元，全年发放合计 84 000 元，年末一次性奖金 34 800 元。全年专项扣除合计 1.5 万元，子女教育和赡养老人两项专项附加扣除合计 3 万元。

（1）全年一次性奖金并入当年工薪所得计算纳税时。

全年综合所得＝84 000－60 000－15 000－30 000＋34 800＝13 800(元)

全年应交个人所得税＝13 800×3%－0＝414(元)

（2）年终奖单独计税，不并入工薪所得时。

全年工薪所得＝84 000－60 000－15 000－30 000＝－21 000(元)

全年工薪所得不交个人税得税。

年终一次性奖金34 800元除以12得到＝2 900元，适用税率为3%，速算扣除数为零元。

年终一次性奖金应交个税＝34 800×3%－0＝1 044(元)
全年合计应交个人所得税＝0＋1 044＝1 044(元)

张一峰全年应纳税所得额为－21 000元，小于0，因此，选择将全年一次性奖金并入当年工资薪金所得计算的应纳税额，比选择年终奖单独计税计算的应纳税额少630元（414－1 044）。

假设张一峰系某公司经理，年薪48万元，每月平均发放工资25 000元，全年发放合计300 000元，年末一次性奖金180 000元。全年专项扣除合计3万元，子女教育和赡养老人两项专项附加扣除合计3万元。

（1）全年一次性奖金并入当年工薪所得计算纳税时。

全年工薪所得＝300 000－60 000－30 000－30 000＋180 000＝360 000(元)
全年应交个人所得税＝360 000×25%－31 920＝58 080(元)

（2）年终奖单独计税，不并入综合所得时。

全年工薪所得＝300 000－60 000－30 000－30 000＝180 000(元)
全年工薪所得应交个税＝180 000×20%－16 920＝19 080(元)

年终一次性奖金180 000元除以12得到15 000元，适用税率为20%，速算扣除数为1 410元。

一次性奖金应交个税＝180 000×20%－1 410＝34 590(元)
全年合计应交个人所得税 ＝19 080＋34 590＝53 670(元)

作为公司经理的张一峰，其全年应纳税所得额180 000元，大于36 000元。因此，选择年终一次性奖金单独计税，不并入工薪所得，比选择将全年一次性奖金并入当年工资薪金所得计算的应纳税额少4 410元（53 670－58 080）。

3. 非量化收入的税务筹划

有些企业将购买的电话充值卡发给职工，将按职工就餐人数和定额标准计算的食堂伙食补助直接拨付给食堂，实际都是在变相给职工发放工资。根据规定，个人取得的应税所得，包括现金、实物和有价证券。所得为实物的，应当按照取得的凭证上所注明的价格计算应纳税所得额；无凭证的实物或者凭证上所注明的价格明显偏低的，由主管税务机关参照当地的市场价格核定应纳税所得额。所得为有价证券的，由主管税务机关根据票面价格和市场价格核定应纳税所得额。因此，凡是能够准确核算每个职工实际得到的补贴金额，形成量化的收入，就应并入职工当月工资薪金收入额计算扣缴个人所得税。

如果不能量化到个人，每人实际享有的福利无法计量，才可能进行筹划。最典型的就是在扣除职工一定伙食费的基础上，以就餐人数和固定标准作为限额，实报实销，形成不可量化的收入，从而减少个人所得税。

【例12-11】 某建筑公司在外省有甲项目1月份给员工发放600元的伙食补助，直接放在工资表中缴纳个人所得税。该项目职工刘永1月份收入13 500元（含伙食补助），保险费用合计2 250元。不考虑专项附加扣除和其他扣除因素。

1月应交个人所得税＝(13 500－2 250－5 000)×3%＝187.5(元)

如果将伙食补助直接拨付给食堂，由食堂在标准限额内实行实报实销，即将食堂伙食补助非量化至个人，从现有收入总额中减除600元，则

1月应交个人所得税＝(13 500－600－2 250－5 000)×3%＝169.5(元)

经过筹划，刘永每月少交个人所得税18元（187.5－169.5）。

本税务筹划方案可以看出，对于“普惠制”的补贴补助，能不量化到个人的，尽可能不要量化到个人，以合理减少职工的应交个人所得税。

4. 住房公积金的税务筹划

财政部、国家税务总局《关于基本养老保险费、基本医疗保险费、失业保险费、住房公积金有关个人所得税政策的通知》（财税〔2006〕10号）规定，单位和个人分别在不超过职工本人上一年度月平均工资12%的幅度内，其实际缴存的住房公积金，允许在个人收入额中扣除。单位和职工个人缴存住房公积金的月平均工资不得超过职工工作地所在设区城市上一年度职工月平均工资的3倍，具体标准按照各地有关规定执行。超过规定比例和标准缴付的住房公积金，超过部分不得从工资薪金收入额中扣除。

目前部分企业住房公积金缴纳比例未达到12%的最高限额，没有用足国家给予的优惠政策，其原因是：(1) 提高个人缴存比例，企业负担部分会同步增加，加重企业的负担；(2) 住房公积金返还程序烦琐，提高缴存比例会减少职工眼前可支配收入。因此，利用住房公积金相关政策进行税务筹划，首先要分析企业的负担能力，特别是个人缴存比例提高后企业缴存部分的增加额，同时要考虑提高缴存比例对职工现时收入的影响。

【例12-12】 某企业高级工程师陈莫如，每月工资、薪金收入22 000元，每月扣除保险费合计4 850元，其中住房公积金1 820元，缴纳比例为9%。不考虑专项附加扣除和其他扣除因素。陈工程师应交个人所得税计算如下：

应交个人所得税＝(22 000－4 850－5 000)×3%＝364.5(元)

根据有关规定，比例在12%以内的住房公积金可以据实扣除，该企业住房公积金扣除比例为9%，如果将住房公积金比例提升至扣除限额12%（暂不考虑企业同步应缴费部分的影响），需从工资薪金所得中增加扣除住房公积金635元（个人缴存住房公积金的月平均工资未超过职工工作地所在设区城市上一年度职工月平均工资的3倍），陈工程师应交个人所得税计算如下：

应交个人所得税＝(22 000－4 850－5 000－635)×3%＝345.45(元)

可见，在不考虑增加企业成本的情况下，通过调整住房公积金缴存比例，可少缴个人所得税19.05元（364.5－345.45）。

5. 年金的税务筹划

根据有关规定，为在本单位任职或者受雇全体职工缴付的企业年金或职业年金（以下统称年金）的单位缴费部分，在记入个人账户时，个人暂不缴纳个人所得税。个人缴费在不超过本人缴费工资计税基数4%标准内的部分，允许从个人当期的应税所得中扣除。

企业年金个人缴费工资计税基数为本人上一年度月平均工资。月平均工资超过职工工作地所在设区城市上一年度职工月平均工资300%以上的部分，不计入个人缴费工资计税基数。年金基金投资运营收益分配记入个人账户时，个人暂不缴纳个人所得税。当个人达到国家规定的退休年龄，按月（或季、年）领取的年金，全额按照综合所得适用税率计征个人所得税。因此，利用年金相关政策进行筹划时应尽可能用足4%的比例，扩大税前扣除金额。利用年金进行筹划，只是延缓了个人所得税的缴纳时间，并非减免个税，但因减少了税基，扣缴的个人所得税也就相应减少。

【例12-13】 某企业为增加职工个人收入，从当年1月开始实行企业年金制度，周爽为该企业正式员工，月收入15 000元，已在该公司工作12年，按照公司年金制度，每月需自行缴纳年金260元，各类保险费用扣除合计3 900元。不考虑专项附加扣除和其他扣除因素。

在执行年金制度前每月应交个人所得税＝(15 000－3 900－5 000)×3%
＝183(元)

开始执行年金制度后每月应纳个人所得税＝(15 000－3 900－5 000－260)×3%
＝175.2(元)

相比执行企业年金制度之前，周爽每月少缴纳个人所得税7.8元（183－175.2）。

年金基金投资运营后，在收益分配记入个人账户时，暂不征收个人所得税。待退休后实际领取时，才需要缴纳个人所得税，这样可以实现个人所得税的递延纳税。

12.1.5 企业所得税的税务筹划

1. 会计政策选择的税务筹划

会计政策选择的税务筹划即利用会计处理方法的多种规定，选择适当的会计核算方法，以增加成本，达到减轻税负或延缓纳税的目的。例如，企业采用加速折旧法可以在固定资产使用初期多计折旧，加大企业初期成本而减少利润，从而减轻了企业前期所得税负担，将企业缴纳所得税的时间大大推迟。税法规定，企业的固定资产由于技术进步等原因，确需加速折旧的，可以缩短折旧年限或者采取加速折旧的方法。

【例12-14】 某企业的固定资产原值312.5万元，预计残值率4%，会计与税法规定的使用年限均为5年，使用平均年限法时，每年的税前利润都是200万元。所得税税率为 25%。投资报酬率为 10%，1～5 年的复利现值系数分别为 0.909 1，0.826 4，0.751 3，0.683 0，0.620 9。

(1) 计算使用平均年限法时，该企业 5 年的应交所得税；

(2) 计算使用年数总和法时，该企业 5 年的应交所得税；

(3) 假如该企业前 2 年免税，计算使用平均年限法法时，该企业 5 年的应交所得税；

(4) 假如该企业前 2 年免税，计算使用年数总和法时，该企业 5 年的应交所得税。

计算结果见表 12-4 及表 12-5。

表 12-4　无减免税期时平均年限法和年数总和法的比较　　单位：万元

年份	折旧额		税前利润额		应纳税额		应纳税额的现值	
	(1)	(2)	(1)	(2)	(1)	(2)	(1)	(2)
第 1 年	60	100	200	160	50	40	45.46	36.36
第 2 年	60	80	200	180	50	45	41.32	37.19
第 3 年	60	60	200	200	50	50	37.57	37.57
第 4 年	60	40	200	220	50	55	34.15	37.57
第 5 年	60	20	200	240	50	60	31.05	37.25
合计	300	300	1 000	1 000	250	250	189.55	185.94

表 12-5　有减免税期时平均年限法和年数总和法的比较　　单位：万元

年份	折旧额		税前利润额		应纳税额		应纳税额的现值	
	(1)	(2)	(1)	(2)	(1)	(2)	(1)	(2)
第 1 年	60	100	200	160	0	0	0	0
第 2 年	60	80	200	180	0	0	0	0
第 3 年	60	60	200	200	50	50	37.57	37.57
第 4 年	60	40	200	220	50	55	34.15	37.57
第 5 年	60	20	200	240	50	60	31.05	37.25
合计	300	300	1 000	1 000	150	165	102.77	112.39

可见，在不考虑减免税的情况下，企业采用加速折旧法与平均年限法在固定资产存在的纳税期间的应纳税额总额是相同的。但在加速折旧法下，可以在固定资产使用初期多计折旧，加大企业初期成本而减少利润，从而减轻了企业前期所得税负担，将企业缴纳所得税的时间大大推迟，因而企业可以提前取得部分现金净收入，促进资产的更新改造。企业推迟缴纳的部分所得税可以视同政府提供的无息贷款，这对企业是有利的。但是，如果企业在前几年可以享受减免税待遇，加速折旧法就不见得是最好的折旧方法。因为加速折旧法使得企业利润集中在后几年，使企业后几年的利润与前几年形成明显的差距，导致后几年必然要承担较高的税负而使企业纳税额增加，税负加重。

2. 研发费用加计扣除的案例分析

在实务中，高新技术企业被取消高新技术企业资格并被追缴税款的情况时有发生，导致不能享受 15%的优惠税率。这些企业被取消高新技术企业资格的主要原因就是研发费用的归集不符合相关税收法规的规定。

例如，某公司是一家研制数码机械零配件的公司，研发实力较强，拥有数十项发明专利、实用新型专利，产品在行业领域内具有较强的创新性，技术处于行业领先地位。公司于上年通过了高新技术企业资格重新认定，继续享受 15%的企业所得税优惠税率。但税务人员在审核企业报送的上年度企业所得税汇算清缴申报资料时，发现公司填报的研发费用加计扣除金额远大于其财务报表中“管理费用”的金额，且与高新技术企业资格认定标准中的研发费用金额差异较大。

会计人员解释，公司在研发项目管理上采取两级研发管理制度，即以综合方向研究为标准的一级研发项目（一级项目）和以精细子类研究为标准的二级研发项目（二级子项目），二级子项目在设置上均包含在一级研发项目中。公司在上年申报高新技术企业资格时，考虑到二级子项目太多、填报工作量巨大，故选择按照一级研发项目进行申报，但在申报研发费用加计扣除时，则按照二级子项目进行申报。

根据有关规定，不论是高新技术企业资格认定标准中的研发费用，还是加计扣除的研发费用，都应以研发项目为归集基点。公司未按规定对研发费用进行真实归集，在高新技术企业资格重新认定和研发费用加计扣除申报中，所涉研发项目差异较大，没有设立单独的研发费用辅助账等。

公司财务人员直接按填报的高新技术企业研发费用的 60%填报了上年度研发费用加计扣除的金额。因此，税务机关初步判定公司的研发费用归集方法存疑，要求书面解释研发项目存在差异的原因，并规范研发费用的核算制度，完善研发费用辅助账。如果后续审查依然存疑，则可能向高新技术企业认定机构提请对其高新技术企业资格进行复核，公司就有可能被取消高新技术企业资格。

研发费用的归集有三个不同口径，分别是高新技术企业认定口径、加计扣除税收规定口径和财务会计的核算口径，符合会计准则（制度）要求，不一定符合加计扣除要求。税务筹划是否成功，应以税收法规为准。因此，企业应规范研发项目管理，确保研发费用加计扣除申报资料与高新技术企业申报资料的一致性；制定一套完整的研发费用核算体系，建立健全研发费用辅助账，明确记录项目名称、项目人员、费用发生日期及其金额等信息。

3. 广告费和业务宣传费的税务筹划

企业发生的符合条件的广告费和业务宣传费支出，除国务院财政、税务主管部门另有规定外，不超过当年销售收入 15%的部分，准予扣除；超过部分，准予在以后纳税年度结转扣除。

广告费和业务宣传费是以销售收入为基数计算扣除限额的，如果纳税人将企业的销售部门设立成一个独立核算的销售公司，将企业产品销售给公司，再由公司对外销售，这样就多核算了一次营业收入，从集团整体来看，也就是扩大了广告费和业务宣传费的计提基数。

【例 12－15】 某公司某年度实现产品销售收入 10 000 万元，销售费用中列支广告费和业务宣传费 2 500 万元，税前会计利润总额为 1 000 万元。按税法扣除比例，其广告费和业务宣传费超支额为 1 000 万元。该公司总计应纳税所得额为 2 000 万元，应纳所得税额为 500 万元，税后净利润为 500 万元。

若该公司将自己的销售部门独立出去成立一个销售公司，将产品以 8 000 万元的价格销售给销售公司，销售公司再以 10 000 万元的价格对外销售。母公司与销售公司发生的广告费和业务宣传费分别为 1 000 万元和 1 500 万元。母公司的税前利润为 800 万元，销售公司的税前利润为 200 万元，则两公司分别缴纳公司所得税，各项费用均不超过税法规定的标准，整个集团应纳所得税额为 250 万元，税后净利润为 750 万元。

如果该公司的产品是消费税的应税消费品，设立销售公司还可以取得节省消费税的好处，因为消费税的课税环节在产制环节而不是销售环节，如果该产品的消费税税率是 30%，那么可以节省消费税额 600 万元（2 000×30%）。

企业实施不具有合理商业目的的安排而减少其应纳税收入或者所得额的，税务机关有权按照合理方法调整。因此，要在充分考虑商业目的的基础上，运用设立销售公司的税务筹划方案，并进一步在关联公司之间合理分摊广告费用。

设立销售公司除可以节税外，对于扩大产品销售市场、加强销售管理均具有重要意义，但也会因此增加一些管理成本。纳税人应根据企业规模的大小以及产品的具体特点，兼顾成本与效益原则，从长远利益考虑，决定是否设立分公司。

4. 企业集团汇总纳税的税务筹划

汇总纳税是指集团母公司和其子公司的经营所得，通过汇总纳税申报表，由母公司统一申报缴纳企业所得税。在税法许可的范围内，由集团企业通过将集团内部各具有法人资格企业的盈亏相抵后合并申报纳税，可以使企业的亏损提前得到抵补，实现递延纳税的利益。但需要注意的是，根据企业所得税法的规定，除国务院另有规定外，企业之间不得合并缴纳企业所得税。

【例 12－16】 某企业集团有一核心企业和 100%控股的 3 个紧密层企业，4 个公司以前年度均无亏损，所得税税率均为 25%，就地预缴所得税比例为 0。该企业集团所属各企业预测未来 3 年的盈利情况如表 12－6 及表 12－7 所示。请给出该企业的最佳纳税方案。

表 12－6　某企业集团预测 3 年所得额情况表　　单位：万元

企业名称	第 1 年	第 2 年	第 3 年
	所得额	所得额	所得额
核心企业	60	70	80
甲企业	20	30	40
乙企业	－15	10	25
丙企业	－40	30	30

表 12－7　某企业集团合并与分别纳税计算表　　单位：万元

纳税方案	第 1 年		第 2 年		第 3 年		所得税合计
	所得额	所得税	所得税	所得税	所得额	所得税	
合并纳税总额	25	6.25	140	35	175	43.75	85
分别纳税总额	80	20	100	25	160	40	85

如果分别纳税，乙企业第1年15万元的亏损到第3年才能弥补，丙企业40万元的亏损到第3年才能弥补完。如果合并纳税，乙、丙两企业的亏损在第1年就可以全部弥补。无论是合并纳税还是不合并纳税，该企业集团3年的总体税负都是相同的，只是合并纳税后可以前期少缴税款后期多缴税款，考虑到货币的时间价值，相当于取得了递延纳税的利益。

12.2 企业经营活动的税务筹划

12.2.1 企业经营活动税务筹划概述

在企业的日常经营过程中，税收贯穿始终，虽说企业税负是在经营过程中发生的，但税负的轻重却是在企业做出有关经营决策时就已经决定的。因此，为了降低税收成本，企业要在做出经营决策之前就综合考虑不同决策可能导致的税负的不同。

企业在投资时，要考虑到税收因素，因为不同的投资方案，税收因素对企业税后利润的影响是不一样的。一项有利的投资方案在考虑到税收因素后可能变为不利的方案。反之，一项不利的投资方案在考虑到税收因素后可能变为有利的方案。企业在进行筹资活动时，也要充分考虑税收因素，因为不同的筹资渠道可以使税前扣除的资金成本不一样。此外，由于税收因素，被投资企业不同的收益分配方式也影响到其股东取得的税后收益。在企业兼并重组中充分利用税收优惠政策，可以达到减轻税负、增加企业营运资金和实现资本扩张的目的。

12.2.2 企业筹资的税务筹划

1. 长期债务成本与权益资本结构的筹划

资本结构是指企业各种长期资金筹集来源的构成和比例关系，通常指的就是长期债务成本和权益资本各占多大的比例。企业在进行筹资活动时，要充分考虑税收因素，因为不同的筹资渠道对税收的影响程度是不一样的。权益资本使用上具有长期性，无固定利息负担，使用起来比较安全；借入资金到期要还本付息，若企业不能按期还本付息还有破产的危险。但从资本成本角度上看，权益资金的成本是股息，是从企业的税后利润支付；而债务资本的成本是利息，可以计入财务费用在税前扣除。因而，合理安排企业资本构成可以起到节税效果。

$$\text{权益资本收益率(税前)}=\text{息税前投资收益率}+\frac{\text{负债}}{\text{权益资本}}\times\left(\begin{matrix}\text{息税前投资}\\\text{收益率}\end{matrix}-\begin{matrix}\text{负债}\\\text{成本率}\end{matrix}\right)$$

只要企业息税前投资收益率高于负债成本率，增加负债额度，提高负债比重，就会带来权益资本收益水平提高的效应。但是随着负债比率的提高，企业的财务风险及融资的风险成本必然相应增加，以致负债的成本水平超过息税前投资收益率，权益资本收益率就会随着负债额度、比例的提高而下降。因此，企业必须确定负债的总规模，将负债控制在一定的范围内，即以负债融资带来的利益抵消由于负债融资的比重增大所带来的财务风险及融资的风险成本的增加。

【例 12－17】 某企业有五种负债筹资方案（见表 12－8）。

表 12－8　筹资方案比较表金额　　单位：万元

项目	方案 A	方案 B	方案 C	方案 D	方案 E
负债额	0	6 000	8 000	9 000	9600
权益资本额	12 000	6 000	4 000	3 000	2 400
负债比率	0	1∶1	2∶1	3∶1	4∶1
负债成本率	—	6%	9%	10%	12%
息税前投资收益率	10%	10%	10%	10%	10%
普通股股数（万股）	12 000	6 000	4 000	3 000	2 400
年息税前利润	1 200	1 200	1 200	1 200	1 200
减：负债利息成本	—	360	720	900	1 152
年税前利润	1 200	840	480	300	48
所得税税率	25%	25%	25%	25%	25%
应纳所得税	300	210	120	75	12
年税后净利润	900	630	360	225	36
权益资本收益率					
其中：税前	10.00%	14.00%	12.00%	10.00%	2.00%
税后	7.50%	10.50%	9.00%	7.50%	1.50%
普通股每股收益额（元）					
其中：税前	0.1	0.14	0.12	0.1	0.02
税后	0.075	0.105	0.09	0.075	0.015

方案 B，C 由于利用了负债融资，在其财务杠杆作用下，权益资本收益率以及普通股每股收益额无论税前还是税后的水平均全面超过未使用负债方案 A，充分体现出负债的杠杆效应，但同时该例中也蕴涵着这样一种规律：

（1）随着负债总额的增加，负债比率的提高，利息成本呈现上升趋势；

（2）权益资本收益率及每股普通股收益额也并非总是与负债比率的升降正向相关，而是有一个临界点，超过该临界点，则表现为反向杠杆效应。

负债成本具有挡避应税所得额的效应，而且负债比率与成本水平越高，其节税作用越大。比如，未使用负债的方案 A 与使用 50%负债的方案 B，相同的息税前利润之所以实际纳税负担相差 90 万元（300－210），原因就在于，方案 B 的负债利息成本 360 万元挡避了相应的应税所得额，使应纳税额减少了 90 万元（360×25%）。依此类推，由于方案 C 负债成本的应税所得挡避额更大，故节税效果更加明显。负债总额超过临界点时，节税利益超过风险成本的增加，企业的所有者权益将下降，这不符合税务筹划的目标。本例中，尽管方案 E 节税效应最大，但因此导致企业所有者权益资本收益率水平的降低，亦即节税的机会成本超过了节税的利益，导致企业最终利益的损失。

企业通过加大债权性投资而减少权益性投资的比例的方式增加税前扣除以降低税负的行为称为资本弱化。为了防止企业利用资本弱化任意避税，我国企业所得税法及实施条例规定，企业从其关联方接受的债权性投资与权益性投资的比例超过规定标准而发生的利息支出，不得在计算应纳税所得额时扣除。债权性投资，是指企业直接或者间接从关联方获得的，需要偿还本金和支付利息或者需要以其他具有支付利息性质的方式予以补偿的融资。企业间接从关联方获得的债权性投资包括：关联方通过无关联第三方提供的债权性投资；无关联第三方提供的、由关联方担保且负有连带责任的债权性投资；其他间接从关联方获得的具有负债实质的债权性投资。权益性投资，是指企业接受的不需要偿还本金和支付利息，投资人对企业净资产拥有所有权的投资。

【例12-18】 A公司（母公司）于某年1月1日投资设立了全资子公司B。A公司适用的企业所得税税率是15%，B公司适用的企业所得税税率是25%。B公司的注册资本为1 000万元。假定税法关于债权性投资与权益性投资的比例标准为3∶1。

A公司当年的应纳税所得额为2 000万元，B公司当年的应纳税所得额为400万元（假定税前利润等于应纳税所得额）。

A公司和B公司当年的应纳所得税为400万元（2 000×15%+400×25%），A公司和B公司当年的税后利润为2 000万元（2 000+400−400）。

如果B公司当年1月1日向A公司借款2 000万元，双方协议规定，借款期限一年，年利率10%。假定同期同类银行贷款利率是8%。

B公司可以税前扣除的利息为160万元（2 000×8%）。上述业务的结果是，B公司支付利息200万元，A公司得到利息200万元。

A公司当年的应纳税所得额为2 200万元，B公司当年的应纳税所得额为240万元。

A公司和B公司当年的应纳所得税为390万元（2 200×15%+240×25%），A公司和B公司当年的税后利润为2010万元（2 200+200−390）。

应当指出，企业与其关联方之间的业务往来不符合独立交易原则而减少企业或者其关联方应纳税收入或者所得额的，税务机关有权按照合理方法调整。因此，尽管B公司实际支付给A公司利息200万元，但是只能税前扣除160万元。

2. 企业之间的资金借贷——无偿借款并非“无税”

根据有关税收法规规定，无偿借款也要视同销售贷款服务，从借款之日起，按照同期贷款利率计息并计算缴纳增值税和企业所得税等，纳税义务的发生时间为金融商品所有权转让的当天，利息收入按合同约定的时间确认。如果认为无偿借款不缴税，会给企业带来税务风险。从税务筹划的角度分析，无偿借款不如有偿借款，借贷双方应该签订有偿借款合同或协议，在合同中约定利率和付息日，并将收取利息的期限适当延长。因为在约定的付息日之前，可不确认利息收入，也就没有纳税义务。

12.2.3 企业投资的税务筹划

1. 企业组织形式的税务筹划

（1）个人独资企业、合伙企业与公司企业的筹划与选择。企业的组织形式可以分为独资企业、合伙企业和公司制企业三种类型。我国对个人独资企业、合伙企业，比照个体工商户的生产、经营所得，只征收个人所得税，税率适用五级超额累进税率。公司制企业要缴纳企业所得税，同时，在向自然人投资者分配股利或红利时，还要代扣个人所得税（投资者个人分回的股利、红利，税法规定适用 20%的比例税率）。

一般来说，企业设立时对企业组织形式的选择，应考虑以下几点：

1）从总体税负角度考虑，合伙制一般要低于公司制。合伙制企业不存在重复征税问题，只征收一次所得税；而公司制企业和个人都要缴纳所得税，存在两个层次的纳税。

2）在比较两种企业组织形式的税负大小时，不能仅看名义上的差别，更重要的是看实际上的差别。

3）比较合伙制、公司制的税基、税率结构和税收优惠待遇等多种因素，因为综合税负是多种因素起作用的结果，不能只考虑一种因素。

4）合伙制构成中如果既有本国居民，又有外国居民，出现合伙制跨国现象，在这种情况下，合伙人由于居民身份国别的不同，税负将出现差异，特别是在预提所得税方面要充分考虑这一因素。

【例 12-19】 某人自办一企业，年应税所得额为 500 000 元，该企业如按个人独资企业或合伙企业缴纳个人所得税，依据现行税制，税收负担实际为：

$$500\ 000\times35\%-6\ 750=168\ 250(\text{元})$$

若该企业为公司制企业，其适用的企业所得税税率为 25%，企业实现的税后利润全部作为股利分配给投资者，则该投资者的税收负担实际为：

$$500\ 000\times25\%+500\ 000\times(1-25\%)\times20\%=125\ 000+75\ 000=200\ 000(\text{元})$$

可见，该情况下投资于公司制企业比投资于独资或合伙企业多负担所得税 31 750 元。

从以上举例和分析可见，所得税计算都是在投资的公司制企业不享有任何税收优惠政策的基础上进行的，而事实上，公司制企业在某些地区或行业会享有个人独资公司及合伙企业所不能享有的税收优惠政策，在进行具体税务筹划操作时，必须把这些因素考虑进去，然后从总额上考察实际税收负担的大小。另外，在进行税务筹划时，不应抛开企业的经营风险、经营规模、管理模式及筹资额等因素而单纯讨论税收负担的大小，而应综合权衡各方面的因素，最后决定所投资的企业组织形式。

（2）子公司与分公司的筹划。按照公司之间的控制或从属关系，可将公司分为母公司与子公司。当一个公司拥有另一个公司一定比例以上，并足以将其控制的股份时，该公司即为母公司；而受控制的公司即为子公司。就法律地位而言，子公司与母公司均为各自独立的法人，各自以其名义独立对外进行经营活动。在财产责任上，母公司与子公司各自以其独立的财产承担责任，互不连带。在控股权基础上，母公司基于对子公司的控股股权行使权利，享有对子公司重大事务的决定权，实际上控制子公司的经营。一般而言，作为独立法人的子公司在税务筹划中有如下优点：

1）子公司可享有东道国给其居民公司同等的优惠待遇；

2）东道国适用税率低于居住国时，子公司的累积利润可得到递延纳税的好处；

3）子公司有时可以享有集团内部转移固定资产取得增益免税的好处；

4）子公司向母公司支付的诸如特许权、利息、其他间接费等，要比分公司向母公司支付更容易得到税务认可；

5）子公司利润汇回母公司要比分公司灵活得多，这相当于母公司的投资所得，资本利得可以保留在子公司，或者可以选择税负较轻的时候汇回，得到额外的税收利益；

6）公司转售境外子公司的股票增益通常可享有免税照顾，而出售分公司资产取得的资本增益要征税；

7）境外分公司资本转让给子公司有时要征税，而子公司之间的转让不征税；

8）许多国家对子公司向母公司支付的股息，规定减征或免征预提税；

9）某些国家子公司适用的所得税税率比分公司低。

母、子公司分别是两个资产相互独立的法人，母公司不会承担子公司的义务，所以子公司的亏损不能冲抵母公司的利润，在进行税务筹划时，这一点是设立子公司的不利之处。

按照公司分支机构的设置和管辖关系，可将公司分为总公司和分公司。总公司指依法首先设立的管辖全部组织的总机构；分公司则指受总公司管辖的分支机构。分公司可以有自己的名称，但没有法人资格，因此没有独立的财产，其经营活动所有后果由总公司承担。设立分公司在税务筹划中也有其自身的优点：

1）总公司拥有分公司的资本，在东道国通常不必缴纳资本税或印花税；

2）分公司交付给总公司的利润通常不必缴纳预提税；

3）分公司的亏损可以冲抵总公司的利润，减轻税收负担；

4）分公司与总公司之间的资本转移，因不涉及所有权变动，不必缴纳税款。

在进行税务筹划时，还可以通过把分公司与子公司进行转换来达到减轻企业税负的目的。一般来说，当外地的营业活动处于初始阶段时，母公司可在外地设立一个分支机构（分公司），使外地的开业亏损能在汇总纳税时减少母公司的应纳税款。此后，当外地的营业活动开始盈利时，为保证外地利润仅缴纳低于母公司所在地的税款，这时就有必要建立一个子公司。

【例 12-20】 假设 A 公司在国内拥有两家分公司 B 和 C，某一纳税年度 A 公司本部实现利润 1 000 万元，其分公司 B 实现利润 150 万元，分公司 C 亏损 200 万元，企业所得税税率为 25%，则该公司该年度应交税额为：

(1 000＋150－200)×25%＝237.5(万元)

总分公司的整体税负为 237.5 万元。

如果上述 B，C 是子公司，总体税负就不一样。

A 公司应交所得税＝1 000×25%＝250(万元)

B 子公司应交所得税＝150×25%＝37.5(万元)

C 子公司由于当年亏损 200 万元，该年度无须缴纳所得税。

母子公司整体税负 287.5 万元，高出总分公司的整体税负 50 万元。

设立子公司与设立分公司的节税利益孰高孰低并不是绝对的，它受到国家税制、纳税人经营状况及企业内部利润分配政策等多种因素的影响，这是投资者在进行企业内部组织结构选择时必须考虑的因素。

2. 企业注册地的税务筹划

对于国家支持发展的地区，政府往往制定比较优惠的税收政策以扶持原有的企业，并吸引新企业的投资。企业要充分利用这些税收优惠政策，在企业其他设立条件相同的情况下，尽可能地在这些地区注册，达到减轻企业税负的目的。

目前，我国国内注册地的税务筹划主要有：

（1）利用经济特区和浦东新区新设高新技术企业的所得税优惠政策进行税务筹划；

（2）利用西部大开发的所得税优惠政策进行税务筹划；

（3）利用民族自治地方的所得税优惠政策进行税务筹划；

（4）利用东北地区和中部六省老工业基地城市扩大增值税抵扣范围的优惠政策进行税务筹划。

【例 12-21】 某投资者计划在西部投资一个交通企业并兼营其他业务，预计全年交通业务收入 4 500 万元，非交通业务收入 2 500 万元，利润率均为 30%。

西部大开发的企业所得税优惠政策规定，在西部地区新办交通、电力、水利、邮政、广播电视基础产业的企业，且上述项目业务收入占企业总收入 70%以上的，实行企业自行申请，税务机关审核的管理办法。经税务机关审核确认后，纳税人自取得第一笔收入之日起，第 1～2 年免征企业所得税，第 3～5 年减半征收企业所得税。

由于该企业的交通业务收入占全部业务收入的比例为 64.28%，小于 70%，因此，不能享受免税优惠，也不能享受 15%的税率。

第 1 年应交所得税＝7 000×30%×25%＝525(万元)

如果投资者分别投资两个企业，一个从事交通业务，一个从事其他业务。从事交通业务的企业收入全部为交通收入，超过了 70%的比例，享受免税待遇，免税期后也可以享受 15%的优惠税率。

第 1 年应交所得税＝2 500×30%×25%＝187.5(万元)

比较两种方案，后者比前者节税 337.5 万元。

3. 投资方向的税务筹划

对国家支持的产业和项目，税法规定了比较优惠的税收政策。因此，在决定企业的投资方向时，要考虑到税收因素。

（1）依据所设立企业的具体情况，结合国家对不同产业的税收倾斜政策，选择并确定要投资的产业；

（2）在某一产业内部，利用税收优惠政策，选择不同的项目，使企业的经营范围尽可能避开一些税种的征税范围；

（3）在某些税种的征税范围内，选择有税收优惠政策的项目作为企业的经营范围，并对各种所涉及的税种实际税负情况进行测算，使企业的实际整体税负达到最低；

（4）在企业主要经营范围确定以后，依据税法对兼营和混合销售的规定，在经营范围内，确定合理的兼营项目和混合销售行为，避免额外的税收负担。

目前，我国国内投资方向的税务筹划主要有：

（1）利用鼓励科技进步的优惠政策进行税务筹划；

（2）利用从事农、林、牧、渔业项目的优惠政策进行税务筹划；

（3）利用公共基础设施项目的优惠政策进行税务筹划；

（4）利用环境保护、节能节水项目的优惠政策进行税务筹划；

（5）利用综合利用资源的优惠政策进行税务筹划。

12.2.4 企业收益分配的税务筹划

企业实现的利润按照税法规定弥补以前年度亏损并进行相应的纳税调整后，依法缴纳所得税。税后净利润按照我国《公司法》的规定，应该计提法定盈余公积金、公益金、任意盈余公积金，然后向股东（投资者）支付股利（分配利润）。不同的股利支付形式和支付比例对投资者可能有不同的影响。

股权投资所得是指企业通过股权投资从被投资企业所得税后累计未分配利润和累计盈余公积中分配取得的股息、红利性质的投资收益。股权投资转让所得是指企业收回、转让或清算外置股权投资的收入减除股权投资成本后的余额。

当投资者为外籍个人、被投资企业为外商投资企业时，利用先分配后转让的办法，可以减轻投资方的税负。根据税法规定，外籍个人从外商投资企业取得的利润（股息），免征个人所得税。外籍个人转让其在中国境内外商投资企业的股权取得的超出其出资额部分转让收益，按20%的税率缴纳个人所得税。如果外籍个人在股权转让之前先进行股利分配，使转让价格降低，则可以达到节税的目的。

【例12-22】 某中外合资经营企业的外方投资者A，投资额占合资企业实收资本的50%，合资企业所有者权益共计2 000万元，包括实收资本1 200万元，资本公积300万元，未分配利润500万元。A准备将其拥有股权的一半转让。

方案1：A直接转让，转让价格为500万元。

方案2：合资企业先分配股息，假设合资企业将未分配利润全部用于股利分配。A可得250万元，然后A再转让股权给B，转让价格为375万元。

外方投资者应缴纳的个人所得税计算如下：

方案1＝(500－1 200×25%)×20%＝40(万元)

方案2＝(375－1 200×25%)×20%＝15(万元)

可见，方案2比方案1节减税款25万元。

12.2.5 企业重组的税务筹划

企业重组是涉及一个或一个以上企业的实质或重大的法律或经济结构改变的交易，包括企业法律形式和地址改变、资本结构调整、整体资产转让、整体资产置换、合并、分立等。

1. 企业合并

企业合并，是指被合并企业将其全部资产和负债转让给另一家现存或新设企业（以下简称合并方），其股东由此取得合并方的所有者权益份额（以下简称股权支付额）或除合并企业所有者权益份额以外的现金、有价证券和其他资产（以下简称非股权支付额），实现两个或两个以上企业的依法合并。

企业合并一般应在交易发生时确认有关资产转让所得或损失。企业合并过程中发生的各项资产交易，凡已确认收益或者损失的，相关资产应当按交易价格重新确定计税基础。

如果作为补价的非股权支付额的公允价值低于股权账面价值的20%，除与资产交易的补价或非股权支付额相对应部分的资产转让所得或损失应在交易当期确认外，经税务机关确认，资产交易双方可暂不确认有关资产的转让所得或损失，以下简称免税合并。

免税的企业合并业务中，各方应按下列方式进行处理：被合并方企业将全部资产和负债转让给合并方企业，除与非股权支付额相对应部分的资产外，合并方企业接收的被合并企业的全部资产和负债的计税基础应以原计税基础确定。除法律或协议另有规定外，被合并方企业合并前全部所得税事项由合并方企业承担。

$$\text{当年可由合并后企业弥补的被合并方企业亏损限额}=\text{被合并企业净资产公允价值}\times\text{国家当年发行的最长期限的国债利率}$$

并非在任何情况下采取非股权支付额不高于所支付的股权票面价值20%的合并方式都划算。要考虑可弥补亏损数额的大小、行业利润率的高低等因素，在实际操作中，要事先进行具体测算。

【例12-23】 A股份有限公司某年12月兼并亏损企业B。A公司以前年度无亏损。B企业合并时账面净资产为5 000万元，上年亏损1 000万元（以前年度无亏损），评估确认的价值为6 875万元，两公司合并后股票市价为3.2元/股。A公司已发行的股票共计20 000万股（面值为1元/股）。假定国家当年和下年发行的最长期限的国债利率都为10%，B公司第2年的评估确认价值仍然是6 875万元。经双方协商，A公司可以用以下方式合并B企业：

方案1：A公司以1 800万股和100万元人民币购买B企业（A公司股票市价为3元/股）；

方案2：A公司以1 500万股和1 000万元人民币购买B企业。

假设合并后被合并企业的股东在合并企业中所占的股份以后年度不发生变化，合并企业每年未弥补亏损前的应纳税所得额为8 000万元，增值后的资产的平均折旧年限为5年，行业平均利润率为10%，所得税税率为25%。

方案1：因为非股权支付额（100万元）小于股权按票面计算的20%（即1 800×20%=360万元），所以，B企业不就转让所得缴纳所得税。B企业去年的亏损可以由A公司弥补。A公司接受B企业资产时可以以B企业原账面净值为基础作为资产的计税成本。

第1年可弥补B企业的亏损=6 875×10%=687.5(万元)

B企业尚未弥补的亏损＝1 000－687.5＝312.5(万元)

第2年可弥补B企业的亏损＝6 875×10%＝687.5(万元)

因为687.5＞312.5，第2年可以弥补B企业的亏损312.5万元。

A企业第1年的税后利润＝8 000－(8 000－687.5)×25%＝6 171.88(万元)

可供分配的股利＝6 171.88×(1－25%)＝4 628.91(万元)

25%中10%为法定盈余公积，15%为任意盈余公积。

A公司第1年支付给B企业股东的股利折现值＝1 800÷20 000×4 628.91×0.909

＝378.69(万元)

(0.909为10%利润率的一年期复利现值折算系数。)

A企业第2年的税后利润＝8 000－(8 000－312.5)×25%

＝6 078.13(万元)

A公司第2年支付给B企业股东的股利折现值＝1 800÷20 000×6 078.13×(1－25%)×0.826 4

＝339.05(万元)

A公司以后年度的税后利润＝8 000×(1－25%)＝6 000(万元)

A公司以后年度支付给B企业股东的股利折现值＝[1 800÷20 000×6 000×(1－25%)]÷10%×0.826 4

＝3 346.92(万元)

按方案1，A公司合并B企业所需的现金流出折现值合计为：

100＋378.69＋339.05＋3 346.92＝4 164.66(万元)

方案2：因为非股权支付额（1 000万元）大于股权按票面计算的20%（即1 500×20%＝300万元），被合并企业B应就转让所得缴纳所得税，应缴纳的所得税为125万元[(1 500×3＋1 000－5 000)×25%]。又因为合并后B企业已不再存在，这部分所得税实际上由合并企业A承担。B企业去年的亏损不能再由A公司弥补。

A公司可按增值后的资产的价值作为计税价，增值部分在折旧年限内每年可减少应纳所得税额为25万元[(5 500－5 000)÷5×25%]。

A公司第1年的税后利润＝8 000×(1－25%)＋25－125＝5 900(万元)

可供分配的股利＝5 900×(1－25%)＝4 425(万元)

A公司第1年支付给B企业股东的股利折现值＝1 500÷20 000×4 425×0.909

＝301.67(万元)

A公司第2年的税后利润＝8 000×(1－25%)＋25＝6 025(万元)

可供分配的股利＝6 025×(1－25%)＝4 518.75(万元)

A公司第2年支付给B企业股东的股利折现值＝1 500÷20 000×4 518.75×0.826 4

＝280.07(万元)

A 公司第 3～5 年支付给 B 企业股东的股利折现值分别为 254.63 万元、231.48 万元、210.43 万元。

第 6 年及以后年度每年的税后利润＝8 000×(1－25%)＝6 000(万元)

第 6 年及以后年度每年可供分配的股利＝6 000×(1－25%)＝4 500(万元)

A 公司第 6 年及以后年度支付给 B 企业股东的股利折现值＝[1 500÷20 000×4 500×(1－25%)]÷10%×0.620 9
＝1 571.65(万元)

按方案 2，A 公司合并 B 企业所需现金流出折现值合计为：

125＋1 000＋301.67＋280.07＋254.63＋231.48＋210.43＋1 571.65
＝3 974.93 (万元)

比较两种方案，方案 2 现金流出较少，因此 A 公司应当选用方案 2。

从以上计算可以看出，税务筹划必须考虑经营活动发生改变所带来的一定时期的税收变化和现金流量的变化。本例中，由于 A 公司合并 B 企业，不仅要考虑 A 公司在合并时支付 B 企业股东现金价款，而且要考虑由于 B 企业股东还拥有 A 公司的股权，A 公司每年均要向 B 企业股东支付股利。由于合并企业支付给被合并企业的价款方式不同，将导致不同的所得税处理方式，涉及被合并企业是否就转让所得缴税、亏损是否能够弥补，合并企业支付给被合并企业的股利折现、接受资产增值部分的折旧等问题，企业应该综合考虑。

2. 企业分立

企业分立，是指被分立企业将其部分或全部营业分离转让给两个或两个以上现存或新设的企业（以下简称分立方），其股东由此取得分立方的股权支付额或非股权支付额。

企业分立一般应在交易发生时确认有关资产转让所得或损失。企业分立过程中发生的各项资产交易，凡已确认收益或者损失的，相关资产应当按交易价格重新确定计税基础。

如果作为补价的非股权支付额的公允价值低于股权账面价值的 20%，除与资产交易的补价或非股权支付额相对应部分的资产转让所得或损失应在交易当期确认外，经税务机关确认，资产交易双方可暂不确认有关资产的转让所得或损失，以下简称免税分立。

免税的企业分立交易中，当事各方应按下列方式进行处理：

除与补价相对应部分的资产外，分立企业接受被分立方企业的资产和负债的计税基础，应按被分立方企业的原计税基础确定。

被分立方企业已分离资产相对应的所得税事项由接收资产的企业承继。被分立企业的未超过法定弥补期限的亏损额可按分离资产占全部资产的比例进行分配，由接收分离资产的分立企业继续弥补。

除上述所得税上的应税分立和免税分立外，企业分立的税务筹划还要考虑企业分立中其他的税收利益，主要体现在两个方面：

（1）在流转税中，一些特定产品是免税的，或者适用税率较低，这类产品在税收上有一些特殊要求，而企业往往由于种种原因不能满足这些要求而丧失了税收上的一些利益。如果将这些特定产品的生产部门分立为独立的企业，也许会获得流转税免税或税负降低的好处。

（2）符合条件的小型微利企业减按 20%的税率征收企业所得税。通过分立可以使原本适用 25%税率的企业分化成两个或者两个以上适用 20%税率的企业，从而降低企业的总体税负。需要注意的是，如果这种分立不具有合理商业目的，税务机关有权按照合理方法调整。

【例 12-24】 某制药厂主要生产抗菌类药物，也生产避孕药品。某年该厂抗菌类药物的销售收入为 1 000 万元，避孕药品的销售收入为 200 万元。全年购进货物的增值税进项税额为 150 万元。全年应纳税所得额为 210 万元，其中避孕药品应纳税所得额为 10 万元。由于销售对象存在比较大的差异，为了让两类产品线都得到更快的发展，该厂拟将避孕药品分离出来单独设立一个制药厂。该厂希望了解该分立在税务上有何利弊。

首先分析增值税的影响。

税法规定，纳税人兼营免税项目而无法准确划分不得抵扣的进项税额的，按下列公式计算不得抵扣的进项税额：

$$\text{不得抵扣的进项税额}=\text{全部进项税额}\times\frac{\text{免税项目销售额}}{\text{全部销售额}}$$

设免税产品的增值税进项税额占全部产品增值税进项税额的比例为 R，则有

$$\text{分立前可以抵扣的进项税额}=\text{全部进项税额}-\text{全部进项税额}\times\frac{\text{免税项目销售额}}{\text{全部销售额}}$$

$$\text{分立后可以抵扣的进项税额}=\text{全部进项税额}\times(1-R)$$

求税负平衡点，则

$$\text{全部进项税额}-\text{全部进项税额}\times\frac{\text{免税项目销售额}}{\text{全部销售额}}=\text{全部进项税额}\times(1-R)$$

$$R=\frac{\text{免税项目销售额}}{\text{全部销售额}}$$

当 $R>\frac{\text{免税项目销售额}}{\text{全部销售额}}$时，合并经营较为有利；

当 $R<\frac{\text{免税项目销售额}}{\text{全部销售额}}$时，分立经营较为有利；

当 $R=\frac{\text{免税项目销售额}}{\text{全部销售额}}$时，合并、分立经营并无差别。

若避孕药品的进项税额为 15 万元，$(15\div150)<[200\div(1\ 000+200)]$，则该制药厂应该将避孕药品分设为另一个厂；若避孕药品的进项税额为 30 万元，$(30\div150)>[200\div(1\ 000+200)]$，则该制药厂应将抗生素与避孕药品合并经营。

再来分析一下规模经济不变时，分立对所得税的影响。

分立前企业应交所得税＝210×25％＝52.5(万元)

分立后企业应交所得税＝200×25％＋10×20％＝50＋2＝52(万元)

可见，分立后企业所得税费用减少 0.5 万元。

3. 企业重组税务筹划案例分析

案情介绍[①]：2015 年 3 月 23 日，山东 W 集团公司将旗下 7 家全资子公司的全部股权转让给青岛甲集团全资子公司 A 公司，转让对价合计为 27.10 亿元。2016 年 10 月 11 日，A 公司与同一集团下的全资子公司 B 公司和全资子公司 C 公司签订《股权无偿划转协议》，将 W 集团公司旗下 7 家全资子公司全部股权无偿划转。两个月后，B 公司和 C 公司又分别通过产权交易所挂牌这 7 家公司各 90％的股权，最终由乙集团的 M 公司接手，支付对价合计为 41.84 亿元。

上述股权转让均是集团公司将旗下 7 家全资子公司持有的青岛市某区的 7 宗商住用地。A 公司买入上述地块后，转让给集团公司并取得转让收益。整个过程共三个环节涉及转让税款，其中第二次是 2016 年 10 月甲集团 A 公司与同一集团的 B 公司、C 公司之间的内部股权划转，因作了特殊性重组备案，未确认转让所得。第三次是 2016 年 12 月 B 公司和 C 公司将 W 集团公司旗下 7 家全资子公司的股权转让给集团外的 M 公司。两次股份转让时间跨度极短，只有两个月。特别是第二次股权转让还享受了特殊性重组待遇，异常情况引起了税务机关的注意。

案情分析：2015 年《国家税务总局发布关于资产（股权）划转企业所得税征管问题的公告》（国家税务总局公告 2015 年第 40 号）对《财政部 国家税务总局关于促进企业重组有关企业所得税处理问题的通知》（财税〔2014〕109 号）中有关资产（股权）划转适用“免税”（特殊性税务处理）的相关问题予以了细化和明确。根据规定，对受同一居民企业 100％直接控制的居民企业之间按账面净值划转股权或资产，凡符合具有合理商业目的、不以减少、免除或者推迟缴纳税款为主要目的，股权或资产划转后连续 12 个月内不改变被划转股权或资产原来实质性经营活动等条件的，可暂不确认所得，划入方企业以股权的原账面净值确定计税基础。

A 公司将 7 家全资子公司股权划转给 B 公司和 C 公司两个月后，就将被划转股权作了转让，不符合“连续 12 个月内不改变被划转股权原来实质性经营活动”的规定。甲集团的一系列行为是出于避税目的，鉴于 A 公司近 5 年无可弥补亏损，如果直接转让 W 集团公司旗下 7 家全资子公司给 M 公司，将缴纳企业所得税 4.36 亿元，而 B 公司和 C 公司近 5 年可弥补亏损额为 3.92 亿元和 1.67 亿元。通过这两家公司转让，只需缴纳企业所得税 2.96 亿元，少缴纳 1.4 亿元（4.36－2.96），集团整体税负减少 32.11％。

税务机关否定了甲集团的税务筹划方案，即不得利用内部亏损企业的可弥补亏损减少集团股权转让整体所得税负担。

结论：对集团公司来说，这是一个税务筹划失败案例，但可以从中吸取教训。集团内部在进行合并、分立、股权转让、资产收购、债务重组等重组事项时，要严格遵从税

---

① 根据“王文清. 合规是企业集团税务筹划的底线.”（中国税务报，2017.11.10）整理，致谢。

法关于特殊性税务处理的相关规定，任何以减少、免除或推迟缴纳税款为主要目的划转操作都不得适用特殊性税务处理。在进行企业重组递延税务筹划时，要正确理解、准确把握适用特殊性税务处理的规定，避免税务风险。

12.3 国际税务筹划

12.3.1 国际税务筹划概述

1. 国际税务筹划与税收管辖权

国际税务筹划的任务是通过税收负担的最小化，实现全球所得的最大化。企业国际税务筹划的特点是利用企业灵活的跨国机制，在处于不同税收环境的国家中所属的相应机构单位之间进行利润的再分配。

跨国纳税人必须同时与两个或两个以上国家在其各自的权力管辖范围内发生税收征纳关系，因此，税收管辖权概念是国际税务筹划中一个根本性的问题。税收管辖权是一个国家在税收领域内所行使的具有法律效力的管理权力，是国家主权在税收领域的体现。世界上的税收管辖权分为居民管辖权、公民管辖权和地域管辖权。地域管辖权（又称收入来源地管辖权）是按照属地原则确立的税收管辖权，即一国政府只对来自或被认为来自本国境内的所得拥有征税权力。居民管辖权和公民管辖权（又称国籍管辖权）都是按照属人原则建立的税收管辖权。居民管辖权是指征收国对其境内所有居民来自世界范围的全部所得行使征税权力，公民管辖权是指一个国家对凡是属于本国公民取得的来自世界范围的全部所得行使的征税权力。各国实行不同的税收管辖权，一方面使纳税人面临国际双重缴税的风险，另一方面也使纳税义务人面临利用不同的税收管辖权进行国际税务筹划的机遇。

2. 公司法人的居民身份确定标准

（1）法律标准。对凡是按照本国法律组建并登记注册的公司规定为本国居民公司。法律标准又称组建地标准或注册地标准。

（2）总机构标准。以一个公司的总管理机构，如总公司、总部是否设在本国境内为判定标准。如果一个公司总机构在本国境内，即为本国居民公司。

（3）控制和管理中心标准。以公司经营活动的实际控制和管理中心所在地为依据，凡是实际控制和管理中心所在地被认定在本国境内的公司为本国居民公司。按照有关国家规定，实际控制和管理中心所在地一般是指公司董事会所在地，或董事会有关经营决策会议的召开地点。

（4）主要经营活动标准。以公司经营业务的数量为依据。实行这一标准的国家通常规定，如果一个公司占最大比例的贸易额或利润额是在本国境内实现的，该公司就是本国居民公司。

（5）控股标准。以一个公司拥有控制表决权的股份的股东的居民身份为依据，有控股表决权的股东是本国居民，该公司也为本国居民公司，并负有纳税义务。

中国采取的是登记注册地和实际管理控制地相结合的原则。我国企业所得税法及实施条例规定，居民企业是指依法在中国境内成立，或者依照外国（地区）法律成立但实际管理机构在中国境内的企业，实际管理机构是指对企业的生产经营、人员、账务、财产等实施实质性全面管理和控制的机构。

【例 12－25】 甲跨国公司同时在 A，B 两国开展业务，A，B 两国都行使居民管辖权，但 A，B 两国对判定公司法人的居民身份有不同的标准。A 国采用登记注册标准，B 国采用总机构所在地标准。如果甲跨国公司在 A 国登记注册，同时将总机构设在 B 国，在 A，B 两国没有签订国际税收协定的情况下，甲跨国公司同时是 A，B 两国的居民，甲跨国公司来自世界范围的全部所得既要向 A 国又要向 B 国缴税，即国际双重缴税。相反，如果甲跨国公司在 B 国登记注册，同时将总机构设在 A 国，理论上，甲跨国公司不具备任何一国居民公司的身份地位，而不需要承担 A，B 两国中任何一国的无限纳税义务，规避了税收负担。

3. 国际税务筹划的基本方式

国际税务筹划的基本方式就是跨国纳税人通过利用或套用有关国家税法和国际税收协定，利用其对企业经营有利的规定，以及利用其差别、漏洞、特例和缺陷，避免国际双重缴税，规避纳税主体和纳税客体的纳税义务。纳税人一般是企业法人，这里统称为“人”；征税对象一般指资金投放、劳务付出，或货物交换而产生的收益或所得，这里统称为“物”。国际税务筹划的基本方法包括：人的流动税务筹划法、人的非流动税务筹划法、物的流动税务筹划法、物的非流动税务筹划法。对于套用国际税收协定这一常用的国际税务筹划方法，由于其是一种人的变相流动方法，故将其归入人的非流动税务筹划法。

应指出的是，由于各国税制存在很大的差异，本书介绍的国际税务筹划的一般方法并非在任何一个国家都能使用，这些方法在一些国家会受到限制，甚至在一些国家被视为违法行为。纳税人在应用这些方法时，要注意相关国家的税法和税收协定的有关规定，特别是要注意与这些方法有关的反避税条款。

12.3.2　人的流动税务筹划法

人的流动税务筹划法是指一个国家税收管辖权下的纳税人法律意义上迁移出该国，成为另一个国家税收管辖权下的纳税人，或没有成为任何一个国家税收管辖权下的纳税人，以规避或减轻其总体纳税义务的国际税务筹划方法。这种纯粹为了税务筹划而进行的国际迁移现象，国际上称为“税收流亡”。其具体方法主要有：

1. 纳税人住所的真正迁移

一般来说，高税国的纳税人所承担的纳税义务，要比低税国的纳税人所承担的纳税义务重。作为一个跨国企业纳税人，往往可以通过把住所迁往低税国，用成为低税国法人居民的方式来减轻税收负担。例如，一个总部设在高税国的跨国公司，把其总部迁到一个投资环境良好的低税国。在跨国公司的迁移中，还常涉及“合并迁移”或“分立迁移”。

（1）合并迁移法。合并迁移法又称“化零为整”法，是指企业在合并或联合后迁往其他国家的国际税务筹划方法。例如，一些国家为吸引大型跨国公司，制定了对大公司有利的税收政策，一些公司在迁往那里时，往往建立联合关系或组成公司集团。又如，一些公司在避免国际双重缴税时，为了能享受间接抵免，在把子公司迁往其他国家时，也往往要合并其属下的一些小公司，以便使其在子公司的股份达到规定的限额。

（2）分立迁移法。分立迁移法又称“化整为零”法，是指企业进行重组后将分设企业迁往其他国家的国际税务筹划方法。例如，一些国家对小企业有诸多税收优惠，包括较轻的税率、较宽松的税前扣除等，那么，跨国公司就可以把一个企业分立成满足该国小企业条件的几个企业后再迁往该国。

2. 纳税人住所的“虚假”迁移

“虚假”迁移是指纳税人法律上已迁出了高税国，但实际上并没有在其他任何国家取得住所。一般来说，一个企业纳税人要真正把住所从高税国迁往低税国，其付出的代价是很大的：它要搬到一个可能非常陌生的地方，需要花费很多精力与低税国社会融为一体，它要支付各种拆迁费，而且很有可能还要就自己的资本利得向高税国缴纳一大笔资本利得税。如果一个高税国的企业纳税人有足够证据证明它不是这个国家的居民，而是另一个国家的居民，那么尽管实际上它是这个国家的居民，它的纳税义务还是可以减轻甚至消除的。利用这种手法达到减轻税负的目的有时并不难，因为各个国家关于住所或居所的法律规定并不一样，法律解释也不相同，使得企业纳税人利用住所或居所的“虚假”迁移进行国际税务筹划成为可能，尽管一些国家的税法或税收协定也会对这种方法制定严格的反避税措施。

假如一个公司所在高税国是以实际管理控制中心所在地作为判定居民法人的标准，而法律规定实际管理控制中心根据公司的董事会、公司总账、股息分配、利润表、营业报告来判定，那么，这个公司想要通过“虚假”迁移变成该高税国的非法人居民，达到税务筹划减轻税收负担的目的，可以通过下列做法实现：

（1）改由另一国居民担任常务董事，该高税国居民不再参与直接管理，董事会和股东会迁至另一国召开，经营决策在另一国制定；

（2）总账迁至另一国编制和保存；

（3）股息分配在另一国进行；

（4）利润表在另一国编制和公布；

（5）营业报告在另一国公布。

12.3.3 人的非流动税务筹划法

人的非流动税务筹划法是指一个国家税收管辖权下的纳税人并没有实际迁移出该国，

但已不再是该国税收管辖权下的纳税人或改变了纳税人性质，以规避或减轻其总体纳税义务的国际税务筹划方法。对于跨国纳税人，特别是跨国公司来说，真正迁出住所付出的代价是非常高的，因此，跨国纳税人就要利用有关国家税法和税收协定的漏洞和缺陷，不真正迁移住所也可以规避或减轻其纳税义务。

1. 利用信托形式

利用信托形式是指纳税人通过建立信托财产或者其他信托关系的各种信托形式进行国际税务筹划的方法。信托是指委托人将其财产所有权转给受托人，并委托受托人为其指定的受益人的财产加以保管和经营。一项信托通常是由三方面关系组成：一是委托人，又称信托人；二是受托人；三是受益人。

利用信托形式可以转移财产或所得，造成法律形式上所得或财产与原所有人的分离，而且分离出的所得或财产仍受法律保护。高税国家的纳税人在某个低税国家或地区建立一个信托公司，把自己的所得和财产归于这个信托公司名下，可以达到以下目的：第一，把高税率国家的收入转移到低税国家，可以逃避应向居住国政府补缴外国所得税抵免后的差额的那部分税款；第二，把聚集各地的收入再进行投资或买卖当地股票，这部分投资所得又可以享受所得税的好处。这也被称作“虚构信托财产”。

例如，一个高税国家的跨国纳税人在低税国家建立了一个持股公司从事海外的积极投资，由于该纳税人在持股公司的股份是大量的，因此，公司的所得或部分所得还是可能被高税国家视为该纳税人的所得而进行征税。这时纳税人可以把持股公司信托给一个低税国银行或信托公司进行管理。这样，持股公司的股权就合法地归银行或信托公司所有，持股公司的所得也不再被视为高税国家纳税人的所得，而实际上持股公司财务利益的真正所有者还是信托人兼受益人的高税国家纳税人。

除了信托方式，还有其他信托协议形式。例如，高税国家 A 国纳税人贷款给 B 国的企业，与低税国家 C 国某个银行签订信托合约，该银行受托替该纳税人向 B 国企业收取利息，则该纳税人通过此信托协议形式可得到的税收好处是：只要利息所得留在低税的 C 国增值，就可能规避 A 国较高的所得税；如果利息所得要汇回 A 国，而 A 国与 B 国之间没有相互减征利息预提税的税收协定，B 国与 C 国签订有相互减征利息预提税的双边税收协定，那么这笔利息的汇出也可以规避较重的利息预提税。

2. 套用税收协定

(1) 套用税收协定的概念。税收协定是指两个或两个以上主权国家为了避免国际双重征税，协调相互间的税收分配关系，经由政府间谈判所签订的确定缔约国各方权利和义务的一种书面协议。在税收协定中，缔约国双方都要做出相应的约束和让步，于是形成对缔约国双方居民适用的优惠条款。因此，在任何一个税收协定中，都应明确规定其适用于缔约国一方还是缔约国双方居民。

套用税收协定（treaty shopping）是指非缔约国居民利用国际税收协定的某些优惠条款，设法使自己的应税行为符合其有关规定，以全部或部分得到税收协定提供的本不应由其享有的税收优惠待遇。

套用税收协定是纳税主体（人）的变相流动的一种特殊的税务筹划方式。在双边税收协定中，通常是在股息、利息和特许权使用费等这些消极所得的预提税上，缔约国互相给予减税或免税的待遇。因此，非缔约国居民套用税收协定主要是集中在减轻或规避非居住国对消极投资所得征收的预提税方面。

（2）套用税收协定的常见方式。套用税收协定进行税务筹划的方式以设置中介体为主要特征，大体可归纳为以下三类：

1）建立直接导管公司（direct conduit companies）。直接导管公司是指为获取某一特定税收协定待遇的好处，而在某一缔约国建立的一种具有居民身份的中介体公司。例如，A国甲公司原打算在B国设立子公司乙，但B国要对B国公司汇往A国的股息征收较高的30%的预提税。B国与C国缔结有相互减按5%征收股息预提税的税收协定，A国与C国也缔结有相互减按5%征收股息预提税条款的税收协定。此时，A国甲公司便可以在C国建立一个持股公司丙，通过丙公司收取来自B国公司的股息。这样，A国甲公司就可以减少其股息所得的总纳税义务。由于A国甲公司通过C国丙公司就能得到C国与A，B两国签订的税收协定的税收优惠，C国丙公司犹如一根直接吸取缔约国公司所得的导管，因此，被形象地称为导管公司，如图12-1所示。

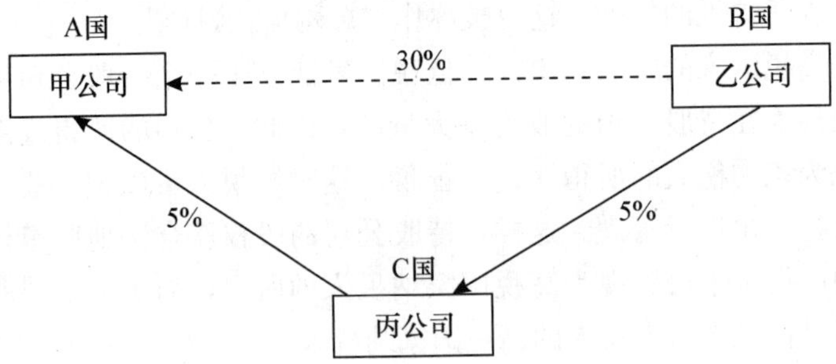

图12-1　导管公司示意图

2）建立脚踏石导管公司（stepping stone conduit companies）。脚踏石导管公司是指为获取某些特定税收协定待遇的好处，而在相关缔约国建立的两个或两个以上具有居民身份的中介体公司。这是在设立直接导管公司不能直接奏效的情况下所采取的一种更间接、更迂回的税务筹划方式，涉及在两个以上国家设立子公司来利用有关国家所签订的两个或两个以上税收协定。

例如，A国甲公司原打算在B国拥有一公司乙，但B国要对B国公司汇往A国的股息征收较高的30%的预提税，而B国与C国、A国与D国都缔结有相互减按5%征收股息预提税的税收协定，C国与D国则签订相互对持股公司免征股息预提税的税收协定。此时，A国甲公司便可以在D国建立一个持股公司丁，通过丁公司在C国建立一个持股公司丙，再通过丙公司在B国建立一个子公司乙。这样，A国甲公司就可以减少其股息所得的总纳税义务。由于A国甲公司一定要通过建立D国丁公司和C国公司丙才能取得B国乙公司股息并规避税负，丁公司和丙公司在其中犹如两块到达目的地所必需的脚踏石，通过它们作为中介吸取C国与D国、C国与B国税收协定所给予的税收优惠才能减轻税负，因此，被形象地称为脚踏石公司，如图12-2所示。

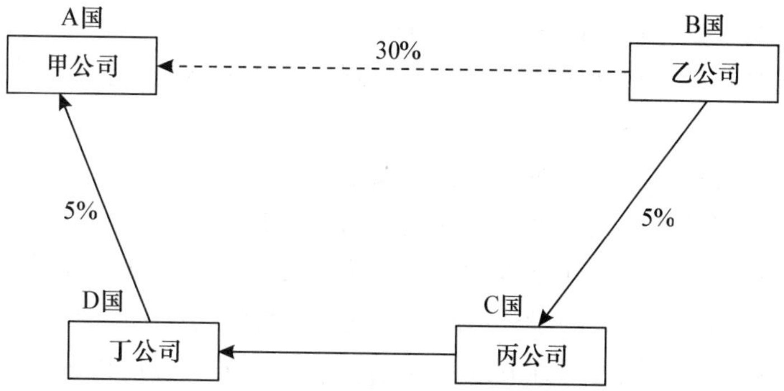

图 12－2　脚踏石公司示意图

3）直接利用双边关系设置高股权控股公司。由于一些国家对外签订的税收协定中有明确规定，如果股息受益所有人是缔约国另一方居民，缔约国一方居民向股息受益所有人支付的股息享受协定优惠的必要条件是，在受益所有人直接拥有支付股息公司的股权不得低于一定比例。因此，这些国家的跨国公司拟在缔约国另一方建立子公司时，就需要将持有该子公司的股份保持在限额之上，以便使股息能够享受到优惠。例如，中国签订税收协定的惯例就是将这一比例定为 25%，假若某国的跨国公司拥有在中国的全资子公司，而两国之间签有上述税收协定，那么，该跨国公司可以从子公司取得的股息就可以享受 5%预提所得税的优惠待遇（一般情况下是 10%）。

12.3.4　物的流动税务筹划法

物的流动税务筹划法是指跨国纳税人将一个国家税收管辖权下的纳税客体转移出该国，成为另一个国家税收管辖权下的纳税客体，或没有成为任何一个国家税收管辖权下的纳税客体，以规避或减轻其总体纳税义务的国际税务筹划方法。物的流动往往比人的流动隐蔽性更好。这里说的“物”的流动，不仅是指纳税客体自身——各类所得、收益等的流动，更重要的是指那些与形成最终所得、收益相关的要素，即资金、货物、劳务、费用等有形与无形要素的流动。

1.　避免成为常设机构

绝大多数国家利用“常设机构”的概念，作为对非居民公司征税的依据：构成常设机构的，就可以认定其所得来源于该国境内，可以行使地域管辖权，对该所得征税；不构成常设机构的，就不对其所得征税。

在国际税收协定中，常设机构是指企业进行全部或部分经营活动的固定场所。一般常设机构包括：

（1）管理场所、分支机构、办事处、工厂和作业场所；

（2）矿场、油井或气井、采石场或其他开采自然资源的场所；

（3）建筑工地，建筑、装配或安装工程，或者与其有关的监督管理活动，但这种工地、工程或活动，应以连续超过一定时间为限；

（4）企业通过雇员或其他非独立代理人在非居住国从事经常的营业活动，即使并未设立固定营业场所，也应视为设有常设机构；

（5）企业通过授权非独立代理人在对方国家经常代表该企业签订合同的，也可视为设有常设机构。

这些协定还明确指出：缔约国一方企业仅通过按常规经营本身业务的经纪人、一般佣金代理人或者任何其他独立代理人在缔约国另一方进行营业，不应认为在该缔约国另一方设有常设机构（除非这个代理人的活动全部或几乎全部代表该企业，并且该代理人和该企业之间商业和财务关系的条件不同于独立企业之间关系的条件）。

同时，缔约国一方居民公司控制或被控制于缔约国另一方居民公司，或者在该缔约国另一方进行营业的公司（不论是否通过常设机构），此项事实不能据以使任何一方公司构成另一方公司的常设机构。

跨国纳税人可以利用这些规定，依靠从事一项或多项免税活动来进行税务筹划，也可以利用服务公司来进行税务筹划。如果跨国纳税人的母公司是建立在避税地或另一个设有税收条约或协定的国家，这些做法的效果就会更为明显。依据上述协定，当我国某毛皮加工公司想了解北美国家关于裘皮服装行业对毛皮的需求情况并寻求合作伙伴时，就可在加拿大设立一专门为该公司搜集北美国家裘皮服装信息的办事处，根据中国、加拿大类似协定的有关规定，该办事处不构成中国公司在加拿大的常设机构，以达到减轻税负的目的。

很多国家对非居民公司的留存时间做了规定，在留存时间内对非居民公司的所得免税。一些企业依靠技术水平的提高和生产周期的缩短，可以在政府规定的免税期间完成其经营活动，避免作为常设机构在非居住国纳税。例如，中东和拉美地区的某些国家规定，非居民公司在半年内获得的收入可以免税，外国的建筑承包公司常常设法在半年以内完成其承包工程，以免交来自这些国家的收入所得税。

2. 利用常设机构转移收入与费用

许多国家规定对常设机构的营业利润免征税款，这就给跨国纳税人开辟了税务筹划的渠道。只要跨国纳税人有确凿的证据证明其在来源国所从事的活动与常设机构取得的营业利润无关，就可以免交所得来源国的税收。跨国纳税人可以通过常设机构来转移货物、财产和费用，从而达到税务筹划的目的。

（1）转移货物。跨国纳税人往往在几个国家拥有常设机构，其中有的国家有关于常设机构某些活动可以免税的规定，纳税人就可把其所储存或加工的货物转移到具有这种免税规定的国家的常设机构中去，以达到减轻税负的目的。

（2）转移劳务费、特许权使用费及其他类似的费用。这些费用是指总机构与常设机构以及常设机构之间相互支付的款项。尽管国际上普遍对上述机构间的费用在所得税前的扣除有比较严格的限制，但还是有可能被高税国的纳税人加以利用。

（3）转移亏损。各国对营业利润、亏损抵补的规定存在较大差异。跨国纳税人为了减轻税负，往往利用常设机构间财务上的密切联系，故意使高税国常设机构亏损，而增加低税国或避税港常设机构的利润。

（4）转让财产。常设机构之间转让财产时通常涉及两个问题。一个是被转让的财产是否在原常设机构就资本利得向所在国政府纳税，没有纳税时如何计算资本利得税。另一个问题是转入财产的常设机构如何对转入财产进行计价。这些问题的不确定性往往会给跨国纳税人进行税务筹划留下一定的回旋余地。

3. 利用转让定价

跨国公司的内部企业交易占有很大比例。转让价格是指在跨国公司内部、总公司和分公司、母公司和子公司、子公司和子公司之间相互进行的出口和采购商品、劳务以及其他经营资源内部转让所规定的价格。通过转让定价可以使整个公司税收最小化；通过转让定价，调整总公司与子公司之间、子公司相互之间的利润分配，以便利用各国公司所得税差异，减少公司整体的税额；通过转让定价，调整母公司与子公司之间、子公司与子公司之间非有形产品的相互支付额，可以减少公司整体的所得税额；通过转让定价减轻关税（主要是进口税负担），可以减少公司整体的税额。

【例 12－26】 假设位于甲国的 A 公司是位于乙国的 B 公司的母公司，A 公司控制 B 公司 100%的股权。甲国公司所得税税率为 40%，乙国为 30%，A 为 B 提供一批零件，由 B 加工后出售，按正常交易价格和低价格进行交易的结果如表 12－9 所示。

表 12－9　转让定价前后的税负比较

单位：万美元

公司	项目	按正常价格	按低价格
A 公司	销售收入	100	75
	成本	50	50
	利润	50	25
	税率	40%	40%
	税额	20	10
B 公司	销售收入	200	200
	成本	125	100
	利润	75	100
	税率	30%	30%
	税额	22.5	30
税额合计		42.5	40

从表 12－9 中可以看出，A 公司与其子公司 B 公司利用较低的产品转让价格降低了公司整体税负 2.5 万美元。目前，大多数国家的税法都制定了专门的反避税条款，以制止跨国公司非法滥用转让定价。企业在利用转让定价时，要充分考虑到这些反避税条款的限制。

4. 利用国际避税地

国际避税地（international tax heaven）是指没有所得税和一般财产税的国家和地区，所得税和一般财产税的税率很低的国家和地区，或虽然实行一般的所得税、一般财产税税率，但能提供特殊的所得税或一般财产税优惠的国家和地区。在国际避税地，往往通过完全或部分地不征收某些所得税和一般财产税，如公司所得税、个人所得税和遗产税；或完全放弃居民（公民）管辖权，只行使地域管辖权，即仅对来源于或存在于本国（本地区）的所得和一般财产征税；或在某些方面制定较低税率和某些优惠条款，从而使纳税人的税负水平远低于国际一般水平。

跨国纳税人利用避税地的手段主要是建立基地公司（base company），亦称招牌公司，作为减轻税负的基地或中介。基地公司实际上是受控于高税国纳税人的建立于避税地的虚构的纳税实体，其经济实体仍在其他国家。绝大部分基地公司在避税地没有实质性的经营活动，仅租用一间办公室或一张办公桌，甚至仅挂一块招牌，这种公司还被称为“信箱公司”或“纸面公司”。

在一般情况下，将常设机构或公司设在国际避税地，减轻税收负担的渠道通常有四种：第一，税后的所得最好经由国际避税地转移到与其有税收协定关系的国家，可以享受较低的预提税税率；第二，税前所得最好多体现在国际避税地，这样税收负担低，甚至可能为零税率；第三，因课征低税率的劳务报酬所得税，从而减轻税负；第四，在国际避税地多保留税后所得，可享受税收递延的好处。利用基地公司的税务筹划方法有以下几种：

（1）把基地公司作为中转销售公司。假如A国设有母国公司N，B国设有子公司N_1，C国设有子公司N_2。N_1公司或D国非关联公司d的产品实际上是直接运送到N_2对外销售的。在E国设有基地公司e。从产品的流转来看，N_2直接接收来自N_1和d的产品。但从销售关系来看，先由N_1和d以低价向e出售产品，再由e加价售给N_2。这部分价差形成的利润就沉淀在e公司的账上，而E国为避税地，税负低甚至无税，因此达到了避税的目的，如图12-3所示。

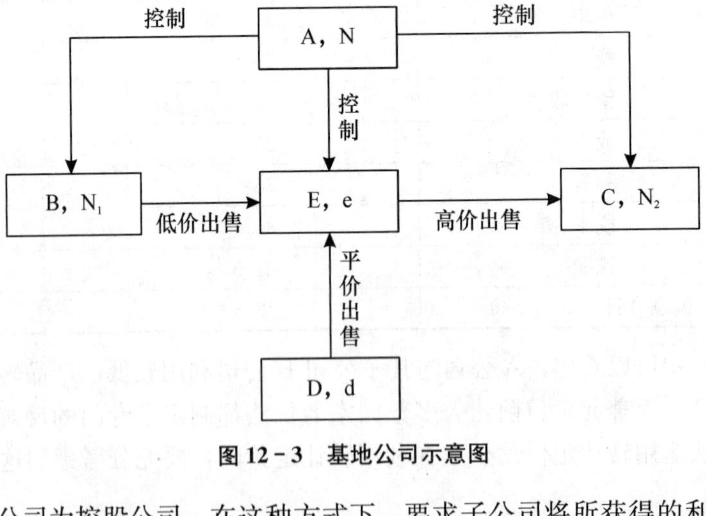

图12-3　基地公司示意图

（2）基地公司为控股公司。在这种方式下，要求子公司将所获得的利润以股息形式汇回到基地公司，以达到避税目的。例如，一家美国公司收取在中国内地的子公司的股息要缴纳税率为10%的中国预提所得税。为了降低预提税，美国公司在中国香港设立一家中间控股公司，由香港公司控股内地的子公司。按照内地与香港之间的双边税收安排，当内地子公司向香港控股公司支付股息时，只需按5%的税率代扣代缴预提所得税，而香港对控股公司收取的这笔股息不征税。

再如，设在避税地的控股公司并不仅仅被用于持有筹集来的收入，它常常是介于最终控股母公司与子公司、孙公司之间的中继站。避税地公司利用自己有利的免税条件，可以发挥一种转盘作用，通过把筹集来的资金再投资，可以赚到新的免税收入。控股公司的收入不仅限于股息，还可以有利息、特许权使用费等形式。

（3）基地公司作为收付代理。由它们收取利息、特许权使用费、劳务费和贷款。实际上，款项的借出、许可证的发放、劳务的提供与货物的出售均在别处。

（4）基地公司作为海运公司。这样做的目的是使海运收入减少或避免税负。海运公司的所有权与经营权无须在同一国内，注册地又可以是第三国。从减轻负税的角度考虑，许多船舶悬挂方便旗帜（flags of convenience）。所谓方便旗帜，是指那些可由非居民船东悬挂的国旗，旗帜国政府除收取一部分注册费外，对挂旗帜船并不实行财政性或其他控制。

（5）基地公司作为信托公司。在大部分国家，信托都不具有独立的法人地位，并且对这种信托法律关系的存在都有一定的时间限制。然而在一些避税地，信托则可以作为法人存在，并允许一项信托长期存在，如列支敦士登。在另一些避税地，允许建立信托，但无信托法规，因而信托也可以无限期存在。

高税国的纳税人可将其财产或其他资产委托给避税地的一家信托公司或受托银行，由其处理财产的效益。跨国纳税人利用信托不但可以在一定程度上避免财产所得和转让资产产生的资本利得的税负，由于信托资产的保密性，还可通过信托资产的分割将其财产转移到继承人或受赠人的名下，借此来规避有关国家的继承税、遗产税或赠与税。

另外，还可以使基地公司采取以下公司形式：

（1）投资公司。以从事有价证券投资为目的，主要持有其他公司优先股、债券或其他证券的公司。

（2）金融公司。为跨国公司内部的借贷充当中介人或向第三方提供贷款和投资。

（3）专利持有公司。主要经营内容是提供和转让各种专利权。

（4）贸易公司。专门从事货物或劳务贸易以及租赁业务的实体。

（5）受控保险公司。在跨国公司内部，为其公司集团成员提供保险和分保险业务。

（6）离岸银行。由高税国居民在避税地建立的以海外投资为目的的具有独立法人地位的离岸基金和以所在国非居民为业务对象的离岸银行。

12.3.5　物的非流动税务筹划法

物的非流动税务筹划法是纳税客体在形式上并没有发生跨越国境或税境的流动，但通过跨国纳税人的精心安排，仍可起到纳税客体转移的国际税务筹划方式。它是属于物的流动的一种特殊变体。

1. 利用延期纳税的规定

在利用物的非流动进行国际税务筹划方面，跨国纳税人采用的有效方法之一是利用各国税法中有关延期纳税的规定，通过在低税国或国际避税地组建的一个实体（通常应具有独立的法人资格），进行所得和财产的积累。在积累的所得和财产中，也包含先前物的流动的因素。

在实行居民（或公民）管辖权的国家，税务会计处理一般采取收付实现制原则，即该征收国在外国子公司没有把股息等汇给母公司之前，对这项利润不予征税。这样，跨国纳税人就可以通过在低税国等地的一个法人实体进行所得或财产的积累。

利用延期纳税的先决条件是，跨国纳税人在合适的低税国或国际避税地建立子公司（一般是完全控股的公司），然后再利用其他物的流动手段，使利润在该子公司得以形成和积累。这些利润可能根本就不必汇回给母公司，也可能在拖延一段时间后，再以股息形式汇回。对于高税国的跨国纳税人来说，能拖延一段时间迟缴税款，就等于获得一笔无息贷款，增加了公司集团整体的流动资金。

但需要注意的是，有的国家在税法中制定了专门的限制受控外国公司的条款，以制止跨国公司非法滥用资本弱化。中国的税法规定，由居民企业或者由居民企业和中国居民控制的设立在实际税负明显低于12.5%的国家（地区）的企业，并非由于合理的经营需要而对利润不做分配或者减少分配的，上述利润中应归属于该居民企业的部分，应当计入该居民企业的当期收入。

2. 精心选择国外经营方式

当一个跨国公司决定在国外投资和从事经营活动时，可以在设立分公司或组建子公司两种主要方式中选择一种。

3. 利用税收优惠和低税点

在税务筹划中，往往将有助于减轻税负的投资经营形式和收入项目，称为低税点。跨国纳税人在对外投资经营中，十分注重利用东道国税务待遇中的低税点。低税点大量存在于各项税收优惠中，诸如加速折旧、投资抵免、差别税率、专项免税、亏损结转、减免税期间等。如果其所从事投资经营活动的非居住国与其居住国之间签订有包含税收饶让条款的税收协定，跨国纳税人则可以从这些低税点的利用中获得收益。

复习思考题

1. 在分税种进行的税务筹划中，各案例与该税种的特点有什么关系？
2. 企业经营活动中的税务筹划涉及哪些经营活动？税收是如何影响企业经营活动的？
3. 国际税务筹划中的转让定价是否也可以应用于国内？
4. 简述税务筹划与税务会计的关系。

技能题

一、单项选择题

1. 会计政策选择的税务筹划包括采用不同的固定资产折旧方法，如果企业在前几年可以享受减免税待遇，相对于平均年限法而言，采用加速折旧方法一般情况下会使企业所得税税负（　　）。

A. 降低　　B. 增加　　C. 无变化　　D. 推迟

2. 在国际税务筹划中，属于“物的流动税务筹划法”的是（　　）。

A. 避免成为常设机构　　B. 利用信托形式

C. 纳税人住所的真正迁移　　D. 套用税收协定

二、多项选择题

1. 国际税务筹划的基本方法包括（　　）。

A. 人的流动税务筹划法　　B. 人的非流动税务筹划法

C. 物的流动税务筹划法　　D. 物的非流动税务筹划法

2. 国内投资方向的税务筹划主要有（　　）。

A. 利用鼓励科技进步的优惠政策进行税务筹划

B. 从事农、林、牧、渔业项目的优惠政策进行税务筹划

C. 利用公共基础设施项目的优惠政策进行税务筹划

D. 利用环境保护、节能节水项目的优惠政策进行税务筹划

三、案例分析题

案例 1　折旧方法不同企业税负不同

某企业逐年盈利，未享受企业所得税优惠政策，企业所得税税率为 25%，2019 年拟购进一项由于技术进步产品更新换代较快的固定资产，该项固定资产原值 500 万元，预计净残值 20 万元，预计使用寿命 5 年，与税法规定的折旧最低年限相同。根据税法规定，该项固定资产在折旧方面可享受税收优惠政策。假定按年复利利率 10%计算，第 1 年～第 5 年的现值系数分别为 0.909，0.826，0.751，0.683，0.621。

分析要求：运用不同的折旧方法，分析该企业的所得税税负并进行税务筹划。

案例 2　投资设厂：选择母子公司、还是总分公司

甲公司为了有效降低采购成本，在某市投资设立了上游企业丙公司，丙公司将生产的成品 A 产品销售给甲公司，作为甲公司的主要材料用于继续深加工；最后加工成 B 产品销售，B 产品的加工周期较长，一般为 2 年。已知甲、丙公司均为增值税一般纳税人，增值税率为 13%，城建税率为 7%，教育费附加征收率为 3%，企业未享受税收优惠政策，适用的企业所得税税率为 25%。按年度财务预算分析，当年甲公司计划购入丙公司的 A 产品 60 000 万元，并全部投入用于加工 B 产品，预计至下年才加工完成并销售。假定丙公司产品销售利润率为 20%。甲公司当年实现销售收入 100 000 万元，发生业务招待费 800 万元；丙公司当年实现销售收入 60 000 万元，发生业务招待费 100 万元。

分析要求：选择母公司还是子公司可以降低税负?

案例 3　何种促销活动能降低企业税负?

某百货商场最近正在筹划开展部分商品的促销活动。目前有三种方案可以选择：

方案 1：商品八折销售；

方案 2：购物满 1 000 元者赠送价值 200 元的商品（购进价为 150 元）；

方案 3：购物满 1 000 元者返还现金 200 元。

假定以上销售价格及购进价格均为增值税专用发票上注明的价税合计数；销售利润率为 25%，即销售 1 000 元的商品，其购进价为 750 元。

要求：以消费者同样购买一件价值 1 000 元的商品为例，就上述三种方案，分别计算百货商场应纳增值税额及毛利率，并从毛利率角度指出百货商场可以选择的最好方案，并简要说明理由。

参考文献

1. 中华人民共和国税收法规公告.

2. 财政部　税务总局公告.

3. 国家税务总局公告.

4. 国家税务总局函.

5. 财政部 国家税务总局（财税〔2016〕36 号）：关于全面推开营业税改征增值税试点的通知.

6. 财政部. 企业会计准则（合订本）[M]. 北京：经济科学出版社，2017.

7. 财政部. 企业会计准则应用指南（2018 年版）. 上海：立信会计出版社，2018.

8. 财政部（财会〔2016〕22 号）：增值税会计处理规定.

9. 财政部 国家税务总局 海关总署公告 2019 年第 39 号：关于深化增值税改革有关政策的公告.

10. 财政部 国家税务总局 科技部（财税〔2018〕64 号）：关于企业委托境外研究开发费用税前加计扣除有关政策问题的通知.

11. 盖地. 税务会计原则、财务会计原则的比较与思考 [J]. 会计研究，2006（2）.

12. 盖地. 增值税会计：税法导向、还是财税分离 [J]. 会计研究，2008（6）.

13. 盖地，孙雪娇. 税务会计计量属性及其与财务会计计量属性的比较 [J]. 会计研究，2009（4）.

14. 盖地. 避税的法理分析. 会计之友，2013（9）.

15. 盖地 等. 税务筹划理论研究——多角度透视. 北京：中国人民大学出版社，2013.

16. 盖地. 税务会计概念框架构想 [J]. 会计研究，2014（10）.

17. 盖地. 税务会计理论研究 [M]. 北京：清华大学出版社，2015.

18. 盖地. 全面推出“营改增”及其对会计与税务筹划影响探析. 会计之友. 2016 (14).

19. 盖地. 税收与会计——依存与共生. 北京：中国财政经济出版社，2018.

20. 盖地. 税务筹划. 第7版. 北京：高等教育出版社，2019.

图书在版编目（CIP）数据

税务会计与税务筹划：数字教材版/盖地编著. --13 版. --北京：中国人民大学出版社，2021.8
新编 21 世纪会计系列教材
ISBN 978-7-300-29502-2

Ⅰ.①税… Ⅱ.①盖… Ⅲ.①税务会计-教材②税务筹划-教材 Ⅳ.①F810.42

中国版本图书馆 CIP 数据核字（2021）第 120334 号

新编 21 世纪会计系列教材
税务会计与税务筹划（第 13 版·数字教材版）
盖　地　编著
Shuiwu Kuaiji yu Shuiwu Chouhua

出版发行	中国人民大学出版社		
社　　址	北京中关村大街 31 号	**邮政编码**	100080
电　　话	010－62511242（总编室）		010－62511770（质管部）
	010－82501766（邮购部）		010－62514148（门市部）
	010－62515195（发行公司）		010－62515275（盗版举报）
网　　址	http://www.crup.com.cn		
经　　销	新华书店		
印　　刷	北京昌联印刷有限公司	**版　　次**	2003 年 12 月第 1 版
规　　格	185 mm×260 mm　16 开本		2021 年 8 月第 13 版
印　　张	26.75 插页 1	**印　　次**	2021 年 8 月第 1 次印刷
字　　数	612 000	**定　　价**	58.00 元

教师教学服务说明

中国人民大学出版社财会出版分社以出版经典、高品质的会计、财务管理、审计等领域各层次教材为宗旨。

为了更好地为一线教师服务，近年来财会出版分社着力建设了一批数字化、立体化的网络教学资源。教师可以通过以下方式获得免费下载教学资源的权限：

在中国人民大学出版社网站 www. crup. com. cn 进行注册，注册后进入“会员中心”，在左侧点击“我的教师认证”，填写相关信息，提交后等待审核。我们将在一个工作日内为您开通相关资源的下载权限。

如您急需教学资源或需要其他帮助，请在工作时间与我们联络：

中国人民大学出版社　财会出版分社

联系电话：010-62515987，62511076

电子邮箱：ckcbfs@crup. com. cn

通讯地址：北京市海淀区中关村大街甲 59 号文化大厦 1501 室（100872）